DER ZWEITE WELTKRIEG

DER ZWEITE WELTKRIEG

Ursachen • Ausbruch • Verlauf • Folgen

Alexander Lüdeke

Parragon

Bath • New York • Singapore • Hong Kong • Cologne • Delhi
Melbourne • Amsterdam • Johannesburg • Shenzhen

Chartist House
15-17 Trim Street
Bath BA1 1HA, UK

Producing: akapit Verlagsservice, Berlin/Saarbrücken
Projektkoordination, Bildbeschaffung und Design: akapit Verlagsservice
Text: Alexander Lüdeke
Fachredaktion: Klaus H. Friedrich
Satz: Bettina Fortak

ISBN: 978-1-4723-4634-6

Printed in China

INHALT

EINLEITUNG

Das Ende des Zweiten Weltkrieges liegt nun schon über 60 Jahre zurück, und die Zeitzeugen werden nach und nach immer weniger. Aber immer noch ist dieser Krieg in unserem Alltag nur allzu präsent.

Der Kriegsverlauf und die Geschehnisse dieser Jahre – besonders aber die weit reichenden politischen Folgen – bestimmen und beeinflussen nach wie vor unsere heutige Realität. Dies gilt ganz besonders für Deutschland und die Deutschen, denn nicht nur die Folgen der durch den Krieg verursachten und erst 1990 überwundenen Teilung unseres Landes sind noch immer deutlich zu spüren. Auch wenn eine der beiden Supermächte, die aus den Trümmern des Krieges emporgestiegen waren, seit 1991 nur noch in Resten existiert, so ist doch die verbliebene Supermacht in ihrem außenpolitischen Handeln, ihren Ängsten und Ideen nur vor dem Hintergrund der Erfahrungen des Zweiten Weltkrieges zu verstehen.

Das Gleiche gilt für eine kommende Supermacht wie China, dessen heutiges politisches System ein Ergebnis des Krieges ist und dessen nach wie vor gespanntes Verhältnis zu Japan durch den Zweiten Weltkrieg überhaupt erst entstand. Auch der schwelende arabisch-israelische Konflikt und der sich teils aus dieser Quelle speisende islamische Fundamentalismus sind ohne Wissen über den Hintergrund der jüdisch-israelischen Geschichte – und damit des Zweiten Weltkrieges – nicht zu verstehen.

Eine Beschäftigung mit diesen sechs Jahren des schrecklichsten Krieges der Menschheit ist nicht nur Selbstzweck, sondern dient zugleich dem Verständnis der Gegenwart und hilft uns, derzeitige und zukünftige Entwicklungen in einen größeren Kontext einzuordnen. Sie zeigt zugleich aber auch, zu welchem Ergebnis totalitäre Ideologien – gleich welcher Ausprägung – führen können.

Dieses Buch gibt Ihnen einen umfassenden Überblick über die Ursachen, den Ausbruch und Verlauf sowie über das Ende und die Folgen des Zweiten Weltkrieges. Es stellt die wichtigsten Kriegsereignisse dar, ordnet sie einander zu und zeigt die Verflechtungen von Ursachen und Wirkungen innerhalb des überaus komplexen Kriegsgeschehens auf. Obwohl es aus deutscher Perspektive geschrieben ist, bemüht sich dieses Werk, allen Seiten gerecht zu werden und nicht nur die Kriegsereignisse in Europa darzustellen. Allerdings gilt auch hier, dass die Beschäftigung mit der Geschichte immer nur Ausschnitte zu zeigen vermag. Eine vollständige und erschöpfende Darstellung aller Ereignisse von 1939 bis 1945 sowie ihrer Ursachen und Folgen würde mehrere Bände füllen.

Möge die Kenntnis über diesen Krieg sowie über seine Ursachen und Folgen dazu beitragen, dass etwas Derartiges nie wieder geschehen darf. Über 50 Millionen Tote, Leid und Verwüstungen nie gekannten Ausmaßes sollten uns dazu Mahnung genug sein.

Der Weg in den Krieg

Der französische Premier Georges Clemenceau, US-Präsident Woodrow Wilson und der britische Premierminister David Lloyd George nach der Unterzeichnung des Vertrages von Versailles am 28. Juni 1919.

DER VERSAILLER VERTRAG

Am 11. November 1918 schwiegen nach über vier Jahren endlich die Waffen. Der Erste Weltkrieg hatte zehn Millionen Tote und rund die doppelte Zahl an Verwundeten gekostet.
Dieser Krieg hinterließ zudem ein völlig zerrüttetes Europa, in dem die alte Ordnung endgültig dahin war, sich ein neue jedoch noch nicht fest etabliert hatte.
Radikale Ideen breiteten sich aus, und Millionen ehemaliger Soldaten kamen zwar lebend, aber traumatisiert zurück in die Heimat. Die Jahre des Krieges hatten viele von ihnen brutalisiert und verrohen lassen.
Ein unkluger Friedensvertrag tat sein Übriges, um die Saat eines neuen Krieges keimen zu lassen.

„Ich kann mir keinen stärkeren Grund für einen künftigen Krieg denken, als dass das deutsche Volk (...) von einer Zahl kleinerer Staaten umgeben wäre, von denen jeder große Mengen von Deutschen enthielte, die nach Wiedervereinigung mit ihrem Heimatland begehrten."

David Lloyd George, britischer Premierminister, in seinem Memorandum zum Versailler Vertrag, 25. März 1919

Der Versailler Vertrag vom Juni 1919 war ein Kompromiss zwischen zwei unvereinbaren Standpunkten: Frankreich, das am meisten unter dem Krieg gelitten hatte, wollte Deutschland derart schwächen, dass es nie wieder eine Bedrohung darstellen würde. Die USA jedoch plädierten für einen großmütigen, gerechten und weisen Frieden, basierend auf dem 14-Punkte-Plan Präsident Wilsons.

Letztendlich waren die Bedingungen des Vertrages dann hart genug, um Deutschland zu demütigen und ihm die Sieger verhasst zu machen, jedoch nicht hart genug, um das Deutsche Reich dauerhaft in die Knie zu zwingen.

Laut Versailler Vertrag mussten im Osten wie im Westen Teile des Reiches abgetreten werden. Elsass-Lothringen fiel komplett an Frankreich, und im Saargebiet sollte nach 15 Jahren eine Volksabstimmung über dessen Zugehörigkeit stattfinden. Bis dahin wurde es vom Völkerbund verwaltet, wirtschaftlich aber Frankreich unterstellt. Im Osten Oberschlesiens stimmte die Mehrheit der Bevölkerung für einen Verbleib beim Reich, dennoch fiel dieses Gebiet – wie weitere östliche Provinzen – an Polen oder die Tschechoslowakei. Damit hatte Deutschland nun keine Landverbindung mehr nach Ostpreußen, und Millionen Deutsche lebten fortan in den neu geschaffenen Staaten in Osteuropa. Außerdem musste Deutschland seine gesamten Kolonien an die Siegermächte abtreten.

Deutschland verlor ein Siebtel seines Staatsgebiets und ein Zehntel seiner Bevölkerung sowie über 30 % seiner Steinkohle- und fast 80 % der Erzlagerstätten.

Das deutsche Heer durfte nur noch aus 100.000 Berufssoldaten, die Marine aus nur noch 15.000 Mann bestehen. Schwere Waffen waren ebenso verboten wie Schlachtschiffe, U-Boote oder Luftstreitkräfte. Die Friedensbedingungen sahen zudem eine 15 Jahre dauernde Besetzung des linken Rheinufers sowie strategischer rechtsrheinischer Brückenköpfe um Köln, Koblenz und Mainz durch alliierte Truppen vor. Zusätzlich sollte das gesamte Rheinland entmilitarisiert werden. Der von beiden Staaten angestrebte Anschluss des deutschsprachigen Teils des ehemaligen Österreich-Ungarns („Deutsch-Österreich") an das Deutsche Reich wurde von den Alliierten strikt untersagt. Auch durften darüber keine Volksabstimmungen stattfinden.

„Welche Hand müsste nicht verdorren, die sich und uns in solche Fesseln legte?"
Reichskanzler Scheidemann (SPD) in der Nationalversammlung am 12. Mai 1919 über den Versailler Vertrag

Was das Finanzielle betraf, schrieb der Versailler Vertrag die ausschließliche Kriegsschuld Deutschland zu, weshalb erhebliche alliierte Reparationsforderungen an das Reich erhoben wurden. Zunächst wurde man sich allerdings auf alliierter Seite über die Höhe dieser Forderungen nicht einig. 1921 verständigte man sich schließlich auf 132 Milliarden Goldmark, umgerechnet etwa 300 Milliarden Euro. Vor allem wegen dieses „Kriegsschuldartikels" wurde der Versailler Vertrag in Deutschland von der äußersten Rechten bis hin zur SPD grundsätzlich als ein „Diktat- und Schandfrieden" abgelehnt. Doch aufgrund der alliierten Drohung, die Feindseligkeiten wieder aufzunehmen, gab es zur Unterzeichnung dieses Vertrages am 28. Juni 1919 keine Alternative. Der Versailler Vertrag trat am 10. Januar 1920 in Kraft. Zusammen mit der Dolchstoßlegende wurde er fortan nicht nur von der extremen Rechten zur Hetze gegen die neue Republik und die Siegermächte genutzt.

„Das ist kein Frieden. Das ist ein zwanzigjähriger Waffenstillstand."
Ferdinand Foch, französischer Marschall und Oberkommandierender der Truppen der Westfront

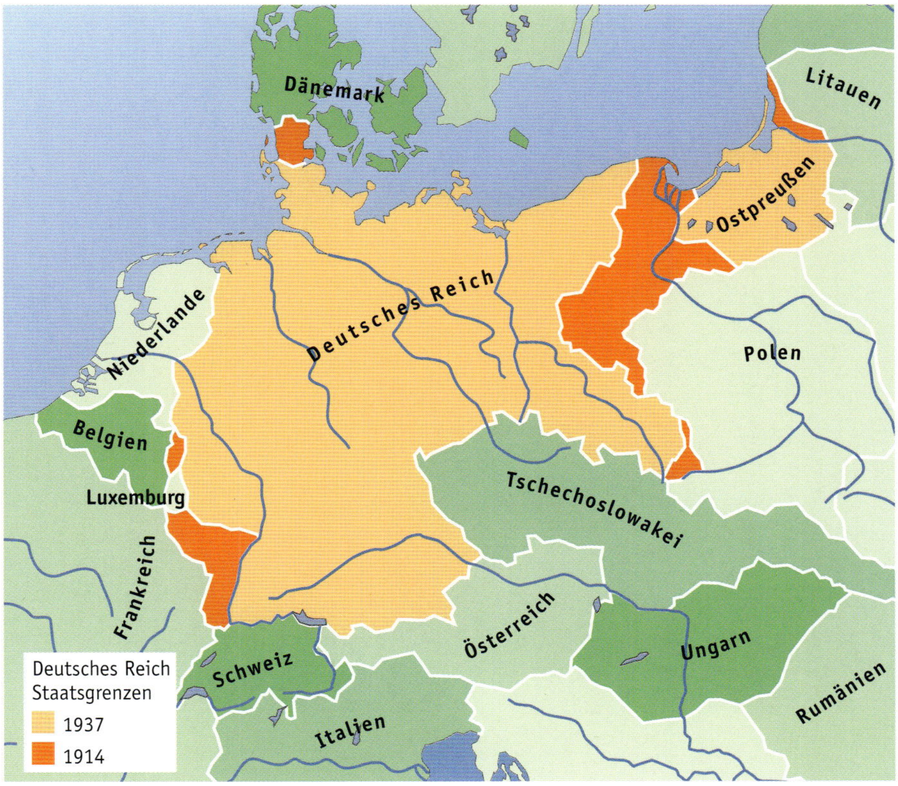

Ein Wahlplakat der DNVP von 1924.

DIE DOLCHSTOSS-LEGENDE

Das Waffenstillstandsersuchen an die Alliierten vom Oktober 1918 traf die deutsche Öffentlichkeit wie ein Schock. Bis zum Schluss hatte die Propaganda keinen Zweifel an einem deutschen Sieg gelassen, und deutsche Truppen standen noch immer tief in Frankreich und Russland. Man sei doch, so dachte man „im Felde unbesiegt".

Schuld, wie von den rechten Parteien behauptet wurde, seien die Sozialdemokraten und die Kommunisten, die der Truppe in ihrer Heimat die Unterstützung entzogen hatten – ja, diese sogar gleichsam von hinten erdolcht hätten. Vor allem die Parteien der extremen Rechten, wie die DNVP und die NSDAP, nutzten diese „Dolchstoß-Legende" zur hasserfüllten Agitation gegen die Weimarer Republik.

EIN EUROPA DER DIKTATOREN

Bedingt durch die gravierenden sozialen Spannungen innerhalb des Zarenreichs und ausgelöst durch die katastrophale Kriegslage kam es 1917 in Russland zur Revolution, bei der sich die kommunistischen Bolschewiken durchsetzten. Die Russische Revolution fachte ähnliche Bewegungen in ganz Europa an. Es kam zu Demonstrationen, Streiks und Unruhen – ab November 1918 auch in Deutschland, wo Arbeiter und Soldaten zur Revolution aufriefen. Dieser bis Anfang 1919 dauernde Aufstand wurde jedoch niedergeschlagen.

Der Versailler Vertrag hatte die Landkarte ganz Europas gründlich verändert. Besonders aus der Erbmasse Österreich-Ungarns waren neue, ethnisch heterogene Länder entstanden, in denen sich soziale Gruppen, Minderheiten oder auch ganze Völker benachteiligt fühlten. Dazu kam eine in ganz Europa schwierige wirtschaftliche Situation.

Als Reaktion auf diese Wirren und auf der Suche nach einer neuen Ordnung kamen in vielen Staaten Europas autoritäre oder diktatorische Regimes an die Macht, welche die Ordnung – oder was sie jeweils dafür hielten – wiederherstellen wollten. Den Anfang machte Italien, wo der ehemals sozialistische, aber im Krieg zum glühenden Nationalisten gewordene Politiker Benito Mussolini 1919 seine „Faschistische Partei" gründete. Am 28. Oktober 1922 brachte ihn ein Marsch seiner Anhänger auf Rom an die Macht.

Praktisch alle osteuropäischen Staaten von Estland bis Bulgarien wurden nach und nach autoritär regiert, allein die Tschechoslowakei blieb demokratisch. In Österreich entwickelte sich unter Dollfuß und Schuschnigg ein so genannter Austrofaschismus. In Südeuropa wurden nach Italien nun auch Griechenland, Spanien und Portugal von autoritären Regierungen geführt.

Wladimir Iljitsch Lenin (links) war der erste Führer der Sowjetunion, nach seinem Tod 1924 übernahm Josef Stalin (rechts) dieses Amt.

DIE WEIMARER REPUBLIK UND DER AUFSTIEG DER NATIONALSOZIALISTEN

Als der Sozialdemokrat Friedrich Ebert am 9. November 1918 das Amt des Reichskanzlers übernahm und Kaiser Wilhelm II. abdankte, wurde Deutschland zwar offiziell zur Republik, aber es blieb eine Republik ohne Republikaner. Weite Teile des Bürgertums, der Beamtenschaft, der Armee und der Industrie lehnten diesen neuen Staat in ihrem Innersten ab, auch wenn sie ihn nach außen hin befürworteten.

Preis für ein 1 kg Brot
Dezember 1919: 0,80 Mark
Januar 1923: 250 Mark
September 1923: 1.512.000 Mark
Dezember 1923: 210.000.000.000 Mark

Zusätzlich gab es starke links- und rechtsextreme Gruppen. Die Kommunisten wünschten sich eine Räterepublik wie in der Sowjetunion, und die extreme Rechte trat für eine autoritäre Regierungsform ein.

Attentate, Straßenkämpfe zwischen Kommunisten und Rechtsextremen, Korruption und Skandale sowie Separationsbestrebungen heizten das politische Klima immer weiter auf. Den Todesstoß versetzten der Weimarer Republik aber die Inflation, die Massenarbeitslosigkeit und die große wirtschaftliche Not.

Immense Kriegsschulden und die hohen Reparationsforderungen ließen der Reichsregierung schon 1919 nur zwei Möglichkeiten: eine Erhöhung der Steuern oder das Drucken von Geld. Man entschied sich dafür, mehr Geld in Umlauf zu bringen – Geld, für das keine Deckung in Waren oder Wirtschaftsleistung mehr vorhanden war. Das Ergebnis war eine Hyperinflation im Jahr 1923. Die Preise explodierten, das Geld war buchstäblich nichts mehr wert. Betroffen von dieser Inflation waren vor allem Kleinanleger und Sparer, die so all ihr Vermögen verloren. Ihr Hass galt der Weimarer Republik, der sie die Schuld für ihren Ruin gaben.

Ein Wahlplakat von 1932. Geschickt appelliert die NSDAP an die Not und das Elend der Menschen.

DIE WEIMARER REPUBLIK

Die Weimarer Republik verdankte ihren Namen der Tatsache, dass die Beratungen über die neue Verfassung im Januar 1919 aufgrund der kommunistischen Unruhen nicht in der Hauptstadt Berlin stattfinden konnten. So wich man ins ruhige Städtchen Weimar aus, wo sich die Nationalversammlung von der Reichswehr geschützt beriet.

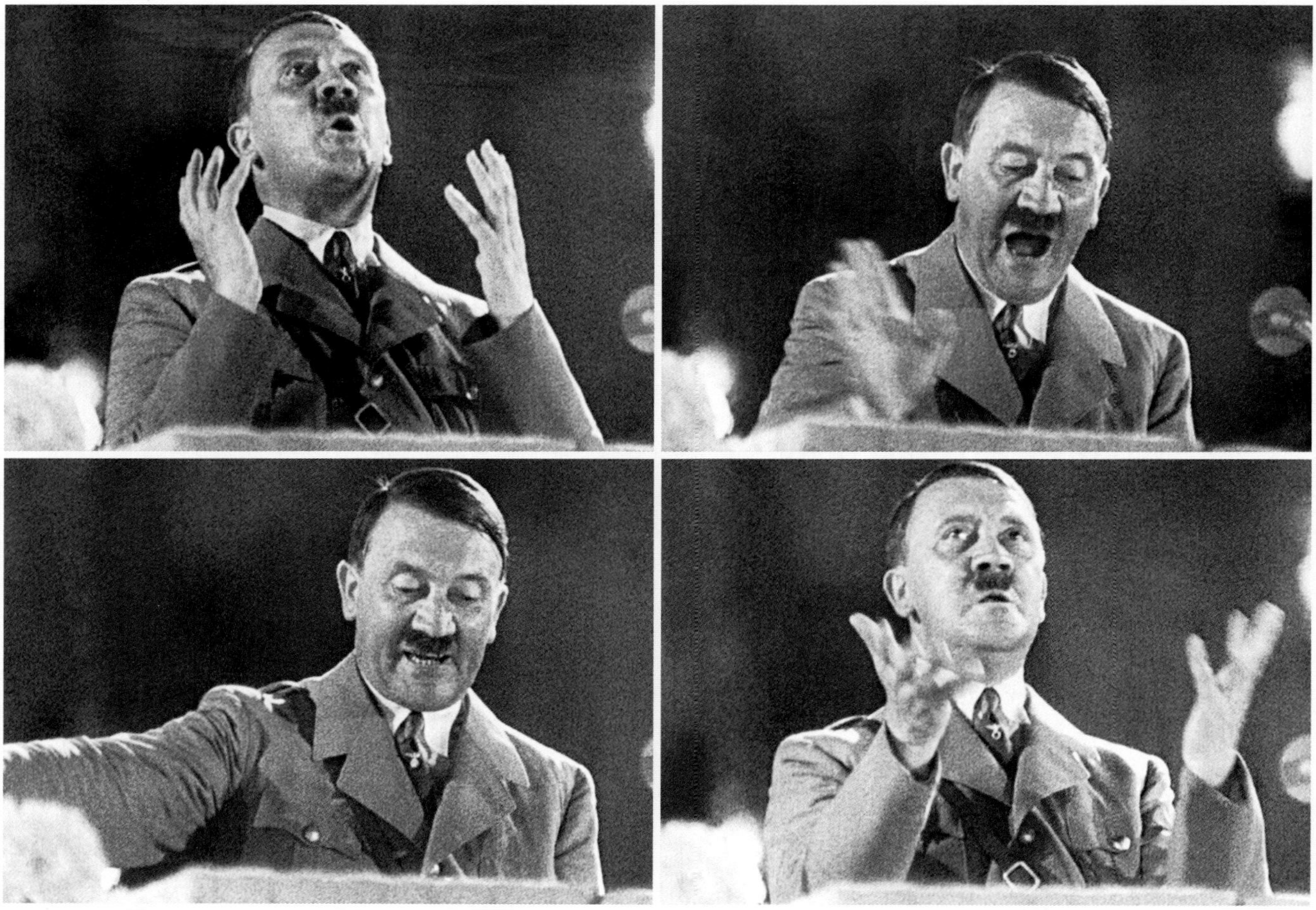

Hitlers rhetorisches Talent war nicht zu leugnen. Mittels zuvor einstudierter Mimik und Gestik unterstrich er seine Reden auf das Wirkungsvollste. Zehntausende hörten ihm begeistert zu.

ADOLF HITLER

Hitler wurde am 20. April 1899 in Braunau/Inn (Österreich) als Sohn eines kleinen Zollbeamten geboren. Die Realschule musste er frühzeitig verlassen. 1905–1914 führte Hitler ein unstetes Leben in Linz und Wien. Seine Bewerbung an der Wiener Kunstakademie wurde abgelehnt, und so schlug er sich mit Gelegenheitsarbeiten, z. B. dem Malen von Postkarten, durch und lebte in Obdachlosenheimen.

Bei Ausbruch des Ersten Weltkrieges meldete er sich freiwillig zur bayerischen Armee und diente als Melder an der Westfront. Dort wurde er zweimal verwundet und erhielt zweimal das Eiserne Kreuz für Tapferkeit. Von seinen Vorgesetzten wurde er aber als untauglich zur Unteroffizierslaufbahn eingestuft, weswegen er nur Gefreiter blieb. Nach dem Ersten Weltkrieg ging er nach München, wo er zunächst für die Reichswehr als Spitzel und politischer Agitator arbeitete. 1919 trat er in die DAP ein, die ab 1921 als NSDAP von ihm geführt wurde. Dort fiel er durch großes rednerisches Talent auf. Er selbst und andere entdeckten eine gewisse Begabung an ihm: Er konnte Zuhörer fesseln und Emotionen wecken.

1923 wurde er nach einem gescheiterten Putschversuch, der Mussolinis „Marsch auf Rom" nachahmen sollte, zu fünf Jahren Haft verurteilt, aber schon nach wenigen Monaten begnadigt. In der Haft begann er das Buch „Mein Kampf", in dem er seine politischen Ideen und Ziele offen darlegte. Nach seiner Haftentlassung baute er die NSDAP neu auf und nahm erfolgreich an Wahlen teil. Die Unruhen und wirtschaftlichen Schwierigkeiten der Weimarer Republik waren der ideale Nährboden für Hitlers fremden- und judenfeindliche Ideen, für seinen Hass auf Demokratie, auf Sozialisten und Kommunisten und für seinen extremen Nationalismus. Nachdem die NSDAP aus den Wahlen als stärkste Partei hervorgegangen war, wurde Hitler am 30. Januar 1933 von Reichspräsident Hindenburg widerstrebend zum Reichskanzler ernannt. Innerhalb kürzester Zeit verwandelte Hitler Deutschland mit äußerster Präzision und Skrupellosigkeit in eine Diktatur nach seinen Vorstellungen.

Als am 25. Oktober 1929 in New York – am „Schwarzen Freitag" – die Börse zusammenbrach, erschütterten die Auswirkungen die ganze Welt und auch Deutschland.

Es kam zu zahllosen Konkursen, und offiziell waren über sechs Millionen Menschen in Deutschland arbeitslos. Tatsächlich lag die Zahl aber wohl noch wesentlich höher! Die wirtschaftliche Not – oder vielmehr der blanke Hunger – trieb die Menschen denjenigen in die Arme, die ihnen Rettung, Arbeit und Brot versprachen: den Kommunisten und den Nationalsozialisten.

Die am Anfang noch eher kleine, rechtsextreme Nationalsozialistische Deutsche Arbeiterpartei (NSDAP) mit ihrem Führer Adolf Hitler wurde 1919 in München als DAP gegründet und blieb lange Zeit eine von vielen unbedeutenden Parteien. Noch bei den Reichstagswahlen 1928 lag ihr Stimmenanteil bei nur 2,6 %. Erst durch die Wirtschaftskrise fand die NSDAP größeren Zulauf. Schon 1930 gewann sie 18 % der Stimmen, und nach der Wahl von 1932 war sie mit 37 % der Stimmen die stärkste Partei des Reichstags. Reichspräsident Hindenburg ernannte Hitler daher am 30. Januar 1933 gewungenermaßen zum Reichskanzler. Das war das Ende der Weimarer Republik und zugleich auch das Ende der Demokratie in Deutschland. Die NSDAP und Hitler begannen, ihre Macht zielstrebig und rücksichtslos zu festigen.

Banknote von Oktober 1923.

RÜSTUNGSAUSGABEN

Betrug der Anteil der Rüstungsausgaben am Reichshaushalt im Jahr 1932 noch 8,2 %, so stieg er auf 39,3 % im Jahr 1934 und auf schwindelerregende 61 % im Jahr 1938.

Der Abschluss des Deutsch-Britischen Flottenabkommens erlaubte dem Reich wieder den Bau von Schlachtschiffen. Hier der Stapellauf der Scharnhorst am 3. Oktober 1936.

HITLERS AUSSENPOLITIK

Von Anfang an waren die Revision und schließlich die völlige Aufhebung des Versailler Vertrages die Kernpunkte der nationalsozialistischen Außenpolitik. Aber mehr noch: Hitler strebte nach einem Großdeutschen Reich, in dem alle Deutschen unter ihm als Führer leben sollten, auch wenn dies territoriale Ansprüche gegenüber den Nachbarstaaten bedeutete. Langfristig – so hatte er bereits in „Mein Kampf" geschildert – gingen seine Ziele aber auch darüber hinaus. Die Deutschen seien ein „Volk ohne Raum", schrieb er, seine Zukunft läge in der Eroberung von „Lebensraum im Osten". Folgerichtig begannen daher kurz nach Hitlers Machtergreifung schon geheime Planungen für eine Wiederbewaffnung des Landes. Am 14. Oktober 1933 verließ Deutschland die Genfer Abrüstungskonferenz und trat wenige Tage später aus dem Völkerbund aus. Am 16. März 1935 sagte sich Deutschland von den Bedingungen des Versailler Vertrages los und führte die allgemeine Wehrpflicht wieder ein. Entscheidend für Hitler war jedoch das Deutsch-Britische Flottenabkommen vom 18. Juni 1935, welches zwar die Stärke der Kriegsmarine auf nur 35 % der Royal Navy festschrieb, zugleich jedoch eine Anerkennung seiner Politik darstellte. Dieses Abkommen war ein großer Erfolg für Hitlers Außenpolitik und nach eigenen Worten sein „glücklichster Tag". Denn nun war klar, dass er seinen Weg weitergehen konnte. Am 7. März 1936 besetzten deutsche Truppen das entmilitarisierte Rheinland. Weder Frankreich noch Großbritannien reagierten. Man wollte wegen deutscher Truppen, die in doch eigentlich deutsches Gebiet einmarschierten, keinen Krieg riskieren. Hitlers Weg zur Durchsetzung seiner weiteren Ansprüche war damit frei.

DER SPANISCHE BÜRGERKRIEG

Nachdem in Spanien im Frühjahr 1936 eine linksgerichtete Volksfrontregierung an die Macht gekommen war, brach im Sommer 1936 ein Bürgerkrieg aus. Die neuen Verbündeten Italien und Deutschland griffen auf Seiten der rechtsgerichteten Nationalisten unter Franco massiv ein. Sie sandten Material und Waffen, später auch Truppen. Dazu gehörte auch die Legion Condor, die mit ihren Kampfflugzeugen und Panzern Franco den Weg zum Sieg über die rechtmäßige republikanische Regierung ebnete.

Zugleich waren die Schlachtfelder Spaniens eine Art von Erprobungsgebiet für neue deutsche Waffen und Taktiken.

Mit Angst in den Gesichtern fliehen Zivilisten vor den herannahenden Truppen der Nationalisten aus Madrid.

ITALIENS TRAUM VOM RÖMISCHEN REICH

Benito Mussolini strebte nach der Vormachtstellung Italiens im Mittelmeerraum und auch nach einer Wiederauferstehung des Römischen Reiches. Zunächst wollte er jedoch Italiens Kolonien in Afrika vergrößern, weshalb italienische Truppen am 3. Oktober 1935 Äthiopien überfielen. Der Völkerbund beschloss daraufhin Sanktionen gegen Italien. Frankreich und Großbritannien protestierten zwar, schritten aber nicht ein. Deutschland sprang geistesgegenwärtig in die Lücke, welche die Wirtschaftssanktionen und die internationale Isolation erzeugt hatten, und verpflichtete sich Italien auf diese Art. Der Grundstein der Achse Berlin–Rom war gelegt. Ende Oktober 1935 wurde dies auch vertraglich bestätigt.

Mussolini (Mitte) und Anhänger während des Marsches auf Rom.

DER ANTIKOMINTERN-PAKT

Nach dem Bündnis mit Italien schloss Hitler am 25. November 1936 mit Japan den gegen die Sowjetunion und den Kommunismus gerichteten „Antikomintern-Pakt".

In einem geheimen Zusatzabkommen sicherten sich die beiden Staaten Neutralität im Falle eines Angriffs der Sowjetunion zu. Italien trat diesem Pakt im Januar 1937 bei. Im März 1939 folgten Spanien und Ungarn.

DIE ANNEXION ÖSTERREICHS

In Österreich, dem 1919 der gewünschte Anschluss an Deutschland von den Siegermächten verwehrt worden war, nahm die Anhängerschaft Hitlers immer mehr zu. Bei einem gescheiterten nationalsozialistischen Putsch wurde der österreichische Bundeskanzler Dollfuß 1934 ermordet. Sein Nachfolger Schuschnigg versuchte, die Unabhängigkeit zu wahren, geriet aber immer stärker in Abhängigkeit zum Deutschen Reich und konnte letztendlich die Installation von Hitlers Statthalter Seyß-Inquart als Innenminister und seinem späteren Nachfolger nicht mehr verhindern. Nach Schuschniggs Rücktritt am 11. März 1938 sandte Seyß-Inquart einen „Hilferuf" an das Reichsdeutschland, woraufhin einen Tag später deutsche Truppen unter dem Jubel großer Teile der Bevölkerung und im Einvernehmen mit dem frisch gewählten österreichischen Bundeskanzler Seyß-Inquart die Grenze überschritten. So konnte Hitler, der schon in „Mein Kampf" die Forderung „Deutsch-Österreich muss wieder zurück zum großen deutschen Mutterlande" erhoben hatte, am 15. März 1938 auf dem Heldenplatz in Wien unter dem Jubel zehntausender Menschen „den Beitritt meiner Heimat in das Deutsche Reich" verkünden. Frankreich und Großbritannien beließen es bei diplomatischen Protestnoten.

Österreicher bejubeln den Einmarsch deutscher Truppen.

DAS MÜNCHNER ABKOMMEN

Hitlers Vorhaben, ein Großdeutsches Reich zu schaffen, traf zunächst also auf geringen Widerstand Frankreichs und Großbritanniens. Man wollte einen erneuten Krieg um jeden Preis verhindern, denn zu schrecklich waren noch die Erinnerungen an den letzten großen Krieg. Daher versuchte man, Hitler zu beschwichtigen, ihm Zugeständnisse zu machen und ihn in internationale Verträge einzubinden. Der Höhepunkt dieser „Appeasement" (Beschwichtigung) genannten Politik war das Münchner Abkommen vom 30. September 1938.

1919 waren ehemals zu Österreich-Ungarn und dem Deutschen Reich gehörende Gebiete mit deutschsprachiger Bevölkerung durch den Versailler Vertrag der neu geschaffenen Tschechoslowakei zugeordnet worden. Die Annektion dieser Gebiete – des Hultschiner Ländchens und des Sudetenlandes – war das nächste Ziel Hitlers. Kaum war der Anschluss Österreichs vollzogen, stellte er unannehmbare Forderungen an die Tschechoslowakei. Doch da diese sich im Bündnis mit Frankreich und der Sowjetunion befand und zudem über eine schlagkräftige Armee verfügte, widersetzte sich Prag der deutschen Aggression zunächst.

Chamberlain und Hitler nach Abschluss des Münchner Abkommens.

Die „Sudetenkrise" drohte zu eskalieren, und Hitler war bereit zum Krieg. Um dies zu verhindern, trafen sich der französische Regierungschef Daladier, der britische Premierminister Chamberlain und Adolf Hitler am 29. September 1938 in München. Als „unbeteiligter" Vermittler war der italienische Diktator Benito Mussolini ebenfalls anwesend. Nicht eingeladen waren allerdings Edvard Benes, Regierungschef der Tschechoslowakei, und die Sowjetunion. Auf dieser Münchner Konferenz stimmten Daladier und Chamberlain dem Anschluss des Sudetenlandes, dessen Bevölkerung dies mehrheitlich befürwortete, an das Deutsche Reich zu. Kleinere Teile der Tschechoslowakei wurden Polen und Ungarn zugesprochen. Hitler versprach im Gegenzug, keine weiteren Forderungen geltend zu machen und künftige Aggressionen zu unterlassen. Großbritannien und Frankreich gaben zusätzlich eine Garantie für den Bestand der Rest-Tschechoslowakei.

Bei seiner Rückkehr wurde Chamberlain in London jubelnd empfangen. Noch auf dem Flugfeld und das Abkommen schwenkend, rief er aus: „Peace for our time!" (Frieden für unsere Zeit). Doch es sollte anders kommen.

Denn ganz entgegen seinem Versprechen und dem Münchner Abkommen setzte das Deutsche Reich seine Forderungen gegenüber der Tschechoslowakei fort. So wurde auf deutschen Druck am 14. März 1939 die Slowakei unabhängig, und die Wehrmacht marschierte einen Tag später in die Rest-Tschechei ein. Und Paris und London beließen es trotz ihrer Garantieerklärung erneut bei diplomatischem Protest.

DER POLNISCHE KORRIDOR

Die verlorenen deutschen Gebiete im Osten, insbesondere der „polnische Korridor" – Polens Zugang zum Meer, der sich zwischen dem Reich und Ostpreußen erstreckte – und Danzig, waren Hitler schon lange ein Dorn im Auge. Direkt nach dem Einmarsch in die Rest-Tschechei begann er daher, Forderungen an Polen zu stellen. Damit war offensichtlich, dass Polen das nächste Opfer sein würde. Großbritannien und Frankreich schlossen daher Bündnisse mit Polen, um Hitler von einem Angriff abzuhalten. Doch dieser war nach den Erfahrungen der letzten Jahre davon überzeugt, dass weder London noch Paris tatsächlich eingreifen würden. Einzig eine mögliche Reaktion der Sowjetunion bereitete ihm Sorgen.

Daher begannen im Frühjahr 1939 geheime Gespräche mit Moskau. Stalin und sein Außenminister Molotow waren seit dem Münchner Abkommen, welches die Sowjetunion sträflich ignoriert hatte, zu der Überzeugung gelangt, es sei besser, mit Deutschland als mit den Westmächten zu kooperieren. So schlossen Deutschland und die Sowjetunion am 23. August 1939 einen Nichtangriffspakt, den „Hitler-Stalin-Pakt". In einem geheimen Zusatzprotokoll legten sie zudem ihre jeweiligen Interessenssphären in Osteuropa fest, was einer faktischen Aufteilung des Gebiets gleichkam. Mit einer neutralen Sowjetunion im Osten und der Überzeugung, dass Polens Bündnispartner im Westen erneut nur zuschauen würden, gab Hitler am 25. August 1939 den Angriffsbefehl auf Polen.

„Peace for our time!"
Chamberlain bei seiner Ankunft in London am 30. September 1938.

Die Blitzkriege

Deutsche Truppen beseitigen einen polnischen Schlagbaum und überschreiten die Grenze.

DER „FALL WEISS" – ÜBERFALL AUF POLEN

In der Nacht vom 31. August auf den 1. September 1939 drang ein SS-Trupp in den Rundfunksender Gleiwitz nahe der deutsch-polnischen Grenze ein, um einen polnischen Überfall vorzutäuschen. Das laufende Programm wurde unterbrochen und eine Durchsage verlesen: „Achtung! Achtung! Hier ist Gleiwitz. Der Sender befindet sich in polnischer Hand. (...) Die Stunde der Freiheit ist gekommen!" Insgesamt dauerte die Durchsage knapp vier Minuten und endete mit den Worten: „Hoch lebe Polen!" Ein aus einem KZ herbeigeschaffter Toter wurde als „Beweis" für den angeblichen polnischen Überfall in der Sendeanlage zurückgelassen.

Noch in der gleichen Nacht führte die SS an der polnischen Grenze weitere fingierte Aktionen durch, die als Rechtfertigung für den deutschen Überfall auf Polen dienen sollten. Tatsächlich kam es während der vorhergehenden Wochen immer wieder zu Zwischenfällen, besonders zu Übergriffen gegen in Polen lebende Deutsche. Hintergrund dessen war – wie so oft – die Einrichtung des Polnischen Korridors im Versailler Vertrag. So verkündete Hitler am 1. September: „Seit 5:45 Uhr wird jetzt zurückgeschossen!" Tatsächlich begann der „Fall Weiß" genannte Angriff jedoch schon um 4:45 Uhr. Deutsche Artillerie feuerte auf polnische Stellungen, und die Luftwaffe griff in den frühen Morgenstunden polnische Flughäfen an. Das alte Linienschiff *Schleswig-Holstein*, eigentlich zu einem Freundschaftsbesuch in der Freien Stadt Danzig, nahm polnische Befestigungen auf der Westerplatte, einer Halbinsel vor Danzig, unter Beschuss.

Zur gleichen Zeit überschritten deutsche Soldaten die polnische Grenze. 54 Divisionen mit etwa 1,5 Millionen Mann überrannten die polnischen Truppen geradezu. Dennoch leisteten die Polen tapferen und erbitterten Widerstand. So ergaben sich die letzten Verteidiger der Westerplatte erst am 7. September 1939, nach einer Woche heftigem Beschuss durch schwerste Kaliber sowie unzähligen Stuka-Angriffen.

Aber trotz seiner Wucht traf der deutsche Angriff die Polen nicht unvorbereitet. Die Aufmarschbewegungen der Wehrmacht waren dem polnischen Oberkommando nicht verborgen geblieben, zudem spitzte sich die politische Lage

„Polen hat heute nacht zum ersten Mal auf unserem eigenen Territorium auch mit bereits regulären Soldaten geschossen. (...) Seit 5:45 Uhr wird jetzt zurückgeschossen! (...) Und von jetzt ab wird Bombe mit Bombe vergolten!“

Hitlers Verkündigung des Angriffs auf Polen am 1. September 1939 vor dem Reichstag

Am 1. September 1939 um 4:45 Uhr eröffneten die 28-cm-Geschütze der Schleswig-Holstein *das Feuer auf die Westerplatte.*

Die Belagerung und Bombardierung Warschaus fordert unter der Zivilbevölkerung zahlreiche Opfer, so wie dieser Vater mit seiner Tochter, die in einem überfüllten Krankenhaus auf ihre Behandlung warten.

Panzer-Kampfwagen I stoßen vor.

vor dem 1. September immer mehr zu. Doch die polnischen Divisionen wurden weiträumig über das deutsch-polnische Grenzgebiet verteilt, sodass ihre Linien den massierten Panzerangriffen nur wenig entgegenzusetzen hatten.

Die deutschen Truppen waren in die Heeresgruppen Süd und Nord aufgeteilt. Die Heeresgruppe Süd – in Schlesien und der Slowakei aufmarschiert – griff von Westen und Süden her an. Die Heeresgruppe Nord stieß aus Pommern nach Westen und aus Ostpreußen kommend von Norden her vor. Nach nur zwei Tagen beherrschte die deutsche Luftwaffe den gesamten Luftraum, und die polnischen Verteidigungslinien waren in nicht zu kontrollierende, voneinander getrennte Gruppen aufgesplittert. Der Plan des Oberkommandos der Wehrmacht (OKW) beruhte auf einer doppelten Zangenbewegung: Die innere Zange (4., 8. und 10. Armee) schloss sich in der Nähe von Warschau, die äußere Zange (XIX. Korps und 14. Armee) schloss sich am Fluss Bug bei Brest-Litowsk, 160 km östlich der polnischen Hauptstadt. Diese Operation war am 14. September 1939 abgeschlossen. Am 17. September marschierte die Rote Armee von Osten her in Polen ein, um sich ihren Anteil an der Kriegsbeute zu sichern. Damit war das Schicksal Polens besiegelt.

Die polnische Hauptstadt Warschau wurde am 15. September eingekesselt, weigerte sich jedoch zu kapitulieren. Um verlustreiche Straßenkämpfe zu vermeiden, beschloss die Wehrmacht, die Stadt sturmreif zu schießen und zu bombardieren. Nach hohen Verlusten unter der Zivilbevölkerung fiel Warschau schließlich am 27. September. Den letzten polnischen Widerstand gab es in der Stadt Kock am 5. Oktober, danach schwiegen die Waffen. Nach nicht einmal fünf Wochen war der ganze Feldzug vorüber. Die polnischen Verluste betrugen rund 66.000 Tote, 200.000 Verwundete und fast 700.000 Gefangene. Die deutschen Verluste: rund 10.500 Tote und 30.200 Verwundete.

Panzer-Kampfwagen I und II vor dem Einmarsch in Westpolen.

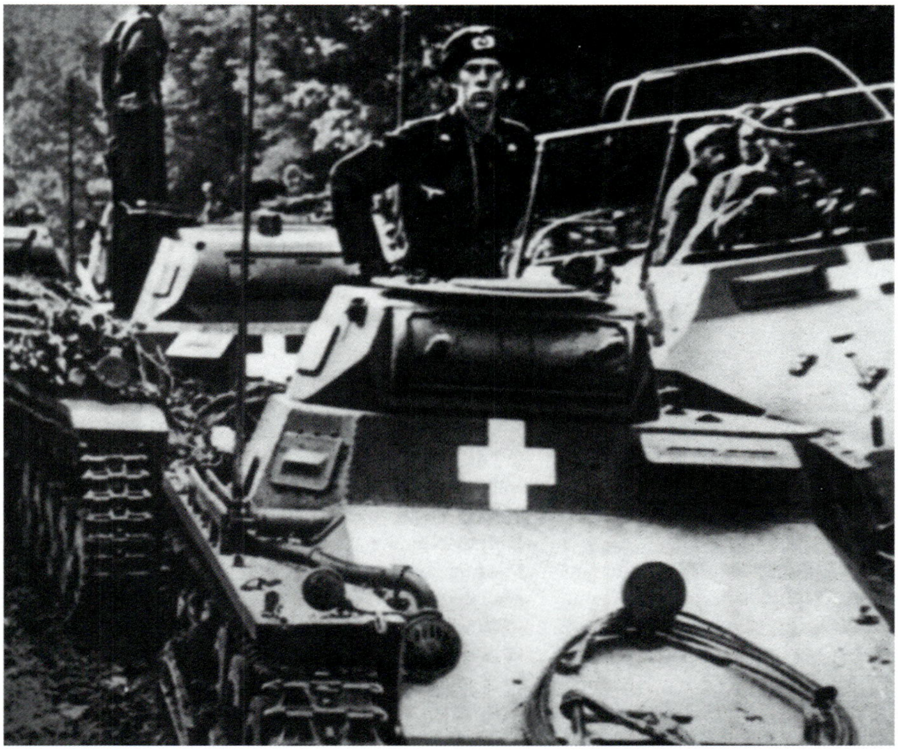

Hitler wurde in Danzig jubelnd empfangen.

Junkers Ju 87B „Stuka" zerschlugen Verkehrsknotenpunkte und Truppenansammlungen aus der Luft.

Das schnelle Ende des Feldzuges war vor allem durch die zahlenmäßige und technische Überlegenheit der Wehrmacht möglich. Die polnische Armee konnte nur einen Bruchteil der über 3.000 deutschen Panzer und rund 2.000 Flugzeuge aufbieten, zudem waren ihre Ausrüstung und auch ihre Taktik veraltet. Der Großteil der polnischen Streitkräfte bestand noch aus Infanterie- und Kavalleriedivisionen. Trotz der mutigen und verzweifelten Gegenwehr – mitunter ritt Kavallerie mit gezogenen Säbeln gegen deutsche Panzer an! – blieb den Polen kaum eine Chance. Zudem traf das deutsche Konzept des „Blitzkrieges" die polnischen Truppen völlig unvorbereitet.

Dennoch war der Erfolg der Wehrmacht nicht vollkommen. Obwohl die Kriegsmarine die Danziger Bucht blockierte, gelang es zwei Zerstörern und drei U-Booten, nach Großbritannien zu entwischen. Rund 90.000 polnische Soldaten erreichen auf verschlungenen Pfaden Frankreich und Großbritannien, von wo aus sie unter dem Kommando von General Wladyslaw Sikorski ihren Kampf als Exilarmee fortsetzten.

Hitlers Siegesparade in Warschau.

Begegnung deutscher Soldaten mit einem BT-5 der Roten Armee. Noch lächelt man sich zu.

DIE TEILUNG DER BEUTE

Gemäß des Hitler-Stalin-Pakts war die Rote Armee am 17. September 1939 von Osten her in Polen eingefallen. Nach dem Ende der Kämpfe teilten die Sieger das Land unter sich auf. Deutschland erhielt den bevölkerungsreichen und industrialisierten Westen, während sich die Sowjetunion den eher bäuerlichen Osten einverleibte. Die Grenze der Besatzungszonen verlief über weite Strecken entlang des Flusses Bug.

Obwohl Nationalsozialisten und Kommunisten entschiedene Gegner blieben, waren sich Hitler und Stalin doch zumindest darin einig, dass es nie wieder einen polnischen Staat geben sollte.

Der deutsche Teil Polens, in dem rund 20 Millionen Menschen lebten, wurde erneut aufgeteilt. Dort entstanden das Wartheland, das „germanisiert" und ins Reich eingegliedert werden sollte, sowie das Generalgouvernement, das auf den Status eines riesigen Arbeitslagers reduziert wurde. Aus dem Wartheland wurden alle Bewohner, die nach den nationalsozialistischen Vorstellungen als „rassisch unrein" oder „slawisch" galten, in das Generalgouvernement deportiert. Für die dort lebenden Polen, insbesondere für solche jüdischen Glaubens, begannen nun Jahre des Leidens und des Terrors unter der Herrschaft des nationalsozialistischen Statthalters Hans Frank.

Die sowjetische Zone sollte möglichst rasch in der Sowjetunion aufgehen, daher ging man gegen alle „Feinde" der Arbeiterklasse mit äußerster Härte vor. Rund eine Million Menschen in Polen sollen bis zum Juni 1941 von Sowjets umgebracht oder in sibirische Zwangsarbeitslager deportiert worden sein. Das beste Beispiel dafür ist wohl das Massaker von Katýn (nahe Smolensk), wo der sowjetische Geheimdienst NKWD im Frühjahr 1940 rund 15.000 polnische Offiziere ermordete und sie in einem Massengrab verscharren ließ, welches 1943 von deutschen Truppen entdeckt wurde.

DER BLITZKRIEG

Das Konzept des Blitzkrieges entstand während der 1930er-Jahre als Resultat taktischer Überlegungen, wie man den Stellungskrieg und die statischen Materialschlachten des Ersten Weltkrieges überwinden könnte. Aufbauend auf der Taktik der Sturmtruppen der kaiserlichen deutschen Armee und beeinflusst von den Ideen der britischen Militärtheoretiker J. F. C. Fuller und B. H. Liddel Hart entwickelte die Wehrmacht ihr Konzept der schnellen, massierten und tiefen Panzervorstöße, die unterstützt von Artillerie und Luftwaffe sowie begleitet von mechanisierten Grenadieren den Kriegsgegner umfassen sollten.

Gelang dies, konnte es zu gewaltigen Einkesselungen kommen, z. B. 1940 in Dünkirchen oder 1941/1942 in der Sowjetunion. Die Nationalsozialisten nutzten den Begriff später, um die militärische Überlegenheit und Unbesiegbarkeit der Wehrmacht zum Ausdruck zu bringen.

IM WESTEN

Gemäß ihren Bündnisverpflichtungen hatten Frankreich und Großbritannien Deutschland am 3. September 1939 den Krieg erklärt. Dies überraschte Hitler und das OKW zunächst, war man doch davon ausgegangen, dass sich die Westmächte so verhielten wie in den Jahren zuvor. Doch nun hatten Daladier und Chamberlain dazugelernt. Einem skrupellosen Diktator wie Hitler war nicht zu trauen – zu oft hatte er seine Zusagen gebrochen. Als Hitler eine Konferenz zur Lösung der Krisensituation vorschlug, lehnten beide entschieden ab.

Das OKW und Hitler waren daher zunächst in Sorge, die Alliierten könnten Deutschland in einen Zweifrontenkrieg verwickeln, indem sie im Westen zu einem Angriff übergingen. Doch der französische General Maurice-Gustave Gamelin dachte keineswegs an einen Angriff auf die deutsche Westgrenze, wie von den Polen erhofft wurde. Er ließ nur die Maginot-Linie besetzen und positionierte in deren Hinterland eine recht schwache Deckungsarmee. Die Generalmobilmachung der französischen Streitkräfte begann erst unmittelbar vor Kriegsausbruch und lief nur langsam an – insgesamt waren dafür drei Wochen vorgesehen. Zudem herrschte in Frankreich keine Kriegsbegeisterung. Die französischen Soldaten verspürten nicht im Geringsten den Drang, für Danzig zu kämpfen, geschweige denn zu sterben. So geschah – obwohl die französische Armee im Herbst 1939 auf dem Papier eine der stärksten der Welt war und die Westgrenze Deutschlands mehr oder minder ungeschützt war – zunächst praktisch nichts.

Am 6. September 1939 begann Frankreich mit den eher schwachen Kräften der 4. Armee eine symbolische Operation im Raum Saarbrücken. Bis zum 17. September, einem Sonntag, rückten

Eine Bunkeranlage der Maginot-Linie.

DIE MAGINOT-LINIE

Die Maginot-Linie war eine Kette von Bunkern, Festungen und Unterständen entlang der deutsch-französischen und der französisch-italienischen Grenze. Diese Verteidigungsstellungen sollten verhindern, dass der Feind noch einmal so tief nach Frankreich eindrang, wie dies 1914–1918 der Fall war. Allerdings reichten die finanziellen Mittel nicht aus, um die gesamte französische Grenze abzudecken, weswegen besonders im Norden große Lücken klafften.

Diese Festungswerke entstanden auf Betreiben des französischen Kriegsministers André Maginot und wurden von 1930 an erbaut. Sie waren zu jener Zeit technisch auf dem neuesten Stand. So verfügten die Festungswerke über ein- und ausfahrbare Panzerkuppeln mit Kanonen- und MG-Bewaffnung sowie – da man nach den Erfahrungen des Ersten Weltkrieges mit einem Gasangriff rechnete – über Filtrationsanlagen für die Atemluft. Mit Schlafsälen, Krankenstationen sowie Vorräten und Munition für Monate versorgt, sollten sie den Besatzungen hinter meterdicken Stahlbetonwänden die Möglichkeit geben, jeden Angreifer abzuwehren und Belagerungen standzuhalten.

Gleichzeitig war die Maginot-Linie jedoch sehr kosten- und personalintensiv und schwächte so die Stärke der übrigen Truppe. Mehr noch: Da Frankreich sich hinter dieser Bunkerlinie sicher fühlte, vernachlässigte es progressive taktische Ideen der beweglichen Kriegführung.

französische Truppen auf einer Front von 27 km Breite und 5 km Tiefe vor. Das von der Wehrmacht geräumte Vorfeld des Westwalls wurde besetzt.

Die Heeresgruppe C der Wehrmacht, welche die Westgrenze schützen sollte (immerhin rund 650 km), bestand zu dieser Zeit aus ganzen zwölf aktiven und 32 nur zweitklassigen Reserve- sowie Landwehrdivisionen. Die Landwehrdivisionen waren außerdem, was Personalbestand, Ausbildung und Ausrüstung betraf, nicht voll einsatzfähig. Außerdem hatte die Heeresgruppe C unter Generaloberst Ritter von Leeb kaum Panzer und nur Munition für einige Tage. Doch dies blieb die einzige französische Offensive an der Westfront. Die Franzosen verharrten vor dem Westwall und sahen tatenlos zu, wie Polen überrollt wurde. Als im Oktober nach Beendigung des Polenfeldzuges die im Osten frei gewordenen deutschen Verbände an die Westfront verlegt wurden, gab General Gamelin den Befehl zum Rückzug. Die Franzosen räumten daraufhin den größten Teil des bisher von ihnen besetzten Grenzgebietes.

Am Samstag, den 9. September 1939, trafen die ersten Truppen der British Expeditionary Force (BEF) unter General Lord Gort ein. In den nächsten Monaten wurden rund 160.000 Mann, 24.000 Fahrzeuge und über 14.000 Tonnen Nachschub ohne jegliche Verluste über den Ärmelkanal nach Frankreich transportiert.

Hitler befahl am 9. Oktober die Vorbereitung eines Angriffs im Westen. Das Ziel war die Eroberung der Niederlande, Belgiens und Nordfrankreichs als Ausgangsbasis für eine Offensive gegen Großbritannien. Hitler bestand darauf, Belgien in die Operation einzubeziehen. Zum einen wollte er Bewegungsfreiheit gewinnen, um die französische Maginot-Linie umgehen zu können, zum anderen der Gefahr einer alliierten Invasion Belgiens vorbeugen. Denn in einem solchen Fall wären an der deutsch-belgischen Grenze stehende französische und britische Truppen nur noch ungefähr 100 km vom Ruhrgebiet, dem Herzstück der deutschen Rüstungsindustrie, entfernt gewesen.

Die Zeit war knapp, denn Hitler hat als ersten Angriffstermin im Westen den 12. November 1939 bestimmt. Ebenfalls am 9. Oktober 1939 verständigte Oberst Oster, der Leiter der Zentralabteilung der Abwehr, den mit ihm befreundeten niederländischen Militärattaché, Major Gijsbertus Sas, vom geplanten Angriff auf Belgien bei möglicher Umgehung der Niederlande. Oster war ein überzeugter Gegner des NS-Regimes und unterhielt Kontakte zu Widerstandsgruppen innerhalb der Wehrmacht. Er übermittelte noch zahlreiche weitere Informationen, doch da der Angriffstermin von deutscher Seite immer wieder verschoben wurde, nahm man ihn auf alliierter Seite schließlich nicht mehr ernst.

Der für den 12. November geplante Beginn der Offensive („Fall Gelb") konnte wegen schlechten Wetters nicht stattfinden, da der Erfolg hauptsächlich vom Einsatz der Luftwaffe abhing, die wiederum von den Witterungsverhältnissen abhängig war. Zudem – wie Generaloberst von Brauchitsch Hitler erklärte – brauchte die geplante Neuaufstellung von 24 Divisionen zusätzlich Zeit. Auch die Zuführung einer ausreichenden Zahl an schweren Panzer könne erst in den nächsten Monaten erfolgen. Den ganzen November über regnete es nun in Strömen, die Flüsse schwollen an und traten über die Ufer. Währenddessen

Panzersperren des Westwalls.

DER WESTWALL

Der Westwall (bei den Alliierten auch als „Siegfried-Linie" bekannt) war ein sich über rund 630 km erstreckendes System, das aus über 18.000 Bunkern, Stollen sowie zahllosen Gräben und Panzersperren bestand. Er verlief von Kleve an der niederländischen Grenze bis hinunter nach Weil am Rhein kurz vor der Schweizer Grenze.

Hitler ließ diese Anlagen, die eher von propagandistischem als strategischem Wert waren, ab 1936 planen und zwischen 1938 und 1940 erbauen. Gegenüber der französischen Maginot-Linie verblasste der Westwall jedoch.

Obwohl von schlechter Qualität, zeigt dieses Bild von 1939 doch gut die Grundlage des Erfolges der Wehrmacht: das enge Zusammenwirken von Panzer- und Luftwaffenverbänden.

spielte das OKW verschiedene Möglichkeiten eines Angriffsplanes durch.

Wie konnte die Wehrmacht gegen die quantitativ gegenüber den deutschen Truppen gleichwertigen und technisch weit besser als die Polen gerüsteten Alliierten einen ähnlich schnellen Erfolg wie im Osten erzielen? Eine Schlüsselrolle sollte dabei erneut den Panzerkräften zukommen.

Sowohl General Guderian als auch Generalleutnant von Manstein, Chef des Stabes der Heeresgruppe A (Generaloberst Rundstedt), forderten die Konzentration der Panzerkräfte in einem einzigen massierten Stoßkeil, um an einer bestimmten Stelle der Front den Durchbruch zu erzielen und ihn dann derart zu erweitern, dass die Schnelligkeit der Panzerwaffe ausgenutzt werden konnte. Generalleutnant von Manstein war davon überzeugt, dass der Gegner mit einer Wiederholung des Schlieffen-Planes von 1914 (einem Angriff durch Belgien in Richtung Paris) rechnete. Aus diesem Grund schlug er vor, den Angriff in einem Bereich zu beginnen, in dem der Gegner ihn am allerwenigsten vermutete. Von Manstein dachte dabei an die Ardennen – wo die Maginot-Linie endete.

Die Ardennen, eine waldreiche und unwegsame Landschaft, liegen zwischen Mosel und Maas vorwiegend im Südosten Belgiens, aber auch auf luxemburgischem und französischem Territorium. Von französischer Seite aus wurde ein Panzerangriff durch dieses schwierige Gelände für undurchführbar gehalten, weshalb das Gebiet nur schwach gesichert war. Von dort aus sollten deutsche Panzer nun entlang der Maas in Richtung Norden vorstoßen und die an der belgisch-französischen Grenze in Stellung gegangenen alliierten Truppen von hinten umfassen.

Der Chef der Heeresgruppe A, Generaloberst von Rundstedt, stimmte von Mansteins Idee zu. Die Ausarbeitung seines Planes wurde dem Oberkommando des Heeres übermittelt. Der altmodische und übervorsichtige von Brauchitsch, aber auch Halder lehnten von Mansteins Plan zunächst kategorisch ab. Währenddessen war es Dezember geworden, und aufgrund des Winters beschloss Hitler, die Offensive erneut zu verschieben. Am 10. Januar 1940 musste ein deutsches Kurierflugzeug – an Bord die geheimen Aufmarschpläne für die Offensive im Westen – auf belgischem Gebiet notlanden, was die Wehrmacht zur erneuten Verschiebung der Offensive und einer Überarbeitung der Pläne veranlasste.

Die folgenden Monate der scheinbaren Untätigkeit auf beiden Seiten wurden von der Bevölkerung und der Presse als „Sitzkrieg", „drôle de guerre" (komischer Krieg) oder „phoney war" (Scheinkrieg) bezeichnet. In anderen Teilen Europas dagegen wurde heftig gekämpft.

Obwohl in ihrer Bewaffnung unterlegen, waren die finnischen Truppen doch hervorragend auf die Kriegsführung im nordischen Winter eingerichtet.

DER WINTERKRIEG

Im Hitler-Stalin-Pakt von August 1939 wurden die baltischen Staaten und Finnland der sowjetischen Interessensphäre zugerechnet. Nach der Besetzung Ostpolens begann die Sowjetunion im Herbst 1939, diese Staaten massiv unter Druck zu setzen. Die kleinen baltischen Staaten gaben nach und ließen zunächst die Stationierung sowjetischer Militäreinheiten auf ihrem Territorium zu. Im Sommer 1940 traten sie schließlich „freiwillig" der Union der Sozialistischen Sowjetrepubliken bei. Finnland allerdings war nicht gewillt, sich erneut unter russische Vorherrschaft zu begeben, denn rund 20 Jahre zuvor war das Land als Folge der Niederlage des Zarenreiches erst von Russland unabhängig geworden.

Finnland wurde aufgefordert, das Vorfeld Leningrads (heute St. Petersburg), die Karelische Landenge mit den neuen Befestigungen der Mannerheim-Linie, im Austausch gegen andere Gebiete Kareliens den Sowjets zu überlassen. Aber Finnland lehnte ab. Am 26. November 1939 behaupteten die Sowjets, dass eine ihrer Grenzpatrouillen von finnischer Artillerie angegriffen worden sei. Die finnische Regierung unter Ministerpräsident Risto Ryti bestritt dies energisch und versuchte, die Krise mit weiteren Verhandlungen zu lösen. Doch die Sowjetunion lehnte Verhandlungen ab und machte alle diplomatischen Bemühungen zunichte.

Am 29. November 1939 überfiel die Rote Armee das Land. Zur Überraschung der Sowjetunion wehrten sich die weit unterlegenen Finnen jedoch höchst mutig und erfolgreich. Zu Beginn des Krieges war die finnische Armee zwar bereits mobilisiert, aber schlecht ausgerüstet. Nur knapp 130.000 Mann (später wurden zusätzlich insgesamt 160.000 einberufen) mit veralteter Kriegstechnik, unzureichenden Munitionsvorräten und ganzen 40 zweitklassigen Panzern standen einer sowjetischen Übermacht von über 30 Divisionen gegenüber. Die Rote Armee hatte 525.000 Mann, über 2.000 Panzer und rund 800 Flugzeuge für diesen Angriff aufgeboten. Unterstützt wurden die Truppen von der baltischen Flotte der Sowjetmarine, die vor der Südküste Finnlands kreuzte.

Dem Oberbefehlshaber der finnischen Armee Feldmarschall Mannerheim war bewusst, dass die Finnen die Rote Armee auf lange Sicht nicht stoppen konnten. Seine Taktik bestand daher darin, die Sowjets, so lange es irgend möglich war, aufzuhalten und ihnen möglichst große Verluste zuzufügen, um am Ende einen halbwegs akzeptablen Waffenstillstand zu erreichen. Die Hoffnungen der Finnen lagen vor allem auch auf ihrer Kette von Bunkern und Unterständen, die sich quer über die Karelische

FELDMARSCHALL MANNERHEIM

Carl Gustav Mannerheim (1867–1951) gehörte zur schwedischen Minderheit in Finnland und lernte erst als Erwachsener Finnisch. Dennoch genießt er heute in Finnland eine geradezu mythische Verehrung, denn ihm gelang es zweimal, Finnlands Unabhängigkeit zu bewahren.

Mannerheim zeichnete sich nicht nur durch militärisches Können, sondern auch durch einen großen Realitätssinn aus. So plädierte er, als die Sowjetunion 1939 territoriale Forderungen stellte, für eine Verhandlungslösung, da ihm klar war, dass die Rote Armee nicht aufzuhalten wäre. Als diese Option scheiterte, organisierte er als Oberbefehlshaber den Widerstand so gekonnt, dass die Sowjets unter großen Verlusten von ihrem Vorhaben, Finnland zu besetzen, abrücken mussten. Ab Sommer 1941 kämpfte Finnland zwar an der Seite der Wehrmacht, um die im Winterkrieg verlorenen Gebiete zurückzuerobern, verhielt sich jedoch defensiv, als dieses Ziel erreicht war. Auch vermieden es die Finnen tunlichst, sich an Gräueltaten zu beteiligen.

Als eine Niederlage Deutschlands 1944 abzusehen war, brach Mannerheim – inzwischen Staatspräsident – alle Bande zum Deutschen Reich ab und verhinderte erneut eine Besetzung seines Landes, indem er einen Waffenstillstand mit der Sowjetunion schloss.

Landenge zog: der so genannten Mannerheim-Linie.

Den finnischen Truppen gelang es in den ersten Wochen dank ihrer Improvisationskunst, ihrer Entschlossenheit und ihres Mutes, der Roten Armee Paroli zu bieten und ganze Divisionen aufzureiben. So nutzten die finnischen Soldaten einfache, aber effektive Brandsätze zur Panzerbekämpfung – die von ihnen nach dem Außenminister der Sowjetunion als Molotow-Cocktails bezeichnet wurden.

Erst als Marschall Timoschenko im Januar 1940 den Oberbefehl über die Truppen der Roten Armee übernahm (sein Vorgänger war übrigens nicht nur abgelöst worden, sondern musste sich für sein Versagen persönlich vor Stalin verantworten, der ihn prompt liquidieren ließ), begann sich das Blatt langsam zu wenden. Timoschenko fing nach einer Niederlage an der Mannerheim-Linie an, systematisch seine Truppen umzubauen und frische Kräfte, vor allem Artillerie, heranzuführen, um die Februaroffensive vorzubereiten. Drei sowjetische Offensiven im Februar und Anfang März erhöhten den Druck auf die Finnen. Der neue russische Befehlshaber hatte gewaltige Artilleriekräfte aufgeboten, welche mit 300.000 Granaten pro Tag die finnischen Verteidigungslinien zusammenschossen. Ebenfalls am Erfolg beteiligt waren in großer Zahl eingesetzte schwere Kampfpanzer vom Typ KW-1, die sich als völlig immun gegen alle finnischen Pak erwiesen. Bis zum 7. März waren die Verluste der Verteidiger auf rund 24.000 Tote gestiegen, woraufhin Feldmarschall Mannerheim Waffenstillstandsverhandlungen einleiten ließ. Am 12. März 1940 endete der Krieg.

Da die westliche Welt den Überfall auf das kleine, neutrale und vor allem demokratische Finnland als ungerechtfertigt ansah, war die Empörung groß. Während des Krieges erreichten Waffen- und Nachschublieferungen das kleine Land, so z. B. aus Schweden, Großbritannien und Frankreich. Freiwillige aus aller Welt wollten in der finnischen Armee kämpfen. Frankreich und Großbritannien boten sogar Truppen an, jedoch scheiterte dies an der Weigerung der Schweden, diesen Transitrechte durch ihr Land zu gewähren. Nicht ganz zu Unrecht fürchtete die schwedische Regierung nämlich, dass sich solche Verbände sich zugleich der nordschwedischen Erzgruben bemächtigen wollten. Diese Minen stellten eine der wichtigsten Erzquellen der deutschen Rüstungsindustrie dar.

Doch das Engagement der Westmächte und der hartnäckige Widerstand der Finnen hielten die Sowjets wohl in der Tat davon ab, sich ganz Finnland einzuverleiben. So musste Finnland zwar Gebiete an die Sowjetunion abtreten, behielt aber seine Unabhängigkeit. Während der rund dreieinhalb Kriegsmonate verloren die Finnen knapp 27.000, die Rote Armee jedoch fast 130.000 Soldaten sowie große Mengen an Kriegsmaterial.

In ganz Europa, besonders aber in Deutschland, führte dieser so genannte Winterkrieg zu einer fatalen Fehleinschätzung, was die Kampfkraft der Roten Armee anging. Das OKW war nun davon überzeugt, eher einen Riesen auf tönernen Füßen vor sich zu haben.

Ein norwegischer Fjord aus der Nase eines deutschen Bombers heraus fotografiert. Die Luftwaffe beherrschte 1940 den Luftraum über Norwegen.

DAS UNTERNEHMEN „WESERÜBUNG": DIE BESETZUNG NORWEGENS UND DÄNEMARKS

Die Erzgruben Nordschwedens und der ungehinderte Transport des Erzes entlang der norwegischen Küste waren für die deutsche Rüstungsproduktion wichtig. Daher drängte das OKW schon seit Beginn des Krieges zur Sicherung der europäischen Nordflanke sowie aus kriegswirtschaftlichen Gründen auch auf eine Invasion Norwegens. Die Rüstungsproduktion des Reiches wäre ohne diese Lieferungen, z. B. beim Abschneiden der Rohstoffzufuhr durch eine britische Blockade, nach wenigen Monaten zum Stillstand gekommen. Seit Anfang 1940 forderte der Oberbefehlshaber der Kriegsmarine, Admiral Raeder, ebenfalls vehement die Besetzung Norwegens, um Marinestützpunkte für die Seekriegsführung gegen Großbritannien im Atlantik zu gewinnen. Damit beabsichtigte er, einer Blockade der Kriegsmarine in der Nordsee durch die Royal Navy zuvorzukommen, wie es im Ersten Weltkrieg geschehen war.

Die deutschen Planungen und die Wichtigkeit der schwedischen Erzvorkommen waren auch den Alliierten nicht verborgen geblieben, weshalb Anfang April 1940 die Besetzung Norwegens durch Großbritannien unmittelbar bevorstand. Zu deren Vorbereitung begann die Royal Navy am 8. April 1940 mit der Verminung der norwegischen Küstengewässer. Doch es war zu spät, denn bereits am 7. April hatte sich ein deutscher Flottenverband auf den Weg nach Norwegen gemacht. Das Unternehmen „Weserübung" hatte begonnen. Nur um wenige Stunden entschied die Wehrmacht so den Wettlauf um Norwegen für sich. In einer kombinierten Luft- und Seeoperation begann am 8./9. April 1940 ohne jegliche Kriegserklärung die deutsche Invasion in Norwegen. Gesichert durch zwei Schlachtschiffe, sieben Kreuzer, 14 Zerstörer sowie 31 U-Boote landeten insgesamt sieben Divisionen unter dem Kommando von General Nikolaus von Falkenhorst in den Häfen Narvik, Trondheim, Bergen, Kristiansand und Oslo. Stavanger und der Osloer Flughafen Fornebu wurden von deutschen Fallschirmjägern eingenommen.

Deutsche Fallschirmjäger landen in Norwegen.

Die norwegischen Gloster Gladiator konnten gegen die modernen Maschinen der Luftwaffe nur wenig ausrichten.

SCHWERER KREUZER *BLÜCHER*

Die *Blücher* (Indienststellung am 20. September 1939) hatte nur eine sehr kurze Laufbahn. Schon auf ihrem ersten größeren Einsatz ging sie verloren.

Als Teil des deutschen Flottenverbandes zur Besetzung Norwegens sollte sie Gebirgsjäger nach Oslo transportieren und geriet im Oslofjord am Morgen des 9. April 1940 unter schweres Feuer einer Küstenbatterie. Nach mehreren Treffern von 15-cm- und 28-cm-Granaten sowie zweier Torpedos kenterte das Schiff schließlich um 7:32 Uhr und riss 330 Besatzungsmitglieder und Gebirgsjäger mit in den Tod. Die Kriegsmarine verlor im Lauf der Operation noch zwei leichte Kreuzer und zehn Zerstörer sowie vier U-Boote.

Die von der deutschen Führung in einer offiziellen Note an die norwegische Regierung geforderte friedliche Besetzung des Landes gestaltete sich jedoch länger und verlustreicher als ursprünglich vorgesehen. So verlor die Kriegsmarine am 9. April 1940 im Oslofjord den schweren Kreuzer *Blücher*.

Im Gegensatz dazu gestaltete sich die Besetzung Dänemarks problemlos. Nahezu ohne Widerstand übernahmen deutsche Truppen am 9. April die Kontrolle über das kleine Land, dessen Lage zwischen Norwegen und dem Deutschen Reich zu seinem Verhängnis wurde.

Bis Juni 1940 wurden rund 130.000 deutsche Soldaten nach Norwegen überführt. Ihnen gegenüber standen sechs norwegische Divisionen mit zusammen 60.000 Mann, die allerdings nur über veraltete Ausrüstung verfügten. Unterstützung erhielten sie von einem alliierten Expeditionskorps aus knapp 35.000 englischen, französischen und exilpolnischen Soldaten, die ab dem 14. April an der norwegischen Küste landeten. Während der Kampf in Nordnorwegen erst Ende Mai entschieden war, rückten deutsche Truppen in Süd- und Mittelnorwegen zügig ins Landesinnere vor. Vor allem die Luftherrschaft der Luftwaffe ermöglichte am 30. April den von Trondheim und Oslo vormarschierenden Truppen die Vereinigung bei Dombas. Die dänischen Flugplätze boten ideale Ausgangspositionen für die den Kampf entscheidende Luftunterstützung und für die dringend benötigte Nachschubversorgung aus der Luft, da die Nordsee von der Royal Navy beherrscht wurde.

Besonders heftig waren die Kämpfe in und um Narvik, den wichtigen Erzhafen in Nordnorwegen, von dem aus ein Großteil des kriegsnotwendigen Erzes von Schweden nach Deutschland verschifft wurde. Aus diesem Grund nahm die Stadt auch in den strategischen Planungen der Alliierten eine besondere Bedeutung ein. Bis zum 13. April verloren die Deutschen durch Angriffe der britischen Marine und durch Selbstversenkung sämtliche bei der Landung in Narvik eingesetzten zehn Zerstörer. Durch die am 14. April beginnende Landung britischer, französischer und exilpolnischer Truppen bei Narvik gerieten die 2.000 deutschen Gebirgsjäger und 2.500 Besatzungsmitglieder der versenkten Zerstörer unter Generalleutnant Dietl in eine äußerst prekäre Situation. Zunächst sollten sich die Gebirgsjäger und Marinesoldaten angesichts der vielfachen Übermacht zurückziehen, erhielten dann jedoch den Befehl, Narvik zu halten. Aufgrund der Witterungsverhältnisse begannen die Angriffe der alliierten Truppen erst Mitte Mai – zu diesem Zeitpunkt hatten sich die nur mangelhaft mit Nachschub versorgten Soldaten Dietls bereits in die Berge rund um Narvik zurückgezogen. Die in der alpinen Kriegsführung unerfahrenen britischen und französischen

Die Blücher *kenterte nach schwerem Torpedobeschuss.*

Soldaten stießen in harten Kämpfen auf ungewohntem Terrain jedoch nur langsam vor. Unter dem Druck der alliierten Landungstruppen mussten die Deutschen den Raum Narvik dennoch am 28. Mai räumen. Allerdings gelang es ihnen, Stellungen an der für die Erzlieferungen wichtigen Erzbahn im Osten der Stadt zu halten. Erst der Beginn der deutschen Offensive gegen Frankreich, Belgien und die Niederlande beendete die Kämpfe, das alliierte Expeditionskorps wurde ab dem 3. Juni abgezogen. Nach dem Abzug der Alliierten rückten Dietls Einheiten am 8. Juni 1940 erneut in Narvik ein. Auf Weisung des nach London geflohenen norwegischen Königs Haakon VII. kapitulierten die Streitkräfte Norwegens am 10. Juni.

Die deutschen Verluste während der Feldzüge in Norwegen und Dänemark betrugen 1.317 Tote, 1.604 Verwundete und 2.375 Vermisste, die überwiegend auf hoher See zu beklagen waren. Neben dem schweren Kreuzer *Blücher* verlor die Kriegsmarine die leichten Kreuzer *Karlsruhe* und *Königsberg*, dazu zehn Zerstörer, ein Torpedoboot sowie vier U-Boote. Alles in allem verlor die Kriegsmarine rund ein Drittel ihres Bestandes. Die Luftwaffe büßte 242 Maschinen ein.

Auf alliierter Seite fielen in den Kämpfen zu Lande 1.896 Briten, 1.335 Norweger sowie je 530 Franzosen und Polen. Auf See verlor Großbritannien einen Flugzeugträger, zwei leichte Kreuzer, zehn Zerstörer und sechs U-Boote mit zusammen über 2.500 Toten.

TECHNISCHE DATEN
BLÜCHER

Die *Blücher* verdrängte bei einer Länge von 195 m und einer Breite von 21,3 m 13.900 ts. Ihre 132.000 PS ermöglichten 32,5 kn. Sie war mit 8 x 20,3-cm-SK, 12 x 10,5-cm-, 12 x 3,7-cm- und 8 x 2-cm-Flak bewaffnet. Neben zwölf Torpedorohren führte sie drei Ar-196-Bordflugzeuge mit.

Aus Schweden und Großbritannien erhielt Finnland Gloster-Gladiator-Jagdmaschinen als Unterstützung im Kampf gegen die Rote Armee.

Ein deutsches 2-cm-Flakgeschütz in Narvik.

DER „FALL GELB“: DIE OFFENSIVE IM WESTEN

Den monatelangen „Sitzkrieg“ im Westen beendete die Führung des Deutschen Reiches schließlich am 10. Mai 1940 mit einer Offensive. Generalleutnant Erich von Manstein hatte seit dem Herbst einen genialen, aber auch gewagten Angriffsplan mit der Bezeichnung „Sichelschnitt“ ausgearbeitet, der wie folgt aussah: Um die stark befestigte französische Maginot-Linie im Norden zu umgehen, sollte die Heeresgruppe B unter Generaloberst Feodor von Bock im nördlichen bis mittleren Raum durch die neutralen Niederlande und Belgien in Richtung Westen vorstoßen. Nach dem erwarteten Vorrücken französischer und britischer Truppen zur Unterstützung des belgischen Heeres nach Belgien sollte die Heeresgruppe A unter Generaloberst Gerd von Rundstedt durch Luxemburg und die dicht bewaldeten Ardennen im Süden Belgiens bis zur französischen Kanalküste vorstoßen und so bereits in der ersten Phase der Offensive die Masse der alliierten Truppenverbände einschließen. Damit sollte die strategische Ausgangsbasis für eine Eroberung des restlichen Teils Frankreichs geschaffen werden. Die Heeresgruppe C unter Generaloberst Ritter von Leeb, die an der deutsch-französischen Grenze lag, sollte sich dagegen zur Ablenkung des Gegners vorerst noch mit Scheinangriffen auf die Maginot-Linie begnügen. Dieser Plan – sollte er gelingen – würde den Feldzug innerhalb kürzester Zeit beenden, doch er barg etliche Unbekannten: Konnten die waldreichen und unwegsamen Ardennen tatsächlich rasch von Panzertruppen durchquert werden? Was, wenn der Gegner dies entdeckte und die sich über schmalste Straßen quälenden Panzerkolonnen aus der Luft angriff? Hitler befürwortete den „Sichelschnitt-Plan“, obwohl die konservativ denkenden Generäle des Oberkommandos des Heeres (OKH) starke Zweifel äußerten.

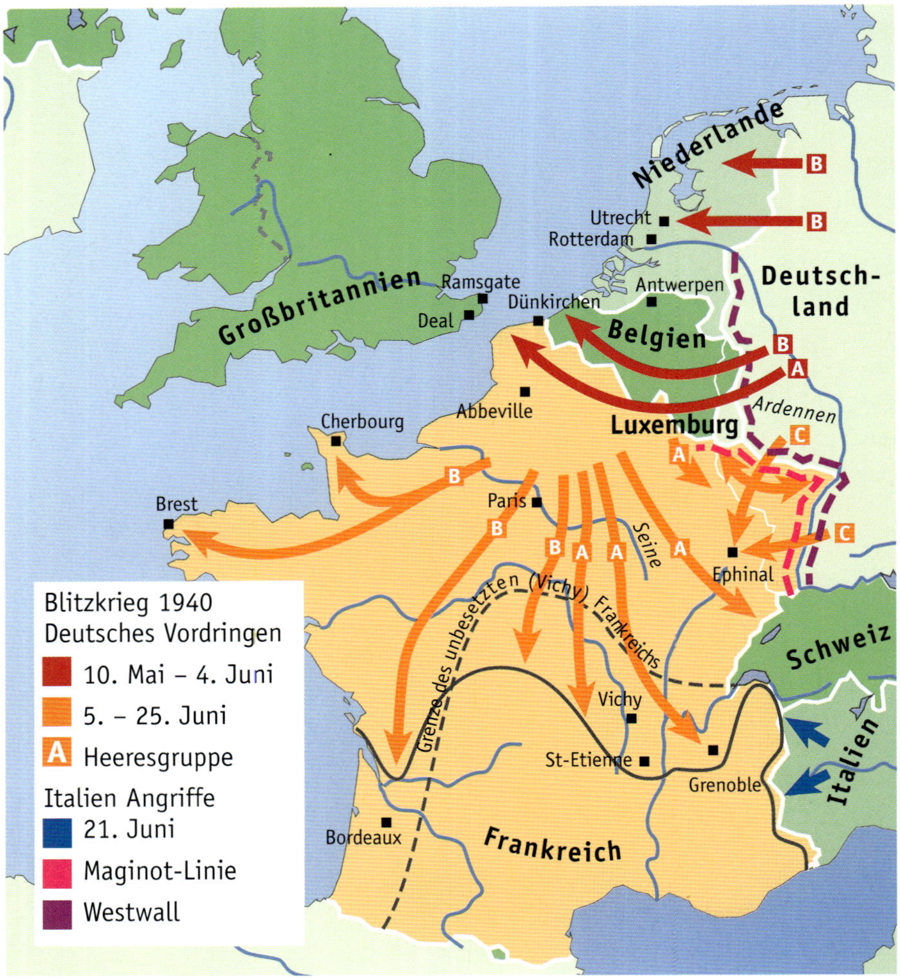

Ein Teil der Offensive im Westen beruhte auch auf dem Einsatz der Fallschirmjäger. Hitler nach der Verleihung des Eisernen Kreuzes an einige Fallschirmjäger.

10. Mai 1940, 5:35 Uhr: Der Angriff im Westen beginnt.

Wie bei den Feldzügen gegen Polen und Norwegen wendeten die deutschen Truppen erneut erfolgreich die Taktik des „Blitzkrieges" an. Trotz eines wochenlangen Aufmarsches an der westlichen Reichsgrenze kam der Beginn der Offensive am 10. Mai um 5:35 Uhr – so unglaublich es klingen mag – für die Alliierten unerwartet.

Junkers Ju 52, die Standard-Transportmaschine der Luftwaffe.

Eine notgelandete Do 17. Die deutsche Luftwaffe hatte zu Beginn des Westfeldzugs starke Verluste zu verzeichnen.

Die Fallschirmjäger spielten bei der Besetzung wichtiger Brücken in Holland eine Schlüsselrolle.

DIE NIEDERLANDE

Die in die Niederlande vorrückenden Panzer der Heeresgruppe B trafen zunächst nur auf wenig Widerstand, anders sah es jedoch im Bereich der „Festung Holland" aus. Diese umfasste die Städte Amsterdam, Utrecht und Rotterdam und war als letzte Verteidigungslinie der niederländischen Armee vorgesehen. Den deutschen Fallschirmtruppen war die Einnahme strategisch wichtiger Ziele hinter dieser gegnerischen Verteidigungslinie zugedacht.

Die Fallschirmjäger sollten durch die Einnahme dreier Flugplätze bei Den Haag die Ausschaltung der militärischen und politischen Führung sowie die Gefangennahme der Königin Wilhelmina sicherstellen, um eine schnelle Kapitulation zu erzwingen. Doch das Unternehmen misslang. Nicht einmal die Hälfte der nachfolgenden 12.000 Mann der 22. Luftlande-Division konnte auf den vorgesehenen Flugplätzen landen. Ein Großteil der Ju-52-Transportflugzeuge wurde bereits beim Anflug abgeschossen. Zudem erwies sich der Widerstand als zu stark. Unter erheblichen Verlusten mussten die Fallschirmjäger schließlich die Flugplätze aufgeben.

Dagegen gelang den Fallschirmjägern weitgehend die handstreichartige Besetzung der wichtigsten Brücken über die Maas, die Waal und die Lek, die für den Vorstoß der 18. Armee von Süden in die „Festung Holland" gehalten werden mussten. Am 12. Mai stießen deutsche Panzerspitzen über die Maas- und Waal-Brücken nach Norden in die „Festung

Am 15. Juni kapitulieren die Niederlande. Waffen-SS-Verbände in Haarlem.

Schnelle Panzervorstöße waren der Schlüssel zum deutschen Erfolg.

Fallschirmjäger in der Nähe Rotterdams.

Holland" vor, wodurch die niederländische Armee von sämtlichen Landverbindungen zu alliierten Truppen im Süden abgeschnitten wurde.

Die Stadt Rotterdam war ein Eckpfeiler der „Festung Holland" und stellte den Schlüssel zur Einnahme der gesamten Niederlande dar. Die bis an die Maas bei Rotterdam vorgerückten Panzerspitzen der deutschen 18. Armee verfügten am 13./14. Mai nicht über genügend Kampfkraft, um die von starken Einheiten verteidigte Hafenstadt einzunehmen. Dennoch verlangte Hitler „den Widerstand in Rotterdam mit allen Mitteln zu brechen", um ein schnelles Ende der Kämpfe zu erzwingen. Die Entscheidung sollte ein massiver Bomberangriff bringen.

Doch auf niederländischer Seite war man zur Kapitulation bereit. Diese Nachricht erreichte die deutschen Kommandostellen am 14. Mai jedoch zu spät. Nur die zweite Welle der anfliegenden deutschen Bomber konnte noch zurückbeordert werden. 57 Bomber der ersten Welle führten den Angriff aus. Über 90 Tonnen Bomben zerstörten die Altstadt Rotterdams, in der über 800 Zivilisten ums Leben kamen, so gut wie vollständig. 25.000 Häuser brannten aus, und fast 80.000 Menschen wurden schlagartig obdachlos. Aufgrund der aussichtslosen militärischen Lage und um weitere Bombardements zu verhindern, kapitulierten die niederländischen Streitkräfte am 15. Mai 1940.

Angriff auf ein Widerstandsnest.

Artillerie und Luftwaffe unterstützen den Vormarsch der Panzer.

Flüsse, die den Vormarsch behindern, werden mit Hilfe von Ponton-Brücken überquert.

BELGIEN

Ab dem Beginn der deutschen Offensive handelten die alliierten Truppen exakt so, wie es von Manstein in seinem „Sichelschnitt"-Plan erwartet hatte. Während die Masse der alliierten Kräfte in Belgien einrückte, um im Raum Brüssel–Antwerpen Stellung zu beziehen, sollten zwei schnelle französische Divisionen in Richtung Tilburg–Breda vorstoßen, um mit den niederländischen Streitkräften Verbindung aufzunehmen.

Deutschen Fallschirmjägern gelang es am ersten Tag des Angriffs, die wichtigsten Übergänge über den Albert-Kanal zu sichern und in einem Husarenstück die Festung Eben-Emael zu nehmen. Diese erst 1935 fertig gestellte Festungsanlage galt als die stärkste Europas. Mit ihren bis tief unter die Erde reichenden Stahlbetonbunkern, schwer gepanzerten Geschütztürmen und 1.200 Mann Besatzung galt sie als uneinnehmbar. Die Artillerie des Sperr-Forts beherrschte den gesamten Landstrich zwischen Lüttich und Maastricht. Doch mit elf lautlosen Lastenseglern vom Typ DFS 230 mitten im Fort abgesetzte 85 Fallschirmjäger eroberten die gewaltige Anlage im Handstreich. Deutsche Verluste: 6 Tote. Auf belgischer Seite fielen rund 200 Mann. Damit war der Weg für die Panzerspitzen der Heeresgruppe B frei. Bis zum 18. Mai gelang es dieser trotz heftiger Gegenwehr, die Maas zu überqueren sowie Antwerpen und Lüttich einzunehmen.

Nach anfänglichen Problemen konnte die deutsche Luftwaffe die Luftherrschaft über die Westfront gewinnen, wodurch sie in der Lage war, die vorrückenden Truppen massiv zu unterstützen.

Exilpolnische Verbände der französischen Armee auf dem Marsch nach Belgien.

Am Abend des 12. Mai 1940 erreichten die ersten deutschen Panzer der Heeresgruppe A das Ostufer der Maas im Süden Belgiens, und am Nachmittag des 14. Mai überquerten drei Panzerdivisionen die Maas zwischen Sedan und Dinant. Zu spät hatte der alliierte Oberbefehlshaber General Gamelin bemerkt, dass der Schwerpunkt des deutschen Angriffs südlich der Linie Maas–Sambre durch die Ardennen durchgeführt wurde. Der Heeresgruppe A war in der Tat der Durchbruch von sieben Panzer- und drei motorisierten Divisionen durch dieses als panzeruntauglich eingestufte Gelände gelungen. Hinter den Panzerspitzen folgten 45 Infanteriedivisionen. Nun stand den deutschen Truppen das französische Hinterland bis zum Unterlauf des Flusses Somme offen.

Am 19. Mai erreichten Panzerverbände Abbeville an der Mündung der Somme in den Ärmelkanal. Einen Tag später gelang der Vorstoß bis zur französischen Kanalküste. Nun wurden das britische Expeditionskorps (BEF), die belgische Armee und drei französische Armeen von zwei deutschen Armeen in die Zange genommen, von der die eine westwärts durch Belgien marschierte (Heeresgruppe B) und die andere aus dem Süden entlang der französischen Küste nach Norden vorrückte (Heeresgruppe A).

Nach diesem militärischen Debakel wurde General Gamelin abgelöst. Aber auch dem am 20. Mai neu ernannten alliierten Oberbefehlshaber Maxime Weygand gelang es nicht, den deutschen Vormarsch aufzuhalten.

Nachdem die Luftwaffe die Luftherrschaft erobert hatte, unterstützten Ju 87 Stuka die Panzervorstöße aus der Luft.

Panzer 38(t) stießen durch Belgien vor.

Die Folgen für belgische und französische Städte, Ortschaften und Bevölkerung waren verheerend.

OPERATION „DYNAMO“

Die beiden Heeresgruppen A und B schnitten damit wenige Tage nach Beginn ihrer Offensive hunderttausende französische und britische Soldaten der Truppen in Flandern und entlang der belgisch-französischen Kanalküste von sämtlichen rückwärtigen Verbindungen ab.

Adolf Hitler und die Generäle der Wehrmacht waren von der Schnelligkeit des deutschen Vormarschs überrascht. Hitler witterte sogar eine Falle, denn alles lief ihm zu glatt. Über das weitere Vorgehen herrschte Uneinigkeit. Während das OKH zu einem Entscheidungsschlag der deutschen Panzertruppen gegen die abgeschnittenen Alliierten drängte, blieb Hitler vorsichtig. Er bestätigte am 24. Mai 1940 einen Haltebefehl Rundstedts (Oberbefehlshaber

Die Nachhut des britischen Expeditionskorps hatte den Rückzug gedeckt und ging in Gefangenschaft.

Alliierte Truppen am Strand von Dünkirchen warten auf ihre Evakuierung.

Weitere zurückgelassene britische Fahrzeuge.

Eine zurückgelassene britische Zugmaschine in den Straßen einer Stadt an der Kanalküste.

der Heeresgruppe A), der seine Panzerverbände schonen und sie formieren wollte. Zudem vertraute Hitler auf die Zusage des Oberbefehlshabers der Luftwaffe, Hermann Göring, dass seine Flugzeuge die gegnerischen Verbände ohne Unterstützung des Heeres vernichten könnten.

Der Haltebefehl ermöglichte den eingekesselten britischen und französischen Einheiten den Rückzug nach Dünkirchen, um über den einzigen ihnen noch zugänglichen größeren Hafen auf dem Seeweg evakuiert zu werden (Operation „Dynamo").

Als die Wehrmacht die Evakuierungsabsichten erkannte, setzte Hitler die Panzerdivisionen direkt wieder in Marsch. Allerdings stießen die Deutschen bei Dünkirchen auf ein tief gestaffeltes alliiertes Verteidigungssystem, hinter dem am 26. Mai eine der größten Rettungsaktionen des Krieges begann. Während sich Luftwaffe und Royal Air Force (RAF) erbitterte Gefechte über Dünkirchen lieferten, unternahm eine bunt zusammengewürfelte Armada von über 800 Schiffen und Booten jeder Größe – vom Zerstörer bis zum Segelboot – eine Kanalüberfahrt nach der anderen. Auf diese Weise gelang es bis zum 4. Juni, von Dünkirchen und den umliegenden Stränden aus knapp 370.000 alliierte Soldaten, darunter etwa 140.000 Franzosen, nach Großbritannien zu evakuieren, allerdings unter Zurücklassung schwerer Waffen und Geräte. Diese Truppen bildeten den Grundstock für den Neuaufbau der britischen Armee sowie für eine französische Exil-Armee unter General Charles de Gaulle, die nach der alliierten Invasion am 6. Juni 1944 entscheidenden Anteil an der Befreiung Frankreichs haben sollte.

Am 20. Mai erreichten die Panzer der Heeresgruppe B die Kanalküste.

Hitler, links neben sich Albert Speer, am 23. Juni 1940 in Paris. Hitler stand nach dem von vielen Zweiflern kaum für möglich gehaltenen „Blitzsieg" über Frankreich auf dem Höhepunkt seiner Macht. Sein Ruhm als „größter Feldherr aller Zeiten" (Gröfaz) schien in Deutschland ins Unermessliche zu steigen.

DER FALL FRANKREICHS

Mit dem Vormarsch deutscher Truppen auf die französische Verteidigungslinie entlang von Somme und Aisne begann am 5. Juni 1940 die zweite Phase der Westoffensive, denn bisher waren nur die Niederlande, Belgien (das am 28. Mai kapituliert hatte) sowie ein Teil der französischen Kanalküste in deutscher Hand.

Hunderttausende Menschen fliehen vor den herannahenden Truppen der Wehrmacht. Im Straßengraben ein zerstörter französischer Char B1-bis.

Auch die Zivilbevölkerung hatte hohe Opfer zu beklagen: ein französischer Ort nach der Einnahme durch deutsche Truppen.

Noch war die Masse der französischen Streitkräfte kampffähig, denn bisher hatte das französische Heer erst ungefähr 10 % seiner Gesamtstärke durch Kämpfe, Gefangennahme oder durch die Evakuierung aus Dünkirchen verloren. General Weygand stellte eine neue Abwehrfront entlang der Somme und Aisne („Weygand-Linie") auf.

Doch auch diese Verteidigungsstellung wurde von den deutschen Truppen durchbrochen. Die beiden Heeresgruppen A und B stießen weiter in Richtung Süden vor. Nach dem Durchbruch durch die Weygand-Linie gelang es den Franzosen nicht mehr, eine neue geschlossene Abwehrfront aufzubauen. Massive Angriffe der Luftwaffe und durch riesige Flüchtlingstrecks verstopfte Straßen verhinderten einen geordneten Rückzug der französischen Truppen.

Die deutschen Truppen schwenkten nun nach Südosten in Richtung Schweizer Grenze. Zugleich begann die Heeresgruppe C unter Wilhelm Ritter von Leeb mit einer Offensive gegen die Maginot-Linie.

Nach dem Durchbruch durch die „Weygand-Linie" gelang es den Franzosen nicht mehr, eine geschlossene Abwehrfront aufzubauen. Die Armee zeigte Auflösungserscheinungen, und immer häufiger wurden Panzer und Stellungen, wie dieser unversehrte AMD-178-Panzerwagen, einfach verlassen.

Französische Soldaten ergeben sich deutschen Panzertruppen.

Ein brennender französischer FT-17.

Die Masse der noch vorhandenen französischen Truppen wurde dadurch in Ostfrankreich eingekesselt. Und der französische Widerstand war nunmehr endgültig gebrochen, auch feste Fronten von größerer Ausdehnung gab es nicht mehr.

Am 14. Juni fiel das zur „offenen Stadt" erklärte (um seine Zerstörung zu verhindern) Paris kampflos in deutsche Hand. Am 10. Juni 1940 war Italien auf Seiten Deutschlands in den Krieg eingetreten und begann eine Offensive im Süden. Die französische Regierung war gespalten, und ein Großteil des Kabinetts plädierte für ein Ende des Kampfes. Regierungschef Reynaud hingegen wollte den Krieg unbedingt fortsetzen, zur Not sogar in einer Staatenunion mit Großbritannien, wie ihm der neue britische Premierminister Winston Churchill am 16. Juni vorschlug. Doch Reynaud fand keine Mehrheit, daher trat er am 16. Juni zurück. Sein Nachfolger Petain unterbreitete dem Deutschen Reich am 17. Juni ein Waffenstillstandsangebot, das am 22. Juni im Wald von Compiègne von dem deutschen Chef des OKW, Wilhelm Keitel, und dem französischen General Charles Huntziger unterzeichnet wurde – an genau dem gleichen Ort und im gleichen Eisenbahnwagon, in dem eine deutsche Delegation dies 22 Jahre zuvor unter umgekehrten Vorzeichen tun musste.

Frankreich wurde aufgeteilt. Der Norden und der Westen blieben von den Deutschen besetzt und dienten als Ausgangsbasis für einen Schlag gegen Großbritannien sowie für die Seekriegsführung. Der Süden des Landes blieb offiziell unabhängig und durfte seine Überseekolonien behalten, war faktisch jedoch ein deutscher Marionettenstaat. Die französische Regierung unter Petain verlegte ihren Sitz in den kleinen Kurort Vichy, dessen Namen das Regime dann auch erhielt („Vichy-Regierung").

Verlassene französische Panzer des Typs FT-17.

Panzer der Wehrmacht dringen in eine französische Stadt ein.

Eine 10,5-cm-Feldhaubitze unterstützt den deutschen Vormarsch.

Ju 87 Stukas zerschlagen Kolonnen flüchtender Zivilisten und Soldaten. Ihr ohrenbetäubendes Kreischen beim Sturzflug verbreitet Furcht und Schrecken.

Hitler genoss nach diesem Sieg innenpolitisch ungeheures Ansehen. Der Chef des OKW, Wilhelm Keitel, sagte gar: „Mein Führer, Sie sind der größte Feldherr aller Zeiten!" Ein Begriff, der später – als diese Zeit der Siege nur noch eine Erinnerung war – zu „Gröfaz" verballhornt wurde. Im Siegestaumel vergaß man in Deutschland fast die Opfer dieses Feldzuges: Von den rund 27.000 deutschen Toten, den 18.400 Vermissten und den 111.000 Verwundeten während der Westoffensive sprach kaum jemand. Hinlänglich erwähnt wurden dagegen die 92.000 Gefallenen und 200.000 Verwundeten, die Frankreich zu beklagen hatte, sowie die fast 2 Millionen alliierten Soldaten, die mitsamt ihrer Ausrüstung in deutsche Hände gerieten.

Immer mehr französische Soldaten geraten in Gefangenschaft.

Im gleichen Eisenbahnwagen, in dem Deutschland 1918 nach verlorenem Krieg die Waffenstillstandsvereinbarung unterzeichnen musste, müssen dies am 22. Juni 1940 nun auch die Franzosen tun.

Am 14. Juni 1940 fällt Paris. Die deutschen Truppen marschieren ohne Gegenwehr in die Stadt ein.

R-35, ein gut gepanzerter, jedoch sehr langsamer Panzer zur Infanterieunterstützung. Zwei Mann Besatzung, kurze 37-mm-Kanone und ein MG im Turm.

Char B1-bis, der schwerste und bestgeschützte (bis 60 mm Panzerung) französische Panzer, jedoch langsam. 47-mm-Kanone und ein MG im Turm, eine 75-mm-Haubitze in der Wanne.

H-39: dem R-35 sehr ähnlich, jedoch mit einer etwas leistungsfähigeren 37-mm-Kanone.

S-35, der wohl beste französische Panzer: beweglich, angemessen gepanzert und mit einer starken 47-mm-Kanone und einem MG im Turm bewaffnet.

DIE ARMEEN DER GEGNER

Die Kräfte der gegnerischen Armeen waren im Mai 1940 auf dem Papier annähernd ausgeglichen. Die Wehrmacht trat mit 136 Divisionen an, die alliierten Streitkräfte bestanden aus 135 Divisionen. Während die Alliierten über mehr Panzer verfügten (rund 3.600 im Gegensatz zu ca. 3.000 deutschen), war die Luftwaffe den alliierten Luftstreitkräften klar überlegen. Dies jedoch weniger in der Quantität (rund 2.500 deutsche Flugzeuge gegenüber etwa 2.400 alliierten) als vielmehr in der Qualität, denn die Maschinen der Luftwaffe waren wesentlich moderner als die ihrer Gegner. Die Wehrmacht brachte es fertig, die Westoffensive in nur rund sechs Wochen erfolgreich zu beenden. Verantwortlich dafür waren – neben dem strategischen Fehler der Alliierten, den „Sichelschnitt"-Plan nicht zu durchschauen – vor allem die deutsche „Blitzkrieg"-Taktik, die auf starken Panzerverbänden beruhte, welche mit massiver Luftunterstützung vorstießen, sowie die Überlegenheit im Bereich der Führung und Kommunikation. Generäle wie der „Panzergeneral" Guderian und Rommel führten ihre Truppen von der vordersten Front aus und besaßen einen direkten Überblick über das Kampfgeschehen, während die meisten alliierten Kommandeure ihre Truppen in traditioneller Weise von weit hinter der Front befehligten. Praktisch alle Panzer der Wehrmacht waren mit Funk ausgerüstet, was ihnen im Gefecht einen nicht zu unterschätzenden Vorteil verschaffte. Auf alliierter Seite war

Panzerkampfwagen (Pz.Kpfw.) II Ausf. F, ein leicht gepanzertes, wendiges Fahrzeug mit einer 20-mm-Kanone und einem MG.

Pz.Kpfw. 38(t) Ausf. E, ein ursprünglich tschechisches Fahrzeug mit 37-mm-Kanone und zwei MG. Einer der besten leichten Panzer der Wehrmacht.

dies jedoch eher die Ausnahme. Zusätzlich befand sich in allen französischen Panzern ohne Ausnahme nur ein Mann im Turm, der das Fahrzeug kommandieren, Ziele suchen und die Kanone bedienen sollte – eine Aufgabe, die jeden Panzerkommandanten heillos überforderte.
In deutschen Panzern saßen hingegen zumindest zwei, meistens sogar drei Mann, wodurch sich der Kommandant auf seine eigentliche Aufgabe, nämlich die Führung des Panzers, konzentrieren konnte.
Besonders der französische Generalstab hatte für einen Krieg in der Art des Ersten Weltkrieges geplant. Die massiven Befestigungen der Maginot-Linie schützten die Grenze zum Deutschen Reich, dahinter fühlte man sich sicher. Die große Zahl an Soldaten und Ausrüstung wurde nach wie vor ganz ähnlich wie zu Zeiten des Ersten Weltkrieges eingesetzt. Der Schwerpunkt lag auf der Infanterie, die – von einzelnen Panzern und Artillerie unterstützt – den Kampf entscheiden sollte. Im Gegensatz dazu legte die Wehrmacht 1940 den Schwerpunkt auf die Panzerkriegsführung. Ihre Panzer waren in Panzerdivisionen zusammengefasst, die Infanterie in diesen Verbänden war motorisiert oder gar mit Schützenpanzerwagen ausgestattet. Jede Panzerdivision war im Grunde eine kleine Armee für sich, mit Panzer-, Infanterie-, Artillerie- sowie Pioniereinheiten; lediglich Luftunterstützung musste angefordert werden.

Pz.Kpfw. III Ausf. F. Diese Ausführung des Pz.Kpfw. III war erst im Mai 1940 zur Truppe gekommen und verfügte über eine 50-mm-Kanone und zwei MG. Wohl der damals beste Panzer der Wehrmacht

Pz.Kpfw. IV Ausf. E, der schwerste deutsche Panzer, 75-mm-Kanone im Turm, zusätzlich zwei MG. Jedoch wie alle deutschen Panzer 1940 nur relativ schwach gepanzert (max. 30 mm).

Die Luftschlacht um England

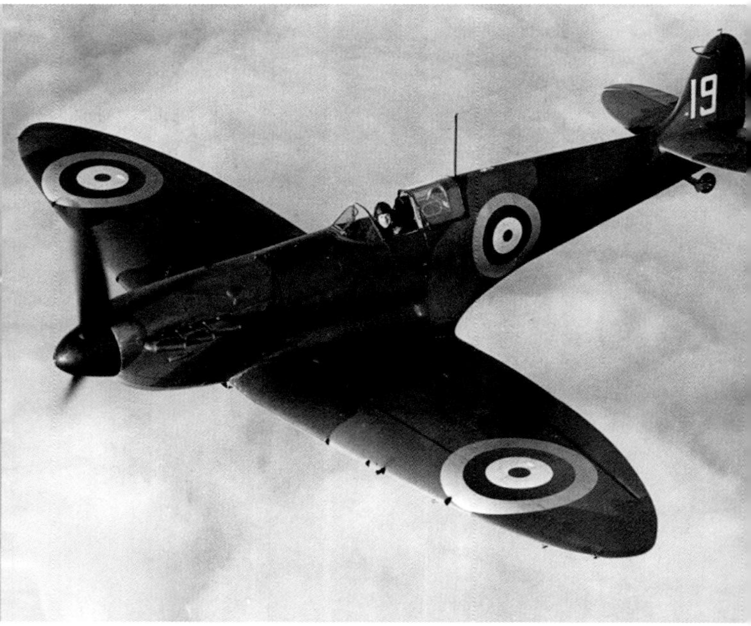

Hurricane Mk. I.

Spitfire Mk. I.

Die Maschinen der Royal Air Force waren 1940 mindestens ebenso gut wie die der Luftwaffe. Hurricane Mk. I waren während der Luftschlacht um England die Hauptstütze des Fighter Command. 32 Geschwader waren mit diesem Typ ausgerüstet, nur 19 mit Spitfire.

GROSSBRITANNIEN ALLEIN

„Wir werden an den Stränden kämpfen, wir werden auf den Landeplätzen kämpfen, wir werden auf den Feldern und auf den Straßen kämpfen, wir werden auf den Bergen kämpfen; wir werden uns niemals ergeben!"

Der britische Premierminister Winston Churchill in einer Rede vor dem Unterhaus, 4. Juni 1940.

Nach Unterzeichnung des Waffenstillstands durch die französische Regierung standen Großbritannien und das Empire allein da. Hitler und das Deutsche Reich hielten halb Europa besetzt, dazu kam auch noch Italien, das am 10. Juni 1940 auf Seiten Deutschlands in den Krieg eingetreten war. Großbritannien war nun mehr der einzige größere europäische Staat, der Hitlers Hunger nach Macht noch entgegentrat. Doch die Lage im Vereinigten Königreich war alles andere als hoffnungsvoll: Zwar konnte ein großer Teil der britischen Truppen aus Frankreich evakuiert werden, doch hatte man dort alle Ausrüstung zurücklassen müssen. Das britische Heer verfügte im Sommer 1940 nur noch über eine recht geringe Anzahl an Panzern, Artillerie und Fahrzeugen – nicht einmal schwere Maschinengewehre waren in ausreichender Zahl verfügbar. Eine Neuausstattung der Verbände brauchte Zeit. Es gab daher nicht wenige, die den Krieg bereits für verloren hielten, wozu auch die Soldaten des britischen Expeditionskorps, die sich aus Frankreich retten konnten, gehörten. Sie hatten erlebt, wie sie die Wehrmacht buchstäblich ins Meer getrieben hatte. Nicht ganz zu Unrecht vertraten sie deshalb die Meinung, seien deutsche Invasionstruppen erst einmal gelandet, könne man ihnen wohl nichts mehr entgegensetzen. Auch hochrangige Politiker wie David Lloyd George (Regierungschef während des Ersten Weltkrieges) und Chamberlain sahen die Situation ähnlich und plädierten für einen Friedensvertrag. Aus Berlin hörte man ebenfalls, dass Hitler zu einem Frieden bereit sei. Doch Chamberlain war im Mai 1940 als Regierungschef abgelöst worden. Sein Nachfolger als Premierminister, Winston Churchill, war aus einem

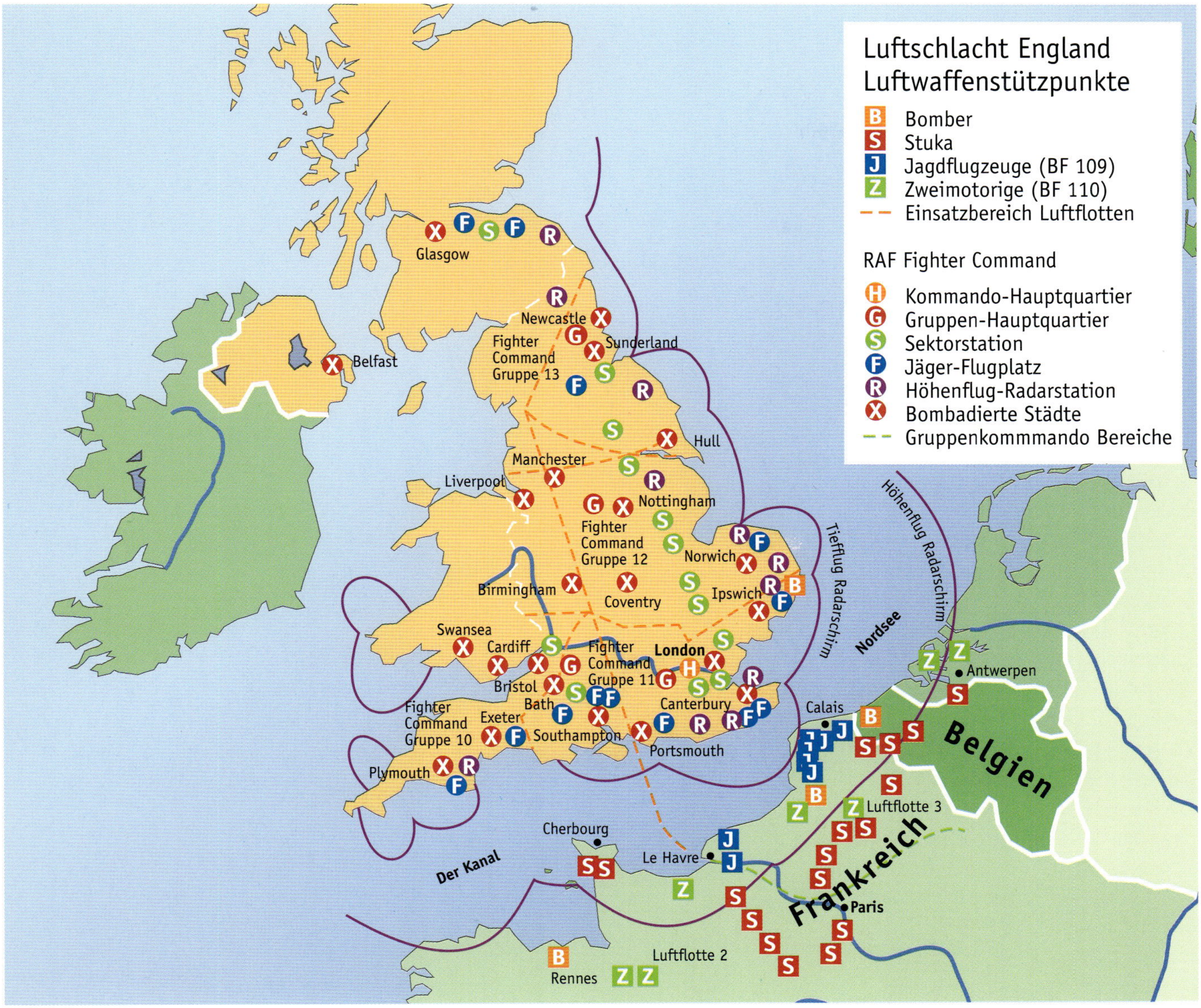

ganz anderen Holz geschnitzt und hatte eine entschiedene Meinung zu einem Friedensvertrag mit dem Deutschen Reich. Schon in seiner Rede zum Kriegseintritt Großbritanniens am 3. September 1939 hatte Churchill sehr deutlich gemacht, was er von den Nationalsozialisten hielt: „Dies ist nicht eine Frage des Kampfes für Danzig oder Polen. Wir kämpfen, um eine ganze Welt von der Pest der Nazi-Tyrannei zu befreien und zur Verteidigung all dessen, was den Menschen am heiligsten ist."

Ein Friedensvertrag mit Hitler wäre für Churchill ein Pakt mit dem Teufel gewesen. Zugleich war ihm klar, dass die Lage nicht ganz so hoffnungslos war, wie viele sie empfanden, denn die Briten besaßen einen unschätzbaren strategischen Vorteil: ihre Insellage. Um England zu erobern, musste die Wehrmacht zwangsläufig den Ärmelkanal überqueren. Dabei wäre sie den Angriffen der Royal Navy sowie den Fliegern der Royal Air Force ausgesetzt gewesen, und diese beiden Teilstreitkräfte waren in weitaus besserer Verfassung als das Heer. Die Royal Navy galt noch immer als eine der schlagkräftigsten Flotten der Welt, während sich die deutsche Kriegsmarine von ihren schmerzlichen Verlusten im Norwegenfeldzug noch nicht erholt hatte.

Dennoch war Großbritannien allein, und dies sollte auch noch gut ein Jahr lang so bleiben. Die Insel stellte das letzte Hindernis für Hitler auf seinem Weg zur Herrschaft in West- und Mitteleuropa dar und war dementsprechend wichtig. Wäre Großbritannien ausgeschaltet, wären auch die USA nicht mehr in der Lage, die dominierende Rolle Deutschlands in Europa und damit in der Welt zu beenden. Vom Ausgang des kommenden Kampfes würde also viel abhängen.

Churchill beim Besuch von Verteidigungsstellungen an der Nordostküste Englands im Herbst 1940.

Chamberlain hatte im Frühjahr 1940 aufgrund seiner verfehlten Beschwichtigungspolitik das Vertrauen des Parlaments und der Wähler verloren. Nun schien Churchill der richtige Mann zu sein. Am 10. Mai 1940 – dem Tag, an dem der deutsche Angriff im Westen begann – bildete er unter Einschluss der Labour-Partei eine Allparteienregierung. Er selbst übernahm neben dem Amt des Premiers auch das des Kriegsministers.

Mit großem rhetorischen Geschick und unbändiger Energie bewegte er die Briten und stärkte ihren Durchhaltewillen, obwohl selbst einige seiner Kabinettsmitglieder im Sommer 1940 für einen Frieden mit Deutschland plädierten. In seiner ersten Rede als Premierminister versprach Churchill seinen Landsleuten „nichts als Blut, Mühsal, Tränen und Schweiß" und stellte fest, dass der „Krieg gegen eine monströse Tyrannei, wie sie nie übertroffen worden ist im finsteren Katalog der Verbrechen der Menschheit", nur mit einem „Sieg um jeden Preis" beendet werden dürfe. Deshalb ignorierte er auch das „Friedensangebot", das Hitler am 19. Juli machte. Churchill schaffte es, Durchhaltewillen und die Überzeugung, dass ein Frieden mit Hitler eine Niederlage wäre, im britischen Volk wachzurufen und ihm zugleich Zuversicht zu vermitteln. Seine Unbeugsamkeit und Beharrlichkeit im Kampf gegen die Terrorherrschaft des Nationalsozialismus machten letztendlich Churchills Größe aus.

Der britische Historiker Arnold J. Toynbee fasste dies nach dem Krieg wie folgt zusammen: „Ohne Churchill läge die Welt heute in Ketten." Aus britischer Sicht war dies sicherlich so.

WINSTON CHURCHILL

Sir Winston Leonard Spencer Churchill (1874–1965) gilt als bedeutendster britischer Staatsmann des 20. Jahrhunderts. Zweimal bekleidete er das Amt des Premierministers und führte Großbritannien durch den Zweiten Weltkrieg. Zuvor hatte er bereits mehrere Regierungsämter innegehabt, u. a. das des Ersten Lords der Admiralität sowie das des Innen- und des Finanzministers. Seine scharfe Ablehnung der Appeasement-Politik brachte ihm den Ruf eines Kriegstreibers ein. Erst seit der Besetzung der Rest-Tschechei 1939 fand Churchill wieder zunehmend Gehör. Der Ausbruch des Zweiten Weltkrieges brachte den langjährigen Warner vor der Aggressivität Hitlers zurück in die aktive Politik. Von Premierminister Chamberlain wurde er zum zweiten Mal nach 1911 zum Ersten Lord der Admiralität berufen. Als solcher plante er die Besetzung Norwegens, um das Deutsche Reich von schwedischen Erzlieferungen abzuschneiden, wobei ihm allerdings Hitler zuvorkam.

DAS UNTERNEHMEN „SEELÖWE“

Die Bedeutung Großbritanniens war auch Hitler bewusst. Zur Verwirklichung seines Vorhabens, Deutschland eine Vormachtstellung in Europa und in der Welt zu verschaffen, war eine Einigung – ein Friedensvertrag mit Großbritannien oder seine Eroberung – unbedingt notwendig. Da mit einem Frieden unter Churchill nicht zu rechnen war, begannen die Planungen für eine Invasion der britischen Inseln.

Im Juli 1940 wurde als der Termin für dieses „Seelöwe“ genannte Unternehmen der 15. September bestimmt.

Die abschließenden Planungen sahen Landungen auf breiter Front sowie Luftlandeunternehmen im großen Stil vor. Die Kriegsmarine verfügte jedoch nicht über ausreichenden Schiffsraum, geschweige denn über geeignete Fahrzeuge für eine solche amphibische Landung. So wurden in Deutschland und in den besetzten Gebieten annähernd 4.000 Schiffe und Boote jeder Art requiriert, vom riesigen Frachter bis zum kleinen Fischerboot. Selbst Flusskähne und kleine Binnenschiffe sollten dem Truppentransport dienen. Angesichts dieser bunt zusammengewürfelten, improvisierten Flotte, die nun in den Kanalhäfen lag, war Hitler und dem OKW klar, dass eine Landung erst gelingen konnte, wenn die britische Marine und die Luftstreitkräfte ausgeschaltet waren. Die Kriegsmarine sah sich dazu jedoch nicht in der Lage. Göring aber versprach vollmundig, seine Luftwaffe werde die Royal Air Force (RAF) bis Mitte September zerschlagen.

HERMANN GÖRING

Göring (1893–1946) war während des Ersten Weltkrieges ein hoch dekorierter und erfolgreicher Jagdflieger, u. a. kommandierte er nach dem Tod des legendären Manfred von Richthofen dessen Staffel weiter.

1922 schloss sich Göring der NSDAP an und wurde ein enger Weggefährte Hitlers. Beim misslungenen Putschversuch Hitlers von 1923 wurde Göring verwundet. Gegen seine Schmerzen erhielt er Morphium, was zu einer lebenslangen Morphiumabhängigkeit führte. Nach der Machtergreifung 1933 wurde Göring Preußischer Innenminister und war maßgeblich an der Verfolgung politischer Gegner beteiligt. 1935 übernahm er die Führung der neu geschaffenen Luftwaffe.

Göring geriet während des Krieges vor allem wegen seines opulenten Lebensstils und seiner großspurigen, aber unhaltbaren Versprechen in die Kritik. Die Verantwortung versuchte er jedoch auf andere abzuwälzen – so warf er nach der gescheiterten Luftschlacht um England seinen Piloten vor, sie seien feige und unfähig gewesen. In den Augen des Volkes geriet Göring zusehends zur Witzfigur, besonders nachdem er hatte verlauten lassen, er wolle Meier heißen, falls feindliche Bomber über Berlin auftauchten. Die Realität holte ihn in diesem Punkt bald ein.

Am 8. Mai 1945 wurde Hermann Göring von der US-Armee gefangen genommen und war einer der Hauptangeklagten bei den Nürnberger Prozessen. Seiner Hinrichtung entzog er sich, indem er wenige Stunden vor der Exekution am 15. Oktober 1946 Gift nahm.

Ein Flugzeugführer der Luftwaffe vor seiner Messerschmidt Bf 110. Die Luftwaffe und ihre Piloten waren im Juli 1940 zuversichtlich, auch die mächtige RAF besiegen zu können.

DIE LUFTSCHLACHT

Die meisten Historiker legen den Zeitraum der Luftschlacht um England vom 10. Juli bis 31. Oktober 1940 fest, da ab dann Tagesangriffe im größeren Stil ausblieben. Andere Fachleute bezeichnen erst den Abzug der deutschen Luftwaffeneinheiten für die Operation „Barbarossa" im Mai 1941 als Endpunkt der Luftschlacht. Der Zeitraum lässt sich in mehrere Phasen unterteilen, in denen die Luftwaffe jeweils andere Ziele angriff.

Göring hatte während der Luftschlacht um England drei Luftflotten zur Verfügung, von denen die größte, Luftflotte 2, in Belgien und Nordfrankreich stationiert war. Im Nordwesten Frankreichs lag die Luftflotte 3. Die Luftflotte 5 schließlich war in Dänemark und Norwegen stationiert und sollte Ziele im Norden Englands und in Schottland attackieren.

Die Jagdflieger der Royal Air Force, das Fighter Command, wurden von Sir Hugh Dowding befehligt, der die Struktur des Command in den Jahren vor 1940 reformiert hatte.

Die britischen Inseln waren in vier Sektoren aufgeteilt, die jeweils von einem Gruppenkommando verteidigt wurden. Entlang der Süd- und Ostküste, von Land's End in Cornwall bis hinauf nach Schottland, waren zahlreiche Radarstationen errichtet worden, welche die Gruppenkommandos frühzeitig über herannahende feindliche Maschinen informierten. Zusätzlich war noch ein so genanntes Observation Corps (Beobachtungskorps) gebildet worden, dessen Mitglieder auf ganz traditionelle Art den Himmel beobachteten und anschließend per Funk oder Telefon berichteten. Diese beiden Elemente bildeten ein gut funktionierendes Frühwarnsystem, das Dowding half, seine immer noch spärlichen Ressourcen an Spitfire- und Hurricane-Jagdmaschinen dort einzusetzen, wo es am nötigsten war.

Radarmasten wie dieser zogen sich entlang der englischen Süd- und Ostküste und erfassten jedes sich nähernde Flugzeug. Die Luftwaffe griff diese Radaranlage jedoch nur in der ersten Phase der Luftschlacht an.

RADAR

Radar steht für Radio Detection and Ranging (deutsch etwa: Entdeckung und Entfernungsmessung mittels Funkwellen). Schon Ende des 19. Jahrhunderts hatte man festgestellt, dass die damals neu entdeckten Funkwellen von metallischen Gegenständen reflektiert wurden, aber erst in den 1930er-Jahren begannen Forschungen um dieses Phänomen zur Erkennung und Standortbestimmung von Schiffen und Flugzeugen einzusetzen. Besonders in Großbritannien und Deutschland waren diese Arbeiten bei Kriegsausbruch schon weit fortgeschritten. Bereits 1937 begann man, an der Süd- und Ostküste der britischen Insel eine Kette von Radarstellungen, die „Chain Home", zu installieren, die ab Karfreitag 1939 einsatzbereit waren. Diese rund 60 m hohen, an Hochspannungsmasten erinnernden Radarantennen und ein weiteres, „Chain Home Low" genanntes System zur Entdeckung von Tieffliegern erwiesen sich während der Luftschlacht als wichtiger Vorteil des Fighter Command, da die Angriffe rechtzeitig erkannt und die Verteidigung besser koordiniert werden konnte.

Dank der Initiative Churchills und des neuen Luftfahrtministers Lord Beaverbrook verfügte die RAF im Sommer und Herbst 1940 über ausreichend moderne Jäger wie diese Spitfire.

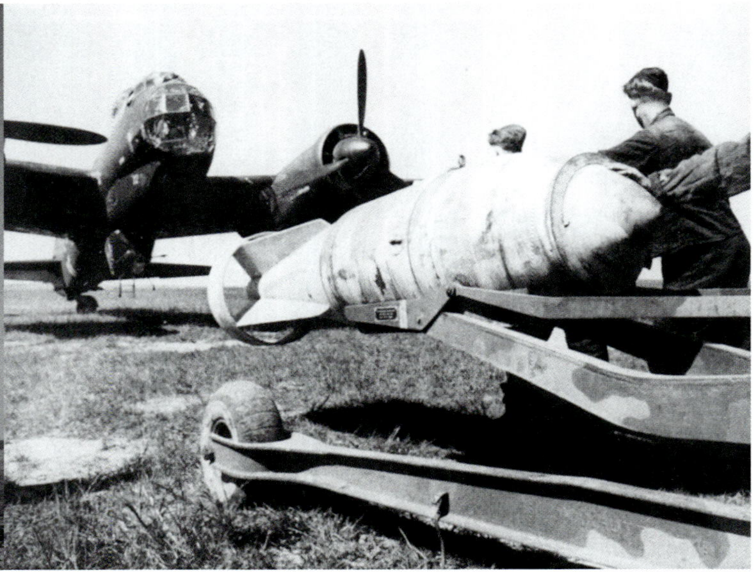

Eine Ju 88A-4 wird für einen Angriff auf England mit 500-kg-Bomben beladen.

Ein großer Vorteil des Fighter Command war, dass seine Piloten über ihrem eigenen Territorium kämpften. Sollten sie abgeschossen werden, sich aber per Fallschirm retten können, stünden sie bald wieder im Einsatz. Deutsche Piloten würden in einer solchen Situation in Gefangenschaft geraten und wären damit für ihre Staffeln verloren. Seit Kriegsbeginn war auch die Produktion der lebenswichtigen Hurricane- und Spitfire-Jäger beschleunigt worden, sodass im Sommer 1940 pro Monat über 400 Maschinen dieses Typs ausgeliefert wurden, allerdings auf Kosten der Fertigung anderer Typen. So waren beispielsweise Schulmaschinen derart knapp, dass die Pilotenausbildung litt. Überhaupt sollte sich der Ersatz gefallener Piloten mit qualifizierten Flugzeugführern für das Fighter Command während der Luftschlacht um England als großes Problem erweisen.

Zwar kämpften auch viele tschechoslowakische, polnische und Commonwealth-Piloten in den Reihen des Fighter Command, doch ob dies alles ausreichen würde, um gegen die sieggewohnte deutsche Luftwaffe zu bestehen, die bisher den Luftstreitkräften sechs anderer Nationen Niederlagen beigebracht hatte?

Zunächst konzentrierte sich die Luftwaffe recht erfolgreich auf den Angriff auf Konvois im Ärmelkanal und in der Themsemündung sowie auf Marinebasen, zudem wurden nachts Ziele im Landesinneren bombardiert. Ab 12. August begannen Angriffe auf Radarstationen und Flugplätze des Fighter Command in ganz England. Am so genannten Adlertag, dem 13. August, sollte dem Fighter Command seitens der Luftwaffe bereits der Todesstoß versetzt werden, doch schlechtes Wetter zwang zum vorzeitigen Abbruch der Einsätze.

Britische 9,4-cm-Flak feuern auf Bomber der Luftwaffe.

In Großbritannien befürchtete man auch den Einsatz von Gas, weswegen im großen Stil entsprechende Schutzmasken ausgegeben wurden.

Am 15. August schließlich begann die intensivste Phase der Kämpfe. An jenem Tag flog die Luftwaffe über 2.000 Einsätze gegen Großbritannien.

Das erste und einzige Mal nahmen alle drei Luftflotten gleichzeitig an einem Angriff teil. Die Luftflotte 5, welche Ziele im Norden bombardierte, erlitt jedoch sehr schwere Verluste, da sie so weit von ihren Basen entfernt operieren musste, dass dies die Reichweite der Bf-109-Begleitjäger überstieg. Die zweimotorige Bf 110 verfügte zwar über die notwendige Reichweite, war jedoch den einmotorigen Jägern der Briten eindeutig unterlegen und hatte selbst hohe Verluste zu verzeichnen. Die Luftflotte 5 konnte sich während der gesamten Luftschlacht nicht mehr von diesen Verlusten erholen. Doch die Luftwaffe setzte ihre Angriffe unvermindert fort. Der 15. August 1940 brachte für beide Seiten die höchsten Verluste während der gesamten Schlacht. Am Abend hatte die Luftwaffe 79 Maschinen und 190 Mann verloren, die RAF büßte 34 Jäger ein, hatte aber nur 13 gefallene Piloten zu beklagen. Auch die nächsten Tage über gingen die Kämpfe mit unverminderter Härte weiter. Obwohl keine Seite einen eindeutigen Vorteil erringen konnte, waren die Verluste der Luftwaffe doch höher als die der RAF. Die RAF konnte zwar problemlos ihre verlorenen Jagdflugzeuge ersetzen, besaß dafür aber immer weniger erfahrene Piloten. Rund die Hälfte der Flugzeugführer hatte zuvor noch niemals einen Kampfeinsatz geflogen.

Aber auch die Luftwaffe spürte nun die Verluste der letzten Wochen. Göring traf daher einige schwer wiegende Entscheidungen. So zog er die Junkers-Ju-87-Gruppen aus dem Kampf ab, da diese hohe Verluste erlitten hatten. Damit verlor die Luftwaffe aber gleichzeitig auch einen Großteil ihrer Fähigkeiten zu Präzisionsangriffen. Göring veranlasste aufgrund der hohen Verluste an Bf 110 ebenfalls, dass dieser Typ nur noch dann eingesetzt werden sollte, wenn es absolut notwendig sei. Zudem stoppte er auch die Angriffe auf Radarstationen, da er diese Attacken als

Zunächst flogen die Kampfgeschwader der Luftwaffe Tagesangriffe auf Fliegerhorste und Flugzeugwerke.

wirkungslos ansah – ein entscheidender Fehler, denn die RAF war bei Luftwaffenangriffen bestens vorgewarnt.

Ab dem 24. August änderte die Luftwaffe ihre Taktik erneut. Da eine Hauptursache der hohen Verluste der fehlende Begleitschutz durch Bf 109 war, konzentrierte man die Angriffe nun auf Flugfelder und Flugzeugwerke in Südengland, das innerhalb der Reichweite dieser Maschinen lag. Und tatsächlich geriet das Fighter Command nun in schwere Bedrängnis. Die Luftwaffe schien dem Sieg nahe. Jedoch waren die für die RAF angenommenen Verluste fehlerhaft und von der deutschen Propaganda verzerrt. Viele der als Totalverlust gezählten Maschinen waren tatsächlich nur beschädigt und die wertvollen Piloten noch am gleichen Tag wieder einsatzbereit. Die deutsche Aufklärung versagte auf der ganzen Linie, und seitens der deutschen Führung entstand die Ansicht, dass die RAF de facto nicht mehr einsatzfähig sei. Göring ließ verlauten, die RAF könne höchstens noch über 50 Spitfire verfügen. Tatsächlich war der Bestand an einsatzbereiten Jagdmaschinen (Hurricane und Spitfire addiert) jedoch zu keiner Zeit geringer als 600.

Während über England Luftkämpfe tobten und das Fighter Command um das Überleben rang, war auch das Bomber Command der RAF nicht untätig und flog Nachtangriffe auf Italien und das Deutsche Reich. So auch auf Berlin, denn am 24. August hatten deutsche Bomber erstmals auch Londons Außenbezirke bombardiert. Göring (der noch kurz zuvor erklärt hatte: „Ich will Meier heißen, wenn auch nur ein feindliches Flugzeug über der Reichshauptstadt erscheint!“) und der Führer waren außer sich. Hitler befahl Angriffe auf englische Städte bei Tag und Nacht. „Wenn die britische Luftwaffe 2-, 3- oder 4.000-kg-Bomben wirft, dann werfen wir eben in einer Nacht 150, 180, 230, 300, 400.000 kg. Wir werden ihre Städte ausradieren“, erklärte er. Hitler befahl am 4. September, London und andere Großstädte zum Hauptziel der Offensive zu machen.

So starteten am Sonntag, dem 7. September 1940, rund 350 Bomber, die von über 600 Jägern begleitet wurden, zu einem Großangriff auf die Docks im Osten Londons. Während der Nacht flogen dann fast 320 Bomber erneut dieses Ziel an. Sie richteten dort schwere Schäden an, vor allem in den ärmeren Wohngegenden. Die RAF verlor an jenem Tag 28 Maschinen, die Luftwaffe 41. Über die nächsten Tage und Wochen hinweg wurden die Angriffe mit unverminderter Intensität fortgesetzt. Am 15. September erreichten die Kämpfe ihren vorläufigen Höhepunkt: Der RAF gelang der Abschuss von 60 Maschinen der Luftwaffe bei 26 eigenen Verlusten.

Offenkundig war die Luftherrschaft über Großbritannien noch lange nicht errungen. Britische Bomber attackierten die improvisierte deutsche Invasionsflotte beinahe täglich und fügten ihr beständig hohe Verluste zu. Auch der Einsatz eines zusätzlichen italienischen Verbandes aus 178 Bombern und Jägern ab Mitte September vermochte die Waagschale nicht zu Gunsten der Achsenmächte zu neigen. Am 17. September verschob Hitler die Operation „Seelöwe“ auf unbestimmte Zeit. Am 12. Oktober verlautbarte Generalfeldmarschall Keitel: „Der Führer hat beschlossen, dass ab heute bis zum Frühjahr (1941) die Vorbereitungen zu ‚Seelöwe‘ nur zu dem Zweck fortgeführt werden sollen, um England politisch und militärisch weiterhin unter Druck zu setzen“.

Bis zum 29. Oktober wurden die Tagesangriffe im großen Stil auf London mit schweren Verlusten für beiden Seiten weitergeführt, danach konzentrierte sich die Luftwaffe auf Nachtangriffe, um die hohen Verluste an Bombern zu verringern. Vereinzelte Angriffe kleinerer Gruppen von Bombern und Jagdbombern wurden jedoch auch weiterhin geflogen. Die Nachtangriffe wurden in unterschiedlicher Intensität bis Mai 1941 weitergeführt. Dann wurde die Mehrzahl der Luftwaffengeschwader für den Überfall auf die Sowjetunion in den Osten verlegt.

Auch Wohnviertel werden massiv getroffen.

7. September 1940: Die Londoner Docks brennen.

Über 3 Millionen Kinder wurden während der Luftangriffe aus den Städten evakuiert und auf dem Land untergebracht.

Während der nächtlichen Angriffe suchten viele Bewohner Londons Schutz in den Stationen der U-Bahn.

Um effektive Nachtangriffe fliegen zu können, wurde seitens der Luftwaffe das „Knickebein"-Funknavigationssystem entwickelt, das im Grunde aus zwei gebündelten Radiostrahlen bestand, die zum einen aus Norddeutschland und zum anderen aus Nordfrankreich gesendet wurden und sich über dem Abwurfgebiet kreuzten. Als man ein solches Empfangsgerät an Bord einer in England notgelandeten He 111 fand und untersuchte, konnten jedoch erfolgreiche Gegenmaßnahmen eingeleitet werden, indem man Störsignale sendete, die das System unbrauchbar machten.

Die Angriffe der Jahre 1940/41 wurden von den Briten wohl wegen der sehr kurzen Vorwarnzeiten „Blitz" genannt. Es kam zu hohen Verlusten unter der Zivilbevölkerung. Praktisch Nacht für Nacht mussten die Menschen Schutz vor den anfliegenden Bombern suchen, und Nacht für Nacht gerieten Familien ins Visier der deutschen Bomber. Der Luftkrieg nahm immer mehr den Charakter eines Terror- und Zermürbungskrieges an. Die Feuerwehrmänner kamen mit dem Löschen nicht nach, und in den Städten entstanden verheerende Brände. Da es nicht genügend Schutzräume gab, flüchteten sich z. B. viele Londoner in die Schächte der U-Bahn. Zahlreiche Briten bauten auch improvisierte Schutzräume in ihren eigenen Gärten.

Obwohl London das Hauptziel der Angriffe war, waren auch andere Städte Großbritanniens betroffen. Insbesondere die großen Hafenstädte an der Westküste und die Industriezentren waren Ziele der Bomber.

Coventry, eine mittelenglische Industriestadt, traf es besonders schlimm. Am Abend des 14. November 1940 begannen 449 deutsche Bomber ihr Zerstörungswerk. In mehreren Wellen überflogen sie bis zum Morgen des nächsten Tages Coventry und warfen dabei rund 420 t Spreng- und Brandbomben über der Stadt ab. 572 Menschen kamen ums Leben, Zehntausende wurden obdachlos. Fast das gesamte Zentrum der Stadt mitsamt der mittelalterlichen Kathedrale wurde dem Erdboden gleichgemacht. Eigentliches Ziel waren jedoch die Rüstungsbetriebe der Stadt, z. B. Rolls Royce, die dort Flugzeugmotoren herstellten. Doch die Schäden an den Fabriken waren nur gering, und innerhalb kurzer Zeit hatten diese ihre alte Kapazität wieder erreicht. Hätte die Luftwaffe ihre Angriffe in den nächsten Nächten fortgesetzt, hätte es vielleicht anders ausgesehen, doch Göring war der Überzeugung, die Stadt ausgelöscht zu haben. Propagandaminister Goebbels prägte daraufhin den Begriff „coventrieren", der das Vernichten einer Stadt durch die Luftwaffe bedeuten sollte.

Die Kathedrale von Coventry nach dem Angriff der Luftwaffe.

Waren die Verluste der Luftwaffe bei Nachteinsätzen zunächst recht gering, so stiegen sie mit dem Zulauf neuer und besserer Nachtjäger bei der Royal Air Force im Lauf des Winters 1940/41 immer mehr an. Dennoch führte die Luftwaffe unbeirrt ihre Angriffe fort. Bei einem letzten Großangriff auf London in der Nacht vom 10. auf den 11. Mai wurden noch einmal mehr als 1.400 Menschen getötet und 16 deutsche Bomber abgeschossen. Obwohl es in den vorhergehenden Monaten nicht gelungen war, die Moral der Bevölkerung zu brechen, atmeten die Briten doch auf, als im Lauf des Mai 1940 die Angriffe merklich nachließen, da die Bomber der 2. und 3. Luftflotte abgezogen wurden. Hitler hatte sich nun andere Ziele ausgesucht.

DAS ERGEBNIS

Von Juli 1940 bis Mai 1941 forderten die Angriffe der Luftwaffe rund 30.000 Tote und mehr als 32.000 Schwerverletzte unter der britischen Zivilbevölkerung. Während der eigentlichen Luftschlacht um England (10. Juli bis 31. Oktober 1941) verlor die RAF 1.603 Maschinen, davon 1.140 Jäger und 367 Bomber. 550 Gefallene an Flugpersonal waren zu verzeichnen.

Die Luftwaffe verlor im gleichen Zeitraum 1.789 Flugzeuge, davon 600 Bf 109 und 235 Bf 110. Bis zum Mai kamen noch einmal 311 Maschinen hinzu. Insgesamt fielen von Juli 1940 bis Mai 1941 über 2.000 Luftwaffenangehörige, rund 2.600 wurden vermisst oder waren in Gefangenschaft geraten.

Die militärischen Verluste auf beiden Seiten waren also mehr oder minder ausgeglichen – von dieser Seite her kann man deshalb nicht von einer Niederlage der Luftwaffe sprechen. Zu jener

„Nie zuvor in der Geschichte des kriegerischen Konflikts verdankten so viele so wenigen so viel."

Winston Churchill zur Luftschlacht um England, in der wenige tausend RAF-Angehörige das Land vor einem deutschen Einmarsch bewahrt hatten.

Alarm!

Die Ruhe trügt. Piloten des Fighter Command warten auf ihren nächsten Einsatz.

RAF-Personal inspiziert eine abgeschossene Ju 88 des deutschen KG 30.

Zeit nahm dies in Großbritannien auch niemand so wahr. Man hatte eher das Gefühl, noch einmal davongekommen zu sein. Allerdings muss klar gesagt werden, dass die Luftwaffe ihr gestecktes Ziel – die Vernichtung des britischen Fighter Command – nicht erreicht hatte und wohl auch nicht erreichen konnte. Die Luftschlacht endete als militärisches Patt, war aber eine politische und strategische Niederlage ersten Ranges für Hitler, dem es zum ersten Mal nicht gelungen war, einem Land seinen Willen aufzuzwingen. Die Royal Air Force hatte Großbritannien vor einer deutschen Invasion bewahrt. Und Großbritannien sollte sich über die nächsten Jahre als Schlüssel zur Niederlage des Deutschen Reiches erweisen.

Die Ursachen für das Versagen der Luftwaffe lagen u. a. in verfehlten deutschen Vorstellungen über die Möglichkeiten eines strategischen Luftkrieges und vor allem in der schlechten Einsatztaktik des deutschen Oberkommandos. Häufiger Wechsel der Ziele, mangelhafte Koordination der Angriffswellen und schließlich die Konzentration der Angriffe auf Großstädte gaben dem Fighter Command immer wieder Möglichkeiten zur Regeneration. Das Fehlen schwerer Bomber und leistungsfähiger Langstreckenbegleitjäger, die mangelhafte Aufklärung sowie das leistungsfähige und radargestützte britische Abwehrsystem waren weitere Gründe. Von großem Vorteil für die RAF erwies sich, dass ihre Piloten, wenn sie abgeschossen wurden und aussteigen konnten, am nächsten Tag schon wieder in den Einsatz gingen. Beide Seiten mussten nämlich die Erfahrung machen, dass es einfacher war, Flugzeuge als erfahrene Piloten zu ersetzen.

Die Besatzung eines-Ju-88-Geschwaders der Luftwaffe nimmt Befehle für den Angriff auf England entgegen.

DIE JÄGER

Messerschmidt Bf 109E

Der einmotorige Standardjäger der Luftwaffe während der Luftschlacht um England war die Bf 109E oder „Emil". Vorteil gegenüber der Spitfire und Hurricane war ihre gute Höhenleistung. Zudem besaß ihr Daimler-Benz-Motor eine Einspritzpumpe statt eines Vergasers, sodass auch bei negativen G-Kräften die Benzinversorgung gewährleistet blieb. Größter Nachteil der Bf 109 war ihre beschränkte Reichweite.

Spannweite/Länge	*9,87 m/8,64 m*
Geschwindigkeit	*578 km/h*
Motor	*Daimler-Benz DB 601 mit 1.200 PS (895 kW)*
Reichweite	*650 km*
Bewaffnung	*2 x 7,9-mm-MG, 2 x 20-mm-MK*

Messerschmidt Bf 110C

Dieser zweimotorige schwere Jäger mit zwei Mann Besatzung verfügte über eine angemessene Reichweite für Begleitschutzeinsätze, war aber nicht wendig genug, um gegen die britischen Jäger bestehen zu können, und erlitt daher hohe Verluste.

Spannweite/Länge	*16,29 m/12,11 m*
Geschwindigkeit	*560 km/h*
Motor	*zwei Daimler-Benz DB601 mit je 1.020 PS (750 kW)*
Reichweite	*1.300 km*
Bewaffnung	*2 x 20-mm-MK und 4 x 7,92-mm-MG, 1 x 7,92-mm-MG im hinteren Cockpit, max. 500 kg Bomben*

Supermarine Spitfire Mk. I

Die Spitfire war wendiger und agiler als die Bf 109, aber ab 6.000 m Höhe unterlegen.

Spannweite/Länge	*11,23 m/9,12 m*
Geschwindigkeit	*580 km/h*
Motor	*Rolls-Royce Merlin III mit 1.030 PS (768 kW)*
Reichweite	*635 km*
Bewaffnung	*8 x 7,7-mm-MG*

Hawker Hurricane Mk. I

Hurricane stellten die Mehrzahl der Jäger des Fighter Command zur Zeit der Luftschlacht um England. Während die Spitfire sich auf die Bf 109 konzentrierten, attackierten Hurricane die Bomber.

Spannweite/Länge	*12,10 m/9,80 m*
Geschwindigkeit	*530 km/h*
Motor	*Rolls-Royce Merlin III mit 1.030 PS (768 kW)*
Reichweite	*750 km*
Bewaffnung	*8 x 7,7-mm-MG*

Boulton Paul Defiant Mk. I

Die Defiant war insofern ungewöhnlich, als sie über keine nach vorn gerichtete Bewaffnung verfügte, sondern einen MG-Turm mit vier 7,7-mm-MG besaß. Nach anfänglichen Erfolgen lernten die Piloten der Luftwaffe bald, die Defiant von vorn anzugreifen, wodurch der Typ schwere Verluste erlitt und nur noch als Nachtjäger eingesetzt wurde.

Spannweite/Länge	*11,99 m/10,77 m*
Geschwindigkeit	*489 km/h*
Motor	*Rolls-Royce Merlin III mit 1.030 PS (768 kW)*
Reichweite	*750 km*
Bewaffnung	*4 x 7,7-mm-MG*

DIE BOMBER

Dornier Do 17Z

Die Do 17, wegen ihres schlanken Rumpfs auch „fliegender Bleistift" genannt, war der am wenigsten erfolgreiche Bomber der Luftwaffe. Ihre Bombenlast war zu klein und die Leistung nur ausreichend. Zunächst waren jedoch zahlreiche Kampfgeschwader mit der Do 17 ausgerüstet. Als die Ju 88 in größeren Zahlen verfügbar war, wurde die Do 17 von der Front abgezogen.

Spannweite/Länge	*18 m/15,80 m*
Geschwindigkeit	*410 km/h*
Motor	*zwei BMW 323P mit je 1.000 PS (736 kW)*
Reichweite	*1.160 km*
Bewaffnung	*6 x 7,92-mm-MG, max. 1.000 kg Bomben*

Heinkel He 111H

Die He 111 war neben der Do17 zunächst der zahlenmäßig wichtigste Bomber der Luftwaffe. Sie war bei Tagesangriffen recht verwundbar, da sie weder über genügend Abwehrbewaffnung noch entsprechende Leistung verfügte, um sich gegen Jäger durchsetzen. Dennoch blieb die He 111 den ganzen Krieg über in Dienst.

Spannweite/Länge	*22,50 m/16,40 m*
Geschwindigkeit	*435 km/h*
Motor	*zwei Junkers 211F-2 mit je 1.350 PS (1.007 kW)*
Reichweite	*2.900 km*
Bewaffnung	*1 x 20-mm-MK, 1 x 13-mm-MG, 4 x 7,92-mm-MG, max. 3.000 kg Bomben*

Junkers Ju 87B

Die ehemals so gefürchtete Ju 87 Stuka erlitt während der Luftschlacht um England hohe Verluste. Ohne Begleitjäger war sie den Hurricane und Spitfire der RAF schutzlos ausgeliefert.

Spannweite/Länge	*13,80 m/11,10 m*
Geschwindigkeit	*380 km/h, Sturzkampfgeschwindigkeit 550 km/h*
Motor	*Junkers 211D mit 1.200 PS (882 kW)*
Reichweite	*600 km*
Bewaffnung	*3 x 7,92-mm-MG, max. 500 kg Bomben*

Junkers Ju 88A

Die Ju 88 war wohl das vielseitigste Flugzeug des gesamten Krieges und der beste Bomber der Luftwaffe 1940/41. Sie war schnell und trug eine angemessene Bombenlast.

Spannweite/Länge	*20,08 m/14,40 m*
Geschwindigkeit	*480 km/h*
Motor	*zwei Junkers 211J-1 mit je 1.350 PS (1.007 kW)*
Reichweite	*2.730 km*
Bewaffnung	*5–6 x 7,92-mm-MG, max. 3.000 kg Bomben*

ROYAL AIR FORCE UND LUFTWAFFE

Mit der Royal Air Force (RAF) und der deutschen Luftwaffe standen sich im Sommer und Herbst 1940 wohl die beiden modernsten und bestausgerüsteten Luftstreitkräfte der Welt gegenüber. Beide hatten in den späten 1930er-Jahren sowohl Bomber als auch Jagdflugzeuge erhalten, die damals weltweit ihresgleichen suchten. Insgesamt nannte die RAF während der Luftschlacht um England in etwa 3.000 Kampfflugzeuge ihr eigen, die Luftwaffe dagegen rund 4.500, auf fünf Luftflotten verteilt. In diesen Zahlen sind jedoch eine große Zahl an Aufklärern und anderen Typen enthalten.

Juli 1940, Beginn der Luftschlacht um England	Luftwaffe: Luftflotten 2, 3 und 5	Royal Air Force
Bomber	*1.576, davon 316 einmotorige Ju 87 Stuka*	*ca. 500*
einmotorige Jäger	*809 Bf 109E*	*ca. 700, davon ca. 250 Spitfire*
zweimotorige Jäger	*300 Bf 110*	*ca. 100 Bristol Blenheim-Nachtjäger*

Der Krieg im Mittelmeerraum

Italienische Truppen besetzten das ostafrikanische Abessinien 1936 praktisch kampflos und vertrieben Kaiser Haile Selassie vom Thron.

MUSSOLINIS TRAUM VOM RÖMISCHEN REICH

Italien war 1915 erst nach einigem Zögern auf Seiten der Alliierten in den Ersten Weltkrieg eingetreten, u. a. weil es damit gelockt wurde, aus der Erbmasse Österreich-Ungarns große Gebiete an der östlichen Adria zu erhalten. Im Versailler Vertrag von 1919 wurde Italien dann jedoch nur Südtirol und ein relativ kleines Gebiet rund um die Stadt Triest zugesprochen. Die Empörung im Land war groß. Fast eine halbe Million Kriegstote, scheinbar für nichts! Nach 1919 geriet das Land zudem in eine schwere Wirtschaftkrise, und es herrschte politisches Chaos. Mussolinis faschistische Partei nutzte diesen Zustand aus, indem er und seine Anhänger 1922 putschartig mit dem „Marsch auf Rom" die Macht ergriffen. Die italienischen Faschisten waren ultranationalistisch eingestellt und propagierten die Wiedergeburt des Römischen Mittelmeerreiches durch Eroberung des Balkans und Nordafrikas. Das Mittelmeer sollte wiederum zum „Mare Nostrum" (Unserem Meer) werden. Doch zunächst war Mussolini klug genug einzusehen, dass diese Pläne mit dem wirtschaftlich und militärisch geschwächten Italien nicht durchzusetzen waren.

Hatte Hitler Mussolini zunächst bewundert und ihm nachgeeifert, so überholte er ihn bald in jeder Beziehung. Mussolini seinerseits begann nun, Hitler und seine außenpolitischen Erfolge zu bewundern, ja sogar zu beneiden. Und so setzte auch in Italien eine Phase der aggressiven Außenpolitik ein. 1936 besetzte es Abessinien (heute Äthiopien) und 1939 Albanien. Da Italien durch den Krieg in Abessinien international zunehmend isoliert wurde, näherte es sich Deutschland weiter an. 1936 verkündete Mussolini die Achse Berlin–

DER DREIMÄCHTEPAKT

Auf Hitlers Initiative wurde dieser Vertrag zwischen Deutschland, Japan und Italien am 27. September 1940 geschlossen. Er erweiterte den Antikomintern-Pakt um eine militärische Kooperation.
Hitler wollte so das angespannte Verhältnis zwischen Japan und Deutschland verbessern. Neben der militärischen Zusammenarbeit sicherte der Pakt die Aufteilung der Welt in drei Interessensgebiete: Japan wurde der ostasiatische Raum zugesprochen. Das Mittelmeer wurde zur Einflusssphäre Italiens deklariert, während Deutschland den osteuropäischen Raum als Einflussgebiet betrachtete. Im Verlauf des Krieges traten noch weitere Staaten diesem Bündnis bei, am 20. November 1940 Ungarn, am 23. November 1940 Rumänien, am 24. November 1940 die Slowakei, am 1. März 1941 Bulgarien, am 26. März 1941 Jugoslawien und am 15. Juni 1941 Kroatien.

Rom. 1937 schloss es mit Deutschland und Japan den Antikomintern-Pakt, 1940 den Dreimächtepakt. Vor einem Krieg schreckte Mussolini aber zunächst noch zurück, daher vermittelte er auch das Münchner Abkommen von 1938. Als Hitler Polen überfiel, verhielt sich Italien neutral. Mussolini hatte Hitler sogar mitteilen lassen, dass sein Land nicht vor 1942 kriegsfähig sei. Als die Wehrmacht jedoch einen Staat nach dem anderen überrannte und ein Sieg Hitlers gewiss schien, trat Italien am 10. Mai 1940 in den Krieg ein. Eine Offensive gegen Südfrankreich und die bereits geschlagene, demoralisierte französische Armee endete jedoch für die italienischen Truppen katastrophal und hätte dem Duce eine Warnung über die Fähigkeiten seiner Streitkräfte sein müssen. Doch Mussolini wollte sich seinen Teil der Beute sichern und spekulierte auf die französischen und britischen Kolonien in Nordafrika sowie im Nahen Osten. Seine Chancen schienen gut zu stehen. Nachdem Frankreich ausgeschaltet war, blieb allein Großbritannien als Gegner im Mittelmeerraum und im Nahen Osten. Während die in Gibraltar und Alexandria stationierten Flotteneinheiten der Royal Navy der italienischen Marine großen Respekt einflößten, war die Lage in der Luft und an Land für Großbritannien äußerst kritisch. General Archibald Wavell, dem britischen Oberbefehlshaber für den Nahen Osten und das Mittelmeer – ein Gebiet, das von Gibraltar bis in den Irak, vom Sudan bis nach Palästina reichte –, standen insgesamt nur 368 Flugzeuge und 73.000 Mann zur Verfügung. Das italienische Oberkommando der Streitkräfte, Commando Supremo, gebot über insgesamt 1.700 Flugzeuge (inklusive der in Italien selbst stationierten Maschinen) und rund 250.000 Mann allein in Libyen. Dazu kamen noch einmal 300.000 Mann in Ostafrika, allerdings größtenteils einheimische, in italienischen Dienst gepresste Truppen mit zweifelhaftem Kampfwert. Für Großbritannien war die Aufrechterhaltung seiner Schifffahrtslinien durch das Mittelmeer von allergrößter Wichtigkeit, doch aufgrund der offenkundigen Unterlegenheit bleiben Wavells Truppen zunächst in der Defensive. In der festen Überzeugung, Großbritannien sei praktisch schon besiegt, überschritten daher italienische Truppen am 3. August 1940 die Grenze zur Kronkolonie Britisch Somaliland. Zunächst hatten Mussolinis Truppen gegen nur rund 1.500 Briten auch leichtes Spiel. Da Churchill aber befürchtete, die Italiener könnten von dort aus das Rote Meer und damit die wichtige Schifffahrtsroute vom Suezkanal nach Indien kontrollieren, wurden aus Indien, Kenia und dem Sudan Truppen in Marsch gesetzt, von denen die italienischen Streitkräfte bis Mai 1941 vollständig aufgerieben wurden.

Mussolini (links) und Hitler nach der Münchner Konferenz von 1938.

MUSSOLINI

Benito Mussolini (1883–1945) war von 1922 bis 1945 der Herrscher über Italien. Als Führer der faschistischen Bewegung und des faschistischen Regimes trug er den Titel „Duce del Fascismo".

Mussolini stammte aus kleinen Verhältnissen und ergriff zunächst den Beruf eines Volksschullehrers. Seit 1901 engagierte er sich bei der Sozialistischen Partei Italiens (PSI) und wurde dort ein führendes Parteimitglied sowie Chefredakteur der linksgerichteten Tageszeitung „Avanti" (Vorwärts). Wegen Flucht vor dem Militärdienst, Aufruf zum Generalstreik und „sozialistischer Agitation" verbüßte Mussolini mehrere Haftstrafen.

1914 begann sich jedoch seine Weltanschauung zu ändern. Er plädierte für den Kriegseintritt Italiens, weswegen ihn die PSI ausschloss. 1915 wurde Mussolini Soldat. Schwer verwundet kehrte er aus dem Ersten Weltkrieg heim und begründete 1919 in Mailand die „Fasci di Combattimento" (Kampfbünde) mit, die eine autoritäre Ordnung und die Revision des Versailler Vertrages zugunsten Italiens forderten.

Im wirtschaftlich chaotischen Nachkriegsitalien versprachen die Fasci, wieder für Ordnung zu sorgen, und gewannen aus Angst vor einer kommunistischen Revolution besonders im Mittelstand viele Anhänger. Nach einer von zahlreichen Regierungskrisen forderte Mussolini im Oktober 1922 nach dem so genannten Marsch auf Rom die Regierungsgewalt und wurde von König Vittorio Emanuele III. zum Regierungschef ernannt.

DAS UNTERNEHMEN „MARITA" – DER BALKANFELDZUG

Hitlers Ziel war seit jeher die Eroberung von „Lebensraum" im Osten gewesen. Hinzu kam die ideologische Erzfeindschaft zwischen Berlin und Moskau. Der Hitler-Stalin-Pakt vom August 1939 war daher nur politisches Kalkül, um freie Hand für die Besetzung Polens zu erlangen. Bereits Ende Juli 1940 verkündete Hitler seinen Generälen, dass die Sowjetunion nun das nächste Angriffsziel sei. In Vorbereitung dieses Angriffs sicherte er sich die Unterstützung südosteuropäischer Staaten. So führte diplomatischer Druck seitens des Deutschen Reiches zum Umsturz und schließlich zur Besetzung Rumäniens durch die Wehrmacht im Oktober 1940, um sich die Erdölquellen von Ploieşti zu sichern.

Verärgert darüber, dass Hitler ihn darüber nicht informiert, geschweige denn konsultiert hatte, ließ der Duce am 28. Oktober 155.000 Mann von Albanien aus in Nordgriechenland einmarschieren.

Großbritannien hatte Griechenland im Fall eines solchen Überfalls Hilfe zugesagt und zog Truppen aus dem Nahen Osten ab, welche die Griechen unterstützen sollten. Insbesondere Einheiten der Royal Air Force griffen in die Kämpfe in Nordgriechenland ein. Zur Sicherung der britischen Interessen im östlichen Mittelmeer ließ Churchill zudem mit griechischem Einverständnis am 29. Oktober 1940 Kreta besetzen.

Mussolini war davon überzeugt, Hitlers Erfolge nachahmen zu können, und vom kleinen, armen Griechenland erwartete er keinen lang anhaltenden Widerstand. Ein Sieg innerhalb kürzester Zeit schien sicher zu sein. Doch der italienische Angriff wurde bereits am 4. November in Epirus zum Stehen gebracht. Der tapfere Widerstand der Griechen, ein früh einsetzender, harter Winter, ungenügendes Kartenmaterial, schlechte Straßen und eine äußerst dilettantische Führung ließen die Truppen des Duce nicht weiter vorankommen. Die griechischen Streitkräfte gingen daraufhin zum Gegenangriff über und zwangen die Italiener bis weit hinter ihre Ausgangsstellungen zurück. Von Dezember bis März waren die italienischen Streitkräfte weiterhin in der Defensive. Alle Durchbruchsversuche der Italiener scheiterten am hartnäckigen Widerstand der Griechen und wurden unter hohen Verlusten abgewiesen, bis sie komplett eingestellt wurden.

Hitler war von dieser Entwicklung alles andere als begeistert. Seine Pläne zum Überfall auf die Sowjetunion gerieten in Gefahr, denn in Griechenland stationierte Truppen und Bomberverbände der RAF konnten nicht nur die Aufmarschstellungen der Wehrmacht, sondern auch die wichtigen rumänischen Ölfelder bedrohen. Am 13. Dezember 1940 unterschrieb Hitler Weisung Nr. 20, einen Operationsplan für das Unternehmen „Marita", den Angriff auf Griechenland. Doch bevor die Weisung umgesetzt werden konnte, mussten noch weitere Staaten Südosteuropas als Verbündete gewonnen werden.

Buon Natale – Frohe Weihnachten 1940. Eine S.M.79 der Regia Aeronautica vor ihrem Start zum Angriff auf griechische Stellungen. Auch ihre Luftüberlegenheit vermag den Italienern keinen entscheidenden Vorteil zu verschaffen.

Soldaten der Wehrmacht in einer kleinen jugoslawischen Stadt.

Der Angriff auf Jugoslawien am 6. April 1940 begann mit einem massiven Bombardement Belgrads, obwohl es zur offenen Stadt erklärt worden war. Dank der totalen Luftüberlegenheit der Luftwaffe wurden auch wieder Ju 87 Stuka im großen Stil eingesetzt.

Daher schickte Hitler während des Winters 1940/41 Ungarn, Rumänien, der Slowakei, Bulgarien und Jugoslawien „Einladungen", dem Dreimächtepakt beizutreten, was diese Länder auch taten. Die prodeutsche jugoslawische Regierung wurde jedoch durch einen von Großbritannien unterstützten Putsch gestürzt. Hitler beschloss daher, auch Jugoslawien zu überfallen. Am 6. April 1941 überschritten deutsche Truppen mit 680.000 Mann die Grenzen Jugoslawiens und Griechenlands.

Der Feldzug gegen Jugoslawien begann mit einer massiven Bombardierung Belgrads, das über keinerlei Luftabwehr verfügte und zuvor zur „offenen Stadt" erklärt worden war, sowie jugoslawischer Flugplätze. Zahlreiche Zivilisten kamen dabei ums Leben. Unterstützt von verbündeten ungarischen Truppen stießen 15 deutsche Divisionen mit starken Panzerverbänden von Österreich her sowie aus Ungarn, Rumänien und Bulga-

Fallschirmjäger passieren einen verlassenen leichten britischen Panzer des Typs Mark VI.

Kurz nach dem Ende der Kampfhandlungen: Die in Belgrad durch die Luftangriffe verursachten Schäden sind nicht zu übersehen.

rien kommend vor. Begünstigt durch das Überraschungsmoment drang in Nordjugoslawien die 2. Armee bis 10. April nach Zagreb vor. Unterstützung erhielten sie von der faschistischen Ustascha-Bewegung der Kroaten, welche die deutschen Truppen als „Befreier Kroatiens" aus dem ungeliebten jugoslawischen Vielvölkerstaat begrüßten. Schon bald nach der Einnahme Zagrebs erklärte sich Kroatien zum unabhängigen Staat unter der Führung der Ustascha.

Im Südosten Jugoslawiens stieß die 12. Armee auf starken Widerstand. Dennoch gelang es ihr, bis nach Belgrad vorzudringen. Am 12. April erreichten erste Panzerspitzen die jugoslawische Hauptstadt, die bald kampflos genommen wurde. Nach der Unabhängigkeitserklärung desertierten zahlreiche Kroaten aus der jugoslawischen Armee, die damit praktisch mit ihrer Auflösung begann. Im Raum Sarajevo in Bosnien kapitulierten die letzten Reste der jugoslawischen Armee am 17. April. Rund 340.000 ihrer Soldaten gerieten in deutsche Gefangenschaft.

Nicht einmal 200 deutsche Soldaten fielen bei diesem von der Propaganda tatsächlich „Bestrafung" genannten Überfall auf Jugoslawien. Die Besetzung des Landes war begleitet von Verbrechen der Wehrmacht an der Zivilbevölkerung. Beispielsweise erschossen deutsche Truppen am 22. April als Vergeltung für den Tod zweier deutscher Soldaten 18 serbische Männer und Jugendliche an der Friedhofsmauer der Stadt Pančevo. 18 weitere Einwohner der Stadt wurden öffentlich gehenkt.

Die ausgedehnten Kämpfe in Griechenland waren jedoch weitaus härter und für die Wehrmacht verlustreicher als die Besetzung Jugoslawiens. Der Angriff auf Griechenland begann am 6. April 1941 unter massiver Bombardierung der so genannten Metaxas-Linie im

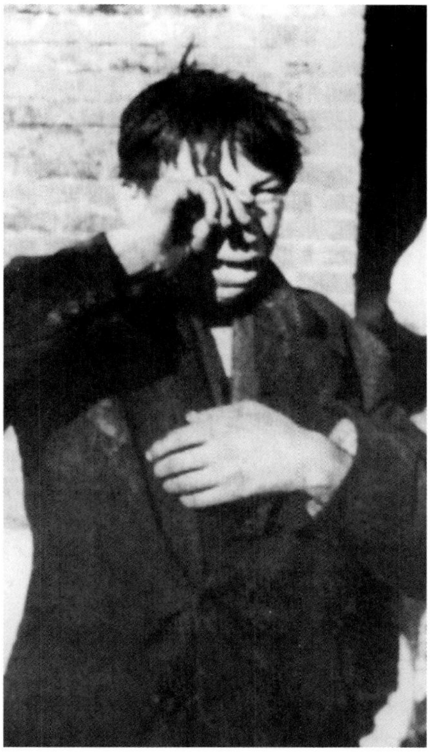

Hauptleidtragend war erneut die Zivilbevölkerung.

Die Vorstöße des Heeres werden massiv aus der Luft unterstützt: Eine Do 17Z vor der Küste Griechenlands.

Do-17-Bomber der Luftwaffe über der Akropolis.

Gegen die Bunker der Metaxas-Linie kamen auch Sturmpioniere mit Flammenwerfern zum Einsatz.

Norden des Landes. Hitler begründete diesen Angriff offiziell mit der Ankunft eines britischen Expeditionskorps auf dem griechischen Festland Anfang März 1941 und somit der Gefahr der Entstehung einer neuen Front im Südosten Europas.

Die Masse der griechischen Armee bestand aus Infanteriedivisionen, die kaum motorisiert waren. Daher und aufgrund des Mangels an modernen Waffen und Luftunterstützung galt die griechische Armee für das OKW als ein kaum ernst zu nehmender Gegner. Zudem war der Großteil der griechischen Streitkräfte im Kampf gegen die Italiener gebunden. Umso überraschender war für die aus Bulgarien angreifende 12. Armee der verbissene griechische Widerstand an der Metaxas-Linie. Erst nachdem diese Stellungen durch einen Vorstoß aus Südjugoslawien umgangen waren, konnte am 9. April 1941 Saloniki eingenommen werden. Danach stießen die Einheiten der Wehrmacht über das Olymp-Massiv sehr rasch nach Zentral-

griechenland vor. Am 20. April 1941 erreichten sie Lamia unmittelbar vor der Thermopylen-Stellung, hinter die sich das britische Expeditionskorps zurückgezogen hatte. Am 21. April kapitulierten die griechischen Verbände an der albanisch-griechischen Grenze vor der 12. Armee. Der organisierte griechische Widerstand brach zusammen. Erneut musste die britische Armee – noch nicht einmal ein Jahr nach Dünkirchen – eine große Evakuierungsaktion durchführen. Über 50.000 britische Soldaten entkamen, allerdings wieder unter Zurücklassung ihrer schweren Waffen und fast sämtlichen Geräts, nach Kreta und Ägypten. 12.000 Briten gerieten in Gefangenschaft. Die Verluste der Wehrmacht auf dem griechischen Festland beliefen sich auf über 2.500 Tote, fast 6.000 Verletzte und rund 3.200 Vermisste.

OPERATION „MERKUR" – DIE LANDUNG AUF KRETA

Ende April 1941 waren das griechische Festland und die umliegenden Inseln von Truppen der Achsenmächte besetzt. Allein der strategisch bedeutende Luft- und Seestützpunkt Kreta war noch in der Hand eines Verbandes aus 32.000 Briten, Australiern und Neuseeländern sowie rund 10.000 griechischer Soldaten und einer großen Anzahl kretischer Freiwilliger. Von dort aus wäre es der RAF weiter möglich gewesen, die rumänischen Ölfelder anzugreifen. Hitler entschied daher, dass die Insel besetzt werden sollte. Am 20. Mai 1941 begann das bis dahin größte Luftlandeunternehmen der Geschichte, die Operation „Merkur". Insgesamt waren an der Operation auf deutscher Seite annähernd 30.000 Soldaten beteiligt. Gut 10.000 Mann sollten mit dem Fallschirm abspringen, rund 800 Mann mit 80 Lastenseglern landen und 5.000 mit dem Flugzeug in den von den Fallschirmjägern der ersten Welle gesicherten Brückenköpfen abgesetzt werden. Dafür standen fast 500 Ju-52-Transportmaschinen zur Verfügung. Weitere 14.000 Gebirgsjäger sollten per Schiff nach Kreta gebracht werden. Die Wehrmachtsführung erhoffte sich, durch das Überraschungsmoment schwere Verluste vermeiden und die Insel im Handstreich einnehmen zu können. Der von der deutschen Aufklärung zahlenmäßig erheblich unterschätzte Verband unter dem neuseeländischen General Freyberg mit immerhin fast 42.000 Mann war hingegen auf die Operation vorbereitet. Ein Großteil der Fallschirmjäger der ersten Welle wurde bereits in der Luft getötet oder verwundet. Auch die einheimische Bevölkerung setzte sich verzweifelt zur Wehr und griff die verstreut gelandeten Fallschirmjäger mit Jagdgewehren, Messern und Knüppeln an. So gelang der Fallschirmtruppe nur die Einnahme eines von drei vorgesehenen Flugplätzen (Maleme). Allerdings war es möglich, über diesen Flughafen und durch Seelandungen in der Suda-Bucht insgesamt 14.000 Gebirgsjäger der 5. Gebirgs-Division heranzuführen. In schweren Kämpfen gelang es den deutschen Truppen, die Oberhand zu gewinnen. Einen beträchtlichen Anteil daran hatte die Luftwaffe. Bewegungen der gegnerischen Truppen bei Tage waren praktisch unmöglich. Am 28. Mai 1941 entschloss sich die britische Regierung, Kreta aufzugeben. Die verbliebenen Truppen sol-

Gebirgsjäger der zweiten Welle besteigen eine Ju 52, die sie nach Kreta bringen soll.

len so gut wie möglich evakuiert werden. Trotz erheblicher Verluste – die Luftwaffe versenkte neun Kriegsschiffe – gelang es der Royal Navy, noch etwa 17.000 Soldaten nach Ägypten zu bringen. Am 1. Juni 1941 endete der letzte alliierte Widerstand auf Kreta.

Offiziell verlor die Wehrmacht 3.714 Gefallene und 2.494 Verwundete, zumeist Fallschirmjäger. 1945 schätzte die australische Kriegsgräberkommission die deutschen Verluste jedoch tatsächlich auf etwa 17.000 Mann. Griechen und Alliierte verloren rund 8.500 Soldaten. Nach der Einnahme Kretas durch die Wehrmacht hatte die einheimische Bevölkerung schwer aufgrund der hartnäckigen Verteidigung ihrer Insel zu leiden. General Student, der Befehlshaber der Fallschirmjäger, ordnete erneut Vergeltungsmaßnahmen an, denen hunderte Zivilisten zum Opfer fielen.

Für die NS-Propaganda galt die Eroberung Kretas durch die dem Gegner zahlenmäßig weit unterlegenen deutschen Fallschirmjäger als Beweis eines unerhörten Kampfwillens und führte zu einer Verklärung in der Öffentlichkeit, die teilweise bis heute andauert. Der Erfolg der Fallschirmtruppe auf Kreta regte die Westalliierten dazu an, ebenfalls eine solche Truppe zu schaffen. Für die deutschen Fallschirmjäger war Kreta jedoch ein Pyrrhussieg: Die hohen Verluste dieser wertvollen Elitetruppen schreckten die Wehrmachtsführung ab, während des Krieges noch einmal Luftlandeunternehmen im großen Stil durchzuführen, weshalb auch der strategisch wichtige Angriff auf die britischen Stützpunkte Malta und Gibraltar unterblieb.

Die Besetzung Jugoslawiens und Griechenlands hatte einmal mehr den Mythos der unschlagbaren Wehrmacht genährt, sollte sich strategisch allerdings als fatal erweisen. Der Angriff auf die Sowjetunion, der eigentlich im Frühjahr 1941 hatte beginnen sollen, musste aufgrund des Balkanfeldzuges auf den Sommer verschoben werden.

Deutsche Fallschirmjäger landen auf Kreta.

Auf Seiten der Partisanen kämpften auch zahlreiche Frauen. Hier weibliche Mitglieder der kommunistischen Partisanen Titos.

DIE PARTISANEN

Gegen das rücksichtslose deutsche Besatzungsregime in Jugoslawien und Griechenland führten Widerstandsgruppen unterschiedlichster politischer Ausrichtung einen Partisanenkrieg, der von beiden Seiten mit großer Grausamkeit und unter hohen Verlusten geführt wurde. Die Fronten waren oftmals überaus verworren, denn mitunter waren die einzelnen Widerstandsgruppen miteinander verfeindet, paktierten mit den Besatzern gegen andere Gruppen oder terrorisierten selbst die eigene Bevölkerung.

Deutsche Besatzungstruppen führten nach Angriffen von Partisanen so genannte Vergeltungsaktionen durch, denen oftmals ganze Dörfer zum Opfer fielen. Beispielsweise hatten sich die Kreter gegen den Angriff auf ihre Insel zur Wehr gesetzt und gelandete Fallschirmjäger getötet, gefoltert oder verstümmelt. Bereits kurz nach der Besetzung der Insel wurde daher am 2. Juni 1941 auf Anordnung von General Student eine unbekannte Anzahl Zivilisten erschossen. Noch während der Kampfhandlungen erging für die 5. Gebirgsdivision der Befehl, für jeden deutschen Verwundeten oder Gefallenen zehn Kreter zu erschießen, Gehöfte und Dörfer, in denen deutsche Truppen beschossen wurden, niederzubrennen und in allen Orten Geiseln für „Sühnemaßnahmen" zu nehmen, die – wenn sich die tatsächlichen Täter nicht stellen – ebenfalls zu erschießen waren. Auch auf dem griechischen Festland kam es nach Partisanenangriffen immer wieder zu Vergeltungsaktionen durch die Besatzungsherrschaft gegen Zivilisten. Insgesamt wurden etwa 70.000 bis 80.000 Griechen im Partisanenkrieg oder bei Vergeltungsaktionen von deutschen, italienischen und bulgarischen Truppen getötet. Rund 1.700 griechische Dörfer wurden niedergebrannt.

In Jugoslawien bildeten sich nach der Niederlage rasch Partisanengruppen, von denen die wichtigsten die nationalisti-

schen serbischen Tschetniks und die mit diesen verfeindeten, multiethnischen Kommunisten unter Führung von Josip Broz Tito, dem späteren Staatspräsidenten Jugoslawiens, waren. Die Anzahl der Tito-Partisanen stieg vom Winter 1941/42 bis zum Winter 1944/45 von ca. 80.000 auf über 400.000 Mann an, die Brücken sprengten, Telefonleitungen kappten, Konvois überfielen, deutsche und italienische Soldaten aus dem Hinterhalt erschossen und den Besatzern damit hohe Verluste zufügten. Die Tito-Brigaden, deren Strukturen und Bewaffnung bei Kriegsende denen einer regulären Armee entsprachen, kontrollierten schließlich große Teile des Landes. Ihre Aktivitäten banden eine große Anzahl an Besatzungssoldaten und Material. Ähnlich wie in Griechenland mussten auch in Jugoslawien zehntausende Zivilisten für tatsächliche oder vermutete Unterstützung für den jeweiligen Feind mit dem Leben bezahlen. Besonders die SS und kroatische Ustascha-Einheiten sowie als Besatzungstruppen eingesetzte Kosaken machten sich zahlreicher Verbrechen schuldig.
Der Terror gegen die Zivilbevölkerung hatte allerdings weder in Griechenland noch in Jugoslawien die gewünschte abschreckende Wirkung, sondern vergrößerte vielmehr den Hass auf die Besatzer.

Kriegsverbrechen waren auf beiden Seiten im Partisanenkrieg an der Tagesordnung. Für jeden von Partisanen getöteten Soldaten ermordeten Wehrmacht und SS Dutzende Zivilisten.

Anfang Februar 1941: Nach dem Erfolg der Operation „Compass" ziehen lange Reihen italienischer Soldaten in britische Gefangenschaft.

DER AFRIKAFELDZUG – OPERATION „COMPASS“

Nachdem italienische Truppen im August 1940 schon in Ostafrika die britische Kolonie Somaliland attackiert hatten, eröffneten italienische Streitkräfte am 13. September jenen Jahres von ihrem libyschen Kolonialgebiet aus auch eine Offensive gegen Ägypten, das unter britischer Herrschaft stand. Strategisch war diese Offensive überaus wichtig: Sollte sie gelingen, wäre Italien in den Besitz des Suezkanals gelangt, Großbritanniens Hauptverbindung nach Asien und Australien. Zudem war Ägypten das Tor zu den reichen Ölvorräten des Nahen Ostens. Die italienische 10. Armee unter Marschall Rodolfo Graziani verfügte über rund 250.000 Mann, die britischen Truppen in Ägypten nur über 36.000 Soldaten, die aus dem gesamten Commonwealth stammten. So waren dort australische, neuseeländische, südafrikanische und indische Einheiten vertreten. Aufgrund seiner massiven Überlegenheit gelang Graziani daher zunächst ein rascher Vorstoß bis Sidi Barani, wo er seine Truppen Halt machen ließ. Graziani ließ dort umfangreiche befestigte Stützpunkte anlegen, die als Versorgungsbasis und Stützpunkt für einen weiteren Vormarsch dienen sollten. General O'Connor, Befehlshaber der alliierten Streitkräfte in Ägypten, gelang es jedoch am 8. Dezember, eine Schwachstelle in diesem Stützpunktsystem zu finden, es nahezu unbemerkt zu durchbrechen und der italienischen 10. Armee in den Rücken zu fallen. Dieser geniale Schachzug – dessen Deckname Operation „Compass" war – hebelte die italienische Verteidigung vollständig aus. O'Connors Truppen machten rund 40.000 Gefangene und erbeuteten große Mengen Material. Die italienischen Truppen wichen nun fluchtartig entlang der Küstenstraße über Tobruk und Derna zurück, wurden aber von der 6. australischen Division verfolgt. O'Connors nächster geschickter Schachzug bestand darin, die 7. britischen Panzerdivision durch das Landesinnere vorstoßen zu lassen, um den zurückflutenden Italienern bei Beda Fromm den Rückzug abzuschneiden, was am 7. Februar 1941 auch gelang. Die Niederlage der nun von zwei Seiten umfassten Truppen Grazianis war total. Sie waren in rund zehn Wochen 800 km zurückgetrieben worden und verloren über 140.000 Mann an Toten und Gefangenen. Die Briten eroberten oder zerstörten rund 400 italienische Panzer und über 1.200 Geschütze. O'Connor plante nach diesem umfassenden Sieg, die Italiener völlig aus Libyen zu vertreiben und hatte schon El Agheila an der Großen Syrte erreicht, doch General Wavell zog auf Befehl Churchills einen Großteil der Truppen O'Connors zur Verteidigung Griechenlands ab. Damit war der Sieg in Afrika verschenkt. Wenige Wochen später sollten die Truppen des Deutschen Afrikakorps (DAK) in Tripolis eintreffen und dem Wüstenkrieg eine völlig neue Wendung geben.

ERWIN ROMMEL

Erwin Rommel (1891–1944) wurde bereits im Ersten Weltkrieg als erfolgreicher junger Offizier ausgezeichnet und erregte Aufsehen, als er 1937 das Buch „Infanterie greift an" veröffentlichte, in dem er seine taktischen Ideen darlegte. Auch Hitler wurde auf Rommel aufmerksam und machte ihn 1938 zum Kommandeur des Führer-Begleitbatallions und bei Kriegsausbruch zum Kommandanten des Führer-Hauptquartiers. In dieser Eigenschaft begleitete er Hitler bei zahlreichen Truppenbesuchen während des Polenfeldzuges. Während des Frankreichfeldzuges kommandierte Rommel die 7. Panzerdivision. Obwohl er als Infanterieoffizier keinerlei Erfahrung im Führen einer Panzereinheit hatte, zeigte sich schnell, dass er das Konzept des Blitzkrieges meisterlich anzuwenden verstand. Anders als die meisten anderen Divisionskommandeure der Wehrmacht hielt sich Rommel immer in der Nähe der Front auf. Den Spruch „Wo Rommel ist, ist vorn" prägten seine Soldaten schon vom ersten Kampftag an.

Generalfeldmarschall Erwin Rommel.

Ab Februar 1941 übernahm Rommel den Befehl über die in Nordafrika eingesetzten deutschen Truppen, das so genannte Afrikakorps. Trotz materieller Unterlegenheit schaffte Rommel es immer wieder, sich erfolgreich gegen die britischen Truppen durchzusetzen. Trickreich und mit einem untrüglichen Gespür für die Schwachpunkte in den Stellungen des Gegners errang er aufgrund seines militärischen Geschicks auch bei den Briten Achtung, die ihn respektvoll „Desert Fox" (Wüstenfuchs) nannten. Für seine Erfolge im Afrikafeldzug wurde Rommel mehrfach von Hitler ausgezeichnet.

Im Sommer 1942 wurde Rommel mit 51 Jahren zum jüngsten Generalfeldmarschall der Wehrmacht ernannt und avancierte – auch getragen durch die NS-Propaganda – zum Volkshelden.

Ab Oktober 1942 befand sich das Afrikakorps jedoch in der Defensive. Im März 1943 wurde Rommel als Kommandeur des DAK abgelöst, das dann im Mai 1943 kapitulierte. Von Juli 1943 an kommandierte Rommel die Heeresgruppe B (Italien und Frankreich) und organisierte die Verteidigung Nordfrankreichs gegen die erwartete Invasion. Im Juli 1944 wurde er bei einem Tieffliegerangriff schwer verletzt. Ob Rommel zum weiteren Kreis der Widerstandsgruppe des 20. Juli 1944 gehörte oder von dem Attentat auf Hitler zumindest wusste, ist bis heute unklar. Er geriet jedoch in Verdacht und wurde vor die Wahl gestellt, vom Volksgerichtshof abgeurteilt zu werden oder sich selbst zu töten. Rommel beging daraufhin – vor allem um seine Familie vor der Sippenhaft zu schützen – am 14. Oktober 1944 Selbstmord. Die NS-Führung gab seinen Tod als Folge des Tieffliegerangriffs aus, und Rommel erhielt ein Staatsbegräbnis.

DAS AFRIKAKORPS

Der drohende Verlust Libyens und seines gesamten Kolonialreichs veranlasste Mussolini, seinen Verbündeten Hitler um militärische Hilfe zu bitten. Um eine italienische Niederlage und damit eine Destabilisierung der italienischen Regierung oder gar einen Sturz des Duce zu verhindern, sah sich Hitler gezwungen, dem Ersuchen nachzukommen. Ein britischer Sieg in Nordafrika und die Stärkung der Stellung Großbritanniens im Mittelmeerraum hätten zu einer Invasion in Italien und der Eröffnung einer neuen Front in Südeuropa führen können.

Hitler machte allerdings zur Bedingung, dass auch die in Nordafrika befindlichen italienischen Verbände den Weisungen des Befehlshabers der dorthin entsandten deutschen Truppen, Generalleutnant Erwin Rommel, unterstellt wurden.

Am 11. Februar 1941 landeten die ersten deutschen Truppen – die leichte 5. Division und Teile der 15. Panzerdivison – in Tripolis. Diese Einheiten sollten

Ein vorgeschobener Beobachter der deutschen Artillerie observiert die britischen Stellungen.

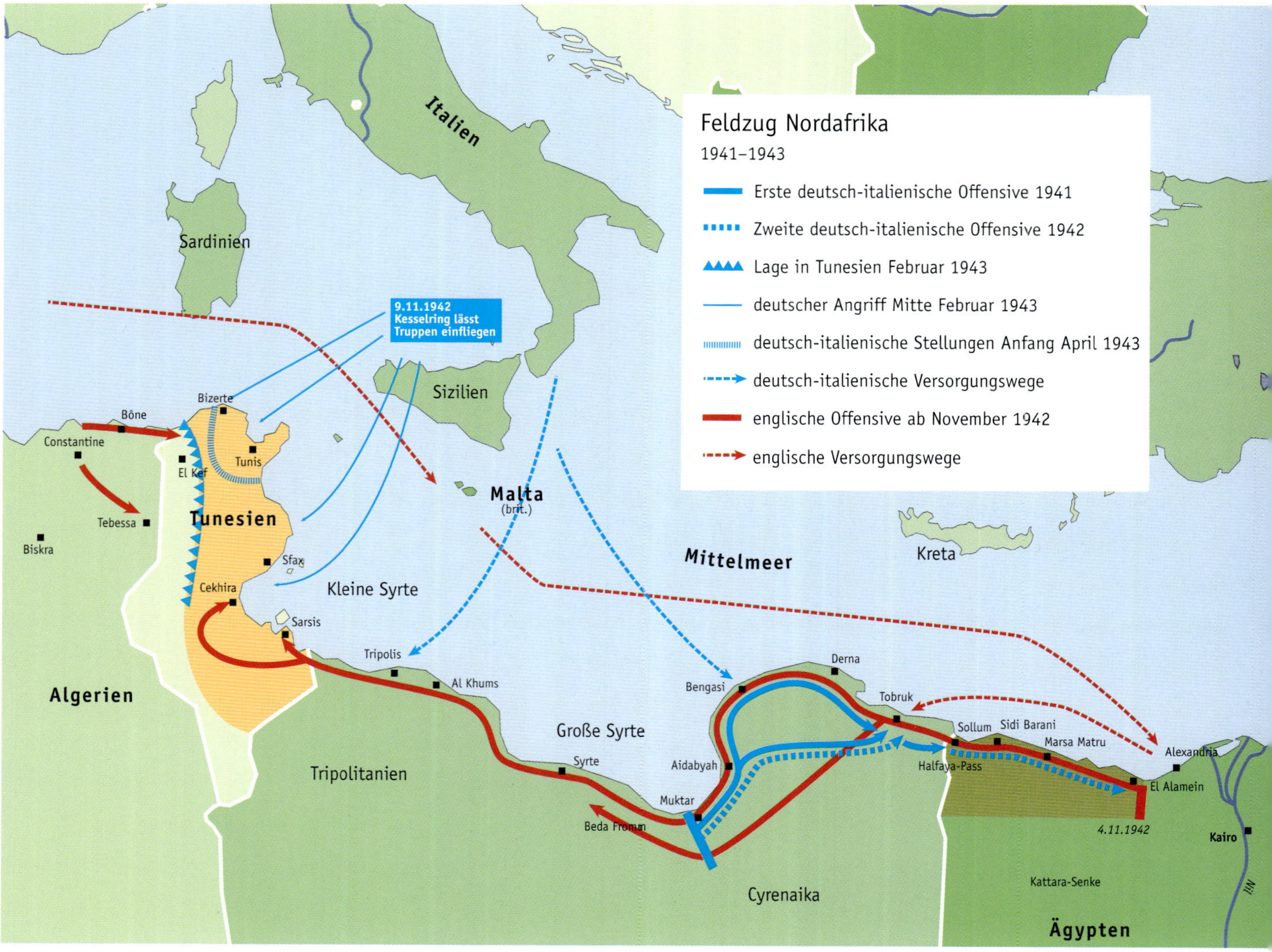

eigentlich nur die Front bei El Agheila halten und die Briten am weiteren Vordringen hindern. Rommel ahnte jedoch, dass die britischen Versorgungslinien weit von ihren Ausgangsbasen überdehnt und die Truppen zu erschöpft waren. Zudem war ein Großteil der Männer O'Connors nach Griechenland beordert worden.

Daher griff Rommel am 31. März 1941 an, noch ehe all seine Truppen in Tripolis gelandet waren. Rommel wiederholte nun, was O'Connor wenige Wochen zuvor bereits gegen die Truppen Grazianis gelungen war: Als sich die Briten zurückzogen, verfolgte ein Teil des Afrikakorps sie entlang der Küstenstraße, die 15. leichte Division jedoch schlug sich quer durch das Landesinnere über Mechili nach Derna durch und schnitt ihnen dort den Rückweg ab. General O'Connor und sein Stab gerieten in Gefangenschaft. General Wavell übernahm daraufhin selbst den Oberfehl in Nordafrika. Einem Teil der australischen Truppen O'Connors gelang es jedoch, sich in die Hafenstadt Tobruk zurückzuziehen und sich dort zu verschanzen. Deutsche Streitkräfte griffen Tobruk am 12. April 1941 an, wurden aber zurückgeschlagen. Rommel ließ die Hafenstadt daher von einem Teil seiner Truppe belagern und stieß weiter in Richtung Ägypten vor. Der Hafen von Tobruk wäre allerdings als Versorgungsbasis enorm wichtig für den weiteren Vorstoß gewesen, da ohne einen frontnahen Hafen der gesamte Nachschub über weite Entfernungen per LKW über eine einzige Küstenstraße herangebracht werden musste. Aus diesem Grund stockte Rommels Nachschub. Ohne Treibstoff, Munition und Lebensmittel konnte er seine Offensive aber nicht weiterführen. Der deutsche Angriff stoppte Mitte April kurz hinter der ägyptischen Grenzstadt Sollum. Beide Seiten gruben sich nun zunächst ein.

Vorstoß einer Panzerkolonne des Afrikakorps durch die Libysche Wüste in Richtung Ägypten.

Die Ankunft des deutschen Afrikakorps: Im Hafen von Tripolis werden Pz.Kpfw. I entladen.

Pz.Kpfw. III gehen an der libysch-ägyptischen Grenze nahe Sidi Rezegh in Stellung.

Eine 5-cm-Pak38 des DAK feuert auf britische Panzer.

ZWISCHENSPIEL IM NAHEN UND MITTLEREN OSTEN

Strategisch war der Krieg in Nordafrika für beide Seiten überaus bedeutend. Großbritannien musste den für seinen Nachschub wichtigen Suezkanal sowie die Ölvorkommen im Nahen und Mittleren Osten sichern. Sollte Rommel der Durchbruch zum Kanal gelingen, stünde der Wehrmacht nichts mehr im Weg, den gesamten Mittleren Osten bis hin zum Iran einzunehmen. Sogar Indien, das Juwel des Britischen Empire, könnte sie bedrohen. Gleichzeitig erhielt Hitler damit auch die Möglichkeit, die Sowjetunion von Süden her anzugreifen.

Als Anfang April 1941 im Irak, der bis dahin unter einer probritischen Regierung eine Hauptsäule der britischen Ölversorgung dargestellt hatte und in dem sich nur eine einzige Basis der Royal Air Force befand, ein Putsch stattfand, der mit deutscher Unterstützung inszeniert worden war, geriet man in London in Aufruhr. Der neue Herrscher des Irak, Rashid Ali, ersuchte Hitler um Unterstützung, woraufhin aus Deutschland einige Kampfflugzeuge und auch Waffenlieferungen entsendet wurden. Auf ihrem Weg in den Irak landeten die Maschinen in Syrien, einer Kolonie des französischen Vichy-Regimes, um aufzutanken, später operierten sie auch von Basen in Syrien aus. Bereits Mitte April jedoch landeten britische Truppen in Basra und erreichten im Mai Bagdad. Rashid Ali floh nach Berlin ins Exil.

Bis Kriegsende blieb der Irak nun unter britischer Kontrolle. Um die Flanke der wichtigen irakischen Ölfelder zu sichern, marschierten britische und freie französische Truppen am 8. Juni 1941 in Syrien ein, wo es zu heftigen Kämpfen mit den Vichy-Streitkräften kam, die erst am 14. Juli kapitulierten. Auch der Iran wurde aus diesem Grund im August 1941 von britischen und sowjetischen Truppen besetzt.

BRITISCHE GEGENANGRIFFE

Nachdem Wavell Nachschub an Truppen und Material erhalten hatte, begannen seitens der Briten Planungen für einen Gegenangriff. Am 15. Mai startete die Operation Brevity. Den Briten gelang die Rückeroberung Sollums, Fort Capuzzos und des Halfaya-Passes. Doch schon am nächsten Tag hatte Rommel die Truppen Wavells beinahe auf ihre Ausgangsstellung zurückgedrängt. Allein der Halfaya-Pass blieb noch in ihrer Hand, aber Ende Mai nahmen deutsche Truppen auch ihn. Weit von seinen Nachschubhäfen entfernt, belasteten diese Operationen das Afrikakorps jedoch schwer. Ausgefallene Soldaten oder Panzer konnten kaum ersetzt werden, Munition und Treibstoff waren chronisch knapp. In Kenntnis dieser Lage ließ Wavell seine Truppen zu einem erneuten, groß angelegten Angriff antreten. Während die Masse seiner Divisionen das Zentrum der Verteidigungsstellungen der Achsenmächte angreifen sollte,

Anfang Dezember 1941: Rommel verschafft sich in der Nähe Tobruks eine Übersicht über die Frontlage.

hatte die 7. britische Panzerdivision, die berühmten „Desert Rats", den Auftrag, einen weiträumigen Schwenk nach Süden zu vollführen, um Rommels Flanke zu attackieren. Dieses Operation „Battle Axe" genannte Unternehmen begann am 15. Juni 1941 und geriet zu einem völligen Desaster. Rommel hatte seinen Panzerabwehreinheiten den Befehl erteilt, sich an den erwarteten Aufmarschwegen der britischen Panzer in Stellung zu begeben. Als die Matilda- und Crusader-Panzer der Briten auf die Stellungen des Afrikakorps zurollten, wurden sie schon auf weite Entfernung mit tödlicher Präzision beschossen. Jenseits der Reichweite ihrer eigenen Bordkanonen positionierte deutsche 8,8-cm-Flak trafen einen Panzer nach dem anderen vernichtend. Am Abend des 15. Juni lagen Dutzende abgeschossener britischer Panzer vor den Stellungen des Afrikakorps. Zwar konnten die Briten noch Capuzzo einnehmen, wurden jedoch am nächsten Tag durch einen Gegenangriff erneut auf ihre Ausgangsstellungen zurückgeworfen. Innerhalb von zwei Tagen hatten die britischen Truppen damit 91 Panzer verloren, das DAK nur zwölf.

Churchill war geschockt durch diese Ereignisse und die kurz darauf stattfindende Luftlandeoperation auf Kreta, und ersetzte er General Wavell durch General Claude Auchinleck. Dieser stürzte sich nicht Hals über Kopf in die nächste Offensive, sondern begann, seine Truppen umzustrukturieren. Er verlangte auch von London mehr Soldaten und Material. Die in Nordafrika kämpfenden Truppen des Britischen Empire trugen nun die Bezeichnung 8th Army. Im November 1941 meinte Auchinleck, nun ausreichend gerüstet zu sein. Seine 8th Army verfügte zu jenem Zeitpunkt über 700 Panzer, darunter auch erstmalig zahlreiche amerikanische Modelle des Typs M3 Stuart sowie über rund 1.000 Maschinen der so genannten Desert Air Force. Zudem besaß sie reichlich Munition, Treibstoff und Versorgungsgüter aller Art. Rommel konnte nur 260 deutsche und 150 größ-

Aus vorbereiteten Stellungen heraus zerschlugen 8,8-cm-Flak die britischen Panzerangriffe. Die „Acht-Acht" erwarb sich in Nordafrika einen legendären Ruf als Panzerabwehrwaffe.

Eine Ju 88 beim Angriff auf Valetta. Anfang 1942 erhöhte die Luftwaffe den Druck auf Malta erheblich.

tenteils zweitklassige italienische Panzer aufbieten. Die Luftstreitkräfte der Achse bestanden nur aus 120 deutschen und 200 italienischen Maschinen.

Am 18. November 1941 begann Auchinleck einen neuen Versuch, Tobruk, das schon seit April belagert wurde, zu entsetzen und die deutsch-italienischen Verbände zurückzudrängen. Wegen der vielen, frisch aus Großbritannien eingetroffenen Crusader-Panzer, die das Rückgrat dieser Offensive bilden sollten, taufte Auchinleck seinen Plan Operation „Crusader".

Mit Beginn der britischen Offensive waren die deutsch-italienischen Stellungen an der Sollum-Front heftigen Panzer-, Artillerie- und Fliegerangriffen ausgesetzt, sodass der 8th Army bald erste Einbrüche in die deutsch-italienischen Stellungen gelangen. Aufgrund der britischen Materialüberlegenheit verliefen die sich daraus ergebenen Panzerschlachten in der weiträumigen Wüstenebene bei Sidi Rezegh für Rommels Panzertruppen äußerst verlustreich. In schweren, hin- und herwogenden Kämpfen verlor das Afrikakorps rund 220 und die Italiener 120 Panzer. Und obwohl die gefürchteten 8,8-cm-Flak und die deutschen Panzer einen hohen Blutzoll von den Briten forderten, waren Rommels Truppen mit ihren geschwächten Verbänden und durch den Mangel an Treibstoff und Munition nicht mehr in der Lage, die Front zu halten. Am 7. Dezember 1941 – Rommel verfügte noch über 60 Panzer – befahl er daher den Rückzug nach Westen. Drei Tage später erreichten die 8th Army die Festungsbesatzung in Tobruk, die über ein halbes Jahr von deutschen Einheiten eingeschlossen war. Über El Mechili und Benghasi zogen sich Afrikakorps und Italiener bis Ende 1941 unter heftigen Kämpfen nach El Agheila an der Großen Syrte in Libyen, ihrem Ausgangspunkt im März 1941, zurück.

Doch das Blatt sollte sich erneut wenden. Im Dezember 1941 wurde Generalfeldmarschall Kesselring mit Teilen der 2. Luftflotte nach Italien abkommandiert, um Rommel zu unterstützen. Er wurde von Hitler zum Oberbefehlshaber aller Wehrmachtsverbände in Südeuropa und Nordafrika ernannt. Aufgabe Kesselrings und der ihm unterstellten Fliegereinheiten war die Bekämpfung der britischen Truppen auf Malta und die Sicherung des lebenswichtigen Nachschubs für das Afrikakorps über See. Malta, auf halbem Weg zwischen Sizilien und Libyen gelegen, war eine britische Militärbasis, und dort stationierten Flieger- und Marineeinheiten gelang es zeitweise, bis zu 60 % des für Rommels Armee bestimmten Nachschub zu versenken.

Kesselrings Luftflotte setzte Anfang 1942 Malta jedoch so sehr unter Druck, dass ein Großteil des für Afrika bestimmten Nachschubs auch dort ankam. Rommels Verbände konnten daher – nun wieder nah an ihrem Versorgungshafen Tripolis – personell und materiell aufgefrischt werden.

Aufgrund des zwischenzeitlich auch in Ostasien ausgebrochenen Krieges wurden zum Schutz der dortigen Besitzungen Großbritanniens Truppen aus Afrika abgezogen. Die Initiative ging nun wieder auf Rommel über.

MALTA

Maltas strategische Position (jeweils etwa auf halber Strecke zwischen Gibraltar und Alexandria sowie Sizilien und Libyen) machte diese winzige Insel zu einer überaus wichtigen Basis zur Beherrschung des Mittelmeers, weswegen sie in ihrer Geschichte häufig umkämpft war. Britische Streitkräfte besetzten Malta im Jahr 1800. Valetta, die Hauptstadt, verfügt über einen ausgezeichneten Tiefwasserhafen, und die Briten legten drei gut ausgebaute Flugfelder an. Malta selbst ist aber außerordentlich karg und ist praktisch in jedem Bereich auf eine Versorgung von außen angewiesen. Im Zweiten Weltkrieg lag Malta direkt an der Nachschubroute der Achsenmächte nach Nordafrika. Seit dem Kriegseintritt Italiens bombardierte daher die italienische Luftwaffe Regia Aeronautica immer wieder die Insel. Nachdem Anfang 1941 die ersten Luftwaffeneinheiten auf Sizilien stationiert worden waren, intensivierten sich die Angriffe auf die Insel und die sie versorgenden Konvois. Bald wurden Versorgungsgüter aller Art, auch Lebensmittel, besorgniserregend knapp. Trotzdem griffen auf Malta stationierte Flugzeuge und U-Boote den für Nordafrika bestimmten Nachschub weiterhin erfolgreich an. Die Situation Maltas verbesserte sich etwas ab Juni 1941, als zahlreiche Bomber der Luftwaffe für den Angriff auf die Sowjetunion abgezogen wurden, nur um ab Januar 1942 umso schlimmer zu werden. Das OKW hatte erkannt, dass Malta der Schlüssel zum Erfolg oder Misserfolg in Nordafrika darstellte, und verlegte Teile der 2. Luftflotte unter Generalfeldmarschall Kesselring nach Süditalien. Man wollte Malta nun aus der Luft in die Knie zwingen, ein geplantes Luftlandeunternehmen wurde nach der verlustreichen Eroberung Kretas aber zunächst ad acta gelegt. Kesselring begann daher, die Gewässer rund um Malta systematisch verminen zu lassen, und ließ massive Angriffe auf Valetta und die Flughäfen der Insel fliegen. Konvois, welche die Insel erreichen wollten, wurden so heftig angegriffen, dass nur wenige Schiffe den Hafen von Valetta erreichten. Die Bevölkerung und die britischen Truppen auf Malta standen kurz vor dem Aus. Auch Kesselring war Anfang Mai 1942 davon überzeugt, dass Malta nun „neutralisiert" sei, und verlegte einen Teil seiner Flugzeuge. Doch am 9. Mai gelang es 60 Spitfire-Jägern, die im westlichen Mittelmeer von Flugzeugträgern aus gestartet waren, nach Malta durchzukommen, was die Verteidigung der Insel erleichterte und die Moral der Verteidiger stärkte. Bis dahin hatten sich nur eine Hand voll Gladiator und Hurricane den Bombern der Luftwaffe und der Regia Aeronautica entgegengestellt. Als Mitte August 1942 drei Frachter und ein Tanker des hart umkämpften Konvois „Pedestal" die Insel erreichten, war die Versorgung bis Jahresende gesichert. Zu jenem Zeitpunkt aber hatte sich das Kriegsglück bereits endgültig gegen die Achsenmächte gewendet, und Malta war gerettet. Insgesamt rund 7.000 Soldaten und Zivilisten verloren bei der Verteidigung Maltas ihr Leben. In Anerkennung des hartnäckigen Widerstandes und des Ausharrens inmitten permanenter Angriffe verlieh König George VI. Malta und seiner Bevölkerung das Georgs-Kreuz, Großbritanniens höchste nichtmilitärische Auszeichnung.

Ende 1942 erreichten die ersten neuen Tiger-Panzer Tunesien. Obwohl sie sich als sehr kampfstark erwiesen und mit ihrer schlagkräftigen 88-mm-KwK sowie der bis 110 mm starken Panzerung den alliierten Fahrzeugen überlegen waren, vermochten die wenigen Panzer dieses Typs das Blatt nicht mehr zu wenden.

Der mit einer 47-mm-Kanone bewaffnete M13/40 war der italienische Standardpanzer des Afrikafeldzuges. Zunächst noch ausreichend, war er ab 1942 veraltet, besonders aufgrund seiner dünnen Panzerung.

Der Panzerkampfwagen III war das Rückgrat der Panzertruppe des Afrikakorps. Die hier abgebildete Ausführung J verfügte über eine 50-mm-Kanone und eine verstärkte Panzerung, es waren aber auch frühere Versionen des Typs mit 37-mm-Kanone in Afrika im Einsatz.

DIE PANZER DER ACHSENMÄCHTE

Die deutschen und italienischen Panzer litten in ihrer Wirksamkeit besonders unter dem chronischen Mangel an Nachschub aller Art. Der Krieg in Nordafrika war ein Krieg der Panzer. Das weite, offene Gelände war für gepanzerte Fahrzeuge ideal und ermöglichte weitere Vorstöße und Umfassungsbewegungen.

Der Panzerkampfwagen IV mit der langen 75-mm-Kanone kam ab Ende 1942 zum Afrikakorps und war sämtlichen alliierten Panzern in der Bewaffnung überlegen.

Viele italienische Panzer besaßen nur geringen Kampfwert, da sie veraltet oder zu schwach bewaffnet und gepanzert waren. Auf den CV 33 trafen alle drei Kriterien zu: Er war nur mit einem 8-mm-Zwillings-MG bewaffnet und leicht gepanzert.

Der Infanteriepanzer Matilda II erwarb sich während der ersten Zeit der Kämpfe in Afrika den Beinamen „Queen of the desert“ (Königin der Wüste), da seine bis zu 78 mm starke Panzerung für die meisten Pak jener Zeit undurchdringlich war. Die 8,8-cm-Flak hatte jedoch keine Schwierigkeiten, auch die Panzerung des Matilda II zu knacken.

Der M3 Stuart war ein leichter US-Panzer, der ab Ende 1941 auch von den Briten verwendet wurde. Das mit einer 37-mm-Kanone bewaffnete Gerät war angemessen gepanzert, zuverlässig und sehr mobil. Die britischern Panzersoldaten waren von diesem Fahrzeug so begeistert, dass sie es „Honey“ nannten.

DIE PANZER DER ALLIIERTEN

Alle hier gezeigten, mit der 40-mm-Kanone bewaffneten britischen Panzer waren nur in der Lage, Panzergranaten zu verschießen, Sprenggranaten waren für diese Waffe nicht vorhanden – ein gravierender Nachteil im Kampf gegen Infanterie und Pak-Stellungen.

Der Valentine war der Nachfolger des Matilda, jedoch nicht ganz so gut gepanzert und dennoch auch nicht schneller.

Der Crusader war der wichtigste britische Panzer des Afrikafeldzuges. Er war schnell, jedoch mechanisch unzuverlässig und zu leicht gepanzert.

Der M3 Grant: ein US-Panzer, der von der britischen Armee ab Mitte 1942 verwendet wurde. Obwohl gut gepanzert und beweglich, war er zu hoch. Die seitlich untergebrachte 75-mm-Kanone hatte nur begrenzten Schwenkbereich. Im Turm trug er eine 37-mm-Kanone.

ROMMELS GEGENSTOSS

Am 21. Januar 1942 befahl Rommel einen groß angelegten Gegenangriff. Aus dem Raum Mersa El Braga stieß das DAK mit frischen Kräften vor und trieb die Truppen Auchinlecks in heftigen Kämpfen entlang der Küste zurück. Am 26. Januar erreichte das DAK Ajdabiyah und Msus. Rommel täuschte nun vor, ins Landesinnere nach Mechili vorzustoßen, schwenkte dann jedoch nach Bengasi im Norden an der Küste ab, das er am 29. Januar nahm. Dort fielen den deutschen Truppen üppige Nachschublager in die Hände, die man zunächst nutzte, um die Vorräte zu ergänzen, denn trotz einer verbesserten Nachschubsituation bestand noch immer Mangel an Treibstoff. Zudem gruppierte Rommel seine durch den raschen Vormarsch weit verstreuten Truppen neu. Die Briten nutzten diese kurze Pause und zogen sich in den Raum Gazala zurück. Dort ließ Auchinleck starke Verteidigungsstellungen mit umfangreichen Minenfeldern errichten, die sich von der Küste bis ins Landesinnere bei Bir Hacheim zogen, das von freien französischen Streitkräften verteidigt wurde. Beide Seiten bereiteten sich nun auf eine kommende Offensive vor.

Massive Stuka-Angriffe zerschlugen Fort Bir Hacheim und Tobruk.

DAS UNTERNEHMEN „THESEUS"

Nachdem es in den Monaten Februar und März keine entscheidenden Kampfhandlungen gegeben hatte, startete Rommel am 26. Mai 1942 das Unternehmen „Theseus". Da die Achsenmächte nach der verlustreichen Einnahme Kretas die geplante Eroberung Maltas aufgegeben hatten, blieb das Nachschubproblem, trotz leichter Besserungen durch massive Bombardierungen Maltas, weiterhin bestehen. Für Rommel war es deshalb von entscheidender Wichtigkeit, die Hafenstadt Tobruk einzunehmen, um die britischen Treibstoffdepots in seinen Besitz zu bringen und gleichzeitig über einen frontnahen Hafen zu verfügen. Rommel hoffte, durch einen frontalen Ablenkungsangriff auf die Gazalastellung die Briten ablenken zu können, während seine Hauptstreitkräfte die Linie südlich umgehen sollten

Am 27. Mai 1942 standen die Achsenmächte vor Bir Hacheim im Süden der Gazalastellung. Minen und der hartnäckige Widerstand der dort stationierten freien Franzosen sowie britischer Panzertruppen verzögerte den Vormarsch Rommels erheblich. Erst durch schwere Luftangriffe am 1. Juni gelang seinem

Vormarsch durch das Landesinnere auf Bengasi.

DER NACHSCHUB

Die Versorgung der Truppen mit Nahrungsmitteln, Treibstoff, Munition und Ausrüstung war aufgrund der gewaltigen Distanzen in Nordafrika für beide Seiten nur sehr schwer sicherzustellen. Erfolge auf dem Schlachtfeld waren stets mit wachsenden Distanzen zu ihren jeweiligen Versorgungsbasen in Libyen bzw. Ägypten verbunden. Somit war der Erfolg militärischer Operation, stärker als auf jedem anderen Schlachtfeld, von einer funktionierenden Versorgung abhängig.

Die große Hitze – tagsüber waren es bis zu 50 Grad! – und die beißende Kälte der Nacht sowie der Sand stellten unglaubliche Anforderungen an Mensch und Material. Jeder Soldat benötigte allein fünf Liter Wasser am Tag, um den Wasserverlust des Körpers in der Hitze auszugleichen – Wasser, das in der Wüste oft über große Entfernungen hinweg herbeigeschafft werden musste. Der feine Sand der Wüste setzte den Fahrzeugen und Waffen extrem zu und erforderte eine genaue und ständige Wartung, dennoch war der Verschleiß an Material auch ohne Gefechtsausfälle wesentlich höher als auf anderen Kriegsschauplätzen.

Wasser und Treibstoff waren beim Wüstenfeldzug kostbare Güter.

Korps der Durchbruch. Nach langen, schweren und verlustreichen Kämpfen erreichte das DAK am 20. Juni Tobruk, das am 21. Juni kapitulierte.

Den Achsenmächten fielen in Tobruk die gesamten britischen Versorgungslager in die Hände. Darunter befanden sich ungefähr 10.000 t Treibstoff sowie umfangreiche Lebensmittel- und Zigarettenvorräte. Zusätzlich erbeutete das Afrikakorps eine große Anzahl Fahrzeuge und anderes Gerät, das unverzüglich in den Bestand der eigenen Truppen integriert wurde. Rund 32.200 Commonwealth-Soldaten gerieten in Gefangenschaft. Rommel wurde nach diesem Sieg von Hitler zum Generalfeldmarschall befördert.

Eine britische 40-mm-Flak über dem Hafen von Valetta.

Der Vormarsch durch die Wüste stellte höchste Ansprüche an Mensch und Material.

NACH EL ALAMEIN

Die Einnahme Tobruks war zweifelsohne ein großer Erfolg für Rommel und das DAK, doch dieser Sieg war teuer erkauft. Mit 560 Panzern war Rommels Armee am 26. Mai angetreten, am 21. Juni besaß sie davon nur noch rund 60. Die verbliebenen Truppen waren nach den harten Kämpfen erschöpft und ausgelaugt.

Doch nun stand das Tor nach Ägypten weit offen. Rommel bat Hitler um die Erlaubnis, bis nach Kairo und zum Suezkanal vorzustoßen.

Die Briten zogen sich zurück, und das DAK stieß nach. Nach Rückzugsgefechten bei Marsa Matruh erreichte das Afrikakorps am 30. Juni El Alamein, keine 100 km vor Alexandria, dem wichtigsten britischen Flottenstützpunkt im Nahen Osten. Dort hatte Auchinleck eine letzte Verteidigungsstellung errichten lassen, doch die Sorge war groß, dass Rommel auch diese nehmen würde. So verließ die britische Mittelmeerflotte am 30. Juni 1942 Alexandria, während in der Stadt selbst sowie im Hauptquartier in Kairo gewaltige Mengen wichtiger Akten vernichtet wurden, um sie den Deutschen nicht in die Hände fallen zu lassen.

Auchinleck hatte seine Stellungen bei El Alamein mit Bedacht gewählt: Im Norden begrenzte das Meer, im Süden die unpassierbare Kattara-Senke die neue Verteidigungslinie. Rommel würde also keine Gelegenheit haben, eines seiner beliebten Umgehungsmanöver durchzuführen. Ihm blieb nur der Frontalangriff auf die Stellungen der 8th Army, die zwischenzeitlich gut befestigt waren. Trotz mehrfacher Versuche gelang dem DAK bis Ende Juli 1942 nicht der Durchbruch. Mit nur noch 26 Panzern ging das DAK notgedrungen in die Defensive. Doch auch Auchinlecks Truppen konnten die Deutschen und Italiener nicht aus ihren Stellungen treiben. Enttäuscht, dass es Auchinleck nicht gelungen war, die Achsenmächte aus Ägypten zu vertreiben, ließ Churchill ihn durch General Harold Alexander als Oberbefehlshaber Nahost ersetzten. Das operative Kommando über die 8th Army erhielt nun General Bernard Montgomery. Angesichts der drohenden Niederlage wurde aller verfügbarer Nachschub für Montgomery umgeleitet. Rommel ahnte, dass er bei einem Spiel auf Zeit nur verlieren konnte, weshalb er am 30. August 1942 erneut angreifen ließ. Doch mittlerweile machten sich die Waffenlieferungen aus den USA bemerkbar. Die 8th Army verfügte über neue mittlere US-Panzer des Typs M3 und schier unerschöpfliche Munitionsmengen. Zudem beherrschte die Desert Air Force den Himmel. Ständig fegten britische Kampfflugzeuge über die Wüste hinweg und beschossen Fahrzeuge sowie Personal der deutsch-italienischen Truppen. Auch die einzige große Küstenstraße war nun permanent das Ziel von britischen Fliegerangriffen, was schwer wiegende Auswirkungen auf die ohnehin miserable Versorgungslage des DAK hatte. Rommels Angriff wurde abgeschlagen. Churchill verlangte nun, dass Montgomery nachsetzten solle, doch dieser winkte ab.

Montgomery war sich über Rommels taktisches Geschick und die Fähigkeiten der Truppen des Afrikakorps im Klaren, weswegen er auf eine nicht sehr elegante, aber wirkungsvolle Vorgehensweise setzte, durch die ein chronisch an Nachschub knapper Rommel nur verlieren konnte: die klassische Material- und Abnutzungsschlacht.

Bei El Alamein entstand eine tief gestaffelte Verteidigungslinie aus MG-Nestern, Bunkern, Pak-Stellungen und Minenfeldern.

„ULTRA"

„Ultra" war die Codebezeichnung des britischen Geheimdienstes SIS (Secret Intelligence Service) zur Entschlüsselung der mithilfe des Chiffriergeräts „Enigma" verschlüsselten Funksprüche der deutschen Streitkräfte. Die „Enigma" war bereits bei der Reichswehr in Gebrauch gewesen, weshalb sich polnische Dekodierungsexperten schon vor dem Krieg mit ihr beschäftigt hatten und hinter ihr Geheimnis kamen. Kurz vor dem Krieg übergaben sie ihre Erkenntnisse an britische Stellen. Wenn die Wehrmacht mittlerweile den Code auch verfeinert hatte, gelang es dem SIS mit den polnischen Informationen, hohem Personlaufwand und einem von Alan Turing ersonnenen Analogrechner, die Verschlüsselung erneut zu knacken. So waren die Briten seit Frühjahr 1940 über zahlreiche Planungen der Wehrmacht und Luftwaffe informiert. An manchen Tagen wurden bis zu 2.000 Funksprüche aufgefangen und von den 10.000 Mitarbeitern ausgewertet, was oftmals zu verblüffend exakten Erkenntnissen führte. Als weitaus schwieriger zu entschlüsseln erwiesen sich die Codes der deutschen Marine, da diese eine spezielle Version der „Enigma" nutzte. Erst nachdem 1941 und 1943 der Royal Navy zwei Verschlüsselungsmaschinen in die Hände gefallen waren, konnte der SIS auch die Funksprüche der Kriegsmarine entziffern. Das Vertrauen der deutschen Führung in „Enigma" blieb trotzdem bis Kriegsende unerschüttert. Eine Entschlüsselung hielt man für ausgeschlossen und vermutete hinter den alliierten Informationen Verrat und Spionage. Die Konsequenzen dieses Erfolgs des SIS sind nicht zu unterschätzen. Von der Versenkung des Nachschubs für das DAK, über die Schlacht im Atlantik bis zur Invasion in der Normandie – zahlreiche alliierte Erfolge beruhten zumindest zum Teil auf „Ultra".

Die Wehrmacht verschlüsselte ihre Funksprüche bis Kriegsende mit der Enigma-Chiffrierungsmaschine und ahnte nicht, dass ihr Code längst geknackt worden war.

Messerschmidt Bf 109 über der libyschen Wüste.

Rommel war sich dieses Faktors ebenfalls nur allzu bewusst, daher ließ er ein tief gestaffeltes Verteidigungssystem errichten, das durch ausgedehnte Minenfelder geschützt wurde. Doch erneut machten massive Nachschubschwierigkeiten dem DAK zu schaffen. Rommel vermutete Spionage im italienischen Oberkommando als Grund für die hohen Versenkungszahlen. Er ahnte nicht, dass es dem britischen Geheimdienst in einer „Ultra" genannten Operation gelungen war, die deutschen Funksprüche zu entschlüsseln.

Mitte Oktober 1942 verfügte Montgomery über 250.000 Mann, 1.200 Panzer und über 1.000 Flugzeuge. Rommels Streitmacht setzte sich aus weniger als 100.000 Mann, rund 490 Panzern (davon 280 veraltete italienische Muster) und ca. 675 Flugzeugen zusammen, von denen rund die Hälfte zweitklassige italienische Maschinen waren.

In der Nacht vom 23. zum 24. Oktober 1942 begann die zweite Schlacht von El Alamein. Fast 1.000 britische Geschütze feuerten auf die deutsch-italienischen Stellungen, und Bomber flogen Angriffe auf rückwärtige Bereitstellungsräume. Im Schutz des Trommelfeuers und der Nacht arbeiteten sich die britischen Pioniere vor, um Gassen in den Minenfeldern zu räumen. Obwohl Geländegewinne erzielt wurden, erlaubte das tief gestaffelte System aus Minenfeldern, Pak-Stellungen und MG-Nestern Montgomerys Truppen nicht den erhofften schnellen Vormarsch. Am 27. Oktober lancierte Rommel, der sich bis zum britischen Angriff auf Genesungsurlaub in Deutschland befunden hatte, einen Gegenangriff, verlor dabei jedoch 71 seiner ohnehin nur noch 148 einsatzbereiten Panzer. Am 2. November 1942 gelang Montgomerys 8th Army der endgültige Durchbruch. Obwohl die Verluste stellenweise erschreckend hoch waren – so verlor die 9. Panzerbrigade 70 ihrer 94 Panzer, vor allem durch 8,8-cm-Flak –, sorgte die quantitative Überlegenheit der 8th Army dennoch dafür, dass die deutsch-italienischen Verbände sie nicht aufzuhalten vermochten. Das DAK war so knapp an Treibstoff, dass eine bewegliche Kriegsführung nicht mehr möglich war. Um seine Truppen der völligen Vernichtung zu entziehen, beschloss Rommel entgegen Hitlers ausdrücklichen Befehl am 4. November den Rückzug. Am 6. November einsetzender starker Regen mit einer niedrigen Wolkendecke verlangsamte den Vormarsch der 8th Army und verschafft den zurückwei-

Für den Angriff bei El Alamein verfügte Montgomery nun auch über eine große Zahl an frisch eingetroffenen mittleren US-Panzern des Typs M3.

chenden Truppen Rommels eine Atempause von den permanenten Angriffen der Desert Air Force.

Der britische Sieg bei El Alamein war entscheidend, denn von nun befand sich das Afrikakorps auf dem Rückzug. In seiner Heimat wurde Montgomery als Held gefeiert, und auch Churchill war nun mehr als zufrieden: endlich eine Siegesmeldung! Zugleich war dies der auf diesem Kriegsschauplatz letzte, ausschließlich von Commonwealth-Truppen errungene Sieg, denn nur wenige Tage später betraten amerikanische Truppen afrikanischen Boden.

BERNHARD MONTGOMERY

Bernhard Law Montgomery (1887–1976) stammte aus einer alten normannischen Familie. Einer seiner Vorfahren, ein Vetter Wilhelm des Eroberers, hatte 1066 an der normannischen Eroberung Englands teilgenommen. Montgomery, Spitzname „Monty", wurde während des Ersten Weltkrieges schwer verwundet und kommandierte 1940 die 3. Britische Panzerdivision in Frankreich. Als Generalmajor übernahm er im August 1942 das Kommando über die 8th Army in Ägypten. Im Gegensatz zu seinem dortigen Gegenspieler Rommel, der brillant, aber impulsiv führte, war Montgomery ein kühler Planer und Rechner und erwies sich als Meister der Materialschlacht. Ohne ausreichende materielle Überlegenheit ließ er sich nicht zu einem Angriff bewegen, stets war er auf minimale eigene Verluste bedacht. Nach seinem Erfolg bei El Alamein im November 1942 wurde er in Großbritannien ungemein populär.
Danach führte er die britischen Truppen in Tunesien, Sizilien und Italien. Obwohl Montgomery aufgrund seiner teils recht taktlosen Art bei seinen amerikanischen Kollegen wie Patton nicht sonderlich beliebt war, erhielt er 1944 das Oberkommando über die alliierten Invasionsstreitkräfte, wurde aber schließlich auf politischen Druck Eisenhowers hin abgelöst. Er führte die britischen Truppen von der Normandie bis an die Ostsee, hatte aber im Herbst 1944 einen gravierenden Fehlschlag zu verantworten, als das von ihm geplante Luftlandeunternehmen Market Garden bei Arnheim fehlschlug.

Fallschirmjäger gehörten am 9. und 10. November 1942 zu den ersten deutschen Einheiten, die in Tunesien eintrafen.

OPERATION „TORCH“

Stalin hatte von seinen Verbündeten im Westen schon lange eine zweite Front gefordert, um die Rote Armee von der Wucht des Angriffs der Wehrmacht zu entlasten. Churchill, Roosevelt und ihre jeweiligen Oberbefehlshaber waren sich jedoch nicht darüber einig, wo die Front eröffnet werden sollte. Die Amerikaner zogen zwar eine direkte Landung im unbesetzten Südfrankreich vor, schließlich setzten sich aber die Briten durch, die zunächst den Kampf in Nordafrika siegreich beenden wollten.

Aufgrund der massiven Nachschubprobleme konnte das deutsche Afrikakorps seine verlorenen Panzer kaum noch ersetzen.

Am 8. November 1942 erschienen daher über 650 Schiffe vor den Küsten Marokkos und Algeriens, die zu jener Zeit französische Kolonien waren und damit unter Kontrolle der Vichy-Regierung standen. Über 100.000 Mann gingen im Gebiet von Casablanca, Oran und Algier an Land. Obwohl es aufgrund der Unerfahrenheit der US-Truppen unter dem Kommando von General Dwight D. Eisenhower zu einigen Unfällen und Verwirrung kam, gelang die Landung doch ohne größere Schwierigkeiten. Der von Vichy-treuen Truppen geleistete Widerstand war rasch überwunden, wenn er auch auf beiden Seiten einige Opfer kostete. Die im Raum Algier gemeinsam mit den Amerikanern gelandeten britischen Truppen gaben sich zunächst ebenfalls als US-Soldaten aus, da die Beziehung zwischen Großbritannien und Vichy-Frankreich seit dem Juli 1940 überaus angespannt war. Nach der Niederlage Frankreichs hatten nämlich im Juli 1940 Verbände der Royal Navy die in Oran und Dakar vor Anker liegende französische Flotte aus Angst, diese könne Hitler in die Hände fallen, tatsächlich angegriffen, zahlreiche Schiffe versenkt sowie rund 1.500 französische Seeleute getötet. Um bei der Landung im Raum Algier zusätzliche Spannungen und Komplikationen zu vermeiden, griff man also zu dieser List.

DIE BESETZUNG TUNESIENS

Zunächst hatte die alliierte Landung in Nordwestafrika die Achsenmächte völlig unvorbereitet getroffen, doch dann reagierte die Führung der Wehrmacht rasch und konsequent. Obwohl General Petain in Vichy die Truppen in Nordafrika zum Widerstand aufgerufen hatte, schlug sich Admiral Darlan, Oberbefehlshaber der Vichy-Streitkräfte in Marokko und Algerien, rasch auf die Seite der Alliierten. Mit Erlaubnis der Vichy-Regierung landeten am 9. November 1942 die ersten deutschen Truppen in Tunesien. Hitler gab weiterhin Weisung, die Operation „Anton" (ein Deckname für die Besetzung Vichy-Frankreichs und Tunesiens) durchzuführen, was ab dem 11. November geschah. Als Reaktion versenkte sich der Rest der französischen Flotte in Toulon selbst. Nach Tunesien selbst wurde die 5. Panzerarmee unter Generaloberst Hans-Jürgen von Arnim gesandt, welche die Aufgabe hatte, die Alliierten aufzuhalten oder – wenn möglich – zurückzudrängen. Die in Tunesien befindlichen Vichy-Truppen verhielten sich zunächst passiv, schlossen sich aber ab dem 18. November den Alliierten an und begannen, obwohl mangelhaft ausgerüstet, die Truppen von Arnims zu bekämpfen. Sie konnten aber nicht verhindern, dass von Arnims Armee in den folgenden Wochen in Tunesien in Stellung ging.

Die Alliierten versuchten nunmehr, aus dem Westen so schnell wie möglich nach Tunesien vorzudringen, bevor die deutschen Truppen dort richtig Fuß fassen konnten. Schlechtes Wetter und eine unzureichende Infrastruktur (ein Großteil des Nachschubs musste über eine einzige Eisenbahnlinie laufen) verhinderten jedoch ein rasches Vorankommen. Am 17. November kam es zu ersten Gefechten zwischen deutschen und alliierten Einheiten, wobei die Alliierten zunächst zurückgeschlagen wurden. Ende November griffen die alliierten Einheiten erneut an und kamen bis auf rund 30 km an Tunis heran, wurden dann jedoch durch einen Gegenangriff von Arnims zurückgeworfen. Die beiden Seiten sahen sich gravierenden Problemen gegenüber: Die 5. Panzerarmee litt unter chronischem Mangel an Ausrüstung und Nachschub und war wie das Afrikakorps auf Beutebestände angewiesen. Die Truppen der Alliierten, insbesondere die der US-Armee, hingegen waren reichlich mit allem Notwendigen versorgt, dafür aber kampfunerfahren und kein Gegner für die Veteranen der 5. Panzerarmee. Mehr als einmal kam es vor, dass US-Soldaten im Angesicht eines Angriffs buchstäblich ihre Waffen fallen ließen und um ihr Leben rannten. So gruben sich beide Seiten zunächst in Defensivstellungen ein.

Deutsche und italienische Soldaten bringen in der tunesischen Wüste ein Geschütz in Stellung.

LIBYEN WIRD AUFGEGEBEN

Rommels Truppen befanden sich seit El Alamein auf dem Rückzug. Die schwierige Lage an der Ostfront und eine weitere Front in Tunesien brachten den Nachschubfluss praktisch zum Erliegen. An eine Offensive war daher nicht zu denken. Nach einem Rückzug, der noch einmal Rommels taktisches Geschick zeigte, musste Libyen Ende Januar 1943 aufgegeben werden.

Die Reste des Afrikakorps zogen sich hinter die Mareth-Linie an der tunesisch-libyschen Grenze zurück. Diese Reihe von Bunkern, Unterständen und Gräben war einst von den Franzosen gegen einen italienischen Angriff aus Libyen heraus angelegt worden. Montgomerys 8th Army machte in Tripolis Halt, um sich erneut zu gruppieren und zu versorgen. Da der Hafen durch die Kriegshandlungen zerstört war, brauchte dies allerdings seine Zeit.

Die Befehlslage in Tunesien war nun recht verworren. Rommel führte, unter nominell italienischem Oberkommando, ein Konglomerat aus deutschen und italienischen Einheiten. General von Arnim aber war dem OKW unterstellt und weigerte sich, mit Rommel zusammenzuarbeiten. Da Montgomery von Osten her nur langsam nachrückte, wandte sich Rommel gegen die unerfahrenen US-Truppen im Osten, denen er Mitte Februar 1943 am Kasserine-Pass eine herbe Niederlage beibrachte. Geradezu fluchtartig wichen die alliierten Truppen zurück, und erst massive, aus dem Westen herangeführte Verstärkung konnte Rommels Vormarsch stoppen. Allerdings hatten erneute Schwierigkeiten mit von Arnim Rommel daran gehindert, diesen Sieg voll zu nutzen, da von Arnim seine Truppen nach Norden schwenken ließ, anstatt wie von Rommel verlangt nach Süden, sodass ein großes US-Nachschublager bei Tebessa nicht eingenommen werden konnte.

Geschockt über das Versagen seines Kommandeurs Anderson und seiner Truppen ersetzte Eisenhower ihn durch einen sehr exzentrischen, aber kühnen neuen Kommandanten: General George Patton. Patton reorganisierte die Truppen, und unter seinem Kommando wurden die GIs rasch zu einer kampfstarken Einheit.

Noch einmal ging Rommel Mitte Febuar 1943 am Kasserine-Pass zum Angriff über.

Ein M3 Lee der US-Armee in Tunesien. Der alliierten Übermacht waren die deutsch-italienischen Verbände nicht gewachsen und kapitulierten am 12. Mai 1943.

DIE NIEDERLAGE IN AFRIKA

Rommel indes war davon überzeugt, dass Tunesien auf Dauer nicht zu halten war. Die Alliierten beherrschten mittlerweile die See und den Luftraum. Nachschub kam kaum noch nach Tunesien durch, während die Amerikaner über schier endlose Vorräte zu verfügen schienen. Auch Rommels taktische Brillanz vermochte unter diesen Umständen nicht zu verhindern, dass die Niederlage nur eine Frage der Zeit war. Er bat daher Hitler, Tunesien räumen und sich nach Sizilien zurückziehen zu dürfen. Hitler lehnte dies allerdings brüsk ab. Tunesien werde bis zum letzten Mann und bis zur letzten Patrone gehalten. Am 9. März 1943 wurde Rommel – erneut erkrankt – aus Tunesien abberufen, und das Kommando über das Afrikakorps ging an Generaloberst von Arnim über.

Von Arnim vermochte die Kapitulation noch gut zwei Monate hinauszuzögern, aber dem stetig wachsenden Druck der Alliierten waren die fast ohne Nachschub kämpfenden deutsch-italienischen Truppen dauerhaft nicht gewachsen. Schließlich war von Arnim von der vorrückenden Front und dem Mittelmeer im Rücken gefangen. Am 6. Mai 1943 erreichten britische Truppen Tunis. Am 12. Mai kapitulierten rund 250.000 Deutsche und Italiener auf der Halbinsel Kap Bon. Nur wenigen Soldaten der Achsenmächte war es noch gelungen, sich rechtzeitig nach Sizilien abzusetzen.

Diese Niederlage wog schwer, denn erst wenige Monate zuvor war an der Ostfront in Stalingrad Ähnliches geschehen. Knapp 19.000 deutsche Soldaten fielen in Nordafrika, weitere 3.400 galten als vermisst. Die Italiener zählten annähernd 14.000, die Briten 35.500 und die Amerikaner fast 17.000 Tote. Insgesamt gingen mehr als 150.000 Angehörige des deutschen Afrikakorps in Kriegsgefangenschaft. Erst zwei Tage vor der Kapitulation erfuhr die Bevölkerung im Deutschen Reich von der bereits im März erfolgten Ablösung des überaus populären Rommel, der seit seinen Erfolgen gegen die Briten in Nordafrika im Rampenlicht der Öffentlichkeit gestanden hatte. Die deutsche Bevölkerung reagierte daher völlig entsetzt auf die Niederlage und auf die hohen Verluste in Nordafrika, die als Wende des Krieges gedeutet wurden. Bald sprach man hinter vorgehaltener Hand vom „zweiten Stalingrad“ oder von „Tunisgrad“.

Die Achsenmächte befanden sich endgültig in der Defensive. Von nun an hieß die Parole: Rückzug!

US-Truppen gehen in Sizilien an Land.

OPERATION „HUSKY"

Auf der Casablanca-Konferenz im Januar 1943 verständigten sich Churchill und Roosevelt auf die Eröffnung einer zweiten Front in Europa. Obgleich Stalin wünschte, dass zur Entlastung der Roten Armee im Osten die neue Front mit möglichst starken Truppenkontingenten in Frankreich eröffnet werden sollte, beschlossen die westlichen Alliierten die Landung in dem von Churchill als „weicher Unterleib" der Festung Europa bezeichneten Süditalien. Der Sieg über deutsch-italienische Verbände in Afrika und eine praktisch uneingeschränkte Luft- und Seeherrschaft im Mittelmeerraum schufen für Briten und Amerikaner im Mai 1943 die optimalen Voraussetzungen für ein Landeunternehmen in Europa. Das durch die Niederlage in Nordafrika und den Verlust seiner sämtlichen Kolonien demoralisierte Italien sollte destabilisiert und wenn möglich ein Sturz des Duce herbeigeführt werden. Zudem sollten starke Wehrmachtseinheiten in Italien gebunden und vernichtet werden, ehe die für Frühjahr 1944 angesetzte alliierte Invasion Frankreichs stattfand. Als Ziel der Landung in Süditalien legte man Sizilien fest.

Den Oberbefehl über die gesamte Invasionsarmee erhielt US-General Eisenhower. Der britische General Alexander hatte das Kommando der Landstreitkräfte inne, die aus der britischen 8th Army unter Montgomery und der 7. US-Armee unter Patton bestanden. Die in Nordafrika eingeschifften britischen und amerikanischen Truppen landeten am 10. Juli 1943 auf Sizilien entlang eines Küstenstreifens, der sich von Syrakus im Osten bis Licata im Westen erstreckte. Die Achsenmächte waren von diesem Angriff überrascht, obwohl Hitler und dem OKW nach der Niederlage in Nordafrika klar war, dass eine Landung der Alliierten in Südeuropa erfolgen musste. Aber wo? Die Alliierten fädelten ein raffiniertes Täuschungs-

Kanadische Truppen auf dem Vormarsch durch Kalabrien im September 1943.

Montgomery und Patton.

manöver ein. Ende April 1943 setzte ein britisches U-Boot vor der spanischen Küste eine Leiche aus, die wie ein ranghoher britischer Offizier zurechtgemacht worden war. Dieser Offizier trug auch einige Geheimpapiere bei sich, die auf eine Invasion Sardiniens hindeuteten. Natürlich gab das faschistische Franco-Regime diese Informationen an die Achsenmächte weiter, die daraufhin die Verteidigung Sardiniens verstärkten. Die Landung an der Küste Siziliens am 10. Juli 1943 traf daher nur auf wenig Widerstand. Viele der im Westen der Insel befindlichen italienischen Divisionen leisten praktisch kaum Gegenwehr. Den Vorstoß der Alliierten ins Landesinnere Siziliens konnten knapp 45.000 deutsche Soldaten trotz heftigen Widerstands nicht aufhalten: Ohne Luftunterstützung gab es keine Möglichkeit, die bis zum 17. August vollständig abgeschlossene Besetzung Siziliens durch die Alliierten zu verhindern.

Dem deutschen Befehlshaber Generalfeldmarschall Kesselring gelang es jedoch, so geschickt zu taktieren, dass über 40.000 deutsche und 60.000 italienische Soldaten sowie große Mengen an Waffen und Material über die enge Straße von Messina auf das italienische Festland gebracht werden konnten.

Der Himmel über Italien gehörte 1943/44 den alliierten Luftstreitkräften. Hier bestückt ein Bordwart eine P-51 Mustang mit 12,7-mm-MG-Munition.

DIE KONFERENZ VON CASABLANCA

Die Konferenz von Casablanca war ein Geheimtreffen zwischen dem US-Präsidenten Roosevelt, dem britischen Premierminister Churchill und ihren jeweiligen militärischen Oberbefehlshabern. Stalin war ebenfalls eingeladen, sagte jedoch ab, da er aufgrund der dramatischen Ereignisse an der Ostfront (Stalingrad) Moskau nicht verlassen wollte. In der Zeit vom 14. bis zum 24. Januar 1943 diskutierten die beiden Staatschefs das weitere Vorgehen gegen die Achsenmächte und ihre Kriegsziele. Obwohl führende US-Militärs für eine direkte Landung in Frankreich plädierten, setzte sich Churchill durch, der für Italien optierte, da er der Ansicht war, die Stärke der Alliierten reiche für einen Frontalangriff auf die „Festung Europa" noch nicht aus. Zunächst solle man den „weichen Bauch" angreifen. Die Landung in Frankreich verschob man auf 1944. Als wichtigstes gemeinsames Kriegsziel wurde in Casablanca die bedingungslose Kapitulation des Deutschen Reiches (Unconditional Surrender) festgelegt. Eine Situation wie 1918 sollte es nicht noch einmal geben.

ITALIEN KAPITULIERT

Der Fall Siziliens hatte weitreichende Konsequenzen. Die Stimmung im kriegsmüden Italien schlug nun endgültig um. Die ersten Bombenangriffe auf Rom taten ein Übriges. Am 24. Juli 1943 kündigte der Große Faschistische Rat Mussolini die Gefolgschaft. Einen Tag später ließ König Vittorio Emanuele III. den Duce verhaften und setzte General Pietro Badoglio als neuen Regierungschef ein. Offiziell erklärte die neue Regierung in Rom zwar, sie wolle den Kampf treu an der Seite des Verbündeten Deutschland fortsetzen, doch im Geheimen verhandelte man bereits mit den Alliierten, was am 3. September 1943 zu einem Waffenstillstandsabkommen zwischen Italien und den Alliierten führte. Als Badoglio dies am 8. September im Rundfunk verkündete, setzten die längst vorbereiteten deutschen Gegenmaßnahmen unverzüglich ein: die Entwaffnung und die Gefangennahme der italienischen Streitkräfte in Italien, Südfrankreich und dem Balkan sowie die Besetzung Roms durch deutsche Truppen.

Mussolini wurde nach seiner Absetzung gefangen genommen und in einem einsamen Berghotel auf dem Gran Sasso in den Apenninen interniert. Am 12. September 1943 befreiten ihn deutsche Fallschirmjäger in einem Handstreich.

Zwei Wochen nach dem Abschluss der alliierten Besetzung Siziliens landeten am 3. September 1943 zwei britische Divisionen erstmals auf dem italienischen Festland, und zwar in Kalabrien, an der Spitze des „italienischen Stiefels". Die Masse der alliierten Armeen landete am 9. September in Salerno südlich von Neapel. Doch trafen Pattons Truppen hier auf entschlossenen Widerstand. Beide Städte konnten erst Anfang Oktober 1943 unter erheblichen Verlusten für beide Seiten eingenommen werden.

Der eilig aus Russland abgezogenen deutschen 10. Armee unter Generaloberst Heinrich von Vietinghoff gelang es dabei, nördlich von Neapel eine zusammenhängende Verteidigungsstellung, die „Gustav-Linie" aufzubauen. Diese reichte von der Garigliano-Mündung am Tyrrhenischen Meer bis zur Mündung des Sangro an der Adria und lief durch unwegsame Gebirgslandschaften, was einen schnellen alliierten Vorstoß gen Norden verhinderte. Daher kam es im Winter 1943/44 zu Stellungskriegen. Italien wurde durch diese militärische Lage faktisch geteilt. Die von den Alliierten besetzte Südhälfte unter Badoglio erklärte dem Deutschen Reich am 13. Oktober 1943 den Krieg. Im Norden bildete Mussolini in Salo am Gardasee mit der „Sozialen Republik Italien" eine faschistische Gegenregierung von Hitlers Gnaden.

DER „FALL ACHSE"

Der „Fall Achse" war der Deckname für militärische Maßnahmen bei einem Ausscheren Italiens aus dem Bündnis mit Deutschland. Bereits am 21. Mai 1943 legte das OKW einen Plan vor, der die Räumung der Inseln Korsika und Sardinien, die Rücknahme der Front in Italien und die Neutralisierung der italienischen Streitkräfte vorsah. Zusätzlich sollte so viel Kriegsmaterial wie möglich von der Wehrmacht beschlagnahmt werden. Unmittelbar nach dem Sonderwaffenstillstand vom 8. September löste Kesselring den „Fall Achse" aus.

Die Verbände der italienischen Marine konnten jedoch meist der Übernahme durch die Wehrmacht entgehen. Allerdings wurde sie daraufhin Ziel deutscher Luftangriffe. Spektakulär in diesem Zusammenhang war die Versenkung des Schlachtschiffes Roma durch die Luftwaffe mittels funkgelenkter Gleitbomben des Typs Fritz-X.

Der italienische Waffenstillstand und der anschließende Seitenwechsel wurden von der Wehrmacht als unehrenhaft und als Verrat angesehen. Selbst der für seine ritterliche Kampfweise in Nordafrika bekannte Rommel schrieb dazu in einem Tagesbefehl: „Irgendwelche sentimentalen Hemmungen des deutschen Soldaten gegenüber (...) Banden in der Uniform des ehemaligen Waffenkameraden sind völlig unangebracht. Wer von diesen gegen den deutschen Soldaten kämpft, hat jedes Anrecht auf Schonung verloren und ist mit der Härte zu behandeln, die dem Gesindel gebührt, das plötzlich seine Waffen gegen seinen Freund wendet."

Im Gefolge des „Falles Achse" kam es vor allem in Dalmatien und auf den Inseln des Dodekanes zu massenhaften Erschießungen, ja zu regelrechten Massakern an den entwaffneten Truppen. Auf der Insel Kephalonia wurden von deutschen Gebirgsjägern rund 2.500 italienische Soldaten, die sich bereits ergeben hatten, entgegen aller Regeln des Völkerrechts erschossen.

Eine 7,5-cm-Pak 40 feuert an der Gustav-Linie auf gegnerische Panzer.

US-Panzer vom Typ Sherman gehen am 9. September 1943 bei Salerno an Land.

Monte Cassino im Januar 1944.

DIE SCHLACHT UM MONTE CASSINO

Im Winter 1943 kam der alliierte Vormarsch an der Gustav-Linie zum Stehen, welche im Westen Italiens am stärksten ausgebaut war, um den Vorstoß durch das Liri-Tal nach Rom zu verhindern. Ein zentraler Bestandteil im deutschen Verteidigungskonzept war der Monte Cassino, ein 520 m über der Stadt Cassino aufragender Berg, auf dem ein im Jahre 529 erbautes Benediktinerkloster stand. Am 17. Januar 1944 begann der Frontalangriff alliierter Truppen auf die von den Deutschen stark befestigten Stellungen um die Stadt und den Berg. Die Sturmangriffe und verbissenen Grabenkämpfe kosteten Verteidiger wie Angreifer unzählige Opfer, ohne dass den alliierten Truppen ein entscheidender Durchbruch gelang. Vor dem Beginn einer zweiten Angriffswelle der neuseeländischen 2. Division

23. Oktober 1943: Kanadische Infanterie nimmt das Dorf Campochiaro, Region Molise, im Häuserkampf.

Im Herbst 1944 brennen Fahrzeuge der 1. Kanadischen Division nach einem deutschen Mörserangriff.

verlangte ihr Kommandeur General Bernard Freyberg daher die massive Bombardierung der Verteidigungsstellungen und des Klosters, hinter dessen Mauern er eine deutsche Funk- und Aufklärungsstation vermutete.

Aus Rücksicht auf die einzigartige historische Bedeutung dieses Kulturdenkmals hatte Generalfeldmarschall Kesselring eine Einbeziehung des Klosters in die Verteidigungsstellungen jedoch im Dezember 1943 untersagt. Zum Zeitpunkt des Angriffs von 229 amerikanischen Bombern am 15. Februar 1944 hielten sich daher nur Mönche und Flüchtlinge, zumeist Frauen und Kinder, in den Kellergewölben des Klosters auf, welches von rund 600 Tonnen Spreng- und Brandbomben bis auf die Grundmauern zerstört wurde. Lediglich die frühmittelalterliche Krypta blieb unversehrt. Etwa 250 Menschen, meist Zivilisten, kamen bei diesem Angriff ums Leben.

Unmittelbar nach der Bombardierung bezogen deutsche Truppen die Ruinen des Klosters in ihre Verteidigungsstellungen mit ein, die auch in den nächsten Monaten für die Angreifer uneinnehmbar blieben. In schweren Gefechten verteidigten vor allem deutsche Fallschirmjäger Cassino über Monate gegen eine wahrhaft internationale Truppe der Alliierten, in deren Reihen Amerikaner, Briten, Australier, Neuseeländer, Gurkhas aus Nepal, Inder, Marokkaner und Polen kämpften. Durch hartnäckigen Widerstand erwarben sich die Fallschirmjäger dabei den Respekt ihrer Gegner und erhielten den Beinamen „Grüne Teufel“. Erst ein von Kesselring angesichts der sich verschlechternden militärischen Situation in Italien am 17. Mai 1944 erteilter Rückzugsbefehl ermöglichte den polnischen und marokkanischen Einheiten am 18. Mai die Einnahme des Klosters. Die viermonatige, erbittert geführte Schlacht um Monte Cassino kostete rund 20.000 deutsche und 12.000 alliierte Soldaten das Leben.

Fallschirmjäger trugen auf deutscher Seite die Hauptlast des Kampfes um Monte Cassino.

DIE LANDUNG BEI ANZIO UND NETTUNO

Bereits am 22. Januar 1944 waren bei Anzio, 60 km südlich Rom, US-Truppen gelandet, um mittels dieser amphibischen Landung Verteidigungsstellungen der Deutschen zu umgehen. Doch erwies sich der Widerstand der Wehrmacht im Raum Anzio als so hartnäckig, dass es den US-Truppen vier Monate nicht gelang, aus ihrem Brückenkopf auszubrechen. Erst am 23. Mai durchbrachen sie die Stellungen der Wehrmacht, um sich am 25. Mai mit den aus dem Süden kommenden alliierten Streitkräften zu vereinen. Kesselring ließ derweil Rom räumen und zur offenen Stadt erklären, um dessen Zerstörung zu verhindern, sodass alliierte Verbände am 4. Juni kampflos und unter dem Jubel der Bevölkerung in Rom einmarschierten. Die deutsche Heeresgruppe C zog sich in den folgenden Wochen hinter die 320 km lange Goten-Linie zurück, die sich von La Spezia über den Apennin bis in das ostitalienische Rimini erstreckte. Die Alliierten waren weit vorgedrungen, hatten aber bis zu jenem Zeitpunkt die Truppen der Wehrmacht nicht entscheidend schlagen können. Kesselring und Vietinghoff gelang es immer wieder, sich der Vernichtung durch taktisch kluge Rückzüge zu entziehen, wobei die italienische Geografie – insbesondere zahlreiche quer durch das Land laufende Flüsse – diese Absetzbewegungen erleichterten.

Schwere Angriffe der 5. US-Armee und der britischen 8th Army auf die Verteidigungsstellung mussten im Oktober 1944 wegen einsetzender schwerer Regenfälle ergebnislos abgebrochen werden. Der ungewöhnlich harte Winter 1944/45 und die Erschöpfung der Truppen auf beiden Seiten ließen die italienische Front, die nach der Invasion in der Normandie am 6. Juni 1944 für beide Seiten ohnehin nur noch einen Nebenkriegsschauplatz darstellte, bis zum Frühjahr 1945 erstarren.

Mit britischen Sterling-MP bewaffnete weibliche Kämpfer der Resistenza.

DIE RESISTENZA

Während der deutschen Besetzung großer Teile Italiens in der Zeit von Herbst 1943 bis zum Kriegsende tobte hinter der eigentlichen Kampflinie ein weiterer Krieg, dessen Frontverlauf nicht immer so eindeutig definiert war.
Die Resistenza (Widerstand), ein Sammelbegriff für eine Vielzahl von unterschiedlichen Gruppen, umfasste Kommunisten, Sozialdemokraten, militante linke Splittergruppen sowie Anarchisten, Liberale und Katholiken. Sie alle einte der Wunsch, die deutsche Besetzung, aber auch die faschistische Diktatur Mussolinis abzuschütteln. Durch Waffen und Material von den Alliierten unterstützt, überfielen diese Gruppen Truppen der Wehrmacht und der Mussolini-treuen Streitkräfte, sprengten Brücken und Eisenbahnschienen und sorgten für Verwirrung und Chaos hinter der Front. Ähnlich wie auf dem Balkan gingen Wehrmacht, SS und die italienischen Faschisten auch hier mit brutalsten Mitteln gegen die Freischärler vor. Vergeltungsmaßnahmen waren an der Tagesordnung, ganze Dörfer oder Orte wurden aus Rache für Partisanenangriffe dem Erdboden gleichgemacht. Dennoch taugten diese Mittel auch hier nicht, den Partisanen Einhalt zu gebieten, sondern führten nur zu Hass und Rachsucht auf Seiten der Zivilbevölkerung. Immer mehr Menschen wurden so in die Arme der Widerstandsgruppen getrieben.
Genaue Zahlen stehen nicht fest, doch wird geschätzt, dass über 10.000 Italiener diesen Vergeltungsaktionen zum Opfer fielen.

Unternehmen Barbarossa – Der Krieg im Osten

DER VERNICHTUNGSKAMPF

„Wir müssen von dem Standpunkt des soldatischen Kameradentums abrücken. Der Kommunist ist vorher kein Kamerad und nachher kein Kamerad. Es handelt sich um einen Vernichtungskampf."

Aufzeichnung von Generaloberst Franz Halder über eine Rede Hitlers vor Generälen der Wehrmacht am 30. März 1941

Am 3. Februar 1933, nur vier Tage nach seiner Ernennung zum Reichskanzler, hielt Adolf Hitler eine Rede vor Offizieren der Reichswehr. Das Thema: die Eroberung von „Lebensraum im Osten". Deutschland benötige für die Ernährung seiner Bevölkerung und zur Sicherstellung der Versorgung seiner Industrie mit Rohstoffen Raum im Osten. Nur so könne das Reich von anderen Staaten unabhängig und damit eine wahrhafte Großmacht werden, erklärte Hitler. Die dortige slawische Bevölkerung solle umgesiedelt, ausgelöscht oder – falls möglich – germanisiert werden.

Hitlers Vorstellungen über die Zerschlagung der „jüdisch-bolschewistischen" Sowjetunion machten sich nicht wenige seiner Generäle zu eigen.

Die Eroberung von Lebensraum im Osten und die Zerschlagung der „jüdisch-bolschewistischen Sowjetunion" waren seit Beginn Hitlers politischer Laufbahn seine erklärten Ziele. Bereits in seinem Buch „Mein Kampf" hatte er dies Mitte der 1920er-Jahre ausführlich dargelegt. Nationalsozialistische Vorstellungen von einer überlegenen germanischen Herrenrasse spielten dabei ebenso eine Rolle wie die Fiktion einer jüdischen Weltverschwörung; hinzu kam die radikale Ablehnung der kommunistischen Ideologie.

Der Hitler-Stalin-Pakt vom August 1939 war wenig mehr als eine kurze Episode und wurde mehr aus realpolitischen Erwägungen geschlossen, um Rückenfreiheit bei der Eroberung Polens zu erlangen. Nach der überraschend schnellen Niederlage Frankreichs im Juni 1940 erwog Hitler einen sofortigen Angriff auf die Sowjetunion. Seine Generäle jedoch überzeugten ihn davon, dass ein solches Wagnis ohne gründliche Vorbereitung nicht möglich sei.

Da es Hitler weder gelang, Großbritannien zu einem Friedensschluss mit dem Deutschen Reich zu bewegen, noch es zu erobern, beschloss er trotz der andauernden Kämpfe im Westen, die Sowjetunion anzugreifen. Der von ihm erwartete Blitzsieg im Osten würde Deutschland auf dem Kontinent unangreifbar machen – ein Gedanke, der auch schon Napoleon zu seinem Russlandfeldzug motiviert hatte. Großbritannien würde dann endlich, so hoffte Hitler, zu einem Frieden bereit sein. Obwohl Hitler und seine Generäle den Ausgang des napoleonischen Versuchs der Eroberung Russlands nur allzu gut kannten, zweifelte niemand in der Führung der Wehrmacht ernsthaft an einem Erfolg. Das Tempo, mit dem die deutschen Truppen bisher jeden Gegner – auch die als stärkste Armee Europas geltenden französischen Streitkräfte – niedergeworfen hatten, ließ eine Niederlage undenkbar erscheinen. Auch viele Militärexperten in Großbritannien und in Amerika stimmten dieser Meinung zu. Die Rote Armee hatte im Winterkrieg gegen Finnland eine mehr als enttäuschende Leistung gezeigt, auch aufgrund der stalinistischen „Säuberungen" in der Armee in den späten 1930er-Jahren. Zehntausende qualifizierter Offiziere waren liquidiert oder sogar in sibirische Lager deportiert worden. Man hielt die Rote Armee daher einhellig für einen kopflosen Riesen.

So befahl Hitler bereits am 31. Juli 1940 seinen Generälen, „das russische Problem in Angriff zu nehmen" und für „die Vernichtung der Lebenskraft Russlands" zu sorgen.

Am 18. Dezember 1940 gab Hitler schließlich die „Weisung Nr. 21" an das OKW, welche die Vorbereitung eines Angriffskrieges offiziell machte. Das OKW sollte Vorkehrungen treffen, die Sowjetunion in einem schnellen Feldzug niederzuwerfen, die im Westen Russlands stehenden Streitkräfte zu vernichten und den europäischen Teil der Sowjetunion zu besetzen. Dabei wurde als Ziel des Vormarsches eine gedachte Linie von Archangelsk am Nordmeer bis nach Astrachan am Kaspischen Meer (die so genannte A-A-Linie) festgelegt. Das OKW rechnete mit dem erfolgreichen Abschluss des Feldzuges bis zum Herbst 1941. Der ursprünglich für Mitte Mai vorgesehene Angriffstermin musste aufgrund des Balkanfeldzuges jedoch um fünf Wochen verschoben werden. Wie sich später herausstellen sollte, hatte dies fatale Konsequenzen.

Anders als die militärischen Operationen im Westen war der Ostfeldzug, vom Oberkommando der Wehrmacht „Barbarossa" genannt, von Anfang an als ideologischer Weltanschauungs- und rassenbiologischer Vernichtungskrieg konzipiert. Von Beginn an war die Ermordung jüdischer Bevölkerungsteile und der sowjetischen Führungsschicht Teil des Planes zur Unterwerfung der Sowjetunion. Bereits im März 1941 erteilte der Reichsführer SS die Vollmacht zur Aufstellung so genannter Einsatzgruppen, die der Wehrmacht folgend für die „Ausmerzung jüdischer und bolschewistischer Elemente" sorgen sollten. Im „Kommissarbefehl" vom 6. Juni 1941 wurde die Wehrmacht zudem angewiesen, gefangene politische Kommissare der Roten Armee „unmittelbar mit der Waffe zu erledigen". Weiterhin erschienen im Frühjahr 1941 ähnliche Anweisungen für die Truppen der Wehrmacht, in denen „rücksichtsloses und energisches Durchgreifen besonders gegen bolschewistische Hetzer, Freischärler, Saboteure und Juden" innerhalb der Zivilbevölkerung und der Kriegsgefangenen gefordert wurde.

21. Juni 1941: Gut getarnt im Wald werden letzte Vorbereitungen vor dem Beginn der Offensive getroffen.

DAS UNTERNEHMEN „BARBAROSSA"

Am frühen Morgen des 22. Juni 1941 um 4:15 Uhr eröffnete das Deutsche Reich auf einer Frontlänge von rund 1.600 km zwischen der Ostsee und den Karpaten den Krieg gegen die Sowjetunion. In dieser bisher größten militärischen Offensive der Weltgeschichte standen der Wehrmacht für den „Kreuzzug gegen den Bolschewismus" 153 Divisionen, darunter 19 Panzer- und 12 motorisierte Divisionen, zur Verfügung. In konkreten Zahlen entsprach dies 3,2 Millionen Soldaten mit rund 3.600 Panzern, über 7.000 Geschützen und 600.000 Kraftfahrzeugen aller Art. Da die Wehrmacht – entgegen aller Propaganda – keineswegs voll motorisiert war, kamen mehr als eine halbe Million Pferde und Maultiere hinzu. Die Luftwaffe konnte 2.770 Kampfflugzeuge aufbieten, davon 1.085 Bomber, 920 Jäger und 720 Aufklärer, dazu noch 55 Maschinen der Küstenfliegerstaffeln. Weitere 600.000 Soldaten kamen aus den verbündeten Staaten Ungarn, Rumänien, Finnland, Slowakei und Italien hinzu.

Die Rote Armee umfasste im Juni 1941 rund 5 Millionen Soldaten, etwa 20.000 Panzer sowie über 11.000 Flugzeuge. Allerdings waren diese Truppen nicht alle an der Westgrenze der Sowjetunion stationiert.

Die Truppen der Wehrmacht waren in drei Gruppen aufgeteilt: in die Heeresgruppe Nord, die in Richtung Leningrad nach Nordosten vorstieß, die Heeres-

STALIN

Josef Stalin (1878–1953) wurde unter dem Namen Jossif Wissarionowitsch Dschugaschwili als Sohn eines Schuhmachers in Gori (Georgien) geboren. In seiner Kindheit lebte er in sehr einfachen Verhältnissen, konnte aber aufgrund seiner Intelligenz die damals bedeutendste höhere Schule Georgiens in Tiflis, ein Priesterseminar, besuchen.

Schon früh schloss er sich revolutionären Gruppen an und änderte 1903 seinen Namen in Stalin: „der Stählerne". 1907 ging er in den Untergrund und organisierte Banküberfälle, um Bargeld für bolschewistische Gruppen zu organisieren. Stalin wurde zum engen Weggefährten Lenins und trat nach dessen Tod die Nachfolge an. Bereits seit 1922 war er Generalsekretär der Kommunistischen Partei der Sowjetunion. Nachdem er sich in internen Machtkämpfen durchgesetzt hatte, war er ab 1928 bis zu seinem Tod 1953 praktisch Diktator der Sowjetunion. Während der 1930er-Jahre betrieb er mit Nachdruck und Brutalität die Kollektivierung der Landwirtschaft und die Industrialisierung des Landes. Beides kostete Millionen Menschen in Arbeitslagern, den gefürchteten GULAGs, das Leben. Opposition ließ er im Keim ersticken, Millionen tatsächliche oder vermeintliche politische Gegner wurden liquidiert oder in sibirische Straflager deportiert.

Auch die Rote Armee und insbesondere das Offizierskorps hatten sehr unter diesen „Säuberungen" zu leiden. Viele der fähigsten Köpfe fielen Stalins Paranoia zum Opfer. Dementsprechend war die Sowjetunion 1939 keinesfalls kriegsbereit. Stalin wusste dies und schloss zunächst einen Pakt mit Hitler, um Zeit zu gewinnen. Während des Krieges mobilisierte er geschickt die Massen, indem er an ihre patriotischen Gefühle appellierte und vom „Großen Vaterländischen Krieg" in Anlehnung an den „Vaterländischen Krieg" gegen Napoleon sprach. Als sein Sohn 1941 in deutsche Gefangenschaft geriet und die Wehrmacht einen Austausch anbot, weigerte sich Stalin mit dem Hinweis, dass all die anderen Gefangenen auch nicht frei kämen, was ihm große Popularität einbrachte. Als wichtiger Partner der Alliierten hatte er einen entscheidenden Einfluss auf den Verlauf des Zweiten Weltkrieges sowie auf die Nachkriegsordnung in Europa und in der Welt. Trotz seiner zahlreichen Verbrechen herrschte 1953 nach seinem Tod in der Sowjetunion große Trauer.

gruppe Mitte, die gegen Moskau gerichtet war, und die Heeresgruppe Süd, welche in Richtung Krim vorrücken und dabei die wichtigen Kohle- und Erzlagerstätten im Donezkbecken, die Ölquellen im Kaukasus und den „Brotkorb der Sowjetunion", die Ukraine, erobern sollte.

Der eigentliche Angriff kam für die Sowjets offenbar völlig überraschend. Ganz im Sinne des Hitler-Stalin-Paktes hatte die Sowjetunion buchstäblich noch bis zum Vorabend des Angriffs Rohstoffe nach Deutschland geliefert. Als die Truppen der Wehrmacht dann am

Am Morgen des 22. Juni 1941 durchqueren die ersten Panzer den Bug.

Morgen des 22. Juni 1941 die Grenzen überschritten, schien die Rote Armee darauf in keiner Weise gefasst zu sein. Obwohl Stalin sowohl von seinem eigenen Geheimdienst als auch von den Briten über einen möglicherweise bevorstehenden Angriff gewarnt worden war, hatte er diese Nachrichten scheinbar ignoriert. Aus welchem Grund er dies tat, ist und bleibt Spekulationen überlassen.

Aufgrund des Überraschungsmoments und der bereits in Polen und im Westfeldzug erprobten Blitzkriegtaktik stießen die drei deutschen Heeresgruppen schnell nach Osten vor und erzielten zunächst unglaubliche Erfolge. So hatten die Luftstreitkräfte der Sowjetunion (V-VS) nach 48 Stunden bereits über 2.800 Maschinen am Boden und in der Luft verloren, die Luftwaffe hingegen nur 150. Die vorrückenden Panzer, begleitet von motorisierten Truppen, legten bis zu 80 km täglich zurück und hielten nur an, um Widerstand niederzukämpfen oder aufzutanken. Die Ausfälle durch schlechte Straßen und den Staub waren höher als diejenigen durch Gefechte. Dahinter versuchte die Infanterie, mit den Panzerspitzen Schritt zu halten und legte mit 25 kg Gepäck täglich in Gewaltmärschen bis zu 30 km zurück.

Die Landschaft, durch welche die Infanteristen kamen, zeigte die Spuren der vorherigen Kämpfe: Ausgebrannte Panzer, tote Rotarmisten und Pferdekadaver säumten den Weg. Die Panzerverbände der Heeresgruppe Mitte und die nachrückende Infanterie schlossen in einer Zangenbewegung bis zum 28. Juni zwischen Bialystok und der weißrussischen Hauptstadt Minsk zwei Kessel um 43 sowjetische Divisionen. Verzweifelt versuchten die eingeschlossenen sowjetischen Verbände, sich aus den Kesseln freizukämpfen. Dabei trieben Offiziere und Politkommissare ihre Soldaten oft in militärisch aussichtslosen Aktionen in Sturmangriffen direkt in deutsches Feuer und damit in den sicheren Tod.

Doch durch Erfüllung des von Stalin ausgegebenen Befehls „Halten oder sterben" banden sie deutsche Truppen, und die militärische Führung gewann Zeit zum Aufbau neuer Verteidigungslinien für die Rote Armee. Diese erste Kesselschlacht des Ostfeldzugs endete am 9. Juli 1941. Über 325.000 Rotarmisten mit ihren Waffen und Geräten kapitulierten und gingen in Kriegsgefangenschaft. Die Panzerverbände der Heeresgruppe Mitte stießen weiter nach Osten vor. Das Ziel war Smolensk, dem sich die Panzergruppe 3 unter Hoth von Norden und die Panzergruppe 2 unter Guderian von Süden her näherten, und die Umfassung der dortigen starken Kräfte der Roten Armee. Stalin hatte östlich der Stadt 42 Divisionen zusammenziehen lassen, um das nur noch 400 km entfernte Moskau zu schützen.

Erneut gelang der Wehrmacht mit der nachrückenden Infanterie eine groß angelegte Umfassung der sowjetischen Verbände. Smolensk geriet nach schweren Straßenkämpfen am 16. Juli in deutsche Hände, der Kessel wurde am 24. Juli geschlossen. Am 5. August 1941

Erneut gelingt es der Luftwaffe innerhalb kürzester Zeit, die Luftherrschaft zu erringen. In zahllosen Einsätzen hatten die Geschwader großen Anteil am schnellen Vormarsch.

DER „PANZERGENERAL" GUDERIAN

Heinz Guderian (1888–1954) diente bereits im Ersten Weltkrieg im Generalstab des Oberkommandos. Während seiner Zeit in der Reichswehr legte er die theoretischen Grundlagen für den Einsatz von Panzern im Rahmen des späteren Blitzkriegkonzepts und war verantwortlich für den Aufbau der Panzertruppe. 1937 veröffentlichte er seine Ideen im Buch „Achtung, Panzer".

In Polen und Frankreich bewies er als Kommandeur des XVI. Panzerkorps die Richtigkeit seiner Theorien und war während der Frühphase des Russlandfeldzugs als Führer der 2. Panzergruppe der Heeresgruppe Mitte für den schnellen Vorstoß auf Moskau und die Erfolge in diversen Kesselschlachten mitverantwortlich. Nachdem er im Dezember 1941 seinen Truppen entgegen Hitlers Befehl die Erlaubnis zum Rückzug gab, wurde er seines Postens enthoben. Erst im Februar 1943 wurde er wieder von Hitler in den aktiven Dienst versetzt und zum Inspekteur der Panzertruppen ernannt, wo er für die Modernisierung der motorisierten Truppenteile zuständig war. Dabei arbeitete er eng mit Rüstungsminister Albert Speer zusammen, um die Panzerproduktion zu erhöhen. Nach dem gescheiterten Attentat vom 20. Juli 1944 wurde Guderian Chef des Generalstabs des Heeres – eine Position, die nicht sonderlich hervorstach, da Hitler Oberbefehlshaber des Heeres war. In dieser Funktion war er jedoch auch Mitglied des Ehrenhofes, der die Verwicklung von Offizieren in das Attentat auf Hitler überprüfte und Offiziere dem berüchtigten Volksgerichtshof übergab. Guderian hatte das Attentat vom 20. Juli strikt abgelehnt, was er auch in seinen Memoiren darlegte. Nach einem Streit mit Hitler über die Kriegslage wurde er am 28. März 1945 erneut entlassen und geriet am 10. Mai in amerikanische Kriegsgefangenschaft.

kapitulierten über 300.000 Mann mit rund 3.200 Panzern und über 3.000 Geschützen.

Der Weg nach Moskau stand nun offen. Der Oberbefehlshaber des Heeres von Brauchitsch und Generalstabschef Halder legten Hitler nahe, die Heeresgruppe rasch dorthin marschieren zu lassen. Hitler jedoch befahl, dass Teile der Heeresgruppe Mitte nach Süden schwenken sollten. Sie sollten die Heeresgruppe Süd unterstützen, da er zunächst die Eroberung der Ukraine mit ihren wirtschaftlich überaus bedeutenden Rohstoffvorkommen plante, wodurch die Heeresgruppe Mitte zunächst Halt machen musste.

Panzer III Ausführung F im Winter 1941 in Russland.

DER FALL DER UKRAINE

Die Heeresgruppe Süd unter Generalfeldmarschall von Rundstedt rückte im Rahmen des Planes für das Unternehmen „Barbarossa" in Richtung der Ukraine vor. Dazu mussten zunächst die Befestigungen der Stalin-Linie überwunden werden. Danach stießen von Rundstedts Truppen rasch vor, denn es galt, möglichst rasch große Verbände der Roten Armee einzukesseln und zu vernichten, ehe sich diese in die Weite des russischen Raumes zurückziehen konnten. Doch im Gegensatz zu der Heeresgruppe Mitte verfügte die Heeresgruppe Süd nur über eine Panzergruppe, was größere Zangenbewegungen erschwerte. Anfang August gelang es jedoch bei Uman, 20 Divisionen einzuschließen, die am 8. August 1941 kapitulierten. Über 100.000 Soldaten kapitulierten, mehr als 300 Panzer und fast 900 Geschütze fielen unzerstört in deutsche Hände.

Im Verbund mit den Kräften der Heeresgruppe Mitte gelang es im Raum Kiew erneut, große Verbände der Roten Armee einzukesseln. Bereits am 19. September fiel Kiew, und am 26. September ergaben sich 665.000 eingeschlossene sowjetische Soldaten. Fast 900 Panzer und 3.700 Geschütze wurden von der Wehrmacht erbeutet. In der Folge dieser wahrscheinlich größten Kesselschlacht der Geschichte war die sowjetische Südostfront vorläufig zusammengebrochen. Die Ukraine befand sich nun fest in der Hand der Wehrmacht, und das OKW hoffte, noch vor Einbruch des Winters den Kaukasus zu erreichen.

Zunächst wurden die deutschen Truppen von vielen Ukrainern als Befreier vom stalinistischen Joch gefeiert, denn viele hatten unter dem kommunistischen Terror der 1930er-Jahre gelitten,

Den Truppen der Wehrmacht folgten unmittelbar die Einsatzgruppen mit dem Auftrag, Juden und Kommunisten zu ermorden.

Eine Szene typisch im Sommer 1941: Viele sowjetische Gefangene sollten ihre Heimat nicht wiedersehen.

wünschten sich sehnlichst ein Ende der Herrschaft Stalins und vielleicht sogar eine unabhängige Ukraine herbei.

Doch aufgrund des Plans, den Westen der Sowjetunion zum „germanischen Lebensraum" zu machen, blieb für solche Träume kein Platz. Den Truppen der Wehrmacht folgten bald die Einsatzgruppen, welche den Auftrag hatten, Juden und die sowjetische Führungsschicht zu liquidieren. So kam es Ende September 1940 zu einem Massaker an über 32.000 Juden aus Kiew. Unter dem Vorwand, alle Juden aus Kiew evakuieren zu wollen, brachte man die Menschen in die Schlucht von Babi Jar vor den Toren der ukrainischen Hauptstadt, wo sie erschossen wurden. Dies war das wohl größte Massaker, das im Verlauf des Vormarsches vorwiegend von der Einsatzgruppe C verübt wurde, doch ähnliche Szenen spielten sich überall in den eroberten Gebieten ab.

In Teilen den Sowjetunion wurden die Soldaten der Wehrmacht zunächst freudig empfangen.

Überreste einer sowjetischen Panzerdivision nach einer Kesselschlacht.

Die 3,7-cm-Pak 36, Standardwaffe der Panzerjägerabteilungen des Heeres, wurde durch das Auftauchen der sowjetischen Panzer T-34 und KW-1 zum „Heeresanklopfgerät". Ihre Leistungen reichten bei Weitem nicht mehr aus, um die Panzerung dieser Kampffahrzeuge zu durchschlagen.

VORMARSCH AUF LENINGRAD

Die Heeresgruppe Nord unter von Leeb stieß aus Ostpreußen kommend durch die baltischen Staaten, die erst im Sommer 1940 von der Sowjetunion annektiert worden waren, auf Leningrad (heute wieder St. Petersburg) vor. Das Ziel war, der sowjetischen Marine ihre Ostseehäfen zu nehmen und Leningrad als „Wiege des Bolschewismus" einzunehmen, bevor dann von Norden her ein Vorstoß auf Moskau erfolgen sollte.

Die finnische Armee schloss sich der Wehrmacht an, um ihre im Winterkrieg 1939/40 verlorenen Gebiete zurückzuerobern. In den baltischen Staaten wiederholte sich, was schon in der Ukraine und anderen Teilen der Sowjetunion zu beobachten war: Die Bevölkerung begrüßte die Wehrmacht zunächst als Befreier. In Estland, Litauen und Lettland, aber auch in Bessarabien im Süden umso mehr, da diese Gebiete Stalin erst 1940 in die Hände gefallen waren. Auch hier folgten jedoch die berüchtigten Einsatzgruppen den Divisionen der Wehrmacht mit kurzem Abstand.

Während 42 deutsche Divisionen von Süden und Osten her vorrückten, stießen verbündete finnische Truppen von Norden vor. Ende August erreichten von Leebs Panzerspitzen die ersten Vororte Leningrads, doch der Führer stoppte den Vormarsch. Wahrscheinlich fürchtete Hitler allzu verlustreiche Straßenkämpfe bei der Eroberung Leningrads. Daher ordnete er die Belagerung der Stadt an, um die Bevölkerung auszuhungern. Anfang September 1941 war Leningrad von sämtlichen Landverbindungen abgeschnitten. Nahezu ununterbrochen war die Stadt in der folgenden Zeit dem Beschuss deutscher Artillerie und Bombenangriffen ausgesetzt. Eine Kapitulation war jedoch nicht abzusehen. Östlich von Leningrad tobten an der Wolchow-Front monatelang weiterhin heftige Kämpfe, ohne dass eine Seite Geländegewinne erzielen konnte. Die finnischen Verbündeten zeigten sich zudem sehr zurückhaltend, über das von ihnen 1940 verlorene Territorium hinaus weiter vorzustoßen.

Finnische Truppen in den Wäldern Kareliens.

DIE LAGE IM SPÄTSOMMER 1941

Bis Ende August, keine zehn Wochen nach Beginn des Angriffs auf die Sowjetunion, waren Weißrussland, das Baltikum und die Ukraine in deutscher Hand. Die zweitgrößte Stadt der Sowjetunion, Leningrad, war eingekesselt und belagert. Die Heeresgruppe Mitte stand keine 350 km vor Moskau. Die Rote Armee hatte Millionen Soldaten verloren und unglaubliche Mengen an Kriegsmaterial eingebüßt. Schätzungen sprechen von 15.000 vernichteten oder erbeuteten Panzern. Tausende Geschütze, Kraftfahrzeuge und Flugzeuge waren ebenfalls dem Ansturm der Wehrmacht zum Opfer gefallen. Riesige Kolonnen gefangener Rotarmisten bewegten sich nach Westen, um als Zwangsarbeiter im Deutschen Reich ausgebeutet zu werden. Doch viele von ihnen überlebten schon den Transport nicht: Hunger, Erschöpfung und Krankheiten aufgrund schlechter hygienischer Verhältnisse in den provisorischen Lagern ließen hunderttausende, wenn nicht gar Millionen von ihnen elend sterben.

Doch auch die Wehrmacht war nicht ungeschoren davongekommen. Bis Ende August hatte die Truppe rund 10 % ihrer Soldaten als tot, verwundet oder vermisst verloren, und Ersatz aus der Heimat kam nur sehr spärlich. Der schnelle Vormarsch war extrem belastend für Mensch und Material. Zahlreiche Fahrzeuge waren ausgefallen und mussten ersetzt werden, auch floss der Nachschub zu langsam. Die langen Versorgungslinien ins Reich machten sich nun negativ bemerkbar. Die Wehrmacht erlebte zudem eine unangenehme Überraschung in Form der sowjetischen Panzer vom Typ T-34 und KW-1, welche sämtlichen deutschen Panzern und Panzerabwehrkanonen jener Tage weit überlegen waren. Zunächst tauchten sie jedoch nur vereinzelt auf.

Doch insgesamt schienen die deutschen Erfolge und die gewaltigen sowjetischen Verluste die Auffassung des Oberkommandos des Heeres (OKH) zu bestätigen, dass die Rote Armee vor Einbruch des Winters zu besiegen sei. Nun sollte Moskau eingenommen werden.

Nach dem Einmarsch der Wehrmacht verliert die Rote Armee tausende ihrer Panzer, wie diesen BT-5.

LENINGRAD

Leningrads einzige Verbindung zur Außenwelt nach der Einkesselung durch deutsche Truppen war der Luftweg oder per Schiff über den Ladoga-See. Die Stadt wurde von 30 Divisionen der Roten Armee verteidigt, die unter Beteiligung von nahezu einer halben Million Einwohner stark befestigte Stellungen, Barrikaden und Panzersperren errichtet hatte. Hitlers Hoffnung, die zweitgrößte Stadt der Sowjetunion würde aufgrund mangelnder Vorräte rasch kapitulieren, trog. Erst nach 900 Tagen endete die Belagerung – mit der Befreiung der Stadt durch die Rote Armee. Leningrad wurde für die Sowjets zum Symbol ihres verbissenen Widerstandes.

Während dieser 900 Tage spielte sich Fürchterliches in der Stadt ab. Mangelerscheinungen, Seuchen und Krankheiten bestimmten den Alltag der eingeschlossenen Leningrader. Zu Beginn der Belagerung erhielten Arbeiter 450 g Brot täglich, zwei Monate später nur noch die Hälfte. Katzen, Hunde und Ratten dienten ebenso als Nahrung wie Baumrinde oder Sägemehl. Der Hunger trieb die Menschen zum Äußersten: Viele versuchten, durch Überfälle und Raub von Lebensmitteln oder gar durch Kannibalismus dem qualvollen Hungertod zu entgehen. Monatlich starben Zehntausende an Unterernährung, Krankheiten oder an der Kälte, denn im Winter herrschten eisige Temperaturen von –40 Grad. Die Leichen der Erfrorenen, der an Hunger und Erschöpfung Gestorbenen oder der an der Front Gefallenen türmten sich an den Stadträndern. Erst im einsetzenden Frühjahr konnten sie in Massengräbern bestattet werden. Der Frost ermöglichte im Winter aber die notdürftige Versorgung der Stadt über die Eisflächen des zugefrorenen Ladoga-Sees. Gleichzeitig konnten auf diesem Weg hunderttausende Menschen aus der Stadt evakuiert werden. Insgesamt starben bis Ende Januar 1944 zwischen 800.000 und eine Million Einwohner. Erst dann gelang es der Roten Armee, die Belagerung der „Heldenstadt" zu beenden.

Einwohnerinnen Leningrads helfen beim Bau eines Panzergrabens.

PANZER DER ROTEN ARMEE

Im Juni 1941 verfügte die Rote Armee über rund 20.000 Panzer. Die meisten davon waren allerdings leichte Typen wie der T-26 oder Fahrzeuge der BT-Reihe.

Die modernen Typen T-34 und KW-1 kamen jedoch in zunehmender Zahl an die Front. Zunächst litt der Kampfwert dieser potenziell erstklassigen Fahrzeuge daran, dass sie nur einzeln oder in kleinen Gruppen zur Infanterieunterstützung eingesetzt wurden und häufig keine Funkausstattung besaßen. Erst im Lauf des Krieges sollte die Rote Armee die Taktiken des massierten Panzereinsatzes von der Wehrmacht übernehmen.

Dem T-26 begegnete die Wehrmacht zunächst am häufigsten. Obwohl für 1941 angemessen bewaffnet (45-mm-Kanone im Turm), war der T-26 doch zu langsam, nur sehr dünn gepanzert und insgesamt veraltet.

Der KW-1 war für seine Zeit extrem schwer gepanzert (max. 110 mm). Um ihn auszuschalten musste die Wehrmacht auf die 8,8-cm-Flak zurückgreifen. Im Turm trug er die gleiche Bewaffnung wie der T-34, war allerdings langsamer als dieser.

Die Panzer der BT-Baureihe (BT-5 und BT-7) waren praktisch die Vorläufer des T-34. Sie waren sehr mobil und verfügten über die gleiche Bewaffnung wie der T-26, doch auch ihre Panzerung war nicht stark genug.

Der KW-2 basierte auf dem KW-1, hatte jedoch einen anderen Turm mit einer 152-mm-Haubitze. Ebenso schwer gepanzert wie der KW-1, war er durch den riesigen Turm wesentlich massiger und dadurch sehr langsam. Dennoch gelang es einem einzelnen KW-2 vom 23. bis 24. Juni 1941, im Baltikum ein ganzes Panzerregiment der Wehrmacht aufzuhalten.

Der T-34 war 1941 ohne Zweifel der beste Panzer der Welt. Schnell, gut bewaffnet (76,2-mm-Kanone im Turm) und gepanzert sowie mit breiten Ketten für einen geringen Bodendruck versehen, was die Beweglichkeit in Schlamm und Schnee erhöhte, war er allen Fahrzeugen der Wehrmacht überlegen. Zunächst litt der T-34 jedoch unter mechanischen Mängeln, insbesondere unter schadhaften Getrieben.

DIE SOWJETISCHE HEIMATFRONT

Kein anderes am Zweiten Weltkrieg teilnehmendes Land kämpfte einen so „totalen Krieg" wie die Sowjetunion. Praktisch alle Lebensbereiche wurden der Produktion von Waffen oder sonstigen Gütern für die Front untergeordnet. Buchstäblich jeder wehrfähige Mann wurde zur Roten Armee eingezogen. 1944 waren 80 % der Arbeitskräfte in der Landwirtschaft und über 50 % in der Industrie weiblich. Die restlichen Arbeitskräfte bestanden zumeist aus jungen Burschen, die auf ihre Einberufung warteten, oder aus alten Männern. Die Versorgung mit Lebensmitteln und Gütern aller Art war bereits vor dem Krieg für westliche Verhältnisse sehr schlecht gewesen, nun aber bewegten sich die per Lebensmittelkarte erhältlichen Zuteilungen nur knapp über dem Existenzminimum. Ende 1941 erhielten Kinder und Alte täglich nur 700 Kalorien, Arbeiter 1.400.

Eine weitere Härte für die Arbeiter bestand in der Verlegung tausender Fabriken aus dem Westen der Sowjetunion hinter den Ural. Innerhalb kürzester Zeit wurden dort neue Werke aus dem Boden gestampft – allerdings häufig, ohne die entsprechenden Unterkünfte für die Beschäftigten und ihre Familien zu errichten, die so oftmals in klirrender Kälte in improvisierten Hütten leben mussten.

Aber dennoch war dieses Programm zur Verlegung der Industrie ein ungeheurer Erfolg: Weitab von der Front, jenseits der Reichweite deutscher Bomber, produzierten die sowjetischen Fabriken riesige Mengen an Rüstungsgütern aller Art. Auch die Insassen der Arbeitslager (1942 über 4 Millionen) wurden rücksichtslos in die Kriegsproduktion eingespannt. Der Flugzeugkonstrukteur Andrei Nikolajewitsch Tupolew etwa entwarf während seiner Haft – er war wegen angeblicher Spionage verurteilt worden – den Bomber Tu-2. Als Dank für diese Leistung wurde er nach dessen Erstflug frei gelassen.

Oktober 1941: Vormarsch auf Moskau.

DIE OPERATION „TAIFUN“

Erst zwei Monate nach der Kesselschlacht von Smolensk und seiner Entscheidung, Teile der Heeresgruppe Mitte nach Süden schwenken zu lassen, befahl Hitler Anfang Oktober 1941 den Angriff auf Moskau.

Am 2. Oktober 1941 begann die Heeresgruppe Mitte mit der Operation „Taifun“, dem Angriff auf Moskau. Erstes Ziel waren die Einnahme der Orte Brjansk und Wjasma, da um beide Städte starke Einheiten der Roten Armee in Stellung gegangen waren. Wieder einmal gelang es den deutschen Panzerdivisionen unter Guderians und Hoths Führung, den Gegner einzukesseln. Während die eingeschlossenen Truppen noch letzten Widerstand leisteten, stieß die Wehrmacht mit weiteren Truppen zwischen den Kesseln sowie an deren Außenrändern nach Moskau vor. Rund 670.000 sowjetische Soldaten mitsamt ihrer Waffen gerieten nach Abschluss dieser doppelten Kesselschlacht in deutsche Hände. Nun schien ein Sieg der deutschen Truppen unausweichlich zu sein. Doch starker Regen verwandelte die russischen Wege in Morast. An einen schnellen Vormarsch war nun nicht mehr zu denken, da sich selbst Panzer im Schlamm festfuhren. Erst das Einsetzen der Frostperiode und der dadurch verursachte härtere Boden ermöglichten es Anfang November den motorisierten Verbänden, ihren Angriff fortzusetzen. Im Norden hatten sich die Spitzen der Panzergruppe 3 bis auf wenige Kilometer an Moskau herangekämpft. Einzelne Stoßtrupps standen bereits 8 km vor dem Stadtrand. Während im Deutschen Reich Meldungen über die unmittelbar bevorstehende Einnahme der sowjetischen Hauptstadt bereits Siegesstimmung auslösten, scheiterte der entscheidende Durchbruchversuch durch den letzten Verteidigungsring am hartnäckigen Widerstand der Roten Armee – und an „General Winter“.

Ministerien, Behörden und Industriebetriebe waren bereits Mitte Oktober 1941 aus Moskau evakuiert worden. Die gesamte Regierung übersiedelte kurze Zeit später nach Kuibyschew an der Wolga, nur Stalin blieb im Kreml zurück und rief den Belagerungszustand aus. General Schukow nutzte die Unterbrechung des deutschen Vormarschs, um mithilfe der Zivilbevölkerung die Verteidigungsstellungen rund um die Hauptstadt auszubauen. Die Verteidiger erhielten zudem moderne, den deutschen Panzern an Feuerkraft und Beweglichkeit überlegene T-34 sowie frisch aus Sibirien herangeführte, speziell für den Winterkampf ausgebildete Truppen mit Skiern und Schlitten. Die nachrichtendienstlichen Erkenntnisse bestätigten nämlich, dass Japan nicht beabsichtigte, den Osten der Sowjetunion zu attackieren, weshalb von dort Truppen abgezogen werden konnten.

Die mittlerweile erschöpften deutschen Soldaten dagegen waren nicht für den Winter und schon gar nicht für Temperaturen, die nachts um –45 Grad erreichten, ausgerüstet. Da die Wehrmachtsführung damit gerechnet hatte, die Sowjetunion noch vor Einbruch des Winters zu besiegen, war eine solche Ausrüstung als unnötig erachtet worden. Nun aber erlaubten es zu geringe Transportkapazitäten nicht, neben Munition und Treibstoff auch die dringend benötigte Winterausrüstung in genügender Anzahl zu liefern. Selbst in der Heimat eilig gesammelte Winterkleidung erreichte nur selten ihre Adressaten.

Ausfälle aufgrund von Erfrierungen überstiegen die Kampfverluste um mehr als das Doppelte. Den deutschen Soldaten froren buchstäblich die Ferngläser vor den Augen fest, und viele Landser behalfen sich, indem sie gefallenen Rotarmisten Uniformteile und Winterstiefel abnahmen. Selbst Motoren und Waffen froren ein. An einen weiteren Vormarsch war unter solchen Bedingungen nicht zu denken. Nun sah Stalin seine Chance und befahl Schukow am 5. Dezember 1941, zum Gegenangriff anzutreten. Auch an weiteren Frontabschnitten ging die Rote Armee nun in die Offensive. Hitler gab am 8. Dezember für die gesamte Ostfront die Order, jegliche Offensivoperationen einzustellen. Die Wehrmacht sollte sich bis zum Frühjahr eingraben.

Innerhalb weniger Tage veränderte sich die militärische Lage zugunsten der Roten Armee. Trotz Hitlers Weisung vom 16. Dezember, die vorgezogenen Stellungen durch „fanatischen Widerstand" zu halten, musste die Wehrmacht erstmals im Osten zurückweichen – an manchen Frontabschnitten gar über 200 km weit! Eine weitere Angriffswelle warf die Heeresgruppe Mitte bis April 1942 erneut weit zurück, bevor die Kampfhandlungen in einen Stellungskrieg übergingen. Der Preis war für beide Seiten hoch: Die Wehrmacht hatte von Juni bis zur Jahreswende 1941/42 fast 750.000 Mann (ohne Erkrankungen) an Toten, Verwundeten, Gefangenen oder Vermissten verloren. Von den 600.000 Kraftfahrzeugen, welche im Juni vorhanden waren, mussten bis dahin 150.000 Stück als Totalverlust abgeschrieben werden, über 300.000 mussten dringend überholt werden. Doch diese Zahlen waren nichts gegen die Verluste der Roten Armee: Seit Juni 1941 waren rund 3 Millionen Soldaten gefallen oder schwer verwundet worden, und über 3,5 Millionen waren in deutsche Gefangenschaft geraten.

Für die gescheiterte Eroberung Moskaus und den Rückzug im Winter 41/42 machte Hitler die deutsche Generalität verantwortlich. Der für einen taktischen Rückzug plädierende Oberbefehlshaber des Heeres, von Brauchitsch, musste Mitte Dezember 1941 seinen Abschied einreichen. Sein Amt übernahm Hitler persönlich. Generalfeldmarschall von Bock musste das Kommando über die Heeresgruppe Mitte an Generalfeldmarschall von Kluge übergeben. Der Oberbefehl der Heeresgruppe Süd ging von Generalfeldmarschall von Rundstedt auf Generalfeldmarschall von Reichenau über. Auch der als „Panzergeneral" geltende Guderian und General Hoeppner mussten gehen, da sie entgegen Hitlers Haltebefehl den Rückzug ihrer Truppen angeordnet hatten. Hitler ersetzte zum Jahreswechsel 1941/42 zudem noch weitere 35 Korps- und Divisionskommandeure durch ihm treu ergebene Offiziere. Von nun an kontrollierte Hitler als Oberbefehlshaber des Heeres jede Bewegung der Wehrmacht bis hinunter zur Batallionsebene.

Der einsetzende Winter, auf den die Wehrmacht in keiner Weise vorbereitet war, brachte den deutschen Vormarsch zum Stillstand.

Das Ende eines KW-1.

VON MOSKAU NACH STALINGRAD

Nur unter schweren Verlusten konnte die Ostfront bis zum Frühjahr 1942 gehalten werden. In Demjansk und Cholm gelang es der Roten Armee sogar, große Wehrmachtsverbände einzukesseln, die jedoch aus der Luft versorgt und schließlich entsetzt werden konnten. Während der Schlammperiode im Frühjahr 1942 kamen die Operationen beiderseits der Front erneut zum Stillstand. Hitler plante, dass seine Truppen im Frühsommer wieder in die Offensive gehen sollten. An Angriffe entlang der gesamten Front war jedoch aufgrund der bisherigen personellen und materiellen Verluste nicht zu denken.

Während im Bereich der Heeresgruppen Mitte und Nord zur Verteidigung übergegangen wurde, sollte eine Sommeroffensive mit allen verfügbaren gepanzerten und motorisierten Divisionen in Richtung Kaukasus vorstoßen. Besonders die reichen Ölvorkommen in jenem Gebiet gehörten schon immer zu Hitlers Begehrlichkeiten.

Doch zunächst trat im Südabschnitt der Front noch einmal die Rote Armee am 12. Mai 1942 zur Offensive an. Den starken Verbänden unter General Timoschenko gelang bei Charkow der Einbruch in die deutschen Linien. Die Armeegruppe Kleist und die 6. Armee unter General Paulus schafften es jedoch in einen Gegenangriff, die sowjetischen Truppen bis zum 23. Mai vollständig einzuschließen. Erneut geriet fast eine Viertelmillion Soldaten Stalins mit ihrer Ausrüstung in Gefangenschaft.

Das hohe Tempo forderte von Mensch und Material das Äußerste.

Nachdem 1941 schon große Teile der Krim in deutsche Hände gefallen waren, sollte im Sommer 1942 auch der restliche Raum, insbesondere die Halbinsel Kertsch und die belagerte Stadt Sewastopol, eingenommen werden, um als Sprungbrett für die Kaukasus-Offensive zu dienen. Auf der Halbinsel Kertsch vermochten die Truppen von Mansteins bis zum 21. Mai, den Sowjets erneut hohe Verluste zuzufügen und 170.000 Rotarmisten gefangen zu nehmen. Auch Sewastopol selbst fiel nach erbitterten Kämpfen am 5. Juli. Dabei wurde auch erstmals das Eisenbahngeschütz Dora, das größte Geschütz dieser Art aller Zeiten mit einem Kaliber von 80 cm, eingesetzt. Da fast gleichzeitig auch Tobruk in Nordafrika fiel, weckte die NS-Propaganda nach der Krise im Winter nun wieder große Hoffnungen auf einen baldigen Gesamtsieg.

Vormarsch durch Südrussland.

Ende Juni 1942 begann die Sommeroffensive auf einem rund 800 km breiten Abschnitt im Süden der Ostfront zwischen Kursk und Taganrog am Asowschen Meer. Bereits wenige Tage nach Beginn der Sommeroffensive erreichte die Heeresgruppe Süd den Don bei Woronesh. Die Heeresgruppe Süd wurde für die weitere Offensive nun in zwei Verbände geteilt, die Heeresgruppe A und B. Während der Nordflügel, die Heeresgruppe B, anschließend die Wolga hinunter nach Südosten Richtung Stalingrad vorrückte, stieß ihr die Heeresgruppe A in einer Zangenbewegung von Süden entgegen.

Im August 1942 erreichten Gebirgsjäger den höchsten Berg des Kaukasus, den über 5.600 m hohen Elbrus.

Aufgrund eines strategischen Rückzugs der Roten Armee hinter die Flüsse Don und Wolga sowie in den Kaukasus misslang die vorgesehene Einkesselung der sowjetischen Truppen. Die Truppen der Wehrmacht konnten daher ungeahnt rasch vorstoßen. Dies verleitete Hitler zu der – wie sich später zeigte – unberechtigten Vermutung, die Rote Armee sei bereits so gut wie geschlagen. Seine neue Planung für die Sommeroffensive vom 23. Juli sah daher zwei gleichzeitig und nicht wie vorgesehen nacheinander durchgeführte Operationen der Heeresgruppe A und B vor: Während die Heeresgruppe B weiterhin auf Stalingrad marschierte, sollte die Heeresgruppe A durch den Kaukasus zum Kaspischen Meer vorstoßen, um die Ölfelder von Grosny und Baku zu besetzen. Gemeinsam mit rumänischen Verbänden gelang es bis zum Spätsommer 1942, tief in den Kaukasus vorzustoßen und Stalingrad zu erreichen, das ein wichtiges Zentrum der Rüstungsindustrie und einen Verkehrsknotenpunkt am Unterlauf der Wolga darstellte.

Die Eroberungen Hitlers hatten nun ihre größte Ausdehnung erreicht. Von der Küste des Atlantiks in Westfrankreich bis kurz vor dem Kaspischen Meer, von Ägypten bis Nordnorwegen – überall standen deutsche Soldaten.

Dieser rasche Vormarsch im Südabschnitt führte aber auch zu einer gigantischen Überdehnung der Front von über 2.000 km Länge und zu verwundbaren Lücken in den deutschen und rumänischen Verteidigungslinien. Hinzu kam, dass dieser Vormarsch praktisch alle Reserven aufgezehrt hatte. Mangelnder Nachschub und der dann einsetzende massive sowjetische Widerstand ließen den Vormarsch der Heeresgruppen A und B Anfang September 1942 zum Stillstand kommen. Erneut suchte Hitler die Schuld für die abgebrochene Offensive bei seinen Generälen, weshalb er auch den Chef der Heeresgruppe A ersetzen ließ.

Ein beinahe friedliches Bild: Panzerspähwagen in den Weiten Südrusslands.

Erbittert wird um jede Ruine gekämpft.

DER KESSEL VON STALINGRAD

Die Heeresgruppe B erreichte Ende August 1942 Stalingrad, das heutige Wolgograd. In heftigen und verlustreichen Straßenkämpfen gelang es der 6. Armee unter General Friedrich Paulus jedoch nicht, die sowjetischen Verbände vollständig vom westlichen Ufer der Wolga und aus der Stadt zu vertreiben. Artillerie und Bomber verwandelten die Stadt in Ruinen. Zwischen eingestürzten Häusern, Straßen voller Schutt, Bombenkratern und den Toten der vorhergehenden Kämpfe versuchten die Soldaten der 6. Armee, die Stadt Straße für Straße, Haus für Haus und schließlich sogar Etage für Etage zu erobern. Dennoch waren Mitte November, nach zehn Wochen blutiger Kämpfe, erst rund 90 % des Stadtgebietes in deutscher Hand. Stalin hatte deutlich gemacht, dass er nicht wünschte, dass diese Stadt, die seinen Namen trug, fiele. Die Kommandeure und Offiziere der Roten Armee in Stalingrad gaben an ihre Truppen daher die Parole aus: „Kämpft, als gäbe es am anderen Ufer der Wolga kein Land mehr!“ Inzwischen plante das sowjetische Oberkommando eine Gegenoffensive und führte frische Kräfte heran. Am 19. November 1942 begann im Nordwesten und im Süden eine zangenförmige Großoffensive, die Operation „Uranus“. Das Ziel war, die schwachen rumänischen Verbände, welche an den Flanken der deutschen 6. Armee postiert waren, zu überrollen und die Stadt zu umfassen. Die rumänischen Verbände hatten der Wucht des sowjetischen Angriffs nichts entgegenzusetzen, und bereits drei Tage später hatte die Offensive zur Einkesselung der gesamten 6. Armee sowie von Teilen der 4. Panzerarmee und Überresten der rumänischen 3. und 4. Armeen geführt. Insgesamt waren auf diese Weise rund 250.000 Deutsche und über 30.000 rumänische Soldaten sowie einige tausend russischer Hilfswilliger eingeschlossen worden.

Hitler erklärte Stalingrad daraufhin zum Symbol des deutschen Sieges- und Kampfeswillens. Zugleich verband er mit der Eroberung der Stadt einen persönlichen Prestigeerfolg über seinen schärfsten Gegner Stalin. Die beiden Diktatoren entwickelten beinahe eine Obsession um die Verteidigung bzw. Eroberung

Die rote Fahne weht wieder über Stalingrad.

Stalingrads. Paulus bat Hitler darum, im Westen aus dem rund 40 x 50 km großen Kessel ausbrechen zu dürfen. Doch Hitler lehnte strikt ab. Die Stadt müsse um jeden Preis gehalten werden, und ein Rückzug sei Verrat. Der Kessel werde aus der Luft versorgt werden. In Demjansk sei dies im Frühjahr schließlich auch gelungen. Hitler vertraute dabei auf die Zusage Görings, die Eingeschlossenen Soldaten bis zum geplanten Entsatz hinreichend aus der Luft versorgen zu können. Doch gegenüber Demjansk waren in Stalingrad dreimal mehr Truppen eingeschlossen, und im Winter 1942/43 fehlten der Luftwaffe bereits die erforderlichen Kapazitäten, um die von der 6. Armee täglich zum bloßen Überleben benötigten 500 t Nachschub in den Kessel zu fliegen. Ein am 12. Dezember begonnener Entsatzversuch der eiligst unter dem Befehl von General von Manstein zusammengestellten Heeresgruppe „Don" und den Panzerverbänden von Generaloberst Hoth schaffte es zwar, sich dem Kessel von Stalingrad bis auf 48 km zu nähern, wurde dann jedoch zurückgeschlagen. General Paulus bat erneut um die Erlaubnis zum Ausbruch. Und wiederum erhielt er die Anweisung, Stalingrad um jeden Preis zu halten. Damit überließ Hitler die 6. Armee schließlich ihrem Schicksal.

Obwohl alle verfügbaren Transporter und Bomber des VIII. Fliegerkorps täglich in schlechtestem Wetter auf den improvisierten Pisten im Kessel landeten und Verpflegung, Munition sowie Treibstoff brachten, um dann voller Schwerverwundeter wieder zu starten, gelang es nicht, die zugesagten 500 t Nachschub täglich einzufliegen. Im Mittel erreichten rund 100 t die Eingeschlossenen. Aufgrund schlechten Wetters und nicht zuletzt der sowjetischen Flak und Jäger waren zudem die Ausfälle an Flugzeugen und Personal hoch: Insgesamt gingen rund 500 Maschinen bei diesen Einsätzen verloren; ein Blutzoll, von dem sich die Transporte der Luftwaffe nie mehr erholen sollten. Die tägliche Lebensmittelration der ausgehungerten Soldaten im Kessel betrug vor Weihnachten 1942 zwei Scheiben Brot und ein wenig Tee, gelegentlich eine dünne Suppe. Erste Todesfälle

Artillerie und Bomber verwandelten Stalingrad in ein Trümmerfeld.

Sowjetischer Vorstoß durch die Ruinen.

wegen Erschöpfung und Unterernährung traten bereits ab Mitte Dezember auf. Der harte russische Winter mit Temperaturen von unter –40 Grad forderte ebenfalls tausende Opfer unter den nur unzulänglich gegen die eisigen Temperaturen ausgerüsteten Wehrmachtssoldaten.

Zudem rückten die Truppen der Roten Armee immer weiter vor. Bis zum 18. Januar 1943 mussten die deutschen Truppen sämtliche Verteidigungslinien aufgeben und sich vollständig in das Stadtgebiet von Stalingrad zurückziehen, wo sie in zwei Teilkessel gespalten wurden. Am 23. Januar verloren sie das letzte Flugfeld, Nachschub konnte nun nur noch abgeworfen werden. Am 30. Januar ernannte Hitler Paulus demonstrativ zum Generalfeldmarschall. Da zuvor noch nie ein deutscher Feldmarschall kapituliert hatte, sollte Paulus diesem Beispiel folgend mit der 6. Armee bis zum „Heldentod" weiterkämpfen. Doch Paulus war sich der aussichtslosen Lage bewusst und nahm noch am gleichen Tag Kapitulationsverhandlungen auf. Am 31. Januar kapitulierte der frisch ernannte Generalfeldmarschall mit seinen verbliebenen Einheiten im südlichen Kessel. Zwei Tage später ergaben sich auch die ausgezehrten Truppen im Nordkessel.

Die Stadt Stalingrad war ein Trümmerfeld. Etwa 150.000 deutsche Soldaten waren im Kessel den Kämpfen, der Kälte oder dem Hunger zum Opfer gefallen. Nur wenige hatten das Glück, ausgeflogen worden zu sein. Rund 91.000 Mann gerieten in sowjetische Kriegsgefangenschaft, aus der weniger als 6.000 Überlebende bis 1955 nach Deutschland zurückkehrten.

Goebbels ordnete drei Tage Staatstrauer an. Der Rundfunk spielte nur Trauermusik, und alle Kinos und Theater blieben geschlossen.

Doch schon bald darauf folgte durch die Goebbel'sche Propaganda die Uminterpretation dieser schweren Niederlage in einen „germanischen Heldenkampf", in dem die mutigen deutschen Soldaten wie einst die Nibelungen kämpfend untergingen.

Die erste große Niederlage der Wehrmacht veränderte die Kriegssituation nachhaltig. Die Initiative ging nunmehr auf die Rote Armee über. Doch viel weit reichender als die militärischen Folgen waren die Auswirkungen auf die Moral der deutschen Bevölkerung. Zahlreiche Deutsche erkannten, dass mit der Landung der Alliierten in Nordafrika, Rommels Niederlage vor El Alamein und der Kapitulation der 6. Armee in Stalingrad ein Wendepunkt des Krieges gekommen war. Der Nimbus der Unbesiegbarkeit der Wehrmacht war endgültig dahin.

Auch der Versuch der deutschen Führung, den Untergang der 6. Armee als grandioses Heldenepos darzustellen, sowie Goebbels bekannter Aufruf zum totalen Krieg am 18. Februar 1943 vermochten doch nicht den aufkommenden Zweifel am deutschen Endsieg zu beseitigen. Mitunter war nach dem Verlust Stalingrads in deutschen Städten die Jahreszahl „1918“ zu lesen, die anonym, aber dennoch unter Lebensgefahr auf Hauswände gepinselt wurde – gedacht als Mahnung an die Niederlage 25 Jahre zuvor.

Rund 91.000 Wehrmachtssoldaten gerieten in sowjetische Gefangenschaft, und weniger als 6.000 sollten zurückkehren.

DER TOTALE KRIEG

„Wollt ihr den totalen Krieg?
Wollt ihr ihn, wenn nötig, totaler und radikaler, als wir ihn uns heute überhaupt noch vorstellen können?"

Diese Frage stellte Reichspropagandaminister Joseph Goebbels unter dem unmittelbaren Eindruck der Katastrophe in Stalingrad vor rund 3.000 handverlesenen, regimetreuen Zuschauern im Berliner Sportpalast am 18. Februar 1943. Goebbels proklamierte damit den „totalen Krieg", die völlige Unterordnung aller Lebens- und Gesellschaftsbereiche für den Sieg. Er appellierte in der frenetischen bejubelten und im Rundfunk übertragenen Rede an den Durchhaltewillen der deutschen Bevölkerung und forderte weiterhin unbedingten Gehorsam gegenüber Hitler. Seine Rede endete mit den Worten: „Der Führer hat befohlen, wir werden ihm folgen. Wenn wir je treu und unverbrüchlich an den Sieg geglaubt haben, dann in dieser Stunde der nationalen Besinnung und der inneren Aufrichtung. Wir sehen ihn greifbar nahe vor uns liegen; wir müssen nur zufassen. Wir müssen nur die Entschlusskraft aufbringen, alles seinem Dienst unterzuordnen. Das ist das Gebot der Stunde. Und darum lautet von jetzt ab die Parole: Nun, Volk, steh auf und Sturm, brich los!"
Bereits einen Monat zuvor hatte Hitler die Mobilisierung sämtlicher personeller und materieller Ressourcen im Deutschen Reich und in den besetzten Gebieten für den angestrebten „Endsieg" angeordnet. Alle Männer zwischen 16 und 65 sowie Frauen zwischen 17 und 45 Jahren konnten zur Reichsverteidigung herangezogen werden. Mit der Erweiterung der Wehrpflicht ab August 1943 wurden auch unter 18-Jährige zur Wehrmacht eingezogen. Um mehr Arbeiter als Soldaten an die Front schicken zu können, ohne dass dabei die Rüstungsproduktion litt, erhielt der „Generalbevollmächtigte für den Arbeitseinsatz", Fritz Sauckel, die Vollmacht zur verstärkten Anwerbung und Rekrutierung von Fremd- und Zwangsarbeitern. Eine ständig genährte Angst vor dem „jüdischen Bolschewismus" sowie Propagandaplakate und -broschüren mit einprägsamen Durchhalteparolen wie „Totaler Krieg – kürzester Krieg" sollten aber auch die „opferbereite Heimatfront" zu Höchstleistungen animieren. Bis Mitte 1944 wurde die wöchentliche Arbeitszeit auf 70 Stunden erhöht, alle kriegsunwichtigen Betriebe wurden geschlossen und der private Verbrauch von Gas und Strom stark eingeschränkt.

Begeisterte Zuschauer bei Goebbels Rede im Sportpalast.

DER PROPAGANDAMINISTER

Dr. Joseph Goebbels (1897–1945) wurde in Rheydt bei Mönchengladbach im Rheinland geboren und stammte aus kleinbürgerlichen Verhältnissen. In seiner Jugend führte eine Knochenmarksentzündung zur Verkürzung seines rechten Unterschenkels und der Verkümmerung seines rechten Fußes. Als wehruntauglich eingestuft, wurde Goebbels während des Ersten Weltkrieges nicht zur Armee eingezogen, sondern studierte stattdessen Germanistik und Philosophie. Er promovierte 1921 bei einem jüdischen Professor. 1924 wurde er Redakteur bei einer völkisch-nationalistischen Zeitung und trat 1925 der NSDAP bei. Als begabter Propagandist bereitete er fortan den Boden für die nationalsozialistische Machtergreifung. 1933 übertrug Hitler Goebbels das neu eingerichtete Reichsministerium für Volksaufklärung und Propaganda, und im September übernahm Goebbels zusätzlich die Leitung der neu geschaffenen Reichskulturkammer. Von Anfang an inszenierte er einen ausgeprägten Führerkult um Hitler und übte eine strenge Kontrolle über die Presse aus, die er innerhalb kurzer Zeit gleichschaltete und auf die nationalistische und rassistische Ideologie des Regimes einschwor. Ebenso verfuhr er in anderen Bereichen des kulturellen Lebens (Theater, Film, Literatur, bildende Kunst, Musik).

Goebbels bei seiner Rede im Sportpalast am 18. Februar 1943.

Sofort nach Kriegsbeginn verbot die „Verordnung über außerordentliche Rundfunkmaßnahmen" das Abhören ausländischer Sender, und selbst Minister brauchten eine Sondergenehmigung. Wer Nachrichten, „die geeignet sind, die Widerstandskraft des deutschen Volkes zu gefährden, vorsätzlich verbreitet, wird mit Zuchthaus, in besonders schweren Fällen mit dem Tode bestraft."

Goebbels erkannte schon früh die Möglichkeit, die Medien für Propagandazwecke zu nutzen. Unter seinem Einfluss entstanden antisemitische Propagandafilme wie „Jud Süß" und „Der Ewige Jude". Auch der so genannte Volksempfänger, ein preiswertes, einfaches Radiogerät für jedermann, war eine von Goebbels' Ideen, um weite Schichten des Volkes direkt mit Propaganda und Reden des Führers erreichen zu können. Obwohl nicht dafür vorgesehen, konnte der Volksempfänger unter bestimmten Bedingungen auch die Programme ausländischer Rundfunkstationen, der „Feindsender", empfangen.

Ab 1940 war Goebbels Herausgeber der Zeitschrift „Das Reich", in der er immer wieder aufs Neue den „Endsieg" beschwor und den Einsatz von „Wunderwaffen" versprach. Als Generalbevollmächtigter für den totalen Kriegseinsatz ab August 1944 versuchte Goebbels, noch bis zum Schluss die Illusion des „Endsieges" aufrechtzuerhalten und alle noch verfügbaren Reserven zu mobilisieren. Am 29. April 1945 ernannte Hitler Goebbels zu seinem Nachfolger.

Angesichts der bereits in Berlin stehenden sowjetischen Armee tötete Goebbels' Frau Magda wenige Stunden nach Hitlers Suizid am 1. Mai 1945 die sechs gemeinsamen Kinder. Anschließend begingen Magda und Joseph Goebbels Selbstmord.

SOWJETISCHE OFFENSIVEN

In der Tat war das Opfer der 6. Armee nicht ganz vergebens, denn durch ihr Ausharren im Kessel von Stalingrad waren über mehrere Wochen hinweg 100 Divisionen der Roten Armee gebunden. Hätten diese Kräfte die überdehnten Linien im Südabschnitt der deutschen Linien attackiert, wäre wahrscheinlich die gesamte Front zusammengebrochen. So aber konnte seitens der Wehrmacht entsprechende Vorbereitungen getroffen werden. Aber dennoch: Die Angriffe der Roten Armee Anfang 1943 drängten die Truppen der Wehrmacht weit zurück. Der Kaukasus musste aufgegeben werden, ebenso Charkow, die viertgrößte Stadt der Sowjetunion, die am 16. Februar 1943 von den Sowjets zurückerobert wurde. Um einer Einkesselung zu entgehen, hatte sich das I. SS-Panzerkorps trotz gegenteiligen Befehls Hitlers unter heftigen Kämpfen aus der Stadt zurückgezogen. Die Wehrmacht schien auf ganzer Front auf der Flucht zu sein. Fast alle Gebiete, die in den letzten zwölf Monaten erobert worden waren, gingen nun wieder verloren. Stalin forderte, dass den deutschen Truppen nun der Todesstoß versetzt würde.

ERICH VON MANSTEIN

Erich von Manstein (1887–1973) wird von vielen Militärhistorikern als der fähigste Offizier und geschickteste Taktiker des Zweiten Weltkrieges betrachtet. Anfang des Ersten Weltkrieges schwer verwundet, diente er bis Kriegsende als Stabsoffizier. 1939 war er Stabschef in von Rundstedts Heeresgruppe Süd. Für den Westfeldzug erarbeitete er den genialen „Sichelschnitt"-Plan, den Durchstoß durch die Ardennen. Im September 1941 wurde er Kommandeur der 11. Armee, mit welcher er die Krim und Sewastopol nahm und zum Generalfeldmarschall ernannt wurde. Sein Versuch, die eingeschlossene 6. Armee aus Stalingrad zu befreien, schlug fehl, von Manstein hatte jedoch maßgeblichen Anteil daran, den drohenden Zusammenbruch des deutschen Südflügels der Ostfront als Folge der Katastrophe von Stalingrad zu verhindern. Im März 1943 gelang es ihm im Rahmen einer Gegenoffensive, Charkow und Belgorod zurückzuerobern. Im Juli 1943 scheiterte die letzte große Offensive der Wehrmacht bei Kursk, das maßgeblich durch von Manstein mitgeprägte Unternehmen „Zitadelle". Im März 1944 endete von Mansteins militärische Karriere abrupt, als er nach Differenzen von Hitler abgesetzt wurde. Obwohl er von den Verschwörern des 20. Juli in ihre Pläne eingeweiht worden war, lehnte er das Attentat auf Hitler ab, da er dies mit seiner Ehre als Offizier nicht vereinbaren konnte. Immerhin verriet er die Attentatspläne jedoch auch nicht. Umstritten ist von Manstein wegen eines zu Anfang des Russlandfeldzuges erlassenen Befehls, in dem es hieß: „Das jüdisch-bolschewistische System muss ein für allemal ausgerottet werden." Und: „Für die Notwendigkeit der harten Sühne am Judentum (...) muss der Soldat Verständnis aufbringen."

Propagandafotos aus der Wehrmachtszeitschrift „Signal". Die Realität des russischen Winters dürfte anders ausgesehen haben.

VON MANSTEINS GEGENSCHLAG

Am 21. Februar 1943 begann die deutsche Gegenoffensive. Von Manstein verfügte lediglich über rund 350 Panzer, die Rote Armee in diesem Frontabschnitt etwa über 1.800. Der Plan war zwar riskant, doch war sich von Manstein sicher, dass der rasche Vorstoß die sowjetischen Nachschubwege überdehnt hatte. Die Sowjets waren über eine vereiste Steppenlandschaft vorgedrungen, in der die deutschen Truppen auf ihrem Rückzug jede Brücke und jede größere Straße gesprengt hatten. Zudem war durch den Vorstoß südöstlich von Charkow eine große Ausbuchtung in der Frontlinie entstanden, in die von Manstein nun hineinstoßen wollte. Der Plan ging auf. Viele sowjetische Panzer fielen wegen Treibstoffmangels aus und waren leichte Ziele für von Mansteins Panzer. Bis zum 25. Februar drohte der Masse der sowjetischen Truppen die Einkesselung, woraufhin sie sich zurückzogen. Bis zum 5. März 1943 wurde das Gebiet bis zum mittleren Don zurückerobert. Es wurden erhebliche Geländegewinne erzielt, einem völlig irritierten Gegner hohe Verluste beigebracht und wieder eine geschlossene Front hergestellt, wodurch der völlige Zusammenbruch der Ostfront im Frühjahr 1943 verhindert wurde. Die Stadt Charkow selbst wurde am 14. März zurückerobert. Das einsetzende Tauwetter und die folgende Schlammperiode machten weitere Operationen für beide Seiten aber zunächst unmöglich.

Obgleich von Mansteins brillanter Gegenstoß der Roten Armee schwere Verluste zugefügt hatte (ca. 600 Panzer und 25.000 Tote), waren doch weniger als 10.000 Rotarmisten in Gefangenschaft geraten. Dies war nicht mehr die Rote Armee des Sommers und Herbstes 1941, als Hunderttausende in die Gefangenenlager gingen. Die sowjetischen Generäle hatten offenkundig dazugelernt und gewöhnten sich an die Spielregeln der mobilen Kriegsführung.

DAS UNTERNEHMEN „ZITADELLE"

Von Mansteins Offensive hinterließ im Raum Kursk einen rund 200 km langen und 150 km tiefen, in die deutsche Front hineinragenden Bogen, der von der Roten Armee gehalten wurde. Am 5. Juli 1943 begann bei Orel und Belgorod ihre letzte Großoffensive an der Ostfront. Das Ziel der Operation „Zitadelle" war die Einschließung der in diesem Frontbogen befindlichen sowjetischen Verbände durch eine Zangenbewegung. Nachdem die deutschen Truppen durch sowjetische Offensiven bis Frühjahr 1943 auf eine Frontlinie zurückgeschlagen wurden, die sie schon im Winter 1941 eingenommen hatten, sollte mit der Operation „Zitadelle" die strategische Initiative zurückgewonnen werden. Um dieses Ziel zu erreichen, setzten die deutschen Heeresgruppen Mitte und Süd praktisch alles auf eine Karte. Mit rund 900.000 Soldaten, 1.800 Flugzeugen und 10.000 Geschützen wurden noch einmal gewaltige Mengen an Menschen und Material in Stellung gebracht. Die über 2.000 aufgebotenen Panzer machten etwa 70% des gesamten Bestandes an der Ostfront aus.

Doch die Vorbereitung dazu hatte lange gedauert – zu lange. Hitler versprach sich vom Einsatz der neuen Panzerkampfwagen Panther und Tiger große Erfolge. Doch erhebliche Produktionsprobleme, Nachschubschwierigkeiten und die Kriegslage im Mittelmeerraum führten dazu, dass die Offensive immer wieder verschoben wurde. Der ursprünglich für Mai geplante Beginn wurde schließlich auf den 5. Juli gelegt. Zwischenzeitlich wusste der Gegner offenbar längst genau über die Angriffspläne Bescheid und hatte ein tief gestaffeltes Verteidigungssystem errichtet. Rund 5.000 km Laufgräben, unzählige Bunker und MG-Nester wurden angelegt, und zusätzlich schützten viele ausgedehnte Minenfelder die sowjetischen Linien. Insgesamt sollen Pioniere der Roten Armee rund 500.000 Minen verlegt haben, an manchen Punkten der Front bis zu 2.500 Stück pro km. Die Sowjets hatten zudem rund 1,4 Millionen Rotarmisten sowie knapp 4.000 Panzerfahrzeuge, 3.000 Flugzeuge und 19.000 Geschütze zusammengezogen.

Im Norden stieß nun die deutsche 9. Armee unter Generaloberst Model nur 10 km vor. Die 4. Panzerarmee unter Generaloberst Hoth konnte im südlichen Frontabschnitt einen Raumgewinn von nur knapp über 30 km erzielen. Der entscheidende Durchbruch gelang demzufolge nicht. Stattdessen entwickelten sich die Kampfhandlungen zu einer gewaltigen Abnutzungsschlacht unter Ausnutzung der letzten Reserven. Bei Prochorowka kam es mit über 1.200 Panzern zur größten Panzerschlacht des Krieges, bei der allein die Wehrmacht

Die Rote Armee legte im Raum Kursk und Orel ein tief gestaffeltes Verteidigungssystem mit ausgedehnten Minenfeldern an.

Hitler setzte beim Unternehmen Zitadelle große Hoffnungen auf die neuen schweren Tiger-Panzer.

gut 400 Panzer und 10.000 Soldaten verlor. Nachdem sich die deutsche Offensive festlief, befahl Hitler am 13. Juli die Einstellung weiterer Angriffe.

Die Verluste in der Schlacht bei Kursk waren auf beiden Seiten beträchtlich. Im Gegensatz zu den Deutschen, die rund 20.000 Gefallene und 34.000 Gefangene sowie über 500 Panzer verloren, waren die über 35.000 Toten und 18.000 gefangenen Rotarmisten sowie die zerstörten rund 1.800 Panzer für die Sowjets im weiteren Kriegsverlauf weniger schwer wiegend. Die unglaublichen industriellen Ressourcen der Sowjetunion sowie Lieferungen im Rahmen des Leih- und Pachtabkommens aus den USA und dem Commonwealth sorgten zudem rasch für Ersatz. Obwohl die Wehrmacht also insgesamt geringere Verluste erlitten hatte, war sie nicht in der Lage, ihre bescheidenen Ziele zu erreichen, und nach dem Ende des Unternehmens „Zitadelle" vollkommen erschöpft. Die Rote Armee begann unmittelbar darauf mit ihrer Sommeroffensive.

Deutscher Vormarsch in Richtung Kursk.

DAS LEIH- UND PACHTABKOMMEN

Das Leih- und Pachtgesetz (engl.: Lend-Lease Act), das der US-Kongress am 18. Januar 1941 verabschiedete, ermöglichte es den damals noch nicht am Zweiten Weltkrieg beteiligten USA, Großbritannien – offiziell leihweise – mit kriegswichtigem Material zu beliefern.

Das Abkommen galt zunächst nur für England und die Staaten des Commonwealth, nach dem Überfall Deutschlands auf die Sowjetunion wurde es seit November 1941 aber auch auf dieses Land angewendet. Auf diese Weise erhielt die Sowjetunion aus den USA, aber auch aus Großbritannien und Kanada bis Kriegsende rund 17 Millionen t kriegswichtiger Güter aller Art – ohne Gegenleistung. Darunter waren über 450.000 Kraftfahrzeuge aller Art, vom Jeep bis zum schweren LKW, über 7.000 Panzer, knapp 15.000 Kampfflugzeuge und sogar Schiffe.

Der Pz.Kpfw. IV war nach dem Erscheinen des T-34 mit der leistungsstarken 75-mm-KwK L/48 ausgerüstet worden und blieb bis Kriegsende ein brauchbares Fahrzeug. Allerdings verfügte er nicht über die günstige Formgebung des T-34. Zusatzpanzerung an Turm und Seiten sollte dies ausgleichen.

Der Pz.Kpfw. V, kurz Panther, war der wohl beste mittlere Panzer des Krieges und erlebte bei Kursk seine Feuertaufe. Seine Entwicklung war stark vom T-34 beeinflusst, von dem er die günstige Formgebung übernahm. Die lange 75-mm-KwK L/70 blieb bis 1945 praktisch allen gegnerischen Panzern gewachsen. Die ersten Panther waren allerdings mechanisch sehr unzuverlässig, sodass während des Unternehmens „Zitadelle" die Mehrzahl der Panther durch Motorschäden ausfiel.

Auch die Hummel war eine Panzerhaubitze, allerdings des Kalibers 15 cm. Die Hummel basierte auf dem modifizierten Chassis des Pz.Kpfw. IV. Hummel und Wespe waren nur leicht gepanzert und als Unterstützungswaffen, nicht als Sturmgeschütze gedacht.

Dieser Marder II genannte Panzerjäger war eine recht improvisiert wirkende, aber dennoch kampfstarke Selbstfahrlafette. Hierbei setzte man einfach eine erbeutete russische 7,62-cm-Pak auf das Fahrgestell eines Pz.Kpfw. II mit Christie-Laufwerk.

Die Wehrmacht war zunächst führend auf dem Gebiet der mobilen Kriegsführung und schuf mit ihren Schützenpanzerwagen eine völlig neue Gattung gepanzerter Fahrzeuge. Das Sd.Kfz. 251 war das Standardfahrzeug der Panzergrenadiereinheiten und wurde in zahlreichen Versionen gebaut.

Mitte 1943 war der Pz.Kpfw. III endgültig veraltet. Auch mit der neuen 50-mm-KwK L/60 war er dem T-34 nicht mehr gewachsen.

Um der Überzahl der sowjetischen T-34 Herr zu werden, baute man immer mehr Sturmgeschütze, da diese schneller und günstiger zu fertigen waren. Das StuG III mit der 75-mm-StuK L/48 war das meistproduzierte Sturmgeschütz.

Aus dem gleichen Grund, aus dem immer mehr Sturmgeschütze gebaut wurden, setzte die Wehrmacht Paks auf veraltete oder erbeutete Panzerfahrgestelle, um so eine mobile Panzerabwehr zu schaffen. Dieses Marder III genannte Fahrzeug bestand aus einer 75-mm-Pak 40 in einem leicht gepanzerten Aufbau auf dem Fahrgestell eines Pz.Kpfw. 38(t).

DIE PANZER DER WEHRMACHT

Das Auftauchen des T-34 und des KW-1 war für die Panzertruppe ein großer Schock gewesen. Hastig versuchte man, die Standardtypen Panzerkampfwagen III und IV durch die Ausstattung mit einer leistungsfähigeren Bewaffnung zu verbessern, bis die neuen Panzertypen, die Panzerkampfwagen V „Panther“ und Panzerkampfwagen VI „Tiger“, in ausreichender Zahl an der Front erschienen. Zusätzlich produzierte man immer mehr Sturmgeschütze und Panzerjäger zur Abwehr der sowjetischen Panzerübermacht.

Der Pz.Kpfw. VI Tiger hatte auf den Schlachtfeldern des Zweiten Weltkrieges einen geradezu mythischen Ruf. Obwohl nicht so günstig geformt wie T-34 oder Panther, war seine Panzerung doch stark genug, um den meisten Geschützen zu widerstehen. Seine 8,8-cm-Kwk L/56 war eine Entwicklung aus der berühmten 8,8-cm-Flak und konnte jeden gegnerischen Panzer auf weite Entfernung vernichten.

Die Wespe war eine 10,5-cm-Panzerhaubitze auf dem modifizierten Fahrgestell des Pz.Kpfw. II. Die Wehrmacht nutzte zahlreiche veraltete oder erbeute Fahrgestelle, um daraus Selbstfahrlafetten unterschiedlicher Art zu fertigen.

T-34 und sowjetische Infanterie im Angriff.

DER VORSTOSS ZUM DNJEPR

Die sowjetische Südwest- und die Südfront begannen am 17. Juli 1943 am Donez bei Isjum und am Mius eine Offensive gegen die deutsche Heeresgruppe Süd. Die Wehrmacht hatte aufgrund der alliierten Landung auf Sizilien Ende Juli starke Verbände aus dem Osten nach Italien verlegen müssen, daher weitete sich die Großoffensive nahezu auf die gesamte Front zwischen Asowschem Meer und oberem Dnjepr aus. Das überlegene sowjetische Rüstungspotenzial und reichhaltige Reserven waren dabei von entscheidender Bedeutung. Die Kampfkraft vieler deutscher Divisionen war durch Ausfälle an Personal und aufgrund von Nachschubproblemen etwa um die Hälfte gesunken. Überall fehlte es mittlerweile an schweren Waffen und Flugzeugen. Während die Wehrmacht im Herbst 1943 rund 2.300 Panzer aufbieten konnte, verfügte die Rote Armee dagegen über 8.400 Panzer, größtenteils T-34.

Mit äußerst massiven Artillerieeinsätzen durchbrachen die Sowjets an sämtlichen Frontabschnitten die deutschen Stellungen. Ende August musste die Wehrmacht Charkow räumen. In wenigen Wochen eroberte die Rote Armee das wirtschaftlich bedeutende Donezbecken und den besonders umkämpften Kuban-Brückenkopf auf der Taman-Halbinsel am Schwarzen Meer. Geradezu im Eiltempo warfen die Sowjets die Deutschen bis November im südlichen Abschnitt der Ostfront um rund 250 km nach Westen zurück. Am 6. November befreiten sie die seit September 1941 von deutschen Truppen besetzte ukrainische Hauptstadt Kiew, und zwischen Gomel und Saporoshje standen die sowjetischen Verbände nach der Überquerung des Dnjepr auf dem westlichen Flussufer.

Südlich von Welikije Luki an der Nahtstelle der deutschen Heeresgruppen Nord und Mitte schlug die Rote Armee zudem eine tiefe Lücke in die deutsche Front, die sie im Winter 43/44 zu entscheidenden Vorstößen nach Westen nutzen konnte.

DIE PARTISANEN

Nach dem deutschen Angriff am 22. Juni 1941 rief Stalin die sowjetische Bevölkerung in den besetzten Gebieten dazu auf, einen „Volkskrieg" zu führen. Doch zunächst verhielt sich die Zivilbevölkerung abwartend oder sogar freundlich den Deutschen gegenüber. Vor allem die Bevölkerung des Baltikums und viele Ukrainer begrüßten die Wehrmacht als Befreier vom stalinistischen Joch. Mit zunehmender Brutalisierung des Besatzungsregimes wuchs jedoch die Unterstützung für die Partisanen an. Ab dem Frühjahr 1942 begann ein Partisanenkrieg gegen die Deutschen, der von beiden Seiten mit beispielloser Härte geführt wurde.

Zunächst bestanden Partisaneneinheiten hauptsächlich aus versprengten Angehörigen der Roten Armee, im Lauf des Krieges stießen immer mehr Zivilisten – sowohl Männer als auch Frauen und Kinder – hinzu. Insgesamt kämpften zwischen 1941 und 1944 schätzungsweise 400.000 bis 500.000 Partisanen. Unterschlupf fanden sie vor allem in schwer zugänglichen Wald- und Sumpfgebieten. Die Versorgung mit Waffen wurde zumeist durch den Abwurf von Nachschub durch die sowjetische Luftwaffe und aus deutschem Beutegut gesichert. Für die Wehrmacht besonders bedrohlich war der so genannte Schienenkrieg. So wurden allein im rückwärtigen Gebiet der Heeresgruppe Mitte im Jahr 1943 insgesamt ca. 11.000 Gleissprengungen, 9.000 entgleiste Züge, 40.000 zerstörte Waggons und 22.000 vernichtete Fahrzeuge gezählt. Während der sowjetischen Sommeroffensive 1943 erreichten diese Sabotageakte ihren Höhepunkt. Natürlich blieben die Aktionen nicht ohne Antwort der Wehrmacht und der SS. Der als „Bandenbekämpfung" bezeichnete Einsatz gegen die Partisanen war von Rücksichtslosigkeit und Brutalität geprägt. Neben Wehrmachts-, Polizei- und SS-Einheiten nahmen daran auch einheimische Hilfswillige teil. Häufig wurden auch unbeteiligte Zivilisten Opfer der „Säuberungsaktionen". Zur Abschreckung der Bevölkerung wurden die Hingerichteten – ob tatsächliche Partisanen oder bloße Verdächtige – tagelang hängen oder liegen gelassen. Für die Jahre 1943 und 1944 sprachen Aufzeichnungen deutscher Stellen von insgesamt ca. 150.000 getöteten und 91.000 gefangenen „Banditen". Die tatsächliche Gesamtzahl der Opfer des Partisanenkrieges lässt sich allerdings kaum beziffern, es dürften aber hunderttausende sowjetischer Partisanen und Zivilisten sowie deutscher Soldaten ums Leben gekommen sein.

DIE BEFREIUNG DER UKRAINE UND DER KRIM

Sturmgeschütz III.

Mit einem Angriff bei Kiew in Stoßrichtung Schitomir begann am Heiligabend 1943 die sowjetische Winteroffensive gegen die deutsche Heeresgruppe Süd unter von Manstein, in deren Verlauf die Rote Armee weit nach Westen vorstieß. In den nächsten Tagen dehnte sich die Offensive über den gesamten Südabschnitt der Ostfront aus. Gegen die mit starken Panzerverbänden vorrückenden Truppen der Roten Armee gelang es den deutschen Truppen nur für kurze Zeit, ihre Stellungen zu halten. Die materielle Überlegenheit der Sowjets war erdrückend geworden. Am 11. Februar nahmen sie den Verkehrsknotenpunkt Schepetowka westlich von Kiew ein. Südlich der Pripjet-Sümpfe trieben sie so einen über 300 km langen Keil zwischen die deutschen Heeresgruppen Süd und Mitte.

Durch eine Umfassungsbewegung nach Süden in Richtung Winniza und Uman gelang es der Rote Armee am 28. Januar 1944, bei Tscherkassy stehende größere deutsche Verbände einzukesseln. Rund 30.000 deutschen Soldaten gelang Mitte Februar der von Manstein angeordnete Ausbruch nach Westen unter Zurücklassung ihrer schweren Waffen und Ausrüstung. Etwa weitere 20.000 starben bei dem verzweifelten Versuch, dem Kessel zu entkommen. Obwohl Goebbels den Ausbruch der vollkommen erschöpften Truppen als Heldentat und als Beweis eines ungebrochenen deutschen Kampfgeistes feierte, war dies gegen den ausdrücklichen Befehl Hitlers geschehen. Hitlers strikte Anweisung hieß: „Halten oder sterben.“ Er lehnte jede Form von Rückzug, auch in völlig aussichtslosen Situationen, kategorisch ab. Nachdem von Manstein einen taktischen Rückzug der ebenfalls von der Einkesselung bedrohten Einheiten am Frontbogen des unteren Dnjepr anordnete, kam es zwischen ihm und Hitler zu massiven Auseinandersetzungen über die operativen Fragen. Auch im äußersten Norden der Ostfront mussten die deutschen Truppen während der Winteroffensive 200 km nach Westen zurückweichen, nachdem der Frontverlauf zuvor zwei Jahre lang nahezu unverändert geblieben war. Die sowjetische Offensive gegen die Heeresgruppe Nord begann am 14. Januar 1944. Nach der Eroberung Nowgorods am 20. Januar 1944 befreiten die Sowjets eine Woche später das seit September 1941 von der Wehrmacht belagerte Leningrad.

Die Rote Armee setzte im Südabschnitt der Front ihre im März 1944 begonnene Offensive fort. Auf einer Breite von 800 km mussten sich die östlich des Dnepr stehenden deutschen Heeresgruppen Süd und A entgegen des fanatischen Durchhaltebefehls Hitlers zurückziehen. Die einsetzende Schlammperiode gestaltete den von den Generalfeldmarschällen von Manstein und Kleist angeordneten Rückzug äußerst

Zurück!

problematisch. Kraftfahrzeuge, aber auch Panzer blieben tagsüber im aufgeweichten, morastigen und halb aufgetauten Boden stecken. Nachts froren sie in der Erde fest. Wiederholt gelang es sowjetischen Verbänden, deutsche Einheiten einzuschließen und sie zu vernichten.

Ende März wurden von Manstein und Kleist, denen Hitler aufgrund ihrer Rückzugsbefehle „mangelndes Stehvermögen" vorwarf, entlassen. Die in Heeresgruppe „Nordukraine" umbenannte Heeresgruppe Süd übernahm Generalfeldmarschall Model, die Heeresgruppe „Südukraine" (vormals Heeresgruppe A) Generalfeldmarschall Schörner.

Aber auch diese von Hitler hoch geschätzten „Durchhaltegeneräle" waren nicht in der Lage, den sowjetischen Vormarsch nach Westen zu stoppen, denn es fehlte der Truppe nicht an taktischem Können, Mut oder Kampfeswillen, sondern schlicht an Waffen, Munition und Nachschub aller Art. Am 10. April 1944 musste Schörner Odessa am Schwarzen Meer räumen, Ende des Monats war die gesamte Ukraine von sowjetischen Truppen zurückerobert. Nördlich von Jassy standen sie bereits auf rumänischem Gebiet. Am 12. Mai 1944 vollendete die Rote Armee die Einnahme der Halbinsel Krim. Bereits seit Mitte April 1944 waren gut 250.000 Soldaten der deutschen 17. Armee und sieben rumänischer Divisionen in der Festung Sewastopol eingeschlossen.

Unter Zurücklassung der gesamten schweren Ausrüstung konnten noch 150.000 Mann mit Schiffen und Flugzeugen über das Schwarze Meer in den rumänischen Hafen Konstanza evakuiert werden. Der Rest fiel oder geriet in sowjetische Gefangenschaft.

Die Wehrmachtstruppen im Südabschnitt der Front waren beinahe dort wieder angelangt, wo sie vor fast drei Jahren zum Angriff angetreten waren.

Eine 8,8-cm-Flak in Erwartung eines Panzerangriffs.

Der Anfang vom Ende der Heeresgruppe Mitte: die Sommeroffensive 1944.

DIE SOWJETISCHE SOMMEROFFENSIVE 1944

Im Juni 1944 verfügte die deutsche Heeresgruppe Mitte unter Generalfeldmarschall Busch über nur noch 40 Divisionen mit rund 500.000 Soldaten. Die personelle und materielle Ausstattung der Divisionen – bis auf wenige Eliteverbände wie die Panzergrenadierdivision Großdeutschland oder Verbände der Waffen-SS – war nur noch ein Schatten dessen, was im Sommer 1941 zur Verfügung gestanden hatte.

Die vormals so mächtige Luftwaffe konnte vom Nordmeer bis nach Rumänien noch rund 3.000 qualitativ nach wie vor meist hochwertige Maschinen aufbieten. Doch die Rote Armee hatte aufgeholt. Waren 1941 die meisten ihrer Flugzeuge veraltet, so verfügte sie nun über wesentlich bessere Modelle, die denen der Luftwaffe gleichwertig oder sogar überlegen waren. Im Sommer 1944 standen knapp 13.500 Kampfflugzeuge bereit, um die Offensive der Roten Armee zu unterstützen.

Die sowjetischen Offensiven im Südabschnitt der Front hatten dazu geführt, dass sich im Bereich der Heeresgruppe Mitte um Witebsk, Orscha, Mogilew und Bobruisk ein weit nach Osten ragender, 1.000 km langer Frontbogen gebildet hatte. Die Wehrmachtsführung beschwor Hitler, diesen Frontbogen durch einen Rückzug begradigen zu dürfen, da er geradezu zu einer gigantischen Zangenbewegung seitens der Roten Armee einlud. Hitler lehnte ab.

Rund zwei Wochen nach der alliierten Invasion in der Normandie begann die Rote Armee am 22. Juni 1944 eine Großoffensive gegen die Heeresgruppe Mitte. Nach einem raschen Frontdurchbruch setzten 1,2 Millionen sowjetische Soldaten mit 4.000 Panzern zwischen Witebsk und Bobruisk zu einer Zangenbewegung an, die zur Einkesselung der deutschen 4. und 9. Armee sowie der 3. Panzerarmee führte. Innerhalb weniger Tage stieß die Rote Armee über 300 km nach Westen vor. Am 3. Juli befreite sie Minsk, zehn Tage später Wilna. Als Buschs Nachfolger, Generalfeldmar-

Rekrutierungsplakate der Waffen-SS.

DIE WAFFEN-SS

Die Waffen-SS wurde geschaffen, um Hitler und der NSDAP eine Art eigene Armee zu verschaffen, die von der Wehrmacht unabhängig war. Die Mitglieder der Waffen-SS wurden in der Anfangszeit nach strengen körperlichen, „rassischen" und weltanschaulichen Kriterien ausgewählt. Im Herbst 1944 verfügte die Waffen-SS über 900.000 Mann. Der Anspruch einer rassischen und ideologischen Elite konnte zu diesem Zeitpunkt allerdings nicht mehr aufrechterhalten werden. Nur rund die Hälfte der SS-Soldaten waren „Reichsdeutsche". Hinzu kam eine große Anzahl „Volksdeutscher" und Mitglieder „germanischer Legionen", die aus Skandinaviern, Niederländern, Franzosen und Belgiern bestanden. Einige Einheiten der Waffen-SS setzten sich auch aus zum Teil zwangsrekrutierten Südost- und Osteuropäern, vor allem aus Kroaten, Balten, Ukrainern, Kosaken, aber auch aus Muslimen und Indern zusammen. Im Gegensatz zu den Wehrmachtseinheiten waren die SS-Divisionen bis Kriegsende personell und materiell bestens ausgestattet. Die Waffen-SS agierte unabhängig und war der Befehlsgewalt der Wehrmacht nur teilweise unterstellt. Charakteristisch für die SS-Soldaten war die Eintätowierung ihrer Blutgruppe in den Oberarm.

Durch ein hohes Maß an Kampfgeist und Opferbereitschaft erwarb sich die Waffen-SS bei den Alliierten den Ruf einer todesverachtenden Elitetruppe, die tatsächlich überproportional hohe Verluste zu beklagen hatte: Bis Kriegsende 1945 fielen über 300.000 SS-Soldaten. Den zum Teil beachtlichen militärischen Leistungen der Waffen-SS steht auch eine Vielzahl grausamster Kriegsverbrechen gegenüber. Die Waffen-SS setzte den Vernichtungsfeldzug gegen die Sowjetunion mit exzessiver Härte um und unterstützte das grausame Morden der Einsatzgruppen. Sie beging aber auch im Westen, z. B. in Oradur-sur-Glane im Juni 1944, Massaker an der Zivilbevölkerung. Noch in den letzten Kriegstagen erschossen SS-Kommandos im Deutschen Reich zahllose Zivilisten und Soldaten, wenn sich diese verdächtig machten, die deutsche Widerstandskraft zu schwächen.

In den zurückeroberten Gebieten wurden die Soldaten der Roten Armee als Befreier begrüßt.

DER WARSCHAUER AUFSTAND

Angesichts des Vorrückens der sowjetischen Verbände, die bereits kurz vor den Toren Warschaus standen, erhob sich die nationalpolnische Heimatarmee (Armia Krajowa), unterstützt von weiteren Untergrundgruppen, z. B. der kommunistischen Volksarmee (Armia Ludowa), am 1. August 1944 gegen die deutschen Besatzer. Die rund 25.000 Aufständischen versuchten, die polnische Hauptstadt vor dem Einmarsch der Roten Armee aus eigener Kraft zu befreien. Nach erbittert geführten Häuserkämpfen in den Straßen Warschaus gelang es den Polen in den ersten Tagen, bedeutende Teile der Stadt unter ihre Kontrolle zu bringen, bevor deutsche SS- und Polizeieinheiten allmählich die Oberhand gewannen. Mit schweren Waffen und rücksichtslosem Vorgehen eroberten sie die Stadt Straße für Straße zurück. Unterstützung erhielten die Aufständischen allein durch die britische Royal Air Force, die wiederholt Waffen und Versorgungsgüter per Fallschirm über Warschau abwarf. Churchill war erbost darüber, dass die Sowjets sich weigerten, den Aufständischen zur Hilfe zu kommen oder auch nur die britischen Versorgungsflugzeuge auf sowjetischen Flughäfen landen zu lassen. Stalin hatte einfach keinerlei Interesse an einem Sieg der Aufständischen, die im Fall ihres Triumphes wohl bereits vor dem Eintreffen der Roten Armee in Warschau eine antikommunistische Regierung etabliert hätten. Vielmehr wollte er das kommunistische „Lubliner Komitee“ als willfährige Regierung Polens installieren. Am 2. Oktober 1944 mussten die Aufständischen in Warschau die Waffen strecken. Rund 16.000 polnische Kämpfer, 200.000 Zivilisten sowie

Aufständische patrouillieren durch Warschau.

2.000 Deutsche fielen den Kämpfen zum Opfer. Rund 70.000 Menschen wurden in Konzentrationslager deportiert und hunderttausende Warschauer in das Lager Pruszkow verschleppt. Systematisch zerstörten deutsche Verbände anschließend die menschenleere Hauptstadt Polens weitestgehend.

schall Model, den Vorstoß Ende Juli auf der Linie Kowno–Brest–Litowsk kurzzeitig aufhalten konnte, hatte die Heeresgruppe Mitte praktisch bereits aufgehört zu existieren. Rund 350.000 deutsche Soldaten waren innerhalb von vier Wochen gefallen oder in sowjetische Kriegsgefangenschaft geraten. Nach der für die Wehrmacht vernichtenden Niederlage strömte die Rote Armee durch eine über 400 km breite Lücke nach Ostpreußen und über Ostpolen in Richtung Warschau. Am 24. Juli fiel Lublin. Bereits einen Tag zuvor war es der Roten Armee gelungen, das Vernichtungslager Majdanek zu befreien, bevor die SS die Krematorien, Gaskammern und andere Zeugnisse der Massenvernichtung beseitigen konnte. Der Vorstoß auf Warschau kam Ende Juli 25 km vor der Stadt zum Stehen. Widerstandsgruppen hatten bereits begonnen, sich offen gegen die deutschen Besatzer zu erheben. Doch an einer Unterstützung des nationalpolnischen Aufstands durch sowjetische Truppen hatte Stalin kein Interesse. Vielmehr war ihm daran gelegen, nach der Einnahme der polnischen Hauptstadt das kommunistische „Lubliner Komitee“ als eine ihm hörige Regierung Polens zu installieren. Im Norden schnitt die 1. Baltische Front der Roten Armee die Heeresgruppe Nord von sämtlichen Landverbindungen nach Ostpreußen ab, nachdem sie in die Lücke zwischen den Heeresgruppen Mitte und Nord südlich von Dünaburg vorstieß und Ende Juli 1944 die Rigaer Bucht erreichte. Bis Mitte Oktober zog sich die Heeresgruppe Nord nach Kurland zurück, wo sie sich in verlustreichen Kurlandschlachten bis zur deutschen Kapitulation am 8. Mai 1945 hielt.

Die Wehrmacht hatte auf ihrem Rückzug eine Politik der „verbrannten Erde“ verfolgt – was hieß, dass sämtliche Brücken, Straßen, Bahnhöfe und einfach alles, was der Roten Armee auf ihrem Vormarsch hätte dienlich sein können, zerstört wurde. Daher hatten die sowjetischen Truppen im Herbst 1944 unter erheblichen Nachschubproblemen zu leiden, sodass ihr Vormarsch ins Stocken geriet und sich der Nord- und Mittelabschnitt der Ostfront zunächst noch einmal stabilisierten. Doch die Rote Armee stand nun unmittelbar vor den Grenzen des Deutschen Reiches. Die nächste Offensive würde sie auf deutsches Territorium führen.

Finnische Truppen vor dem Angriff.

FINNLAND UND DER KRIEG IN LAPPLAND

Nach der Rückeroberung Leningrads Ende Januar 1944 stieß die Rote Armee nördlich nach Karelien vor, um die finnische Armee auf ihre Ausgangsstellung zurückzudrängen. Am 9. August 1944 überschritten die Sowjets die finnisch-sowjetische Grenze von 1939 und nahmen die Festung Wyborg ein. Doch noch einmal gelang den Finnen eine Stabilisierung der Front. Dem finnischen Oberbefehlshaber von Mannerheim war die Aussichtlosigkeit der Lage jedoch bewusst, weswegen er um einen Waffenstillstand nachsuchte. Dieser wurde im September in Moskau unterzeichnet. Da der Waffenstillstand Finnland auch zur Vertreibung der im Norden des Landes in Lappland stationierten Wehrmachtstruppen verpflichtete, kämpften beide ehemals verbündeten Staaten bis zum Frühjahr 1945 im Lapplandkrieg gegeneinander.

Auf ihrem Rückzug legte die Wehrmacht umfangreiche Minensperren und zerstörte alles, was dem Feind nutzen konnte.

RUMÄNIEN UND BULGARIEN WECHSELN DIE FRONTEN

Am 20. August 1944 durchbrach die Rote Armee die deutschen und rumänischen Linien im Südabschnitt der Ostfront, marschierte in Rumänien ein und vernichtete die neu aufgestellte deutsche 6. Armee. Am 23. August 1944 wechselte König Michael von Rumänien die Fronten und erklärte nun Deutschland den Krieg. Danach stießen die sowjetischen Verbände weiter in Richtung Süden vor und überschritten die bulgarische Grenze. Am 9. September kam es in der bulgarischen Hauptstadt Sofia zu einem vom sowjetischen Geheimdienst inszenierten kommunistischen Staatsstreich. Truppen der Roten Armee marschierten am 19. September in Sofia ein. Kommunistische Partisanen Titos kontrollierten im Lauf des Jahres 1944 immer größer werdende Gebiete Jugoslawiens. Am 2. Oktober 1944 eroberten sowjetische Einheiten und Tito-Partisanen die Hauptstadt Belgrad. Die Besetzung Rumäniens und Bulgariens sowie ungarischer Gebiete bis Oktober 1944 machten auch die Räumung des von der Wehrmacht besetzten Griechenlands notwendig. Am 13. Oktober 1944 rückten britische Einheiten in Athen ein. Die ursprünglich in Griechenland stationierte Heeresgruppe E zog sich unter schweren Kämpfen über Albanien und Serbien bis zum Frühjahr 1945 in das verbündete Kroatien zurück.

Die deutsch-rumänische Waffenbrüderschaft endete am 23. August 1944.

Verwundete werden in Feldlazaretten behandelt.

Die Schlacht im Atlantik

Ein U-Boot des Typs IIB vor dem Krieg in der Ostsee.

DIE SCHLACHT IM ATLANTIK

„Das Einzige, wovor ich im Krieg wirklich Angst hatte, war die U-Boot-Gefahr."

(Aus Winston S. Churchills Memoiren)

Großbritannien war – um seinen Kampf gegen das Deutsche Reich fortführen zu können – vollständig von Einfuhren aus seinen Kolonien und aus den USA abhängig. Das Ziel der deutschen Kriegsmarine war es daher, das Land von dieser Versorgung mit Rohstoffen und Rüstungsgütern abzuschneiden. Schon einmal war dies beinahe gelungen. Während des Ersten Weltkrieges hatten die U-Boote der kaiserlichen Flotte Großbritannien 1917 bereits an den Rand einer Niederlage gebracht, und erst durch die Einführung des Konvoisystems wurde man der Bedrohung Herr.

Die Konsequenz war, dass Deutschland im Versailler Vertrag von 1919 die Entwicklung und der Besitz von U-Booten ganz verboten wurde. Erst nach der Machtergreifung der Nationalsozialisten änderte sich dies. Mit dem Deutsch-Britischen Flottenabkommen von Juni 1935 begann in Deutschland erneut der Bau von U-Booten. Doch zunächst vollzog sich dieser innerhalb des Aufbaus einer konventionellen Flotte, die auch über große Überwassereinheiten verfügte.

Architekten dieser neuen deutschen Flotte waren Großadmiral Raeder sowie der junge Admiral Karl Dönitz, der im Ersten Weltkrieg U-Boot-Kommandant gewesen war.

Bei Ausbruch des Zweiten Weltkrieges im September 1939 war Hitlers ehrgeiziges Marinebauprogramm noch lange nicht vollendet. In allen Bereichen war die britische Royal Navy der deutschen Kriegsmarine weit überlegen. Die deutsche Flotte zählte ganze drei so genannte Westentaschen-Schlachtschiffe oder Panzerschiffe, zwei Schlachtkreuzer, acht Kreuzer und 21 Zerstörer. Darüber hinaus waren noch zwei moderne Schlachtschiffe im Bau. Die U-Boot-Flotte bestand aus 57 Booten, von denen jedoch nur 27 hochseefähig waren.

Die Royal Navy verfügte hingegen über 15 Schlachtschiffe, 62 Kreuzer, sieben Flugzeugträger, 178 Zerstörer und 56 U-Boote.

Dönitz vertrat angesichts dieses Ungleichgewichts die Ansicht, das Deutsche Reich könne nur siegen, wenn es einen uneingeschränkten U-Boot-Krieg führe. Der Bau weiterer großer Überwassereinheiten sei angesichts der Überlegenheit der Briten Verschwendung. Er benötige nur 300 hochseefähige U-Boote, um die britischen Inseln von ihrer Lebensader, dem Schiffsverkehr, abzuschneiden.

Um das britische Konvoisystem zu überwinden, hatte er eine spezielle Methode entwickelt, die später „Wolfsrudeltaktik" genannt wurde.

Dabei sollten die U-Boote in Abständen von ca. 150 km zueinander parallel laufend den Ozean absuchen. Hatte ein

U-Boot einen Geleitzug gesichtet, meldete es dies den anderen Booten, welche dann Kurs auf die gemeldete Position nahmen. Waren die Boote am Geleitzug, erfolgte keine weitere Koordination der Angriffe, sondern jedes Boot attackierte für sich allein. Die Angriffe erfolgten dann zumeist nachts und über Wasser, da die Boote so für die bewachenden Zerstörer und Korvetten, die zu jener Zeit kein Radar besaßen, nahezu unsichtbar blieben. Der kleine Turm eines grauen U-Boots in der nächtlichen Atlantikdünung war kaum zu erkennen. Gleichzeitig konnte man auf diese Weise eine der Abwehrmaßnahmen der Sicherungsschiffe, das ASDIC, unterlaufen. Viele Schiffe zur Geleitzugsicherung besaßen dieses Schallortungssystem. Es war ein Vorläufer des heutigen Sonars, mit dem getauchte U-Boote ziemlich gut ausgemacht werden konnten, jedoch keine aufgetaucht fahrenden. ASDIC leitete sich aus den Anfangsbuchstaben des Ausschusses (Anti Submarine Detection Investigation Committee) ab, der während des Ersten Weltkrieges damit beschäftig war, Abwehrmaßnahmen gegen die U-Boot-Bedrohung zu finden. Doch das ASDIC-System hatte weitere Schwächen, z. B. konnte der Kontakt zu einem ausgemachten U-Boot nicht aufrechterhalten werden, wenn das Sicherungsschiff zum Angriff ansetzte. Ein weiteres Problem war die Bewaffnung der Sicherungsschiffe. Wie im Ersten Weltkrieg war die Hauptwaffe die Wasserbombe – im Prinzip nichts weiter als ein mit Sprengstoff gefüllter Metallzylinder, den man über Bord warf und der in einer vorher eingestellten Tiefe detonierte. ASDIC konnte jedoch die Tiefe eines U-Boots nur näherungsweise feststellen. So konnte es durchaus sein, dass ein Sicherungsschiff seinen gesamten Vorrat an Wasserbomben („Wabos") verbrauchte, ohne Erfolg zu haben. Dennoch war die Royal Navy der Ansicht, die U-Boot-Gefahr sei gebannt.

Admiral Karl Dönitz (Mitte).

ADMIRAL DÖNITZ

Karl Dönitz (1891–1980) war während des Ersten Weltkrieges U-Boot-Kommandant und ab 1935/36 mit dem Wiederaufbau der U-Boot-Flotte der Kriegsmarine beauftragt. Dönitz entwickelte das Konzept der „Wolfsrudeltaktik" und war seit Oktober 1939 als Befehlshaber der U-Boote (BdU) für sämtliche U-Boot-Aktionen verantwortlich.
Am 31. Januar 1943 wurde Dönitz Großadmiral und Nachfolger von Großadmiral Erich Raeder als Oberbefehlshaber der Kriegsmarine. Raeder war auf eigenen Wunsch zurückgetreten, weil seine Vorstellungen bezüglich der Überwassertaktik nicht mit Hitlers Ansichten in Einklang zu bringen waren.
Auch als Oberbefehlshaber der Kriegsmarine gab Dönitz den Posten BdU nicht auf. Trotz der erdrückenden Verluste und gleichzeitig enttäuschender Versenkungserfolge konnte sich Dönitz – von einer kurzen Phase Mitte 1943 abgesehen – nicht dazu entschließen, den U-Boot-Krieg abzubrechen. Seiner Auffassung nach hätte ein Abbruch der Atlantikschlacht den Alliierten ermöglicht, große Mengen an Menschen und Material frei zu bekommen, die dann an anderer Stelle gegen Deutschland zum Einsatz gebracht worden wären. Hitler ernannte Dönitz testamentarisch zu seinem Nachfolger, sodass Dönitz offiziell noch bis zum 23. Mai 1945 Staatsoberhaupt und Oberbefehlshaber der Wehrmacht war. Seine Söhne fielen beide auf U-Boot-Feindfahrten. In den Nürnberger Prozessen wurde Dönitz zu zehn Jahren Haft verurteilt.

Verlegen einer konventionellen Wassermine.

DER AUSBRUCH DES KRIEGES

Bei Kriegsausbruch wendete die deutsche Marineleitung eine dreigleisige Taktik an, um den Schiffsverkehr nach Großbritannien zu stören: durch konventionelle Kreuzerkriegführung, durch U-Boote und durch Minen. Zahlreiche Minen eines neuen magnetischen Typs, der schon bei der Annäherung eines Schiffes explodierte und nicht mehr direkt mit dem Ziel in Kontakt kommen musste, wurden von der Kriegsmarine und von der Luftwaffe rund um die britischen Inseln verlegt. Zunächst erzielten vor allem die Minen mit Magnetzündern hohe Erfolge, doch dann gelang es den britischen Wissenschaftlern anhand einer angespülten Mine, deren Zündsystem zu entschlüsseln. Die Minenzünder sprachen auf ein von einem großen Stahlkörper erzeugtes Magnetfeld an. Nun fand man heraus, dass man dieses Feld verändern konnte, indem man den Schiffskörper unter Strom setzte, was natürlich auf die Dauer keine praktikable Lösung war. Doch wie sich herausstellte, genügte es auch, das Schiff kurzzeitig unter Hochspannung zu setzen, um es für mehrere Monate zu schützen, bevor die Prozedur („reinigen" oder „wischen" genannt) wiederholt werde musste. Die Gefahr der Magnetminen war damit gebannt.

DER KREUZERKRIEG

Die Panzerschiffe der Deutschland-Klasse waren speziell mit dem Gedanken an die ozeanische Handels- oder Kreuzerkriegführung gebaut worden. Ihre Dieselmaschinen verliehen ihnen gegenüber turbinengetriebenen Schiffen eine hohe Reichweite, und ihr Entwurf erfolgte nach dem Konzept: „Schneller als jedes stärkere, stärker als jedes schnellere Schiff".

Das Panzerschiff *Graf Spee* befand sich bei Kriegsausbruch schon mit voller Kriegsausrüstung im Südatlantik, wo es ihm bis Dezember 1939 gelang, neun Handelsschiffe mit zusammen 50.089 BRT zu versenken. Am 13. Dezember 1939 wurde die *Graf Spee* jedoch von den britischen Kreuzern *HMS Exeter, HMS Ajax* und *HMS Achilles* vor der argentinischen Küste gestellt. Im folgenden Gefecht wurden die *Exeter* schwer und die beiden anderen Kreuzer leicht beschädigt, doch auch die *Graf Spee* erhielt Treffer. Daraufhin zog sich die *Graf Spee* in den Hafen von Montevideo zurück. Da sich das Schiff dort nicht länger als 72 Stunden aufhalten durfte, die Gefechtsschäden in dieser Zeit nicht zu reparieren waren und zudem falsche Angaben über die Stärke der Gegner vor dem Hafen vorlagen, versenkte sich die *Graf Spee* am 17. Dezember 1939 vor der La-Plata-Mündung selbst. Auch die anderen Großkampfschiffe der Kriegsmarine operierten auf dem Atlantik – zunächst ohne eigene Verluste und mit Erfolg gegen die britische Handelsschifffahrt. Einen großen strategischen Vorteil brachte die Eroberung Norwegens und Frankreichs im Sommer 1940. Nun konnten die Schiffe der Kriegsmarine direkt in den Atlantik oder in das Nordmeer laufen, ohne zunächst die von der Royal Navy kontrollierte Nordsee passieren zu müssen.

Auch das neueste Schlachtschiff der Kriegsmarine, die *Bismarck*, sollte im Atlantik Handelskrieg führen und lief am 18. Mai 1941 gemeinsam mit dem Kreuzer *Prinz Eugen* aus. Die Royal Navy entdeckte die beiden Schiffe jedoch frühzeitig. Der Schlachtkreuzer *HMS Hood* und das neue Schlachtschiff *HMS Prince of Wales* sollten am südlichen Ausgang der Dänemarkstraße versuchen, den deutschen Verband abzufangen. Am 24. Mai 1941 kam es zum Gefecht, das zur Versenkung der *Hood* und zur Beschädigung der *Prince of Wales* führte, woraufhin diese abdrehte. Die *Prinz Eugen* wurde nicht beschädigt, die *Bismarck* aber durch die *Prince of Wales* dreimal getroffen. Admiral Lütjens entschied daher, dass die *Bismarck* und die *Prinz Eugen* sich trennen sollten. Die *Prinz Eugen* sollte weiter selbst-

Die Graf Spee *war mit 6 x 28-cm-SK, 8 x 15-cm-SK und 6 x 10,5-cm-Flak stärker als ein schwerer Kreuzer bewaffnet und mit 28 kn schneller als die meisten Schlachtschiffe.*

ständig operieren, während die *Bismarck* direkt nach Frankreich laufen sollte. Ein Flugboot der RAF entdeckte die *Bismarck* jedoch, woraufhin am 26. Mai 1941 Torpedobomber der *HMS Ark Royal* einen Treffer der Ruderanlage erzielen konnten. Damit war die *Bismarck* manövrierunfähig. Am Morgen des 27. Mai stellten die Schlachtschiffe *HMS King George V.* und *HMS Rodney* sowie mehrere Kreuzer und Zerstörer die *Bismarck,* die bald darauf ein treibendes Wrack war. Aufbauten waren zerstört, die Maschinenanlage funktionierte jedoch noch. Die Mannschaft versenkte das Schiff daraufhin vermutlich selbst durch Sprengladungen und Öffnen der Bodenventile. Nur 118 Mann überlebten. Dies war das Ende der Operationen großer Kampfschiffe der Kriegsmarine im Atlantik, nur im Nordmeer kam es noch zu Operationen, die allerdings nicht sehr erfolgreich verliefen. Nach der Versenkung der *Scharnhorst* Ende 1943 wurden aber auch diese Operationen eingestellt.

Blick von der Prinz Eugen *auf die* Bismarck.

DIE HILFSKREUZER

Schon lange vor Ausbruch des Krieges hatte die deutsche Marineleitung Vorbereitungen getroffen, um schnelle Handelschiffe in Hilfskreuzer umzuwandeln. Dazu erhielten diese Schiffe eine hinter abklappbaren Bordwänden versteckte Bewaffnung, meist 6 x 15-cm-SK, einige Flak, Torpedorohre, Minen und ein bis zwei Bordflugzeuge.

Im Frühjahr 1940 liefen die ersten Hilfskreuzer aus deutschen Häfen aus und begannen auch auf weit entfernten Handelsrouten den Krieg gegen die alliierte Schifffahrt. Die Suche nach diesen Handelszerstörern gestaltete sich überaus schwierig, da diese Schiffe oft ihr Aussehen änderten und sich dabei immer wieder als neutrale Frachter tarnten. Sie versorgten sich oftmals aus den Beständen ihrer Opfer und konnten z. T. jahrelang operieren und dabei erstaunliche Erfolge erzielen.

Insgesamt gelang es nur zehn deutschen Hilfskreuzern, 133 Schiffe mit einer Gesamttonnage von fast 830.000 BRT zu versenken.

24. Mai 1941: Die Bismarck *feuert eine Salve ihrer 38-cm-SK auf die* Hood *ab.*

DER U-BOOT-KRIEG

Dönitz verfügte im September 1939 nicht über genügend U-Boote, um die britische Handelsschifffahrt ernsthaft zu stören. Zudem hatten die Boote zunächst noch den Befehl, sich an die Prisenordnung zu halten, das bedeutete es durften nur Handelsschiffe kriegsführender Nationen oder mit Ladung aus oder für ein solches Land versenkt werden – dieses jedoch nur, wenn für die Sicherheit der Besatzung des Handelsschiffs gesorgt war. Ausnahmen galten für bewaffnete Handelsschiffe und solche unter Geleit von Kriegsschiffen. Da die Alliierten aber schon früh ihre Schiffe mit Bordkanonen ausrüsteten oder versucht wurde, aufgetauchte U-Boote zu rammen, war der Befehl nicht lange in Kraft. Wegen der langen Anmarschwege durch die Nordsee blieb das Operationsgebiet der U-Boote zunächst auf das Seegebiet rund um die britischen Inseln und die „Western Approaches"– den Raum zwischen Irland und Island – beschränkt. In den ersten Kriegsmonaten konnten die deutschen U-Boote allerdings einige spektakuläre Erfolge bei Angriffen auf britische Kriegsschiffe erzielen. So wurde am 17. September 1939 der Flugzeugträger *HMS Courageous* versenkt. U 47 unter Kapitänleutnant Prien drang in einem verwegenen Unternehmen am 14. Oktober 1939 in die Flottenbasis Scapa Flow ein und versenkte das Schlachtschiff *HMS Royal Oak*.

U 48 läuft zur Feindfahrt aus.

Fregattenkapitän Prien.

DAS UNTERNEHMEN „WESERÜBUNG"

Im Zuge der deutschen Besetzung Norwegens befanden sich sämtliche verfügbaren U-Boote, sogar Schulboote, im Seegebiet zwischen Großbritannien und Norwegen, um dort als Flankenschutz der deutschen Flottenverbände zu dienen, welche Truppen nach Norwegen brachten. Obwohl Norwegen besetzt werden konnte, war das Unternehmen „Weserübung" eine Niederlage für die Kriegsmarine, da sie zahlreiche Schiffe verlor, darunter auch drei Kreuzer und zehn Zerstörer. Zugleich hatten einige deutsche U-Boote die Gelegenheit, britische Schiffe anzugreifen, konnten jedoch kaum Erfolge erzielen. Allein U 48 hatte drei Chancen für Torpedoangriffe auf britische Kriegsschiffe, ohne jedoch auch nur einmal mit den abgeschossenen Torpedos Schäden zu verursachen. Die Ursache hierfür waren Probleme mit den magnetischen Zündern der deutschen Torpedos.

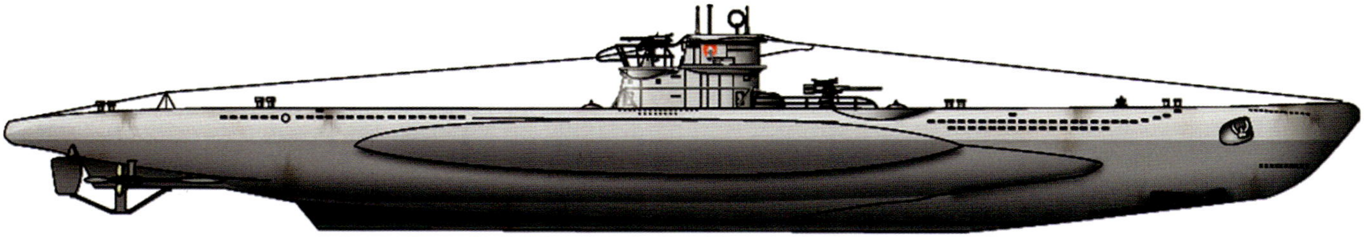

U 486, ein Boot des Typs VIIC. Der Typ VIIC war das meistgebaute Boot der Kriegsmarine und trug die Hauptlast der Kämpfe im Atlantik. Verdrängung: 770 ts aufgetaucht, Bewaffnung: 5 Torpedorohre mit 14 Torpedos Kaliber 533 mm, verschiedene Flak, ca. 50 Mann Besatzung.

„GLÜCKLICHE ZEITEN“

Nach der Besetzung Frankreichs im Juni 1940 begann unmittelbar die Einrichtung von U-Boot-Stützpunkten an der Westküste des Landes, z. B. in Brest, Lorient, St. Nazaire und La Rochelle.

Die U-Boot-Waffe war in einer weit besseren Lage als im Ersten Weltkrieg, da nun Basen unmittelbar am Atlantik zur Verfügung standen und lange sowie gefährliche Anmarschwege verkürzt werden konnten. Aufgrund einer möglichen deutschen Invasion blieben viele Zerstörer der Royal Navy in ihren Heimathäfen. Zudem waren die alliierten Konvois aus einem allgemeinen Mangel an Begleitschiffen nur schwach gesichert. Ab September 1940 wurden Konvois erstmals im „Rudel“ angegriffen, doch häufig fuhren und griffen die Boote auch noch allein an. Dieser Zeitraum wurde später von den Kommandanten der U-Boote als „glückliche Zeit“ bezeichnet, in der bei relativ wenigen eigenen Verlusten zahlreiche alliierte Schiffe versenkt werden konnten. Kommandanten wie Otto Kretschmer (U 99), Günther Prien (U 47) oder Joachim Schepke (U 100) wurden von der NS-Propaganda als Helden gefeiert. Hätte Dönitz zu jener Zeit die von ihm geforderten 300 Boote besessen, wäre sein Plan wohl aufgegangen, doch noch immer hatte er zu wenig Boote, praktisch nicht mehr als im September 1939. Problematisch war das Finden der Geleitzüge in den Weiten des Ozeans. So gingen 1940 insgesamt über 2 Millionen BRT alliierter Schiffsraum verloren, was bei weitem nicht der von Dönitz angepeilten Marke von 750.000 BRT monatlich entsprach, hingegen war der Verlust von 24 deutschen U-Booten zu beklagen.

DER BRITISCHE GEGENSCHLAG

Im Winter 1940/41 erschwerte schlechtes Wetter die Überwasserangriffe der U-Boote und das Aufspüren der Konvois. Zudem begannen die Briten immer häufiger, Radar einzusetzen, wodurch die zum nächtlichen Angriff aufgetaucht fahrenden Boote nun besser entdeckt werden konnten.

Erstmals kam auch ein neues, „Huff-Duff“ genanntes Gerät (Verballhornung der Bezeichnung HFDF für „High-Frequency Direction Finding“, auf Deutsch: Kurzwellenpeilung) zum Einsatz, mit dem es bereits möglich war, die U-Boote anhand ihrer Funksprüche anzupeilen. Durch ein massives Bauprogramm standen zudem mehr Geleitschiffe zur Verfügung.

Im März 1941 verlor die Kriegsmarine bei einem Angriff auf einen Konvoi die drei „Asse“ Kretschmer, Prien und Schepke durch Tod oder Gefangennahme. Ab Sommer 1941 wurde verstärkt auf die „Wolfsrudeltaktik“ gesetzt, und die U-Boote weiteten ihr Operationsgebiet aus. So standen nun Boote auch vor Grönland und Westafrika. Ähnlich wie 1940 wurden auch 1941 rund 2 Millionen BRT an alliierter Schiffstonnage versenkt, 35 U-Boote gingen verloren.

Das Opfer eines U-Boot-Angriffs.

Korvetten, wie hier die HMCS Kitchener *der kanadischen Marine, waren die Hauptstütze der Konvoisicherung.*

DER KRIEGSEINTRITT DER USA

Am 11. Dezember 1941, vier Tage nach dem japanischen Angriff auf Pearl Harbor, erklärte Hitler den USA den Krieg. Daraufhin setzte Dönitz Langstrecken-U-Boote des Typs IX in Marsch, um vor der amerikanischen Ostküste die Schifffahrt anzugreifen. Diese Operation „Paukenschlag" war ein voller Erfolg, denn noch fuhren die Handelsschiffe dort allein, und vor dem Hintergrund der hell leuchtenden Küstenstädte waren sie leicht auszumachen. Die zunächst schlecht organisierte US-Küstenverteidigung stand den U-Boot-Angriffen auf die Handelsschifffahrt hilflos gegenüber. Als die Verteidigung im Frühjahr verstärkt wurde, weiteten die deutschen U-Boote ihr Einsatzgebiet bis in die Karibik und in den Südatlantik aus. Die Standardboote des Typs VIIC mit kürzerer Reichweite operierten zur gleichen Zeit im Nordatlantik in Rudeln und konnten so den Druck auf die Konvois aufrechterhalten. Es kam im Lauf des Jahres zu mehreren großen Geleitzugschlachten. Die Zahl der einsatzfähigen deutschen U-Boote war außerdem weiter gestiegen: Sie betrug Ende 1942 etwa 210 Stück. Insgesamt wurden 1942 über 6 Millionen BRT Schiffsraum versenkt, womit dieses Jahr das erfolgreichste für die deutschen U-Boote war. Doch gingen auch 87 von ihnen verloren.

Erich Topp, Kapitän von U 552 und mit über 200.000 BRT versenktem Schiffsraum dritterfolgreichster U-Boot-Kapitän der Kriegsmarine nach erfolgreicher Feindfahrt.

Den USA und Großbritannien war Ende 1942 klar, dass ein Eingreifen der Vereinigten Staaten auf dem europäischen Kontinent nur gelingen konnte, wenn US-Transporte relativ sicher den Atlantik überqueren konnten. Zusätzliche Anstrengungen mussten also unternommen werden, um der deutschen U-Boote Herr zu werden.

Focke-Wulf Fw 200 Condor des KG 40 flogen über dem Atlantik Seeaufklärung und griffen zunächst Geleitzüge so erfolgreich an, dass Churchill sie als „Geißel des Atlantiks" bezeichnete. Als Konvois allerdings immer häufiger von Flugzeugträgern begeleitet wurden, erlitten die Fw 200 schwere Verluste.

Durch ein massives Bauprogramm verfügten die Alliierten bald über genügend Geleitschiffe. Bis 1945 entstanden allein 265 Korvetten der Flower-Klasse, wie hier HMCS Nanaimo.

ALLIIERTE ABWEHRMASSNAHMEN

Der Erfolg der deutschen U-Boote zwang die Alliierten, neue Taktiken und Methoden zur U-Boot-Abwehr zu entwickeln. Immens wichtig war in diesem Zusammenhang die Entschlüsselung des deutschen Marinecodes, um die Pläne des Befehlshabers der U-Boote (BdU) Dönitz herauszufinden. Bereits 1939 war es gelungen, den Code des deutschen Heeres zu knacken, die Entzifferung des Marineschlüssels gelang im Juni 1941, als eine Enigma-Verschlüsselungsmaschine samt der dazugehörigen Codes und Geheimunterlagen von Bord des sinkenden U 110 gerettet werden konnte. Von diesem Zeitpunkt an konnten die Briten den gesamten Funkverkehr zwischen Dönitz und den U-Booten mitlesen. Eine längere Unterbrechung trat ein, als die deutsche Marine einen neuen, komplexeren Code einführte, bis dieser Ende 1942 aufgrund von Codebüchern, welche aus U 559 geborgen wurden, ebenfalls entschlüsselt wurde.

Durch die Entzifferung des deutschen Funkverkehrs („Ultra") war es nun möglich, Geleitzüge umzuleiten sowie U-Boote durch „Hunter-Killer-Groups" jagen zu lassen. Anders als Geleitschiffe, welche bei ihren Konvois bleiben, durchstreiften diese „Hunter-Killer-Groups" – meist Zerstörer gemeinsam mit einem Geleitflugzeugträger – gezielt den Ozean, um U-Boote zu versenken. Mit Radar, den aus Ultra gewonnenen Informationen, „Huff-Duff"-Peilungen und den Flugzeugen der Geleitträger spürten diese Gruppen immer mehr U-Boote auf.

Geleitflugzeugträger, die ab Anfang 1941 in wachsender Zahl im Atlantik eingesetzt und ab Mitte 1943 in den Vereinigten Staaten in Serie gebaut wurden, dienten als Eskorten von Handelsschiffskonvois und zur Aufklärung und Bekämpfung gesichteter U-Boote. Um den Verlust an Handelsschiffen auszugleichen, entwickelte man in den USA die so genannten Liberty-Schiffe, deren komplette Bauzeit ganze 40 Tage betrug. Von Ende 1941 bis September 1945 wurden 2.751 Exemplare dieser Frachter gebaut, zugleich erhielt Großbritannien aus den USA im Rahmen des Leih- und Pacht-Abkommens zahlreiche Zerstörer und Geleitflugzeugträger. Die industrielle Leistungsfähigkeit der USA war schier unbegrenzt und einer der Hauptgründe für den alliierten Sieg.

Zunehmend wichtig wurden auch landgestützte Flugzeuge. Mussten sich diese Maschinen zunächst auf die guten Augen ihrer Besatzungen verlassen, standen ihnen nach und nach immer bessere Mittel zum Aufspüren und Bekämpfen der U-Boote zur Verfügung. Neben dem schon erwähnten Radar verfügten alliierte Flugzeuge ab Mitte 1942 für Nachtangriffe über starke Scheinwerfer („Leigh Light"), die wirksame Nachtangriffe auf U-Boote ermöglichten, welche bis dahin nachts vor Luftangriffen sicher gewesen waren. Als weiteres Ortungsmittel standen ab 1943 Magnet-Anomalie-Detektoren (MAD) und Sonarbojen zur Verfügung, die eine Ortung untergetauchter U-Boote auch vom Flugzeug aus ermöglichten.

Nicht nur bei der Entdeckung, sondern auch bei der Bekämpfung der U-Boote wurden große Fortschritte erzielt. 1939 war die Wasserbombe noch das einzige Mittel. Die Royal Navy entwickelte jedoch einen „Hedgehog" (Igel) genannten Werfer, der eine ganze Gruppe von kleinen Wasserbomben nach vorn vor den U-Boot-Jäger feuerte, während sich das Ziel noch im ASDIC-Kontaktbereich befand. Ein großer Schritt war die Einführung luftabgeworfener, akustisch zielsuchender Torpedos (Mk. 24 „Fido") und ungelenkter Luft-Boden-Raketen ab Frühjahr 1943.

Langstreckenflugzeuge wie die Short Sunderland machten U-Booten schwer zu schaffen. Ab Mai 1943 wurden die Jäger zu Gejagten.

Geleitflugzeugträger, die häufig aus umgebauten Frachtern oder Tankern entstanden waren, trugen erheblich dazu bei, die Gefahr durch U-Boote zu bannen.

DIE ALLIIERTEN GEWINNEN DIE OBERHAND

Das Jahr 1943 war der Wendepunkt im U-Boot-Krieg. Anfang jenen Jahres konnten die U-Boote ihren letzten großen Erfolg erringen, als mehrere „Wolfsrudel" mit insgesamt 43 U-Booten vor Grönland 22 Schiffe versenkten. Dabei profitierten sie davon, dass in diesem Gebiet noch immer eine Lücke in der alliierten Luftüberwachung herrschte.

Nachdem die Alliierten die Lücke in ihrer Luftüberwachung des Atlantiks durch Stationierung von Langstreckenmaschinen auf Grönland, Island und den Azoren geschlossen hatten, kontrollierten die alliierten Flugzeuge den gesamten Atlantik. Allein im Mai 1943 wurden 43 deutsche U-Boote versenkt. Dönitz stellte daraufhin den U-Boot-Krieg vorübergehend ein und ließ die U-Boote zurückrufen.

Trotz der Erkenntnis, dass die Schlacht im Atlantik für die deutschen U-Boote kaum noch zu gewinnen war, dauerte der Einsatz der U-Boote bis Kriegsende an. Ab September 1943 schickte Dönitz erneut U-Boote auf Feindfahrt, von denen die meisten nicht mehr zurückkamen. 1943 gelang den Alliierten die Versenkung von 237 U-Booten, während diese nur rund 2,5 Millionen BRT alliierten Schiffsraums versenkten. 1944 und 1945 fielen nur noch gut 1 Million BRT Handelsschiffstonnage den U-Booten zum Opfer, jedoch gingen 248 Boote verloren. Von Januar bis Mai 1945 verlor die Kriegsmarine erneut 159 ihrer Boote, während ihre Versenkungserfolge kaum noch ins Gewicht fielen. Aus Jägern waren Gejagte geworden.

Ständige Wachsamkeit war für U-Boote überlebenswichtig.

Ein U-Boot versucht vergeblich, einem angreifenden Flugzeug durch Tauchen zu entgehen.

Wasserbombenangriff auf U 175 am 17. April 1943. Seeleute des Sicherungsschiffs USCGC Spencer *beobachten, wie eine ihrer Wasserbomben detoniert. Der* Spencer *gelang es, U 175 zu versenken.*

DEUTSCHE INNOVATIONEN

U 2511 gehörte zum Typ XXI, den so genannten Elektro-U-Booten mit erhöhter Batteriekapazität und hydrodynamischem Rumpf, der einen hohe Unterwassergeschwindigkeit erlaubte.

Um mit den zunehmend verbesserten Jagdtechniken der Alliierten gleichzuziehen, entwickelte die Kriegsmarine ihre U-Boote immer weiter. Damit man der Bedrohung aus der Luft Herr werden konnte, versuchte man zunächst, die Boote mit zusätzlichen Fla-Waffen zu bestücken. In so genannten Wintergärten führten die U-Boote zahlreiche 2-cm- und 3,7-cm-Flak mit. Obwohl auf diese Weise durchaus einige Erfolge erzielt wurden, bewährte sich dieser Absatz nicht. Weiterhin sollten passive Radarwarngeräte („Metox" und „Naxos") helfen, Gefahren für die Boote frühzeitig zu erkennen, konnten mit den alliierten Entwicklungen aber nicht Schritt halten.

Um eine längere Verweildauer unter Wasser zu ermöglichen, perfektionierte die Kriegsmarine den Schnorchel, eine ursprünglich niederländische Vorkriegsentwicklung. Dieser ermöglichte eine Unterwasserfahrt mit den Dieselmotoren bei Seerohrtiefe. Weitere Innovationen waren akustisch zielsuchende Torpedos, ASDIC-Täuschkörper (Bold) sowie eine gummiartige, sonarabsorbierende Rumpfbeschichtung.

Auch die Entwicklung neuer U-Boot-Typen mit großer Batteriekapazität und hydrodynamischen Rümpfen, wie die Typen XXI und XXIII, oder neue, außenluftunabhängige Antriebsarten (Walter-Turbine) sollten den deutschen Booten ihre Überlegenheit zurückbringen. Sie kamen aber allesamt zu spät, um den Krieg noch zu beeinflussen.

DEUTSCHE U-BOOTE IN ANDEREN MEEREN

Auf speziellen Wunsch Hitlers wurden 1941 U-Boote aus dem Atlantik ins Mittelmeer verlegt, um die deutschen Operationen auf dem Balkan und in Nordafrika zu unterstützen. Zwar gelangen diesen Booten einige durchaus aufsehenerregende Versenkungen von britischen Kriegsschiffen, beispielsweise des Schlachtschiffs *HMS Barham* und des Trägers *HMS Ark Royal*, aber die Zahl der U-Boote, die bei den Operationen im Mittelmeer oder bei Versuchen, die Meerenge von Gibraltar zu durchbrechen, versenkt wurden, stand in keinem Verhältnis zu ihrem Erfolg.

Auch im Schwarzen Meer operierten deutsche Küsten-U-Boote des Typs IIB, die auf dem Landweg bzw. aufgebockt auf Binnenschiffe zum Schwarzen Meer transportiert wurden, wo sie insbesondere die Nachschublinien der Roten Armee über See angriffen.

Langstrecken-Boote des Typ IX operierten erfolgreich im Südatlantik und im Indischen Ozean, teils sogar von der japanischen Basis Penang im heutigen Malaysia aus.

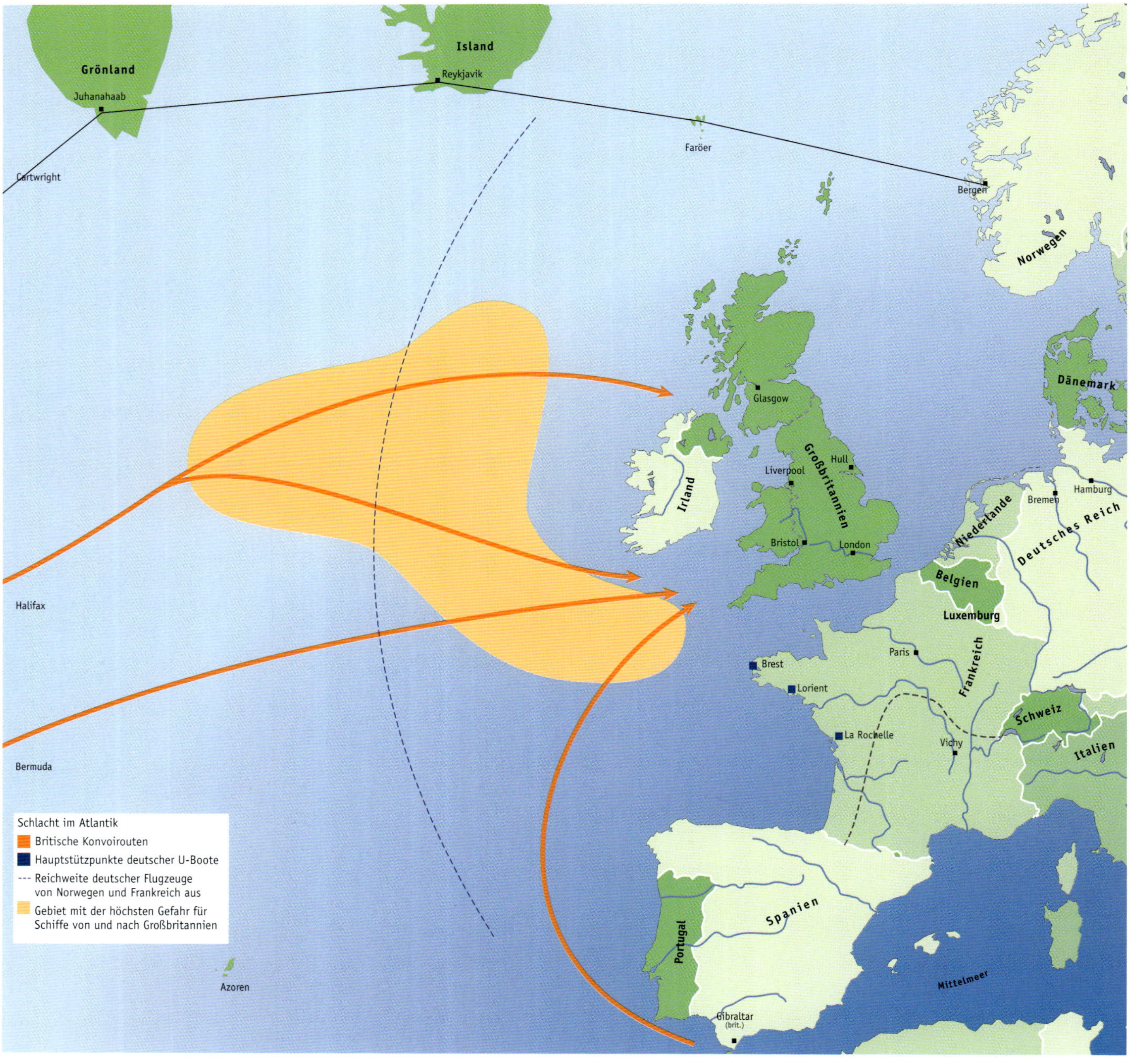

ITALIENISCHE U-BOOTE

Italien verfügte im Juni 1940 mit über 100 U-Booten über eine der größten U-Boot-Flotten. Für die großen italienischen Langstrecken-U-Boote plante man schon kurz nach dem Kriegseintritt Italiens einen Einsatz im Atlantik, weshalb sich bereits im Sommer 1940 die ersten italienischen U-Boote im Atlantik befanden. Allerdings mussten diese dabei immer den riskanten Durchbruch durch die Straße von Gibraltar wagen, daher wurde bald darauf ein italienischer U-Boot-Stützpunkt mit dem Codenamen BETASOM in Bordeaux geschaffen.

Bis zu 32 italienische Boote operierten zunächst im Nordatlantik, wegen Koordinationsschwierigkeiten wurde ihr Einsatzschwerpunkt jedoch bald in den Mittel- und Südatlantik verlegt.

DIE BILANZ

Von 40.600 deutschen U-Boot-Männern kehrten 30.246 nicht zurück. 5.338 gingen in Gefangenschaft. Auch auf den 2.882 Handelsschiffen mit über 14 Millionen BRT sowie auf den 175 Kriegsschiffen, die von deutschen U-Booten versenkt wurden, verloren über 30.000 Menschen ihr Leben. Von den 863 deutschen U-Booten, die zum aktiven Einsatz gelangten, gingen 784 durch Kampfeinwirkungen verloren oder verunglückten.

Nicht alle Mannschaften versenkter Handelsschiffe hatten das Glück, gerettet zu werden. Über 30.000 Seeleute ließen auf alliierter Seite ihr Leben.

Deutsche U-Boote und ihre Verluste

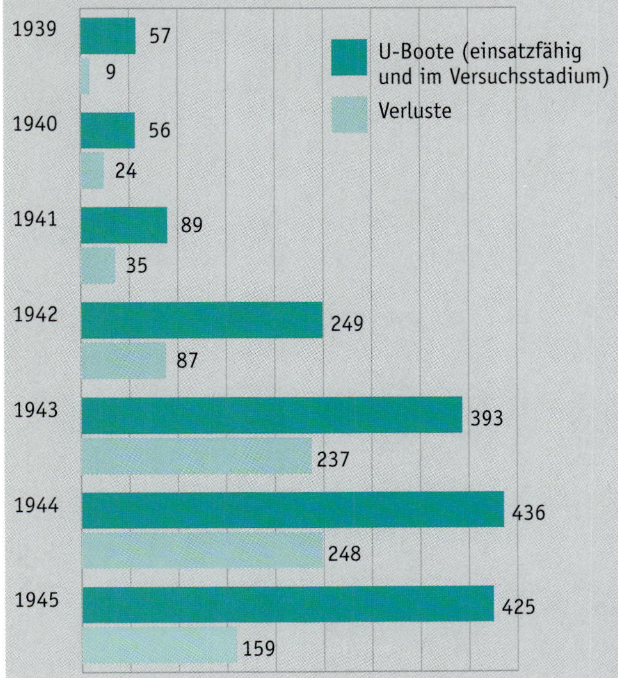

Alliierte und neutrale Verluste an Handelsschiffsraum

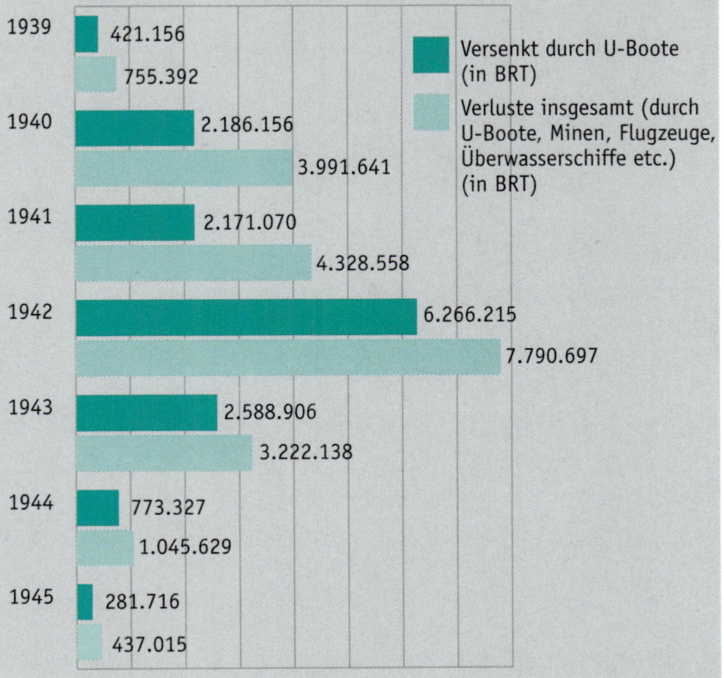

E

Der Luftkrieg

Die Luftwaffe verfügte vor allem über leichte zweimotorige Bomber wie diese Ju 88A-4.

DER LUFTKRIEG

In den Wochen nach dem Ende des Zweiten Weltkrieges befragte die US-Armee ehemals hochrangige deutsche Regierungsmitglieder und Wehrmachtsgeneräle, was ihrer Meinung nach dazu geführt hätte, dass Deutschland den Krieg verloren hatte:

Generalfeldmarschall Hugo Sperrle,
Kommandeur der 3. Luftflotte:
„Das Bombardement der Alliierten."

Generalfeldmarschall Karl Gerd von Rundstedt,
Oberbefehlshaber an der Westfront:
„Die totale Überlegenheit der alliierten Luftwaffen."

Bereits im Verlauf des Ersten Weltkrieges kam es zu Bombardierungen tief im feindlichen Hinterland. Besonders bekannt wurden dabei die deutschen Angriffe auf London. Die zunächst von Luftschiffen, später von so genannten Groß- und Riesenflugzeugen durchgeführten Operationen waren für damalige Verhältnisse spektakulär. Doch noch waren die eingesetzten Bomber nicht leistungsfähig genug, um durch ihre Angriffe mehr als Terror zu verbreiten.

Dessen ungeachtet entwickelten in den 1920er-Jahren einige Militärs recht genaue Vorstellungen darüber, wie denn Kriege durch strategische Bombardierungen beeinflusst, ja sogar gewonnnen werden sollten. Denn die Durchführung uneingeschränkter, fortwährender Bombenangriffe galt als Mittel, den Krieg schnell und ohne die im Ersten Weltkrieg erlittenen schweren Verluste bei den eigenen Truppen zu entscheiden. Ein erstes Beispiel dieser Theorie erhielt die Welt bereits, als Maschinen der deutschen Legion Condor im Jahr 1937 die spanische Stadt Guernica in Schutt und Asche legten.

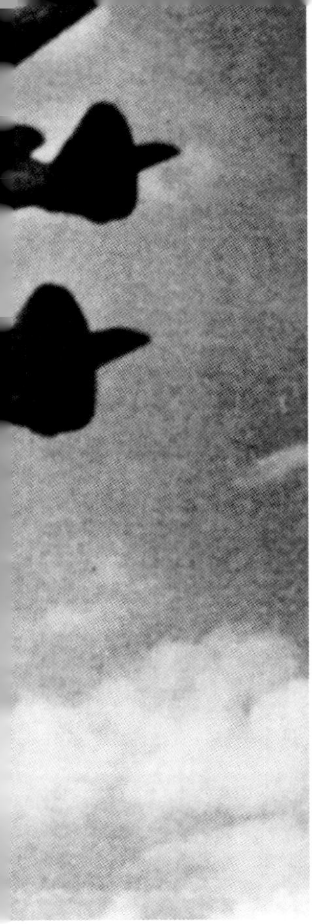

Auch der Einsatz der V 2 konnte das Kriegsgeschehen nicht mehr beeinflussen. Letztlich war es eine reine Terrorwaffe, die für hohe Verluste unter der Zivilbevölkerung sorgte.

DIE LUFTWAFFE

Die deutsche Luftwaffe wurde vor allem zur taktischen Unterstützung der Heeresoperationen geschaffen. Sehr schnelle zweimotorige Bomber mit begrenzter Zuladung und Reichweite sollten Truppenkonzentrationen, Verbindungswege, Widerstandszentren und Flugfelder angreifen. Als Teil des revolutionären „Blitzkrieges" waren die Verbände der Luftwaffe zunächst sehr erfolgreich und erfüllten alle an sie gestellten Erwartungen. Mit der Bombardierung Warschaus und Rotterdams zeigten sie zudem, was moderne Bomber bei Angriffen auf Städte anrichten können. Doch war diese Art von Angriffen bis zum Herbst 1940 eher die Ausnahme. Während der Luftschlacht um England änderten sich die Einsätze der Luftwaffe erheblich, und es zeigte sich, dass sie dieser Aufgabe nicht gewachsen war.

Es fehlten Bomber mit einer großen Reichweite, einer hohen Zuladung und einer starken Abwehrbewaffnung. Eklatant machte sich der Mangel an Begleitjägern bemerkbar. Erneut zeigte sich das Fehlen von Fernbombern im Krieg gegen die Sowjetunion. Die sowjetische Rüstungsindustrie lag unerreichbar für deutsche Bomber weit hinter dem Ural. Der einzige in größeren Zahlen zum Einsatz gekommene Langstreckenbomber der Luftwaffe, die Heinkel He 177, war aufgrund technischer Unzuverlässigkeit eine einzige Enttäuschung.

Ab 1942 war die deutsche Luftwaffe zu groß angelegten Angriffen bereits nicht mehr in der Lage, denn all ihre Ressourcen wurden für die unmittelbare Unterstützung des Heeres und die Verteidigung des Reiches gegen die alliierten Bomberströme benötigt. Der Einsatz der „Vergeltungswaffen" (V 1 und V 2) gegen Kriegsende konnte – obwohl technisch ungeheuer innovativ – den Verlauf der Kämpfe in keiner Weise mehr beeinflussen.

DIE ROYAL AIR FORCE

Die Royal Air Force (RAF) verfügte gegenüber der Luftwaffe über ein völlig anderes Konzept: Innerhalb ihrer Struktur war das Bomber Command eine autonome Einheit und verfolgte eine strategische Zielsetzung. Bei Ausbruch des Krieges verfügte das Bomber Command jedoch keineswegs über Maschinen, die für diesen Einsatzzweck besser geeignet gewesen wären als diejenigen der Luftwaffe. Die zweimotorigen Whitley, Hampden und Wellington waren zunächst nicht in der Lage, die an sie gestellten Erwartungen zu erfüllen.

Direkt nach Kriegsbeginn nahm das Bomber Command seine Operationen gegen Deutschland auf, zunächst allerdings ausschließlich mit Tagesangriffen gegen militärische Ziele. Aufgrund der hohen Verluste ging man jedoch rasch zu Nachtangriffen über. Ab Mai 1940 flog das Bomber Command dann erstmals Angriffe auf militärische Ziele, die innerhalb von Städten lagen. Der im August 1941 veröffentlichte „Butt-Report" des britischen Unterhauses beschäftigte sich mit der Effektivität der bis zum Sommer 1941 durchgeführten Angriffe des Bomber Command und war im Fazit vernichtend. Laut dieser Untersuchung gelang es nur einem Viertel der Bomber, ihre tödliche Last in einem Radius von 5 Meilen (8 km) um das angepeilte Ziel herum abzuwerfen. Bei Angriffen auf das stark verteidigte Ruhrgebiet sank diese Quote sogar auf 10 %.

Die Gründe hierfür waren vor allem die mangelnden Navigationshilfen. Die Besatzungen der britischen Bomber navigierten nach wie vor mit Sextant und Koppelung ihrer Geschwindigkeit. Das häufig schlechte Wetter bzw. die Industrieabgase über den Zielen machten die Navigation auch nicht einfacher. Von Sommer bis Dezember 1941 erlitt das Bomber Command eine durchschnittliche Verlustquote von 12,5 % auf seinen Einsätzen gegen das besetzte Europa, ohne dabei jedoch größere Erfolge erzielen zu können.

Im Dezember 1941 wurde daher beschlossen, die Angriffe bis zum Frühjahr 1942 einzustellen und das Bomber Command neu aufzubauen.

Ab Anfang 1941 stieß die Short Stirling als erste einer neuen viermotorigen Generation schwerer Bomber zum Bomber Command.

„BOMBER“-HARRIS

Eine Short Stirling wird mit 16 x 227 kg Bomben beladen.

Bis Februar 1942 machte das Bomber Command große Veränderungen durch. Einerseits liefen den Fliegerstaffeln immer mehr viermotorige Stirling, Halifax und auch die ersten Lancaster zu, andererseits verfügten die Besatzungen nun auch endlich über eine Navigationshilfe, mit der sie ihre Ziele präzise finden konnten. Das Gee Mk. I genannte Gerät funktionierte ähnlich den deutschen „Knickebein-, bzw. X- oder Y-Strahlverfahren. Etwas vereinfacht kann man sagen, dass starke verschiedene Funksender jeweils einen Funkleitstrahl aussendeten und sich diese über dem Ziel kreuzten.

Da man damit rechnete, dass die Deutschen schon bald die Frequenzen dieser Geräte stören würden, erging am 14. Februar 1942 der Befehl, sofort mit der uneingeschränkten Bombardierung Deutschlands zu beginnen, um die Navigationshilfe voll nutzen zu können.

Des Weiteren wurde eine Woche später Air Marshal Arthur T. Harris Oberkommandierender des Bomber Command. Harris vertrat die Ansicht, dass die bisherigen, meist auf Industrieziele oder Verkehrsknotenpunkte beschränkten Angriffe nicht genug seien, und forderte den totalen Bombenkrieg. Er wollte nicht nur die Rüstungsindustrie zerstören, sondern – um die Moral der Zivilbevölkerung zu brechen – so viele Städte wie möglich in Schutt und Asche legen und hohe Verluste unter den Einwohnern hervorrufen. „Bomber“-Harris war der Meinung, kein Regime könne einen Krieg führen, wenn die Bevölkerung zermürbt und kriegsunwillig sei. Er wollte zudem die hohen Verluste des Bomber Command verringern. Hierzu sollten die Bomber in einem geschlossenen Strom das Ziel überfliegen und nicht wie bisher über die gesamte Nacht verteilt. Auf diese Weise sollte erreicht werden, dass eine Vielzahl von gleichzeitig vorhandenen Zielen die deutsche Luftabwehr quasi „sättigte“. Die erste Umsetzung dieser Neuerungen geschah bei einem Angriff auf die Renault-Werke bei Paris. 121 Bomber überflogen in nur einer Stunde das Ziel.

Die Generalprobe hatte also funktioniert, das nächste Ziel waren nun die Krupp-Werke in Essen. In den Nächten des 9. und 10. März 1942 peilte das Bomber Command zweimal nacheinander das riesige Werksgelände an, doch blieb der Erfolg enttäuschend. Obwohl „Pfadfinder“ – speziell ausgebildete Besatzungen – mit der Hilfe des Gee-Geräts das Ziel lokalisieren und dann mit Brand- bzw. Leuchtbomben („Christbäumen“) markieren sollten, blieb die Zielgenauigkeit mangelhaft.

Harris beschloss daher, nun eine ganze Stadt zum Ziel zu machen. Er wollte die Macht des Bomber Command demonstrieren und seine These des „morale bombing“ beweisen. Lübeck erwies sich dafür als das ideale Ziel, denn da die Stadt keine großen Industrieanlagen und keinen für die Kriegsmarine wichtigen Hafen besaß, war sie nur schwach verteidigt. Zudem bestand der Stadtkern größtenteils aus spätmittelalterlichen Häusern, die aufgrund ihres hohen Holzanteils lichterloh brennen würden. In der Nacht zum 29. März 1942 starteten 234 Bomber und warfen rund 300 t Bomben auf die Stadt, davon 144 t Brandbomben. Das ganze Stadtzentrum ging in Flammen auf, und über 15.000 Menschen verloren ihr Obdach. Knapp einen Monat später geschah dann Ähnliches in Rostock.

Als Vergeltung dieser Art von Angriffen befahl Hitler, historisch bedeutsame Orte in Großbritannien zu bombardieren. Die Luftwaffe griff aus diesem Grund ab dem 24. April 1942 Städte wie Exeter, Canterbury, Bath, York oder Norwich an. Diese Angriffe dauerten noch bis Oktober 1942 an, doch waren daran niemals mehr als 100 Bomber beteiligt.

Air Marshal Arthur Harris (1892–1984), seit Februar 1942 Oberbefehlshaber des Bomber Command der RAF. Sein Eintreten für die Flächenbombardierung deutscher Städte trug ihm die Beinamen „Bomber“-Harris und „Butcher“-Harris (Schlächter-Harris) ein.

Köln, das Ziel des ersten Tausend-Bomber-Angriffs, wurde bis Kriegsende noch mehrfach bombardiert und war 1945 praktisch völlig zerstört.

OPERATION „MILLENNIUM"

Bis zu diesem Zeitpunkt waren selten mehr als 350 Bomber an den Angriffen der RAF beteiligt gewesen, nun aber plante Harris, 1.000 Bomber zusammenzuziehen. In der Nacht zum 31. Mai 1942 starteten 1.046 Bomber zum Angriff auf Köln. Nicht weniger als 367 davon wurden von Fluglehrern oder Schülern geflogen, denn nur so war es möglich, diese erstaunliche Zahl zusammenzubekommen. In nur ungefähr 90 Minuten wurden so 1.455 t Bomben auf die Stadt abgeworfen, rund 60 % davon waren Brandbomben.

Als am frühen Morgen des nächsten Tages vier Mosquito-Aufklärer Köln überflogen, bedeckte eine riesige Rauchwolke die Stadt. Köln brannte lichterloh. Fast 500 Menschen waren ums Leben gekommen, über 5.000 verletzt und nahezu 60.000 obdachlos.

In der Nacht zum 2. Juni erfolgte ein Angriff auf Essen mit 956 Maschinen. Bremen war in der Nacht zum 26. Juni Ziel von 1.006 Bombern der Royal Air Force. Zwar waren die Verwüstungen in Essen und Bremen nicht so groß wie in Köln, doch bestätigten diese Angriffe Harris' These, mit nächtlichen Flächenbombardements maximalen Schaden bei geringen eigenen Verlusten anrichten zu können.

Doch auch die deutsche Nachtjagd wurde reorganisiert und die so genannte Kammhuber-Linie eingerichtet. Entlang der Küste von Westfrankreich bis Norwegen entstand eine lange Reihe von Abschnitten, in denen jeweils ein FuMG-80-Freya-Frühwarnradar und zwei FuMG-65-Würzburg-Riesen stationiert waren. Je ein FuMG 65 verfolgte einfliegende Bomber, das andere lotste einen Nachtjäger heran. Problematisch war jedoch, dass immer nur ein Nachtjäger zur gleichen Zeit geleitet werden konnte. Daher waren die Bomber der RAF bemüht, in einem engen Bomberstrom, der sich nur über wenige dieser Abschnitte verteilte, in ihr Zielgebiet einzufliegen. Ab Sommer 1942 kamen jedoch die ersten FuG-202-Lichtenstein-Bordradargeräte zu den Nachtjagdgeschwadern, und obwohl die sperrigen Antennen die Jäger um einiges langsamer machten, stiegen die Verluste der Bomber an.

Ausgebombt!

Die Crews der 8th Air Force wurden im Regelfall nach 25 Einsätzen über feindlichem Gebiet aus dem Einsatz genommen – im Gegensatz zu den Mannschaften der Luftwaffe, die so lange im Einsatz blieben, bis sie fielen oder der Krieg endete.

DIE US ARMY AIR FORCE

Die Alliierten waren sich einig, dass Deutschland in diesem Krieg als Erstes besiegt werden sollte, und legten den Schwerpunkt der gemeinsamen Aktionen daher auf Europa. Teil dieser Anstrengungen war die strategische Bombardierung Deutschlands. Im Juli 1942 erreichten die ersten Einheiten der US Army Air Force (USAAF) Großbritannien und begannen dort, Stützpunkte einzurichten sowie Besatzungen zu schulen.

Die USAAF verfolgte jedoch einen völlig anderen Ansatz als die RAF. Anstatt nächtliche Flächenbombardements durchzuführen, glaubten die Befehlshaber der USAAF, dass bei Tage durchgeführte Präzisionsangriffe gegen industrielle und militärische Ziele weitaus wirkungsvoller seien. Das Kernstück dieser These war, dass es den schwer bewaffneten, viermotorigen US-Bombern auch ohne Jagdschutz gelingen würde, ihre Ziele zu erreichen.

Während des Jahres 1942 flogen die als 8th Air Force bezeichneten Verbände jedoch zunächst nur 30 Einsätze gegen eher schwach verteidigte Ziele in Frankreich, Belgien und den Niederlanden.

CASABLANCA-DIREKTIVE

Nach der Konferenz der alliierten Staatsoberhäupter in Casablanca im Januar 1943 erhielten die jeweiligen Oberbefehlshaber des Bomber Command und der 8th Air Force die Anweisung, ihre Angriffe auf Ziele in Deutschland zu intensivieren, um das militärische, industrielle und ökonomische Potenzial des Landes zu zerstören und die Moral der Bevölkerung zu schwächen.

So flogen das Bomber Command nun nachts und die 8th Air Force tagsüber ihre Angriffe auf Deutschland. Dieses „Round the clock bombing" bedeutete für die Deutschen also Bombenangriffe rund um die Uhr.

Obwohl die Amerikaner zuversichtlich waren, ihren Auftrag erfüllen zu können, erwies sich dies als schwerer als gedacht. Im Training erreichten die Bombenschützen der B-17 und B-24 erstaunlich hohe Trefferquoten, doch unter Flakbeschuss und von Jägern angegriffen, zudem durch Wolken oder Industrieabgase in ihrer Sicht behindert, fiel die Treffgenauigkeit erheblich ab. Zudem stellten die Bomber der 8th Air Force fest, dass – obwohl sie in enger Formation flogen und jeder Bomber über bis zu zwölf Maschinengewehre vom Kaliber 12,7 mm verfügte – sie keinen wirklichen Schutz vor den Jägern der Luftwaffe hatten. Die Luftwaffenpiloten lernten recht schnell, die amerikanischen Bomber von vorn anzugreifen, wo ihre Bewaffnung am schwächsten war, und schossen auf große Entfernung mit 30-mm-MK oder 210-mm-Raketen auf sie. Während des Sommers 1943 stiegen die Verluste der Amerikaner stetig an und erreichten bei den Angriffen auf Schweinfurt und Regensburg ihren Höhepunkt.

Am 17. August flogen 376 Maschinen einen Angriff auf die Messerschmidt-Werke in Regensburg und Kugellagerfabriken in Schweinfurt. 60 US-Bomber wurden abgeschossen, 176 weitere mehr oder minder schwer beschädigt. Als am 14. Oktober 1943 ein erneuter Angriff auf Schweinfurt geflogen wurde, kamen 77 von 291 gestarteten Maschinen nicht mehr zurück, weitere 121 wurden zum Teil so schwer beschädigt, dass sie abgeschrieben werden mussten. Dieser Tag ging später als „Schwarzer Donnerstag" in die Geschichte der amerikanischen Luftwaffe ein. Bereits am 1. August 1943 waren bei einem Angriff auf die rumänischen Ölfelder in Ploieşti von 177 eingesetzten Bombern des Typs B-24 allein 53 abgeschossen und 55 schwer beschädigt worden. Diese Verluste waren auf Dauer nicht tragbar und veranlassten die Amerikaner, vorerst die Angriffe gegen Ziele tief im Feindesland einzustellen. Erst mit der Einführung von Langstreckenbegleitjägern konnte wieder an derartige Operationen gedacht werden.

DIE BOMBER DER ALLIIERTEN

Boeing B-17G Flying Fortress

Die B-17 war der meistverwendete Bomber der 8th Air Force. Die Flying Fortress (Fliegende Festung) überstand schwerste Beschussschäden, ließ sich leicht steuern und war wegen ihrer Zuverlässigkeit bei ihren Besatzungen sehr beliebt.

Länge/Spannweite	*22,80 m/31,63 m*
Geschwindigkeit	*485 km/h*
Motor	*vier Wright-Cyclone-Sternmotoren mit je 1.200 PS (895 kW)*
Reichweite	*6.034 km ohne Bombenlast, 1.760 km mit max. Bombenlast*
Bewaffnung	*bis zu 13 x 12,7-mm-MG, bis zu 5.800 kg Bombenlast*

Avro Lancaster Mk. I

Die Lancaster war ab der zweiten Kriegshälfte die wichtigste und beste Maschine des Bomber Command.

Länge/Spannweite	*21,18 m/31,09 m*
Geschwindigkeit	*448 km/h*
Motor	*vier Rolls-Royce Merlin mit je 1.280 PS (942 kW)*
Reichweite	*4.072 km*
Bewaffnung	*8 x 7,7-mm-MG, bis 6.350 kg Abwurflast intern*

Consolidated B-24J Liberator

Die Consolidated B-24 Liberator stand ein wenig im Schatten der legendären B-17 Flying Fortress, obwohl von der B-24 viel mehr Maschinen hergestellt wurden. Die B-24 hatte den Ruf, Beschussschäden nicht so gut zu überstehen wie die B-17.

Länge/Spannweite	*21,16 m/33,55 m*
Geschwindigkeit	*480 km/h*
Motor	*vier Pratt-&-Whitney-Twin-Wasp-Sternmotoren mit je 1.200 PS (895 kW)*
Reichweite	*3.380 km mit 2.270 kg Bombenlast*
Bewaffnung	*10 x 12,7-mm-MG, bis zu 5.450 kg Bombenlast*

De Havilland Mosquito

Die Bomberversion der Mosquito war bei ihren Einsätzen über Deutschland praktisch nicht abzufangen. Sie führten meist Einsätze zur Zielmarkierung durch oder flogen aufgrund ihrer hohen Geschwindigkeit sogar Präzisionsangriffe am Tag.

Länge/Spannweite	*12,47 m/16,51 m*
Geschwindigkeit	*608 km/h in 5.200 m*
Motor	*Zwei Rolls-Royce Merlin 25 V-12 mit je 1.460 PS (1.075 kW)*
Reichweite	*3.260 km*
Bewaffnung	*bis 908 kg Bomben, einige bis 1.816 kg*

JAGDFLUGZEUGE

Während der Bomberangriffe über dem Reich versuchten die Jagdflugzeuge der Luftwaffe zunächst erfolgreich, diese zu hindern, und schossen zahlreiche US-Bomber ab. Erst durch den Einsatz einer großen Zahl leistungsfähiger Langstreckenbegleitjäger war die USAAF schließlich in der Lage, die Luftherrschaft über Deutschland zu erringen, um Industrie, Infrastruktur und auch Städte systematisch zu zerstören.

Republic P-47 Thunderbolt

Die P-47 war das größte und schwerste einmotorige Jagdflugzeug ihrer Zeit. Durch ihre robuste Struktur konnte sie enorme Kampfschäden wegstecken. Die P-47 hatten einen großen Anteil am Sieg über die Jäger der Luftwaffe. Gegen Kriegsende wurde die P-47 jedoch meist als Jagdbomber eingesetzt.

Länge/Spannweite	*11,02 m/12,43 m*
Geschwindigkeit	*695 km/h in 7.620 m*
Motor	*ein Pratt-&-Whitney-Doppelsternmotor mit 2.535 PS (1.864 kW)*
Reichweite	*3.200 km mit drei Zusatztanks*
Bewaffnung	*acht 12,7-mm-MG, bis zu 1.134 kg Abwurflast*

North American P-51 Mustang

Die P-51 war ohne Zweifel der beste Kolbenmotorjäger, der im Zweiten Weltkrieg in großen Stückzahlen zum Einsatz gekommen ist. Mustangs beherrschten 1944/45 den Himmel über Deutschland und schossen sogar einige Me 262 ab.

Länge/Spannweite	*9,84 m/11,29 m*
Geschwindigkeit	*703 km/h in 7.620 m*
Motor	*ein Packard V-1650 mit 1.600 PS (1.176 kW)*
Reichweite	*3.302 km mit Zusatztanks*
Bewaffnung	*sechs 12,7-mm-MG, bis zu 908 kg Abwurflast*

Messerschmidt Bf 109

Die Bf 109 war der Hauptgegner der US-Bomber und Jäger. Obwohl ein gutes Jagdflugzeug, fehlte der Bf 109 doch die exzellente Höhenleistung der US-Jäger und deren Reichweite.

Länge/Spannweite	*8,95 m/9,97 m*
Geschwindigkeit	*685 km/h in 7.400 m*
Motor	*Daimler-Benz DB 605 1.475 PS (1.085 kW)*
Reichweite	*560 km*
Bewaffnung	*ein 20-mm- oder eine 30-mm-MK, zwei 13-mm-MG, Rüstsätze für externe Behälter mit 20-mm- oder 30-mm-MK*

Messerschmidt Me 262

Dieser Strahljäger war der erste in Serie gebaute und hatte eine für die Zeit überragende Geschwindigkeit und schwere Bewaffnung. Durch Treibstoff- und Pilotenmangel konnten diese fortschrittlichen Maschinen nichts mehr ausrichten.

Länge/Spannweite	*10,60m/12,48 m*
Geschwindigkeit	*870 km/h in 6.000 m*
Motor	*zwei Junkers-Jumo-004-Strahltriebwerke mit je 900 kp Schub*
Reichweite	*1.050 km*
Bewaffnung	*vier 30-mm-MK.108, optional 24 x 55-mm-Raketengeschosse unter den Tragflächen*

THE BATTLE OF THE RUHR

Anfang 1943 bestand ein Großteil der Maschinen des Bomber Command endlich aus den neuen viermotorigen Typen Stirling, Halifax und Lancaster. Zudem verfügte man mit „Oboe" über eine verbesserte Navigationshilfe und konnte die ersten H2S-Radargeräte zum Einsatz bringen, die die Darstellung des Bodenziels erlaubten. „Bomber"-Harris fühlte sich nun gerüstet, eine Offensive gegen das industrielle Herz des Deutschen Reiches, das Rhein-Ruhrgebiet, zu fliegen.

In der Nacht zum 6. März 1943 flogen 442 Bomber einen Angriff auf Essen und fügten mit der Unterstützung durch die neuen Radargeräte sowie durch eine weiter perfektionierte Pfadfinder-Taktik der Stadt Essen sowie den Krupp-Werken weitaus größere Schäden als jemals zuvor zu.

Bis Ende Juni 1943 wurde praktisch jede Stadt des Rhein-Ruhrgebiets mindestens einmal Ziel des Bomber Command. Schwere Zerstörungen und hohe Verluste an Menschenleben waren die traurige Folge. So starben allein beim Angriff auf Wuppertal am 30. Mai rund 3.500 Einwohner, fast 120.000 Wuppertaler verloren ihr Obdach, da 80 % der Wohnflächen zerstört waren. „The Battle of the Ruhr" führte erstmals zu wirklich nachhaltigen Schäden und Produktionseinbußen der deutschen Rüstungsindustrie. Der Höhepunkt während der Luftoffensive waren die Monate Mai und Juni 1943. In der Nacht vom 4. auf den 5. Mai 1943 griff das Bomber Command mit dem bisher größten Verband aus viermotorigen Maschinen die Stadt Dortmund an. Die Metropole des östlichen Ruhrgebiets wurde schwer getroffen, über 690 Menschen verloren ihr Leben. Beim zweiten schweren Angriff auf Dortmund am 23./24. Mai 1943 warf das Bomber Command erstmals über 2.000 t Bomben in einer Nacht auf eine deutsche Stadt.

Besonders bekannt wurde in dieser Phase die Zerstörung der Möhne- und Edertalsperren in der Nacht zum 17. Mai 1943 mittels spezieller Bomben, die – in Rotation versetzt – wie Kieselsteine über das Wasser hüpften und an der Dammmauer hinabsanken, wo sie explodierten. Obgleich die Auswirkungen auf die Industrie vergleichsweise geringes Ausmaß hatten, richteten die Überschwemmungen verheerende Schäden an. Allein im Tal der Ruhr zwischen Neheim-Hüsten und Hagen starben über 1.600 Menschen.

Zahlreiche Flak-Batterien waren für die Verteidigung des Ruhrgebiets abgestellt.

Aufgrund des hohen Personalbedarfs wurden ab 1943 auch immer mehr 16- und 17-jährige Schüler als Flakhelfer eingezogen.

FEUERSTÜRME

Die als Operation „Gomorrha" bekannt gewordenen Angriffe auf Hamburg Ende Juli 1943 waren die bis dahin schwersten Attacken des Zweiten Weltkrieges. Bei der Bombardierung Hamburgs setzten die Alliierten das erste Mal „Windows"-Täuschungstechniken (Abwurf von Aluminiumfolien, die so genannten Düppel) gegen die deutschen Radaranlagen ein. Millionen dieser Aluminiumstreifen, welche Radarstrahlen reflektierten, machten die deutsche Abwehr praktisch blind.

Die Angriffe begannen in der Nacht zum 24. Juli mit einem Angriff durch 791 britische Maschinen. In den nachfolgenden Tagen griffen US-Bomber die Stadt an und störten auf diese Weise die angelaufenen Rettungs- und Löscharbeiten. Bei einem erneuten Angriff in der Nacht zum 28. Juli lösten die zahlreichen Brandbomben einen Feuersturm aus, den es in einem solchen Ausmaß bisher noch nie gegeben hatte. Zunächst abgeworfene Sprengbomben deckten die Dächer ab, die dann geworfenen Brandbomben konnten auf diese Weise direkt in die hölzernen Dachstühle einschlagen und die Häuser in Brand setzen. Große Teile im Osten der Stadt wurden zerstört, 35.000 bis 45.000 Menschen kamen ums Leben, und rund eine Million wurden obdachlos. Die genaue Zahl der Toten ließ sich nie ermitteln, da viele Opfer in der bis zu 1.000 °C heißen Luft vollständig verbrannten. Selbst die meterdicken Stahlbetonbunker boten den Opfern keinen Schutz, da die Feuerstürme allen Sauerstoff aufbrauchten und die Insassen erstickten.

Harris' nächstes Ziel war die Zerstörung der Reichshauptstadt. Doch Berlin, das von Mitte November 1943 bis April 1944 16-mal angegriffen wurde, war zu weit von den britischen Basen entfernt, zu groß und zu gut verteidigt. Zwar kam es zu schweren Schäden und zahlreichen Opfern, doch die Katastrophe von Hamburg wiederholte sich dort nicht. Zudem stiegen die britischen Verluste. Mit neuen SN-2-Bordradargeräten, die nicht durch „Windows" gestört werden konnten, spürten deutsche Nachtjäger die britischen Bomber auf und nutzten deren Schwachstelle, die fehlende Bewaffnung unter dem Rumpf, in dem sie sich von unten näherten und mit schräg nach oben feuernden Maschinenkanonen des Kalibers 20 oder 30 mm auf sie feuerten („schräge Musik"). Auf diese Weise verlor das Bomber Command bei seinem Angriff auf Nürnberg in der Nacht zum 31. März 1944 95 von 795 Bombern.

Eine Lancaster wird mit einer 1.816-kg-„Blockbuster"-Sprengbombe beladen. Diese Bomben sollten bei ihrer Detonation Luftdruck erzeugen, sodass anschließend geworfene Brandbomben direkt in die nun abgedeckten Dachstühle fielen.

Neue Langstreckenbegleitjäger wie diese P-51 Mustang ermöglichten der USAAF, 1944 die Luftherrschaft über dem Deutschen Reich zu erringen.

DIE AUSSCHALTUNG DER LUFTWAFFE

Der alliierten Führung war im Winter 1943/44 bereits bewusst, dass die für den Sommer 1944 geplante Invasion Nordfrankreichs nur dann gelingen konnte, wenn die deutschen Luftstreitkräfte erheblich in ihrer Kampfkraft geschwächt waren. Das Ziel des Luftkriegs der Alliierten war nun also die Zerstörung der deutschen Jagdwaffe, um die absolute Lufthoheit über Europa zu erringen. Der Zulauf neuer Begleitjäger mit hoher Reichweite, insbesondere der P-47 und der P-51, erlaubte es nun, die Bomber bis weit ins feindliche Hinterland zu eskortieren. Durch Zerstörung deutscher Flugzeugwerke und die Abnutzung der deutschen Jagdgeschwader im permanenten Kampf gegen die Begleitjäger sollte die Luftwaffe endgültig geschlagen werden. Bedingt durch den Vormarsch der alliierten Truppen in Italien griffen nun auch verstärkt Maschinen der südlich der Alpen stationierten 15th Air Force Ziele in Österreich und im Bereich von Süddeutschland an.

Einen ersten großen Schlag stellte die „Big Week" (große Woche) dar, bei der ausgesuchte Ziele der Rüstungsindustrie angegriffen wurden. Vom 20. bis 25. Februar flogen die 8th und 15th Air Force rund 3.800 Einsätze und verloren dabei 226 Bomber sowie 28 Jäger. Die Luftwaffe büßte 258 Jäger ein. Allerdings war die USAAF mühelos in der Lage, ihre Verluste an Menschen und Material zu ersetzten, was der Luftwaffe zunehmend nicht mehr gelang.

Im März 1944 flogen die rund 1.500 Bomber der 8th Air Force 10.552 Einsätze, dabei kamen 349 Maschinen nicht zurück. Die aus rund 500 Flugzeugen bestehenden Jagdverbände der Reichsverteidigung verloren in Luftkämpfen und am Boden in der gleichen Zeit 389 zerstörte und 138 schwer beschädigte Flugzeuge. Die Verluste waren also höher als der eigentliche Bestand, sodass auch der kontinuierliche Zulauf neuer Maschinen eine immer weiter fortschreitende Dezimierung der Staffeln nicht mehr aufhalten konnte. Die alliierten Bombenangriffe führten zwar zu schweren Schäden in den Rüstungswerken, die Produktionszahlen jedoch stiegen sogar noch an. Durch Dezentralisierung und Auslagerung in weit abgelegene Gebiete des Reiches sowie durch den Bau unterirdischer Werksanlagen erreichte die deutsche Rüstungsproduktion 1944 ihren Höhepunkt, allerdings auf Kosten der Qualität. Weit problematischer waren die Verluste an erfahrenen Piloten, welche durch unerfahrene Männer mit gerade einmal 30 Stunden Flugerfahrung ersetzt wurden. Sie waren

keine Gegner für die gut ausgebildeten alliierten Jäger, Piloten in ihren mittlerweile auch qualitativ überlegenen Jagdflugzeugen, die mit der P-51D wohl über den besten Kolbenmotorjäger des Krieges verfügten.

Bis Herbst 1944 war aufgrund der hohen Verluste die Widerstandskraft der Reichsverteidigung endgültig gebrochen, zudem verfügten die deutschen Jagdgeschwader über immer weniger Treibstoff. Ein Großteil der Treibstoffversorgung der deutschen Streitkräfte stammte aus den Ölfeldern Rumäniens und der synthetischen Herstellung von Treibstoff aus Kohle. Seit Mai 1944 hatten alliierte Bomber gezielt derartige Betriebe angegriffen und nachhaltige Wirkung erzielt. Waren im Mai 1944 noch eine Menge von fast 200.000 t synthetischer Treibstoff hergestellt worden, so waren es im September nur noch 7.000 t! Die rumänischen Raffinerien mussten Mitte August aufgrund der massiven Schäden ihren Betrieb ganz einstellen, kurz darauf fielen sie an die vorrückende Rote Armee.

Nun konnte auch der Einsatz der als so genannte Wunderwaffen gepriesenen neuen Strahl- und Raketenjäger Me 262 und Me 163 keine Wirkung mehr erzielen. Wenn auch diese Maschinen technisch ihren Gegnern weit überlegen waren, fehlte es an ausgebildeten Piloten. Die Bomber der USAAF und RAF hingegen griffen nach Belieben Ziele im Reich an und erlitten nur noch geringe Verluste.

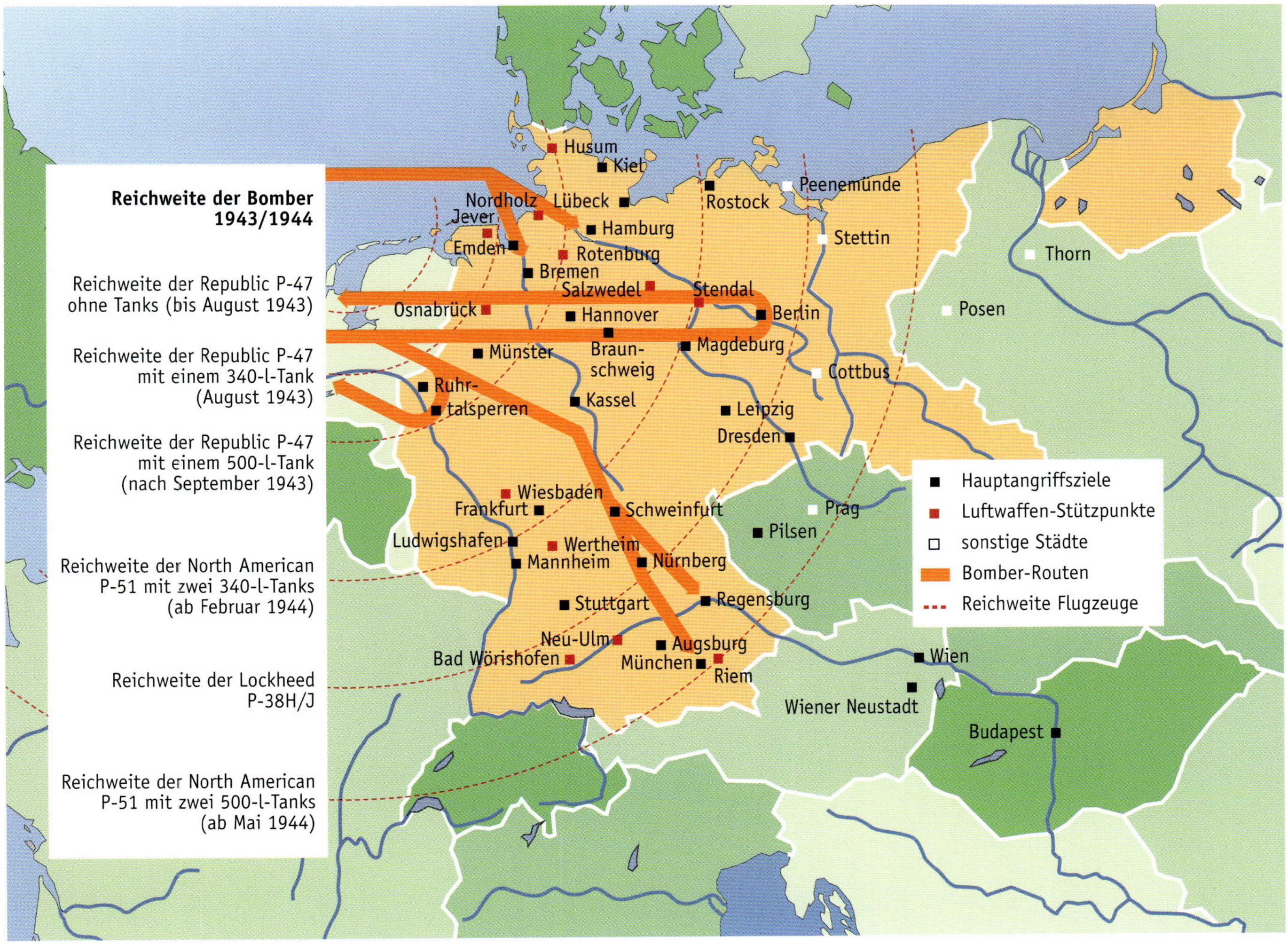

DRESDEN

Weit im Osten des Reiches war Dresden bis zum Herbst 1944 von Bombenangriffen verschont geblieben, da es bis dahin außerhalb der Reichweite der Begleitjäger lag. Dresden war daher eine der letzten, fast unzerstörten Großstädte Deutschlands, zudem ein wichtiges Industrie- und Verkehrszentrum. Die Stadt beherbergte ebenfalls eine Garnison, die mittlerweile allerdings größtenteils Lazarettfunktion hatte. In der Nacht vom 13. auf den 14. Februar 1945 erfolgte auf die rund 630.000 Einwohner zählende Stadt der bis dahin schwerste Luftangriff auf eine Stadt im Zweiten Weltkrieg. 773 britische Bomber warfen in zwei Angriffswellen zunächst große Mengen Sprengbomben ab, wodurch – ähnlich wie in Hamburg – hauptsächlich die Dächer und Fenster zerstört wurden. Die anschließend abgeworfenen etwa 650.000 Brandbomben entfachten einen Feuersturm, der rund 80.000 Wohnungen zerstörte. Dem britischen Nachtangriff folgte am Tage die Bombardierung durch 311 amerikanische Bomber.

Eine B-24 wirft ihre tödliche Last ab.

Blick auf das völlig zerstörte Dresden.

Am 15. Februar wurde das bereits vollständig zerstörte und mit Flüchtlingen überfüllte Dresden erneut von der USAAF angegriffen. Die Schätzungen über die Zahl der Opfer gehen weit auseinander, meist wird heute aber von 25.000–40.000 Toten ausgegangen.

Die bis zur Unkenntlichkeit verkohlten Toten lagen noch tagelang auf der Straße oder in den Trümmern, ehe die Leichenberge zur Verhinderung von Seuchen verbrannt werden konnten. Die Zerstörung Dresdens war der Höhepunkt, aber keineswegs der Abschluss der Angriffe auf deutsche Städte. Dresden wurde am 2. März und am 17. April erneut bombardiert. Die Luftangriffe gingen praktisch bis zum Moment der Kapitulation weiter.

DIE FOLGEN DES BOMBENKRIEGES

Die Angriffe der alliierten Bomber auf Deutschland verkürzten ohne Zweifel den Krieg, indem sie der deutschen Wehrmacht die Basis ihrer Kampfkraft nahmen. Die Zerstörung von Treibstoffwerken und Verkehrswegen hatte verheerende Auswirkungen auf sämtliche Operationen der deutschen Streitkräfte.

Gleichzeitig verursachten die Bombardierungen enormes Leid unter der Zivilbevölkerung. Millionen Deutsche erlebten Schreckliches in Bunkern und Kellern, verloren ihr Hab und Gut und ihr Obdach. Zahllose Kinder wurden per „Kinderlandverschickung" aus den gefährdeten Gebieten in sicherere ländliche Gegenden evakuiert. Schätzungen sprechen von 500.000 bis 600.000 Toten allein unter der deutschen Zivilbevölkerung, über 800.000 Menschen wurden verletzt.

Noch nicht einmal schätzen kann man die Zahl der Opfer unter den Kriegsgefangenen, Zwangsarbeitern und KZ-Häftlingen, die bei diesen Angriffen ums Leben kamen, da darüber nicht Buch geführt wurde.

Auch heute noch – über 60 Jahre nach Ende des Krieges – ist der Bombenkrieg präsent. Es vergeht kaum ein Tag, an dem nicht in einer deutschen Stadt eine nicht detonierte Bombe, ein so genannter Blindgänger, gefunden wird.

Viele Jahre währt bereits die Diskussion über die Notwendigkeit dieser Angriffe. Man spricht sogar von Kriegsverbrechen. „Bomber"-Harris rechtfertigte sich in seinen Memoiren mit dem Satz: „Sie hatten Wind gesät, nun haben sie Sturm geerntet." Bisher wurde ihm in seiner Heimat nur ein einziges Denkmal errichtet.

Ein Treffer auf eine Raffinerie.

Nicht nur große, sondern auch kleinere Städte, wie Jülich (hier eine Aufnahme vom 16. November 1944), wurden Opfer der Bomben.

D-Day – Die Invasion

OPERATION „OVERLORD" – DIE BEFREIUNG FRANKREICHS

„Ihr werdet die deutsche Kriegsmaschinerie zerstören, die Nazi-Tyrannei über die unterdrückten Völker Europas beenden und für uns Sicherheit in einer freien Welt schaffen."

General Dwight D. Eisenhower, Oberbefehlshaber der alliierten Streitkräfte in Europa in einer Ansprache an seine Soldaten am Vorabend der Invasion.

Der britische Premierminister Churchill und der amerikanische Präsident Roosevelt einigten sich auf einer Konferenz in Washington im Mai 1943 auf eine alliierte Landung in Frankreich für das Frühjahr 1944.

Während der Konferenz in Teheran Ende November 1943, auf der sich erstmals alle „Großen Drei" trafen, wurde das Vorgehen mit Stalin abgestimmt, der seit langem die Eröffnung einer zweiten Front gefordert hatte. Stalin sagte zu, mit Beginn einer Invasion im Osten eine Offensive zu beginnen, um der Wehrmacht keine Möglichkeit zu einer Umgruppierung zu geben. Der Sturm auf die von Hitler so genannte „Festung Europa" sollte einen schnellen militärischen Zusammenbruch Deutschlands bewirken. Die Alliierten nutzten das Jahr davor, um starke Truppenkontingente aus den USA und Kanada nach Großbritannien zu überführen und eine gewaltige Zahl von Schiffen für die Landungstruppen unter dem Oberbefehl von General Eisenhower zusammenzuziehen.

Die „Großen Drei", von links nach rechts: Stalin, Roosevelt, Churchill.

Erste Planungen für eine Invasion Frankreichs hatten in Großbritannien bereits im Oktober 1940 begonnen, doch der katastrophale Ausgang der Landeoperation „Jubilee" bei der nordfranzösischen Stadt Dieppe im August 1942 hatte Churchill davon überzeugt, dass eine verfrühte Landung nicht ratsam wäre.

Er hielt eine detaillierte Planung und Vorbereitung für ebenso entscheidend wie die Aufstellung und das gründliche Training einer überwältigend starken Invasionsarmee. Da man zudem Schiffsraum aus dem Mittelmeer abziehen musste, um die für eine Invasion Nordfrankreichs notwendige Armada aufstellen zu können, musste man die dortigen Landungen in Sizilien und Italien abwarten. Erst dann standen genug Schiffe zur Verfügung, denn obwohl die Ressourcen der USA und ihrer Alliierten immens waren, waren sie doch nicht unendlich. Des Weiteren hielten die Alliierten die Ausschaltung der Luftwaffe für unumgänglich. Sollten deutsche Maschinen in der Lage sein, die dicht an dicht auf den Stränden der Normandie zusammengepferchten Landungstruppen effektiv aus der Luft anzugreifen, würde dies in einem Fiasko enden. All dies war mit einem ungeheuren Aufwand verbunden und kostete Zeit. Daher legten man den Termin für die Invasion erst auf das Frühjahr 1944.

Die Planungen für die Invasion Frankreichs sahen drei Teilbereiche vor:

- Die amphibischen Operationen bis zur Landung, Operation „Neptune".
- Die Befreiung Frankreichs, mit dem Ziel, bis nach Deutschland vorzustoßen, Operation „Overlord".

- Die Täuschungsmanöver, um die beiden anderen Operationen vor der Entdeckung durch Spione oder Aufklärung zu schützen, Operation „Fortitude".

Die groß angelegten Täuschungsmanöver sollten die Wehrmachtsführung davon überzeugen, dass eine Invasion an der engsten Stelle des Kanals im Bereich Calais oder in Norwegen stattfinden würde. Dazu wurden in Schottland und in Südengland „Geisterarmeen" geschaffen, die mittels vorgetäuschtem Funkverkehr sowie durch Attrappen von Kriegsmaterial wie Panzern, Flugzeugen usw. die Deutschen erfolgreich täuschten. Nicht unwichtig in diesem Zusammenhang war auch die Tatsache, dass einige Agenten der deutschen Abwehr in Großbritannien zu den Alliierten überliefen und danach falsche Informationen lieferten.

DIEPPE

Die britische Landeoperation „Jubilee" galt als Probe für die geplante Invasion Frankreichs.

Am Morgen des 19. August 1942 erschien eine Armada von 252 Schiffen vor der Hafenstadt, die zunächst unbemerkt rund 6.000 Kanadier und zwei britische Kommandotrupps sowie 28 Panzer an Land setzte. Während die britischen Kommandoeinheiten zuerst westlich und östlich von Dieppe Geschützbatterien angriffen, gingen die Kanadier frontal gegen die Stadt vor. Dort gerieten sie in massives Abwehrfeuer der Heeres- und Marineartillerie. Deutsche Infanterieeinheiten schlugen den Angriff schon am Ufer zurück.

Sämtliche Panzer blieben in Hindernissen stecken, zahlreiche Kanadier fielen. Da man einsah, dass das Unternehmen gescheitert war, wurde gegen Mittag der Rückzug angetreten, den allerdings nur noch 40 % der Landungstruppen antreten konnten. Neben 4.350 Mann verloren die Briten einen Zerstörer und 33 Landungsboote sowie 106 Flugzeuge. Das Desaster von Dieppe wurde von der NS-Propaganda weidlich ausgeschlachtet und als Erfolg des unbezwingbaren Atlantikwalls hingestellt.

DWIGHT D. EISENHOWER

General Dwight D. Eisenhower (1890–1969) erwarb sich zwischen den Kriegen den Ruf, einer der fähigsten Offiziere seiner Generation zu sein.

1941 zum Brigadegeneral befördert, wurde er Chef der „War Plans Division" (deutsch etwa: Abteilung für strategische Planung). Im Juni 1942 wurde er dann Kommandeur der in Europa stationierten US-Truppen. Er war Befehlshaber der Landung in Algerien und Marokko im November 1942 und ab Februar 1943 Befehlshaber der alliierten Truppen im gesamten Mittelmeerraum. Nach der erfolgreichen Landung in Sizilien im Juli und der Invasion Italiens im September wurde er Weihnachten 1943 zum Oberbefehlshaber der alliierten Streitkräfte in Europa ernannt und befehligte somit über 4,5 Millionen Soldaten. Als solcher leitete er seine wohl wichtigste Operation: die Landung der alliierten Truppen in der Normandie. Eisenhower führte die alliierten Truppen zum Sieg über Deutschland und wurde nach dem Ende des Zweiten Weltkrieges Oberbefehlshaber der amerikanischen Besatzungstruppen in Deutschland. Des Weiteren übernahm er das Amt des Militärgouverneurs in der amerikanischen Besatzungszone.

1950 wurde Eisenhower erster Oberkommandierender der NATO-Streitkräfte in Europa. Zwei Amtszeiten als 34. US-Präsident krönten seine Karriere.

DER ATLANTIKWALL

Generalfeldmarschall Rommel am Atlantikwall.

Schon seit dem Kriegseintritt der USA im Dezember 1941 rechnete Hitler damit, dass früher oder später ein Invasionsversuch an Europas Küsten unternommen würde. Seit Anfang 1942 wurde daher am so genannten Atlantikwall gebaut – einer Kette von Bunkern, befestigten Geschützbatterien, Unterständen und MG-Nestern entlang der Küsten des besetzten Europas von Norwegen bis an die Pyrenäen. Da die Wehrmachtsführung mit einer Landung der Alliierten an der schmalsten Stelle des Ärmelkanals im Raum Calais rechnete, waren die Stellungen dort am stärksten ausgebaut. Doch waren die Bunker und Geschützbatterien weit auseinander gezogen und verstreut, und ihre Bestückung mit Geschützen war nicht einmal zweitklassig, denn fast alle Waffen stammten aus Beutebeständen oder waren Veteranen des Ersten Weltkrieges. Häufig fehlten auch die entsprechenden Zielgeräte, um Seeziele effektiv bekämpfen zu können. Auch galten die Truppen, die an der nordfranzösischen Küste stationiert waren, nicht als besonders kampfkräftig, meist setzten sie sich aus älteren Reservisten zusammen.

Niemand kannte die Schwächen des Atlantikwalls besser als Generalfeldmarschall Rommel, der seit Ende 1943 als Befehlshaber der Heeresgruppe B für die Verteidigung Nordfrankreichs, Belgiens und Hollands verantwortlich war. Angesichts der erdrückenden alliierten Luftüberlegenheit war er davon überzeugt, dass sich die Invasion nur in den ersten 48 Stunden am Strand oder überhaupt nicht mehr zurückschlagen ließe. Im Frühjahr 1944 versuchte er, Versäumtes nachzuholen. Gegen Luftlandungen im Hinterland wurden auf Feldern und Wiesen baumlange Pfähle („Rommelspargel") in den Boden gerammt. Die Strände ließ er mit einem Gürtel aus zersägten Eisenträgern („Tschechenigel"), verminten Auflaufblöcken und verdrahteten Betonpfosten bespicken. Die Alliierten kamen entgegen allen Erwartungen jedoch bei Ebbe, wodurch sie vor den Hindernissen anlandeten.

Ein NS-Propagandabild: Wacht am Atlantikwall.

Der Oberbefehlshaber West, Generalfeldmarschall von Rundstedt, verfügte Anfang Juni 1944 über rund 1,8 Millionen Soldaten, davon waren gut die Hälfte Kampftruppen des Heeres und der SS mit zehn Panzer- und Panzergrenadierdivisionen mit 1.370 Panzern oder gepanzerten Fahrzeugen. Die Luftwaffe hatte in diesem Raum 827 Kampfmaschinen, darunter 320 Jäger und Zerstörer – eine eigentlich nicht zu unterschätzende Streitmacht. Doch war sie von den Niederlanden bis zur Biscaya sowie vom Ärmelkanal bis zum Mittelmeer verteilt. Viele der Truppen erfüllten Besatzungsaufgaben oder waren zur Auffrischung nach Frankreich verlegt worden, da sie im Kampf an der Ostfront schwere Verluste erlitten hatten. Überall an den Küsten Frankreichs, Belgiens und Hollands konnte die Landung der Alliierten erfolgen. Deshalb mussten die vorhandenen Kräfte entlang der gesamten Küste verteilt werden.

DER D-DAY

Die ursprüngliche Planung sah vor, dass die Landung bereits im Mai 1944 stattfinden sollte, doch Verzögerungen bei der Zusammenziehung des notwendigen Schiffsraumes führten dazu, dass der 5. Juni 1944 als Termin für die Landung als so genannter D-Day festgelegt wurde. Am 3. Juni war jedoch klar, dass schlechtes Wetter den Erfolg der Landung beeinträchtigen könnte, weshalb Eisenhower den Beginn der Invasion auf den 6. Juni verschob.

Bereits am Abend des 5. Juni griffen 1.083 Bomber der 8th Air Force, begleitet von 1.347 Jagdflugzeugen, die deutschen Stellungen an und warfen rund 3.000 t Bomben. Hier zeichnete sich bereits ab, was die gesamte Invasion prägen sollte: eine gewaltige alliierte Überlegenheit an Material. Die britischen und amerikanischen Luftflotten verfügten am D-Day in England über 3.467 schwere Bomber, 1.645 mittlere, leichte und Torpedobomber, 5.409 Jagdflugzeuge und 2.316 Transportflugzeuge. Nach Einbruch der Nacht warfen zwei britische Bombergeschwader an der engsten Stelle des Ärmelkanals riesige Mengen an „Window"-Düppeln ab – ein Täuschmittel, um auf deutschen Radarschirmen eine Invasion im Raum Calais vorzutäuschen.

Kurz nach Mitternacht in der Nacht zum 6. Juni setzten Transportmaschinen und Lastensegler britische und amerikanische Fallschirmjäger ab, um wichtige Brücken und die Flanken des Invasionsgebiets zu sichern. Die britische 6. Luftlandedivison landete im Osten, die 82. und die 101. US-Luftlandedivision – insgesamt 17.000 Mann Elitetruppen – landeten im Westen des Invasionsgebiets. Den Briten gelang rasch die Sicherung der Brücken und die Ausschaltung einer Küstenbatterie. Aufgrund der teilweise unmarkierten Landezonen, wegen des schlechten Wetters und ungeeigneten Geländes wurden die US-Fallschirmjäger jedoch weit verstreut und konnten sich oftmals nicht zusammenschließen. Nach 24 Stunden hatten sich nur 2.500 der 6.000 Angehörigen der 101. Luftlandedivision zusammengeschlossen. Viele Soldaten irrten noch Tage später durch das Gelände. Wichtige Brücken über die Merderet blieben daher unbesetzt. Der 82. Luftlandedivision gelang es bereits am Morgen des 6. Juni, die Stadt Sainte-Mere-Eglise zu erobern, womit dies die erste von den Alliierten kontrollierte Stadt während der Invasion war.

General Eisenhower spricht am Vorabend der Invasion zu Soldaten der 101. US-Fallschirmjägerdivison.

Sherman Crab

Eine Minenräumausführung des Sherman. Vor dem Fahrzeug rotierten mit Gewichten beschwerte Ketten dreschflegelartig, schlugen auf den Boden auf und sollten so Minen zur Detonation bringen.

FUNNIES

Den alliierten Planern war klar, dass der Erfolg dieser Invasion in der Normandie von der Geschwindigkeit abhängen würde, mit der die Befestigungen und Hindernisse an der Küste überwunden werden könnten. Durch die Erfahrungen von Dieppe hatten besonders die Briten und die Kanadier schmerzlich erkennen müssen, dass die erste Welle von Landungstruppen unbedingt der Unterstützung durch Panzerfahrzeuge bedurfte, um Widerstandsnester und Bunker auszuschalten, aber auch um von den Deutschen gebaute Hindernisse unter Feuerschutz überwinden zu können. Daher entstand eine ganze Menagerie von teils recht seltsamen, aber wirkungsvollen Panzerfahrzeugen, auch Funnies genannt.

Sherman Dozer

Eine recht häufige Version war die Ausrüstung des Sherman mit einem Planierschild, um Hindernisse jeder Art aus dem Weg zu räumen. Besonders in der Normandie mit ihren vielen Hecken und Steinmauern wurde davon oft Gebrauch gemacht. Auf der Basis des britischen Churchill-Panzers entstand eine Reihe von gepanzerten Pionierfahrzeugen (AVRE für Armoured Vehicle Royal Engineers). Neben den hier abgebildeten Varianten gab es auch eine Version mit einem 29-cm-Ladungswerfer zum Kampf gegen Bunker sowie viele weitere Modelle, z. B. Ladungsleger, Sturmbrückenträger, Minensuchfahrzeuge und Faschinenträger zum Auffüllen von Panzergräben.

AVRE Bridgelayer
Diese Version eines Brückenlegepanzers verfügte über eine 9 m lange Brücke mit 60 t Tragkraft, die hydraulisch verlegt wurde.

AVRE Bobbin
Diese Vorrichtung auf einem Churchill-Fahrgestell wurde entwickelt, um einen 3 m breiten Segeltuchteppich über den weichen Sand an den Stränden legen zu können. Dieser sollte das Einsinken schwerer Fahrzeuge verhindern.

Sherman Duplex Drive
Ein Rüstsatz zur Umwandlung des alliierten Standardpanzers in ein Amphibienfahrzeug. Ein faltbarer Segeltuchmantel gab dem Fahrzeug den notwendigen Auftrieb, den Vortrieb besorgten zwei an den Motor angekuppelte Schrauben. Die Kampfkraft des mit einer 75-mm-Kanone bewaffneten Fahrzeugs blieb voll erhalten. Raue See sorgte allerdings dafür, dass einige dieser DD-Umbauten voller Wasser liefen und mit ihren Besatzungen versanken.

Sherman Amphibian Exhaust Device
Eine weitere Variante war die Ausrüstung mit langen Schächten für die Luftzufuhr bzw. Abgase. Zudem wurden die Fahrzeuge so abgedichtet, dass sie durch tiefes Wasser an Land fahren konnten.

Im Morgengrauen des 6. Juni 1944 lag die größte Armada, welche die Welt bis dahin gesehen hatte, vor der Küste der Normandie: sechs Schlachtschiffe, 23 Kreuzer, 122 Zerstörer und 360 Torpedoboote sowie einige hundert Korvetten und Patrouillenboote. Im Schutz dieser Kriegsschiffe näherten sich 6.580 Transportschiffe, Landungsboote und Spezialboote der Küste. Den Verteidigern bot sich aus ihren Bunkern ein wahrhaft einmaliger Anblick. Über die Landungsflotte hinweg begannen die Schiffsgeschütze zu feuern, und Maschinen der RAF und USAAF flogen zahllose Angriffe, um die Verteidigung zu unterdrücken.

Die alliierten Planer hatten das Invasionsgebiet in fünf Abschnitte aufgeteilt. Die Abschnitte Utah und Omaha sollten von US-Truppen, Juno von Kanadiern, Gold und Sword von britischen Soldaten genommen werden.

US-Truppen gehen an Bord ihrer Landungsboote.

Juno-Beach am 6. Juni 1944.

Um 6:30 Uhr erreichten die ersten Wellen den Strand. Auf der westlichsten Landungsstelle Utah Beach trafen die US-Landungstruppen nur auf geringe deutsche Gegenwehr, und die Landung gelang ohne größere Verluste. Mit schwimm- bzw. watfähigen Panzern und Bulldozern drangen die Infanteriekontingente ohne Probleme über die flache Dünenlandschaft bis ins Hinterland vor.

Im Landungsabschnitt Omaha Beach trafen die Invasionstruppen jedoch auf größere Schwierigkeiten. Aufgrund des schlechten Wetters hatten die alliierten Bomber die deutschen Stellungen verfehlt, sodass den GIs nun konzentriertes Feuer entgegenschlug. Da das Meer stark bewegt war, kenterten viele Landungsboote oder wurden zusammengeschossen. Ein Großteil der zu Wasser gelassenen amphibischen Panzer lief aufgrund der hohen See voll Wasser und versank mitsamt der Besatzung. Auf dem Strand selbst gab es zwischen der Hoch- und der Niedrigwassergrenze viele Hindernisse und Minenfelder. Die an Land gehenden US-Soldaten wurden ohne Deckung von Geschosshagel aus zahlreichen MG empfangen. Der gesamte Strand war mit brennenden Panzerfahrzeugen und Landungsbooten sowie mit Verwundeten und Toten bedeckt. Die Lage schien so dramatisch, dass am Mittag des 6. Juni die Evakuierung des Strandabschnitts erwogen wurde, doch konnten die US-Soldaten ihren Abschnitt halten. Gegen Abend eintreffende Verstärkung ermöglichte dann das Vordringen bis in das Hinterland.

Kanadische Verstärkung geht an Land.

US-Truppen der 2. Welle gehen an Land.

Jagdbomber wie diese britische Typhoon, die hier mit Raketen beladen wird, beherrschten den Luftraum über Nordfrankreich.

Im östlichen Bereich landete die britische 2. Armee an den Gold- und Sword-Stränden. Auch die Briten hatten Schwierigkeiten mit dem Seegang, doch trotz einiger Verluste gelang ihnen eine erfolgreiche Landung, und im weiteren Verlauf des Vormittags konnten sie ins Landesinnere vorrücken. Im Strandabschnitt Juno erlitten die Kanadier zunächst hohe Verluste, schafften es dann jedoch dank ihrer amphibischen Panzerfahrzeuge, die deutschen Widerstandnester auszuschalten. Die Bilanz um Mitternacht: Über 83.000 Briten und Kandier sowie rund 73.000 Amerikaner befanden sich auf französischem Boden. Obwohl die gesteckten Ziele nicht erreicht worden waren, konnten doch mit Ausnahme des Omaha-Abschnitts an allen Stränden solide Brückenköpfe etabliert werden. Von etwa 2.500 Mann, die auf alliierter Seite an diesem Tag gefallen waren, fanden allein im Omaha-Strandabschnitt 1.000 Mann den Tod.

Wichtigstes Ziel der alliierten Truppen war nun die Verschmelzung aller fünf Landungszonen zu einer einzigen durchgehenden Front. Dazu führten sie – von deutscher Kriegsmarine und Luftwaffe beinahe ungehindert – beständig Verstärkung über den Kanal heran. Zu diesem Zweck waren zwei künstliche Häfen, so genannte Mullberries, geschaffen worden, die es auch größeren Schiffen erlaubten, ihre Ladung an den Stränden der Normandie zu löschen. Mit der Operation Pluto (Pipe-Lines Under The Ocean), bei der innerhalb kürzester Zeit Kunststoffleitungen durch den Kanal von England nach Nordfrankreich verlegt worden waren, wurde die Treibstoffversorgung sichergestellt. Bis zum 12. Juni hatten es die Alliierten geschafft, die Brückenköpfe auf einer Länge von etwa 100 km und einer Tiefe von rund 30 km landeinwärts miteinander zu verbinden. Innerhalb von sieben Tagen war es ihnen gelungen, 326.000 Soldaten, 54.000 Fahrzeuge und mehr als 100.000 t Kriegsmaterial anzulanden.

GIs helfen Kameraden, die sich aus einem gekenterten Landungsboot retten konnten.

Douglas A-20G der USAAF bombardieren Ziele im Hinterland der Normandie.

Innerhalb kurzer Zeit landeten die Alliierten riesige Mengen an Kriegsmaterial an den Stränden der Normandie an.

Im Gegensatz zu den Alliierten fiel es den Deutschen überaus schwer, Verstärkung heranzuführen. Die RAF und die USAAF hatten die absolute Luftherrschaft, jede Truppenbewegung bei Tage war daher unmöglich. Einzig des Nachts konnten Verlegungen in Richtung Front noch vorgenommen werden. Zusätzlich erschwert wurde dies jedoch durch die Aktivitäten der Résistance, die zahlreiche Sabotageakte, z. B. am Eisenbahnnetz und an Telefonleitungen, verübte.

Selbst noch eine Woche nach dem 6. Juni 1944 war Hitler nach wie vor der Meinung, die Invasion in der Normandie sei ein Täuschungsmanöver und verbot, Truppen von anderen Küstenteilen abzuziehen. Unübersichtliche Kommandostrukturen und Kompetenzchaos in der Führung der Wehrmacht lähmten auch in den folgenden Wochen deutsche Gegenmaßnahmen oder die Entsendung von Reserveeinheiten in die Normandie.

DIE RÉSISTANCE

Als „Résistance“ bezeichnet man den gesamten französischen Widerstand gegen die deutsche Besatzung und das Vichy-Regime während des Zweiten Weltkrieges. Schon direkt nach der Niederlage Frankreichs bildeten sich erste Gruppen von Widerständlern, die begannen, die Stärke und Bewegungen der Wehrmacht auszuspähen, Waffen zu organisieren und Sabotageakte zu verüben. Unterstützung erhielten die verschiedenen Gruppen dabei von den Geheimdiensten der Alliierten, die sie per Flugzeug mit Waffen und Ausrüstung versahen.

Unter dem Dach des Nationalrats der Résistance (franz.: Conseil National de la Résistance) waren unterschiedliche Gruppen aktiv, als älteste wohl der Maquis, in dem teils Kommunisten und Sozialisten aktiv waren. Am 3. Juni 1943 gründete Charles de Gaulle in Algier das CFLN (Comité Français de la Libération Nationale) als provisorische französische Regierung. Aus den 1944 gegründeten FFI (Forces Françaises de l'Intérieur) entstand unter dem elsässischen General Kœnig die neue reguläre französische Armee.

Als Symbol für die grausame Rache der Wehrmacht und SS an Widerstandskämpfern gilt der Ort Oradour-sur-Glane. Als Reaktion auf Aktionen der Résistance in der Gegend vernichteten SS-Einheiten am 10. Juni 1944 das gesamte Dorf, exekutierten die Männer und sperrten Frauen und Kinder in die Kirche, die sie dann anzündeten. Mehr als 600 Menschen wurden ermordet.

Nach der Eroberung eines Lazaretts der Résistance am 21. Juli in den Bergen bei Vercors südwestlich von Grenoble ging die Wehrmacht ähnlich vor und ermordete rund 200 Verwundete, Ärzte und Schwestern.

CHARLES DE GAULLE UND DIE FREIEN FRANZÖSISCHEN STREITKRÄFTE

Charles de Gaulle (1890–1970) geriet während des Ersten Weltkrieges als Hauptmann der französischen Armee in Gefangenschaft und versuchte, nicht weniger als fünfmal zu fliehen. Während der 1920er- und 1930er-Jahre entwickelte er Ideen zur mobilen Kriegsführung, die denjenigen Guderians ähnlich waren, stieß jedoch in Frankreich auf keinerlei Gehör. Dennoch war er der einzige Offizier, der es während des Frankreichfeldzuges schaffte, deutsche Truppen zumindest punktuell zurückzudrängen. Nach der Niederlage Frankreichs entkam General de Gaulle nach Großbritannien und war entschlossen, den Kampf fortzusetzen. Daher gründete er am 29. September 1941 das CNF (Comité National Français) und wurde Befehlshaber der „Freien Französischen Streitkräfte“, dessen Soldaten sich zunächst aus Truppen zusammensetzten, die von Dünkirchen aus nach England entkommen waren. Die „Freien Französischen Streitkräfte“ kämpften von da an Seite an Seite mit den Alliierten gegen die Deutschen und erreichten im Sommer 1944 eine Truppenstärke von 400.000 Mann.

Nach dem Einmarsch in Paris errichtete de Gaulle dort eine provisorische Regierung und avancierte zum Nationalhelden, obgleich er 1940 vom Vichy-Regime wegen Hochverrats zum Tode verurteilt worden war.

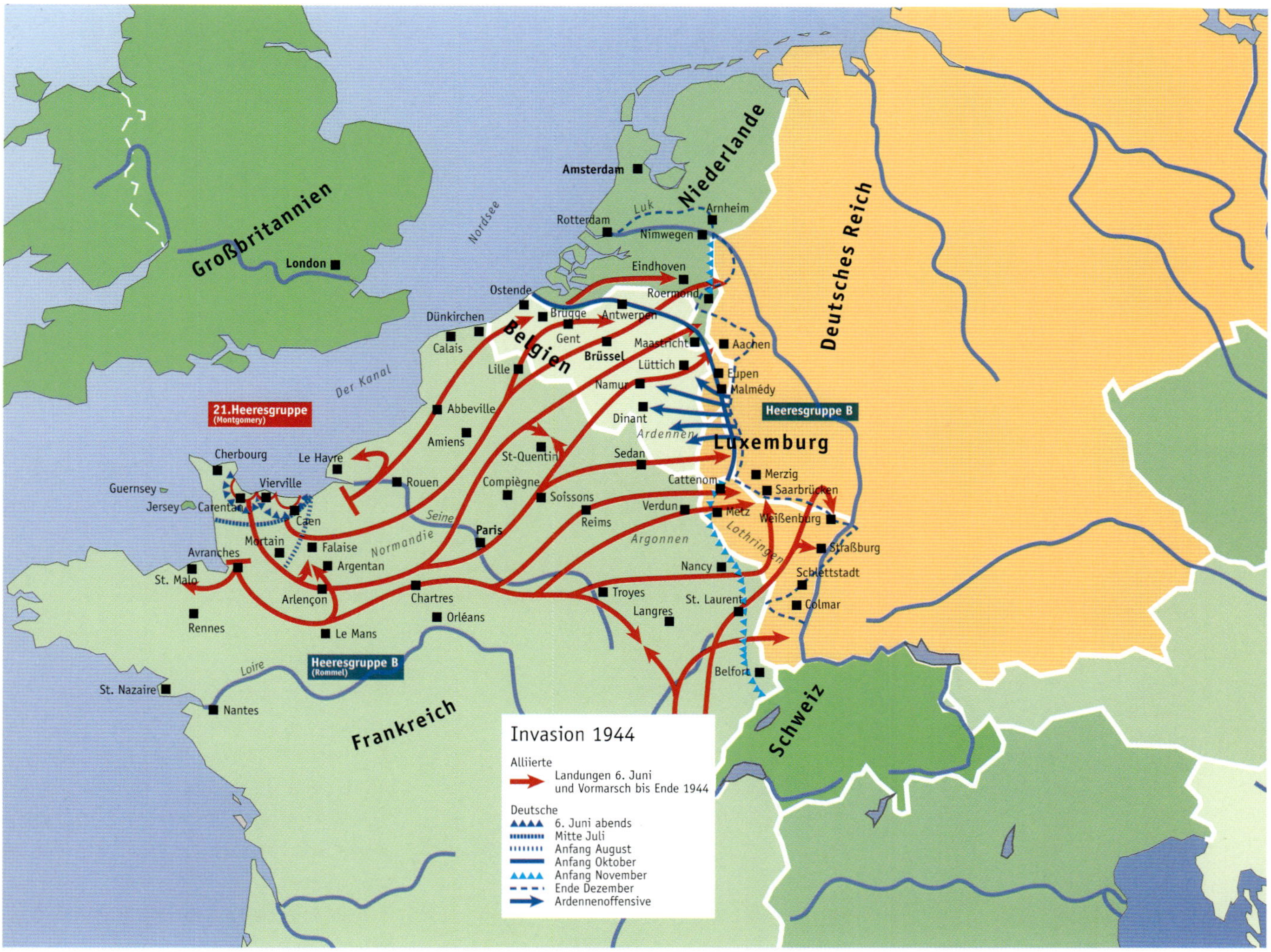

Viele Orte der Normandie werden während der Kämpfe schwer in Mitleidenschaft gezogen, nicht selten auch durch alliierte Bombenteppiche.

NACH PARIS

Trotz ihrer Überlegenheit (Ende Juni 1943 waren rund 1 Million Mann und 150.000 Fahrzeuge in Nordfrankreich angelandet worden) verlief der Vorstoß in das Landesinnere für die Alliierten nicht so wie geplant. Immer wieder wurde er von deutschen Infanterieeinheiten aufgehalten, die das unübersichtliche Terrain zu ihrem eigenen Vorteil ausnutzten oder dazu übergegangen waren, einzelne Ortschaften zäh zu verteidigen. Die für die Normandie so typische Landschaft mit hohen Hecken und unzähligen Bruchsteinmauern (Bocage) begünstigte die Verteidiger erheblich. Die strategisch wichtige Hafenstadt Cherbourg im Norden der Halbinsel Cotentin konnte jedoch erst am 27. Juni von den Amerikanern eingenommen werden. Caen sollte von den Briten und Kanadiern bereits am „D-Day", dem ersten Tag der Invasion, erobert werden. Doch SS-Einheiten verteidigten die Stadt mit der Unterstützung schwerer Panzer hartnäckig und fügten den Briten und Kanadiern hohe Verluste zu. Schließlich jedoch fiel die Stadt am 19. Juli 1944.

Eine gut getarnte 7,5-cm-Pak 40 der Waffen SS.

Kanadische Truppen in Caen.

Ende Juli gelang den Amerikanern bei dem Ort Saint Lo der Durchbruch durch die deutschen Linien. Sie stießen bis Avranches vor. Damit war die Cotentin-Halbinsel vollständig in alliierter Hand, und das französische Hinterland stand nunmehr für einen weiträumigen Bewegungskrieg und die Befreiung Frankreichs offen. Am 31. Juli 1944 stießen US-Truppen durch eine breite Frontlücke bei Avranches weiter nach Süden in Richtung Loire, nach Westen in die Bretagne und nach Osten in Richtung Seine vor. Gegenangriffe der Wehrmacht und der SS blieben in den meisten Fällen ohne Erfolg, da Briten und Amerikaner durch „Ultra" stets über

Ein M-10-Jagdpanzer feuert in Saint Lo auf deutsche Stellungen.

entschlüsselte deutsche Funksprüche verfügten. Den Alliierten gelang es nun rasch, in das Landesinnere bis nach Le Mans vorzudringen, bevor sie nach Norden in Richtung Falaise abdrehten. Am 8. August erreichte die 3. US-Armee Argentan, während die 1. US-Armee Positionen südlich von Falaise einnahm. Die kanadische 1. Armee stieß gleichzeitig aus Caen Richtung Falaise vor, ohne die deutsche Front im Norden durchbrechen zu können. Durch den alliierten Zangenangriff drohten der deutschen 7. Armee sowie Teilen der 5. Panzerarmee Mitte August die Einkesselung in einem Gebiet mit einer Länge von 50 km und einer Breite von 20 km. Lediglich im Osten blieb noch ein Ausweg. Durch diese 8 km breite Frontlücke geschah in der Nacht zum 16. August 1944 der Ausbruch nach Westen.

Ende Juli 1944: Ein Soldat der Wehrmacht ergibt sich bei Saint Lo den US-Truppen.

US-Truppen räumen von der Wehrmacht auf ihrem Rückzug gelegte Minen.

Kanadische Soldaten nutzen eine Kampfpause zur Rast auf ihrem Sherman-Panzer.

August 1944: Eine M2A1 Haubitze Kaliber 105 mm beschießt deutsche Stellungen.

Aufgrund akuten Treibstoffmangels und der ständigen alliierten Luftangriffe mussten über 400 Panzer, 7.000 Fahrzeuge und fast 1.000 Geschütze zurückgelassen werden. Knapp 50.000 deutschen Soldaten gelang zu Fuß und unter Zurücklassung ihrer sämtlichen Ausrüstung der Rückzug über die letzte intakte Brücke über die Orne nach Westen.

Als sich der Kessel am 19. August 1944 endgültig schloss, waren aber noch etwa 55.000 deutsche Soldaten in einem Gebiet von etwa 10 mal 12 km eingeschlossen, die permanentem Artilleriebeschuss und Luftangriffen ausgesetzt waren. Rund 10.000 Mann fielen, ehe sich die restlichen 45.000 am 21. August ergaben.

Wehrmacht und SS verloren zwischen dem 7. und 21. August im Westen rund 50.000 Soldaten, weitere gut 200.000 gerieten in Kriegsgefangenschaft. Bis zu diesem Zeitpunkt beliefen sich die gesamten deutschen Verluste in Frankreich auf mehr als 240.000 Tote oder Verwundete und 250.000 Gefangene. Dazu büßten Wehrmacht und SS ca. 1.500 Panzer, 3.500 Geschütze und 20.000 sonstige Fahrzeuge ein. Die Alliierten bezifferten ihre Verluste auf gut 210.000 Mann, darunter fast 37.000 Gefallene. Durch ihren Sieg bei Falaise fügten die Alliierten den deutschen Truppen so schwere Verluste zu, dass diese sich davon nicht mehr erholen konnten. Der Weg nach Paris war nun offen.

Oben: Ein toter Soldat der Waffen-SS. Im Raum Caen tobten für beide Seiten verlustreiche Kämpfe.

Deutsche Gegenangriffe, wie bei Mortain, scheitern an der alliierten Luftüberlegenheit.

Alliierte Truppen paradieren durch Paris.

DIE BEFREIUNG FRANKREICHS

Da den Alliierten nun kaum mehr deutscher Widerstand im Weg stand, konnten sie am 25. August 1944 Paris befreien. Ursprünglich war vorgesehen, die Stadt zu umgehen und erst später zu erobern. Vor allem die Pariser Bevölkerung erwartete jedoch die unmittelbare Befreiung der Stadt. In Paris war es bereits zu Aufständen gekommen, bei denen sich die Résistance Gefechte mit deutschen Truppen geliefert hatte. Aus psychologischen Gründen wurde nun eine Division der Freien Französischen Streitkräfte dazu bestimmt, Paris zu befreien. Die 2. Französische Panzerdivision erreichte – unterstützt von der 4. US-Infanteriedivision – in den Abendstunden des 24. August die Hauptstadt und hatte sie am 25. zur Gänze befreit, denn der deutsche Stadtkommandant von Paris, General Dietrich von Choltitz, hatte zuvor die Stadt kampflos übergeben und sich damit mutig einem Befehl Hitlers widersetzt, Paris hartnäckig zu verteidigen und „nur als Trümmerfeld in die Hand des Feindes fallen" zu lassen. Der Jubel der Pariser war grenzenlos. Nach über vier Jahren war die französische Hauptstadt wieder in der Hand französischer Truppen.

Bereits am 15. August waren französisch-amerikanische Einheiten an der

Mittelmeerküste zwischen Toulon und Cannes gelandet und marschierten entlang der Rhône und Saône in Richtung deutscher Grenze vor. Der neue Oberbefehlshaber West, Feldmarschall Model, bemühte sich nur noch um den Aufbau einer geschlossenen deutschen Abwehrfront von der belgisch-niederländischen Grenze entlang des Westwalls bis nach Elsass-Lothringen.

Am 3. September 1944 wurde Brüssel befreit, einen Tag später Antwerpen. Der alliierte Vormarsch wurde einzig durch überdehnte Versorgungswege gestoppt. Die Wehrmacht hatte den Truppen Montgomerys und Pattons nicht mehr viel entgegenzusetzen.

Nachdem Frankreich und Belgien von alliierten Truppen zurückerobert worden waren, standen diese nunmehr an der deutschen Grenze. Am 11. September betrat ein US-Spähtrupp nördlich von Trier erstmals deutsches Territorium. Der Freude der Franzosen über die Befreiung folgte blutige Rache an denjenigen, die mit den deutschen Besatzern kollaboriert hatten oder manchmal dessen auch nur verdächtigt wurden. Tausende Kollaborateure fielen im Sommer 1944 der Lynchjustiz zum Opfer oder wurden standrechtlich erschossen. Als „Zeichen ihrer Schande" wurden jenen Frauen die Haare geschoren, die während der Besatzungszeit intime Kontakte zu deutschen Soldaten unterhalten hatten. Ungefähr 200.000 Kinder sollen aus Beziehungen zwischen Französinnen und Deutschen in jener Zeit stammen.

Frankreich ist befreit. Soldaten der 101. US-Fallschirmjägerdivison mit einer erbeuteten Flagge.

Das Ende des Krieges – Deutschland wird Kriegsschauplatz

US-Transportmaschinen des Typs C-47 werden für das Unternehmen „Market Garden" beladen.

DAS ENDE DES KRIEGES – DEUTSCHLAND WIRD KRIEGSSCHAUPLATZ

„In Kürze werde ich Befehl geben, meine gewaltigen Armeen in Prag und Sudetenland in Bewegung zu setzen. Mit einer gewaltigen Zangenbewegung von Bayern und Norddeutschland aus werden wir die Russen zerschlagen und den Endsieg erlangen."

Adolf Hitler im April 1945 vor führenden Parteifunktionären

Der zunächst rasche alliierte Vormarsch durch Frankreich und Belgien in Richtung Deutsches Reich war aufgrund von Nachschubmangel Mitte September 1944 zum Stehen gekommen. Noch Ende Juli waren die Invasionstruppen der Alliierten auf der Halbinsel Cotentin eingeschlossen gewesen, doch innerhalb von nicht einmal zwei Monaten hatten die deutschen Truppen ganz Frankreich – bis auf das Elsass und Lothringen – räumen müssen. Auch Luxemburg und große Teile Belgiens waren nun in alliierter Hand. Die Front verlief ungefähr entlang einer Linie von der Maas bis Maastricht, dann südlich von Aachen bis hinunter zur Schweizer Grenze entlang des Westwalls, bei den Alliierten auch Siegfried-Linie genannt. Die Versorgung der Truppen geschah jedoch größtenteils noch immer über Cherbourg, da die abziehenden deutschen Truppen die Kanalhäfen unbrauchbar gemacht hatten. Einige waren sogar noch immer in der Hand dort eingekesselter Wehrmachtsverbände. Auch die Eisenbahnstrecken waren zum Großteil von der Résistance oder den abziehenden Deutschen gesprengt worden, sodass einzig LKW als Transportmittel blieben. Zwar war am 4. September Antwerpen mit seinem großen Hafen so überraschend eingenommen worden, dass keine Zeit blieb, die Hafenanlagen zu sprengen, doch war dieser Hafen nutzlos, so lange die Schelde, welche die Stadt mit dem Meer verband, noch immer von den Deutschen kontrolliert wurde. So verfügten die alliierten Truppen tatsächlich über nicht genügend Treibstoff, um die Offensive auf breiter Front fortzusetzen. Der Stillstand des Vormarsches hatte der Wehrmacht nun auch Zeit gegeben, sich zu konsolidieren und sich im Bereich Westwall zu verschanzen.

Zudem hatte sich unter den alliierten Befehlshabern ein Disput darüber entwickelt, wie die weitere Vorgehensweise auszusehen habe. Während Montgomery und Patton dafür plädierten, dass zumindest einer von beiden den Vorstoß nach Deutschland hinein fortsetzen sollte, wollte Eisenhower eine Offensive auf breiter Front.

OPERATION „MARKET GARDEN“

Der Befehlshaber der britischen und kanadischen Truppen, die im Nordabschnitt der Front stationiert waren, Field Marshall Montgomery, schlug entgegen seiner sonstigen Art einen gewagten Plan vor: die alliierten Truppen sollten den Westwall nördlich durch die Niederlande umgehen, um dann den Niederrhein zu überqueren. Von dort aus würden sie direkt in das Herz der deutschen Industrie – das Ruhrgebiet – vorstoßen. Wären die Stahlwerke, Maschinenbaubetriebe und Kohlebergwerke der Region erst einmal besetzt, würde Hitler den Krieg nicht wesentlich länger fortführen können. Der Krieg könne so noch 1944 beendet werden, schätzte er.

Dazu sollten insgesamt 35.000 Mann Luftlandetruppen, transportiert von 1.500 Transportmaschinen und Lastenseglern, im Bereich südliche Niederlande strategisch bedeutende Brücken über Maas, Waal und Rhein besetzen, um den nachrückenden Bodentruppen des XXX. Korps den Weg frei zu machen. Eisenhower – beeindruckt von der Kühnheit des Planes – gab am 10. September 1944 grünes Licht. Eine Woche später, am 19. September, begann die

Fallschirmjäger in Oosterbeek, einem Vorort von Arnheim.

Operation „Market Garden", die größte alliierte Luftlandeoperation bis dahin. Die 101. US-Luftlandedivision wurde im Raum Eindhoven und die 82. US-Luftlandedivision im Bereich Nimwegen abgesetzt, um dort in relativer Frontnähe Brückenköpfe zu bilden. Arnheim und die dortigen Brücken sollten von der britischen 1. Luftlandedivision eingenommen werden, die östlich bzw. nördlich des Rheins abgesetzt wurde. Die erreichten Positionen waren so lange zu halten, bis das britische XXX. Korps der 2. Armee aufgeschlossen hätte. Trotz einiger Probleme erreichten die US-Landungen die gesteckten Ziele. Die Briten stießen in Raum Arnheim jedoch auf unerwartet heftigen Widerstand.

Man hatte dort nur mit einigen zweitklassigen Besatzungstruppen gerechnet, doch der britischen Aufklärung war entgangen, dass im Raum Arnheim das 11. SS-Panzerkorps mit zwei Divisionen zur Auffrischung lag. Obwohl weit von ihrer ursprünglichen Kampfstärke entfernt, waren diese Verbände dennoch ein enorm kampfstarker Gegner.

Wichtigstes Angriffsziel war die Brücke von Arnheim, die mitten in der Stadt lag und wegen starker Flaksicherung nicht im Handstreich aus der Luft zu nehmen war, sodass der Absprung westlich der Stadt erfolgte. Noch in ihrer Landezone gerieten die Briten in heftiges Abwehrfeuer. Das 2. Bataillon der 1. Luftlandedivision erreichte erst gegen Abend die wichtige Straßenbrücke im Stadtinneren. Hier stieß es auf unerwarteten Widerstand und wurde in mehrtägigen Kämpfen fast völlig aufgerieben. Die Masse der Luftlandetruppen sah sich inzwischen bei Oosterbeek westlich von Arnheim überlegenen deutschen Kräften gegenüber, die einen Ring um die Landezone gebildet hatten. Schlechtes Wetter verzögerte den Einflug von Verstärkungen und Nachschub, während die Briten verzweifelt, aber vergeblich auf die Ankunft der Panzerspitzen des XXX. Korps am südlichen

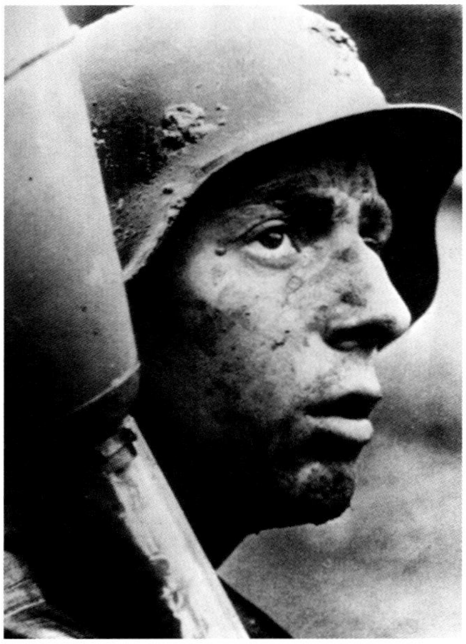

Rheinufer hofften. Die 1. polnische Luftlandebrigade sprang am 21. September bei Driel auf der linken Rheinseite ab, konnte aber das Scheitern des Unternehmens nicht mehr abwenden. Aus der Luft abgeworfener Nachschub landete häufig in den Händen der deutschen Truppen. Der Befehlshaber des 11. SS-Panzerkorps, General Bittrich, stimmte am 24. September einer zweistündigen Feuerpause zu, in der die britischen Verwundeten in Arnheimer Krankenhäuser gebracht wurden. Ohne Nachschub und praktisch ohne Munition befahl Generalmajor Urquhart, Befehlshaber der 1. Luftlandedivision, den Überresten seiner dezimierten Truppe in der Nacht zum 26. September 1944 den Ausbruch. Unter Zurücklassung der Verwundeten entkamen nur rund 2.400 von über 10.000 Luftlandesoldaten zurück über den Rhein.

Obwohl die Einnahme der Brücken bei Arnheim misslang, waren nun mit Nimwegen und Eindhoven wichtige Städte in alliierter Hand. Dennoch: Der Versuch, den Krieg noch 1944 zu beenden, war damit gescheitert. Besonders tragisch sollte sich die Tatsache auswirken, dass die niederländische Regierung über die BBC zu einem Streik zur Unterstützung des Unternehmens aufgerufen hatte. Daraufhin befahl Hitler, keine Lebensmittel mehr in die Niederlande liefern zu lassen, was im Zusammenhang mit der allgemein schlechten Versorgungslage während des ungewöhnlich kalten Winters 1944/45 in den Städten Westhollands zu einer regelrechten Hungersnot führte, die bis zu 30.000 Menschen das Leben kostete. Zur Linderung dieser Not warfen im Frühjahr 1945 mit Einverständnis des lokalen deutschen Kommandeurs alliierte Bomber in der Operation „Manna" mehrere tausend Tonnen Nahrungsmittel ab.

Junger Soldat am Rande seiner Kräfte.

Britische Fallschirmjäger und Lastensegler in der Landezone westlich von Arnheim.

SCHRITTWEISER VORMARSCH

Hatten die Alliierten in Folge des schnellen Rückzugs der deutschen Truppen aus Frankreich Grund zu der Annahme, die Wehrmacht sei bereits geschlagen, so zeigte sich nun, dass ein Sieg sich doch länger hinauszögern würde als gedacht. Während kanadische Truppen den Raum Zeeland und die Scheldemündung in Belgien eroberten, um den Antwerpener Hafen nutzbar zu machen, versuchten andererseits die britischen Truppen, die bei der Operation „Market Garden" gewonnenen Frontbögen auszuweiten.

Die Amerikaner im südlichen Raum trafen auf heftigen Widerstand. So konnte Aachen erst nach dreiwöchigem Kampf am 21. Oktober 1944 genommen werden. Aachen war die erste größere deutsche Stadt, die von den Alliierten erobert wurde. Hitler hatte befohlen, die Stadt bis zur letzten Patrone zu verteidigen, da Aachen als alte Kaiserstadt einen hohen Symbolwert für die NS-Ideologie besaß.

Auf seinem Vorstoß in Richtung Rhein entschied sich US-General Omar Bradley unverständlicherweise, durch den Bereich Nordeifel/Hürtgenwald vorzurücken, wo ab dem 6. Oktober 1944 eine erbitterte Schlacht entbrannte. In diesem dichten Waldgebiet konnten die US-Truppen ihre überlegenen Panzerkräfte kaum zum Einsatz bringen, sodass ein für beide Seiten äußerst verlustreicher Grabenkrieg entbrannte. Die deutschen Truppen vermochten in diesem Gelände die Bunker, Gräben und Unterstände des Westwalls optimal zu ihrem Vorteil zu nutzen und schlugen mehrfach Angriffsversuche zurück. Nach wiederholten Versuchen konnten die US-amerikanischen Divisionen erst am 8. Februar 1945 – fünf Monate nach Beginn der Kämpfe – die letzen deutschen Stellungen nehmen.

General Pattons Truppen waren derweil bis zur Mosel und Saar vorgestoßen, während General Devers Männer den Raum Elsass-Lotringen befreiten und bis zum Rhein vorrückten.

US-Truppen betreten ein deutsches Dorf.

Erst nach heftigen und verlustreichen Straßenkämpfen gelingt es der US-Armee, Aachen einzunehmen.

Die US-Armee nimmt Aachen ein.

Die Kanadier hatten in der Zwischenzeit bis zum 7. November 1944 die Halbinsel Walcheren an der Scheldemündung erobert, sodass – nachdem der Fluss minenfrei gemacht worden war – Ende November die ersten Schiffe in Antwerpen anlegen konnten und sich die Nachschubsituation für die Alliierten besserte.

Während des gesamten Herbstes 1944 waren die deutschen Truppen in der Defensive gewesen, doch nun plante Hitler einen Gegenschlag.

Ardennen, Weihnachten 1944: GIs gehen durch verschneite Wälder zum Gegenangriff über.

DIE ARDENNENOFFENSIVE

Bereits ab dem Spätsommer 1944 erarbeitete die deutsche Führung Pläne zu einer Gegenoffensive im Westen. Wie auch bei dem deutschen „Sichelschnitt"-Plan, dem Vorstoß durch die Ardennen im Mai 1940, sollte der Angriffsschwerpunkt erneut durch dieses dicht bewaldete Gebiet führen, in dem sich nur relativ wenige amerikanische Truppen befanden. Ziel dieser Offensive, die nur in einer letzten Kraftanstrengung unter Ausnutzung sämtlicher noch verfügbarer Reserven möglich war, sollten nach Überquerung der Maas Brüssel und Antwerpen sein, wo der alliierte Nachschub abgewickelt wurde. Dadurch wäre zudem ein Keil zwischen die britischen Truppen und amerikanischen Truppen getrieben worden. Hitler hoffte so, die Westmächte friedensbereit zu machen, um anschließend die bislang

Die eingesetzten SS-Panzerverbände verfügen über zahlreiche kampfstarke Panther, die den amerikanischen Shermans überlegen sind.

im Westen gebundenen Truppen gegen die Rote Armee im Osten einsetzen zu können.

Bis Mitte Dezember 1944 gingen zwischen den Ortschaften Monschau und Echternach frische und zum Teil von der Ostfront abgezogene Divisionen der Wehrmacht und auch der Waffen-SS in Stellung, die über rund 600 Panzer verfügten, darunter zahlreiche Panther und viele Tiger II. Den über 200.000 deutschen Soldaten standen in diesem Frontabschnitt kaum mehr als 80.000 GIs gegenüber. Den Oberbefehl bei dieser Offensive hatte von Rundstedt, die Truppen gehörten offiziell zur Heeresgruppe B von Generalfeldmarschall Model. Die Luftwaffe hatte noch einmal rund 1.800 Maschinen zusammengezogen, die jedoch größtenteils von anderen Kriegsschauplätzen abgezogen werden mussten.

Trotz des umfangreichen Aufmarsches kam der deutsche Angriff am Morgen des 16. Dezember 1944 für die Amerikaner vollkommen überraschend. Fatal für die US-Truppen wirkte sich das schlechte Wetter mit Schnee und niedriger Wolkendecke aus, das die überlegene USAAF daran hinderte, in die Kämpfe einzugreifen. Zunächst wichen die US-Truppen teilweise fluchtartig und unter Zurücklassung ihrer Waffen und Ausrüstung zurück, dennoch stoppte der Vormarsch im Norden bereits nach gut 10 km, im Mittelabschnitt nach rund 30 km, da die Schneefälle zu Nachschubschwierigkeiten auf den engen Straßen führten. Das Unternehmen „Greif", bei dem SS-Männer – getarnt als US-Soldaten – Verwirrung hinter den amerikanischen Linien stiften sollten, blieb praktisch ohne Wirkung. Das für den zweiten Angriffstag vorgesehene Ziel, die Maas, wurde nicht erreicht. Der 5. Panzerarmee gelang immerhin die Einschließung des wichtigen Verkehrsknotenpunktes Bastogne mit dessen Besatzung, der 101. US-Fallschirmjägerdivision. Da die niedrige Wolkendecke sie vor Luftangriffen schützte, erreichte die 2. Panzerdivision die Nähe von Dinant, die Überquerung der Maas gelang jedoch nicht.

Im Norden stieß eine Kampfgruppe der 1. SS-Panzerdivision „Leibstandarte Adolf Hitler" unter SS-Obersturmbannführer Peiper schon am 17. Dezember auf Stavelot vor und wurde erst kurz vor einem amerikanischen Treibstofflager durch Benzinmangel gestoppt. Peipers Einheit war in das „Malmedy-Massaker" verwickelt, bei dem etwa 100 US-Gefangene aus nicht bekannten Gründen mit Maschinenpistolen beschossen wurden. Nachrichten und Gerüchte über diese Vorfälle führten in den folgenden Tagen zu wachsender Erbitterung und steigenden Verlusten auf beiden Seiten. Am

Fallschirmjäger der 101. US-Luftlandedivision im eingeschlossenen Bastogne beobachten den Abwurf von Nachschub.

Zunächst gelingt den vorstoßenden deutschen Truppen die vollständige Überraschung der US-Armee.

V 1
Die V 1 war im Grunde eine primitive Cruise Missile, jedoch noch ohne die raffinierte Steuerung der modernen Variante. Die V 1 hatte den Aufbau eines normalen Flugzeugs. Sie wurde mit einem Pulso-Schubrohr mit 335 kp Schub auf maximal 625 km/h gebracht und besaß eine Reichweite von bis zu 350 km, der Sprengkopf wog 850 kg. Die Steuerung der Reichweite wurde durch einen Zählpropeller in der Rumpfspitze erreicht, der nach einer bestimmten Umdrehungszahl die Treibstoffzufuhr unterbrach, wodurch die Treffgenauigkeit recht gering war. Die V 1 war daher nur gegen große Ziele wie Ballungsräume mit Erfolg einzusetzen. Gestartet wurde die V 1 entweder von Trägerflugzeugen oder von einem Katapult aus.
Der erste Einsatz fand am 13. Juni 1944 gegen London statt, aber auch der Raum Brüssel sowie Antwerpen und Lüttich wurden mit der V 1 beschossen. Insgesamt wurden bis Kriegsende rund 10.500 V 1 verschossen, die keinerlei Einfluss auf den Kriegsverlauf mehr hatten, jedoch Tausende töteten, verwundeten oder obdachlos machten.

V 2
Die V 2 war die erste ballistische Rakete der Welt. Obwohl die V 2 aufgrund ihrer hohen Geschwindigkeit – in etwa fünffache Schallgeschwindigkeit – nicht abzufangen war, hatte sie doch Nachteile: So war keine präzise Steuerung möglich, und die Abweichung vom eigentlichen Ziel betrug oft mehrere Kilometer. Auch die V 2 war daher nur als Terrorwaffe tauglich. Die höchste Reichweite der mit einem 975-kg-Sprengkopf bestückten Rakete betrug 380 km.
Bis zum 27. März 1945 wurden insgesamt 5.500 V 2 abgefeuert, davon trafen etwa 2.000 den Großraum London und 1.600 Antwerpen. Weitere Ziele waren Brüssel, Lüttich, Paris und die Brücke von Remagen, auf die elf Raketen abgefeuert wurden, allerdings ohne einen Treffer zu erzielen.

WUNDERWAFFEN

Der Begriff „Wunderwaffen" oder „Geheimwaffen" wurde während des letzten Kriegsjahres von der Goebbel'schen Propaganda geprägt. In Anbetracht einer immer aussichtsloseren Lage sollten – so versprach es die Propaganda – technologisch weit fortgeschrittene Waffen die Wende des Krieges und damit doch noch den „Endsieg" bringen.
Tatsächlich gelang es ab 1944 noch einmal, eine ganze Zahl von Waffensystemen zum Einsatz zu bringen, die auf alliierter Seite ihresgleichen suchten. Insbesondere die neuartigen Strahlflugzeuge, wie Messerschmidt Me 262, Arado Ar 234, Heinkel He 162 oder der raketengetriebene Abfangjäger Me 163, sowie zahlreiche, teils höchst skurrile Projekte und Planungen, z. B. für Flugabwehrraketen, waren ihrer Zeit weit voraus. Aber auch neuartige U-Boote wie die Typen XXI und XXIII, schallschluckende Gummibeschichtungen für U-Boot-Rümpfe und U-Boot-Schnorchel waren Anlass zur Hoffnung, den Kriegsverlauf noch einmal wenden zu können. Im Bereich der Infanteriewaffen versprach man sich Gleiches von „Panzerschreck" und „Panzerfaust" sowie vom Sturmgewehr 44. Am bekanntesten wurden sicherlich die „Vergeltungswaffen" V 1 und V 2, die noch in erheblicher Zahl zum Einsatz kamen.

V 1

Startgewicht	*2.810 kg*
Länge/Spannweite	*7,92 m/5,71 m*
Triebwerk	*Pulso-Strahltriebwerk mit 335 kp Schub*
Geschwindigkeit	*625 km/h*
Reichweite	*350 km*
Bewaffnung	*Sprengkopf 850 kg*

V 2

Startgewicht	*12.825 kg*
Länge/Spannweite	*14,026 m/3,564 m*
Triebwerk	*Raketentriebwerk mit 27.500 kp Schub*
Geschwindigkeit	*1500 m/sek entspricht Mach 5*
Reichweite	*zunächst 320 km, später 380 km*
Bewaffnung	*Sprengkopf 975 kg*

Zahlreiche V 2 wurden nach dem Krieg in den USA erprobt.

21. Dezember erreichte die 6. SS-Panzerarmee im Norden St. Vith.

Nach einer Woche begannen die Alliierten, Gegenmaßnahmen zu ergreifen. Eisenhower hatte einem Gegenschlag höchste Priorität eingeräumt und Verstärkung herangeführt. Eine ab dem 23. Dezember einsetzende Wetterbesserung erlaubte es jetzt auch den US-Kampfflugzeugen, wieder die deutschen Truppen anzugreifen. Der Nachschub konnte auf deutscher Seite aus diesem Grund ab dieser Zeit nur noch nachts und damit gänzlich unzureichend nach vorn gebracht werden. Auch der mit Beginn der Ardennenoffensive einsetzende Beschuss des reparierten Hafens von Antwerpen mit den als „Wunderwaffen" bezeichneten Raketen V 1 und V 2 konnte den reichlich fließenden Nachschub für die US-Truppen nicht gefährden. Anhaltende Angriffe auf die weit reichenden Flanken zwangen die Wehrmacht und SS-Verbände zur Zurücknahme der Panzerspitzen, wegen akuter Treibstoffknappheit nicht selten unter Zurücklassung der kostbaren Panther und Tiger II.

Am zweiten Weihnachtstag durchbrachen Pattons Panzer den Belagerungsring um Bastogne, der bis dahin aus der Luft versorgt worden war. Damit war die deutsche Ardennenoffensive endgültig gescheitert, und die deutschen Truppen befanden sich wieder in der Defensive. Der Versuch einer deut-

Unternehmen „Bodenplatte", Neujahr 1945.

US-Panzer, hier ein M 36, durchbrechen am 26. Dezember 1944 den Belagerungsring um Bastogne.

schen Offensive im Elsass am Silvestertag 1944 blieb schon in ihren Anfängen stecken.

In einer verzweifelten Anstrengung, die alliierte Lufthoheit doch noch zu brechen, zog die Luftwaffe am Neujahrstag 1945 noch einmal über 1.000 Maschinen zusammen, welche Flugfelder in Holland, Belgien und Nordwestfrankreich angreifen sollten. Unter größter Geheimhaltung starteten die deutschen Verbände am Neujahrsmorgen zum Unternehmen „Bodenplatte“. Obwohl es gelang, über 400 alliierte Maschinen am Boden und bei Luftkämpfen zu vernichten, änderte dies an der Luftüberlegenheit der Briten und der Amerikaner nicht das Geringste. Die Alliierten waren rasch in der Lage, ihre Verluste auszugleichen.

Für die deutsche Luftwaffe bedeutete dieser Verlust von fast 300 ihrer wertvollen Flugzeuge und Piloten das endgültige Aus. Ironischerweise war das Unternehmen „Bodenplatte“ so geheim, dass nicht einmal die deutschen Flakeinheiten darüber informiert worden waren und zahlreiche der eigenen Maschinen abschossen.

Da Hitler sich trotz des offenkundigen Scheiterns der Offensive weigerte, einen Befehl zum Rückzug auf die Westwallstellung zu geben und stattdessen erwartete, dass um jeden Meter Boden erbittert gekämpft würde, dauert es noch

Auch auf neuartige Panzerabwehrwaffen wie die Panzerfaust setzte das NS-Regime große Hoffnungen.

GEORGE PATTON

George Smith Patton (1885–1945) war eine der schillerndsten und umstrittensten Persönlichkeiten auf alliierter Seite während des Zweiten Weltkrieges. Patton war einer der ersten US-Panzeroffiziere und hatte bereits im Ersten Weltkrieg bei der damals neuen Panzertruppe gedient. Nach seinen Erfolgen in Tunesien und bei der Landung auf Sizilien führte ein berüchtigter Vorfall, bei dem er einen kampfesmüden Untergebenen schlug, beinahe zum Ende seiner Karriere. Seines Postens zunächst enthoben, wurde er aufgrund seiner taktischen Begabung 1944 zurückgeholt und zeigte beim Ausbruch der US-Streitkräfte aus ihrem Brückenkopf Ende Juli 1944 in der Normandie erneut, dass er ein guter Panzergeneral war. Er führte dann die 3. US-Armee auf ihrem Weg durch Frankreich an und spielte eine wichtige Rolle bei der Zerschlagung der Ardennenoffensive. Seine Truppen erreichten die Tschechoslowakei bis Kriegsende und mussten nur aus politischen Gründen Halt machen. Stets trug er eine maßgeschneiderte Uniform und zwei Colts mit Perlmuttgriffen. Obwohl auf seinem Gebiet genial, wird Patton menschlich als mehr als schwierig beschrieben, und er steckte zugleich voller Widersprüche. Als seine Truppen das bei Weimar gelegene Konzentrationslager Buchenwald befreiten, war er von der Grausamkeit der Nationalsozialisten so schockiert, dass er befahl, die Bevölkerung Weimars durch das KZ zu führen. Gleichzeitig sind von Patton antisemitische Äußerungen und eine Verharmlosung der NSDAP bekannt, auch soll er Bewunderung für die Waffen-SS gehegt haben. Patton starb 1945 nach einem Autounfall in einem Heidelberger Krankenhaus.

US-Panzergeneral George Smith Patton.

Deutsche Fallschirmjäger in den Ardennen.

bis zum 16. Januar 1945, bis der entstandene Frontbogen wieder begradigt worden war, und bis zum 7. Februar, bis die Deutschen wieder auf ihre Ausgangsposition zurückgedrängt worden waren.

Die deutschen Truppen hatten über 17.000 Tote, 16.000 Gefangene und Vermisste sowie über 34.000 Verwundete zu verzeichnen und verloren fast alle Panzer. Die USA hatten über 8.600 Tote, gut 21.000 Gefangene und Vermisste sowie über 47.000 Verwundete zu beklagen. Die letzten Reserven des deutschen Heeres und der Luftwaffe im Westen waren damit vollständig aufgebraucht. Außer einer Verzögerung des alliierten Vormarsches im Westen bei gleichzeitiger Entblößung der Ostfront – und damit eines schnelleren Vorrückens der Roten Armee – hatte diese letzte große Offensive Deutschlands am Ende nichts gebracht.

Selbst wenn die Ardennenoffensive von Erfolg gekrönt gewesen wäre, so hätten sich die Alliierten wohl kaum auf einen Separatfrieden mit Hitler eingelassen – stand doch seit der Konferenz von Casablanca fest, dass es nur eine bedingungslose Kapitulation (unconditional surrender) des NS-Regimes geben konnte.

Kölner Dom, 6. März 1945. Obwohl US-Truppen die Stadt schon am 5. März erreicht haben, dauern die Kämpfe zwei weitere Tage an.

DER VORSTOSS ZUM RHEIN

Nächstes Ziel der alliierten Streitkräfte war der Rhein, der eine natürliche Verteidigungslinie bildete. Nachdem die Rote Armee Mitte Januar 1945 ihre Offensive im Westen begonnen hatte, legte Eisenhower seinen Befehlshabern das weitere Vorgehen dar. Briten und Kanadier unter Montgomery sollten den Rhein bei Wesel überqueren, während Bradleys Truppen den Fluss im Raum Köln–Bonn überschreiten sollten. Danach würden beide Armeen in einer Zangenbewegung das Ruhrgebiet einschließen, um sich östlich des riesigen Industriereviers, im Raum Lippstadt–Soest, zu vereinigen. Im Süden des Deutschen Reichs würden Devers und Patton noch verbliebenen deutschen Widerstand im Bereich Saar und bei Colmar ersticken, um dann ebenfalls zum Rhein vorzustoßen. Ihr Ziel war der Vormarsch nach Süddeutschland.

Doch von Rundstedt, erneut zum deutschen Oberbefehlshaber West berufen, hatte von Hitler Order, jeden Meter deutschen Bodens bis zum Letzten zu verteidigen, obwohl er selbst einen Rückzug hinter den Rhein befürwortete. So stand den Alliierten noch ein harter Kampf mit zahlreichen Opfern auf beiden Seiten bevor.

Montgomerys Truppen trafen im Reichswald auf den hartnäckigen Widerstand von Fallschirmjägern, während der Vormarsch auf Köln durch die Eifel dadurch behindert wurde, dass die Wehrmacht die Grundablassrohre der Ruhrtalsperre am 10. Februar 1945 gesprengt hatte und nun weite Landstriche überflutet waren.

Dennoch musste von Rundstedt sich unter dem Druck der Alliierten schrittweise zum Rhein zurückziehen. Seine Order lautete, dass beim Rückzug über den Fluss keine Brücke intakt bleiben dürfe. Daher fanden die Alliierten, als sie am 2. März die linksrheinischen Teile Düsseldorfs erreichten, sämtliche Brücken gesprengt vor, ebenso in Köln am 5. März.

Ein wenig weiter südlich, bei Remagen, hatte man jedoch die Ludendorff-Brücke intakt gelassen, um deutschen Verbänden noch die Rheinüberquerung zu ermöglichen. Daher fand die Vorhut der US-Truppen am Vormittag des 7. März 1945, als diese Remagen erreichte, eine unzerstörte Brücke vor, an der deutsche Pioniere soeben dabei waren, die Sprengung vorzubereiten. Aufgrund der Lieferung einer nicht ausreichenden Menge Sprengstoff und des Versagens eines Zündkabels gelang die Zerstörung jedoch nicht, die Brücke wurde nur beschädigt. Die Amerikaner konnten sie im Handstreich nehmen.

Hitler tobte und verlangte die Zerstörung der Brücke mit allen Mitteln. Ein Gegenangriff der Wehrmacht wurde rasch abgeschlagen, weswegen Arado-Ar-234-Strahlbomber, Kampfschwimmer und sogar V 2 zum Einsatz kamen, jedoch ohne Erfolg. Erst am 17. März brach die Brücke aufgrund ihrer Beschädigung und Überlastung zusammen. Bis dahin waren jedoch zahlreiche US-Truppen auf der Ostseite des Rheins, und Pioniere hatten eine Pontonbrücke über den Fluss geschlagen.

Die für die nicht gelungene Sprengung verantwortlichen Offiziere ließ Hitler standrechtlich erschießen, von Rundstedt wurde durch Kesselring als Oberbefehlshaber West abgelöst.

Mitte März hatten die Alliierten in breiter Front den Rhein erreicht, wobei zahlreiche deutsche Verbände auf der westlichen Rheinseite nicht mehr rechtzeitig den Fluss überqueren konnten und in Gefangenschaft gingen. Vom 22. bis zum 26. März überquerten Pattons und Devers Panzerverbände bei Oppenheim sowie die Briten im Norden bei Wesel ebenfalls den Rhein und sicherten Brückenköpfe am Ostufer des Flusses. Der alliierte Vorstoß zum Rhein hatte die Wehrmacht 60.000 Tote und über

10. März 1945: Ostergrüße an Hitler.

30. März 1945: Ein US-Fla-MG bewacht eine der Pontonbrücken über den Rhein.

325.000 Soldaten, die Überreste von 21 Divisionen, ergeben sich im Ruhrkessel.

eine Viertelmillion Gefangene sowie enorme Mengen Material gekostet. Im Angesicht der prekären Lage hatte Hitler bereits am 19. März seinen so genannten Nero-Befehl erlassen, der besagte, dass sämtliche Einrichtungen der Infrastruktur eher zu zerstören seien, als sie den Alliierten in die Hände fallen zu lassen. Hitler war der Ansicht, das deutsche Volk habe sein Lebensrecht verwirkt, weil es den Krieg verloren habe. Der Nero-Befehl wurde jedoch teils bewusst nicht ausgeführt oder sabotiert, z. B. auch durch Rüstungsminister Speer, oder war im Chaos der letzten Tage des Reiches nicht mehr ausführbar.

Im Westen waren die letzten deutschen Truppen zur Verteidigung des Ruhrgebiets zusammengezogen worden. Ziel war es nun von Seiten der Alliierten, diese Truppen einzukesseln. Während die Briten und Kanadier nördlich des Ruhrgebiets etwa entlang der Lippe vorrückten, stießen die US-Truppen aus dem Raum südlich von Köln nach Osten auf Siegen zu, wo sie nach Norden schwenkten. Am 1. April 1945 vereinigten sie beide Stoßkeile im Raum Lippstadt. Im Ruhrkessel waren praktisch die gesamten Überreste der Heeresgruppe B unter Model eingeschlossen, insgesamt 21 Divisionen. Millionen von Zivilisten und rund 430.000 Soldaten waren nun inmitten eines durch jahrelange Bombenangriffe stark zerstörten Gebietes eingekesselt, dessen Ränder von den Alliierten immer mehr zusammengedrückt wurden.

Am 14. April gelang es, den Kessel im Raum Hagen-Witten in zwei Teile zu spalten. Die im östlichen Teil befindlichen deutschen Truppen kapitulierten am 15. April im Raum Iserlohn, die Verbände im westlichen Teil leisteten noch bis 21. April Widerstand, da Generalfeldmarschall Model bis zuletzt jedes Kapitulationsangebot ablehnte. Nach Ende des Widerstandes erschoss sich Model in einem Waldgebiet südlich von Duisburg.

Die überlebenden rund 325.000 Soldaten des Ruhrkessels, aber auch viele Zivilisten wurden größtenteils in die Rheinwiesenlager transportiert, wo – untypisch für die Westalliierten – zehntausende Inhaftierte aufgrund mangelnder Versorgung ums Leben kamen.

Die Einkesselung und Vernichtung der Heeresgruppe B hatte eine riesige Lücke in die deutsche Front gerissen, welche die Alliierten nun zügig nutzten. Beinahe täglich fielen nun größere deutsche Städte in die Hand der britischen und amerikanischen Truppen.

Während die Kämpfe um den Ruhrkessel tobten, stieß ein Großteil der alliierten Truppen weiter in Richtung Nord- und Mitteldeutschland vor. Obwohl sich viele Orte kampflos ergeben haben, beschworen fanatische Kommandeure oder Parteifunktionäre immer wieder die Zerstörung ihrer Dörfer, Orte und Städte herauf, da sie – obgleich schon die Niederlage für jedermann klar erkennbar war – entschlossen waren, gegen die vorrückenden alliierten Truppen Widerstand zu leisten. Häufig konnten dazu nur wenig mehr als ein paar Volkssturmmänner im Rentenalter und 14-jährige Hitlerjungen mit ein paar alten Karabinern und Panzerfäusten aufgeboten werden. Wurde jedoch auf die alliierten Truppen geschossen, entlud sich deren gesamte Feuerkraft. Stets darauf bedacht, die eigenen Verluste so gering wie möglich zu halten, wurden Ortschaften eher durch Bomber und Artillerie in Schutt und Asche gelegt, als dass Briten und Amerikaner sich auf verlustreiche Straßenkämpfe einließen.

Während Bradleys Truppen vom Rhein in Richtung Dresden vorstießen, schwenkte Devers auf Bayern und die Alpen ab. Kassel fiel am 4. und Würzburg am 5. April. Nürnberg – als Stadt der „Bewegung" und der Reichsparteitage immens symbolträchtig – wurde von SS-Truppen fanatisch verteidigt. Was die Bomber übrig gelassen hatten, zerstörten bis zum 20. April schwere Straßenkämpfe. Von dort aus stießen die US-Truppen auf die Donau vor. Der ungestüme Patton führte seine Panzer bis Pilsen in der Tschechoslowakei, bevor Eisenhower ihm Einhalt gebot. Nach der Einnahme Leipzigs trafen US-Spähtrupps am 25. April bei Torgau an der Elbe auf sowjetische Soldaten.

Nürnberg im April 1945. Zahlreiche deutsche Städte sahen ähnlich aus.

Hannover wurde am 11. April und Magdeburg nur einen Tag später erobert. Dort errichteten die US-Truppen bereits einen Brückenkopf über die Elbe und waren bereit, weiter auf das nur noch 110 km entfernte Berlin vorzustoßen, doch politische Erwägungen machten dem ein Ende.

Im Norden stießen Montgomerys Truppen ebenfalls rasch voran. Während kanadische Truppen nach Nordholland vorrückten, nahmen die Briten am 4. April Osnabrück und erreichten einen Tag später die Weser. Von dort sollte Norddeutschland mit den wichtigen Häfen Bremen, Hamburg und Kiel erobert sowie Dänemark befreit werden. Nach harten Kämpfen fiel Bremen am 26. April, am 29. April überschritten die Briten die Elbe und erreichten am 2. Mai Lübeck. Hamburg hatte sich derweil kampflos ergeben.

DER VOLKSSTURM

Der im September 1944 gebildete „Volkssturm" sollte alle bisher noch nicht eingezogenen waffenfähigen Männer zwischen 16 und 60 Jahren für die Verteidigung des Reiches und für die Erringung des Endsieges aufbieten. Die Rekrutierung der Volkssturmmänner unterstand dem Chef der Parteikanzlei der NSDAP, Martin Bormann. Man rechnete mit rund 6 Millionen Volkssturmmännern, die unter dem militärischen Befehl des Reichsführers SS Heinrich Himmler standen. Angehörige des Volkssturms trugen als äußeres Kennzeichen eine Armbinde mit der Aufschrift „Deutscher Volkssturm – Wehrmacht" und waren vor allem für Schanzarbeiten und Sicherungsaufgaben sowie zur Verteidigung von Ortschaften, meist in unmittelbarer Nähe ihrer Heimat, vorgesehen.

Obwohl von der Propaganda als entscheidende Reserve gegen die vorrückenden Alliierten dargestellt, zogen die zumeist jugendlichen Hitlerjungen und älteren Männer nur notdürftig bewaffnet und schlecht ausgebildet in einen ungleichen Kampf gegen einen weit überlegenen Gegner. Die Bedienung der Karabiner, Panzerfäuste und MG musste zumeist erst in Schnellkursen erlernt werden. Der militärische Wert des Volkssturmes war daher gering. Bei der ersten Feindberührung lösten sich einige Einheiten auf oder ergaben sich, allerdings kämpften einige Verbände, insbesondere im Osten, mit dem Mut der Verzweiflung. Die jahrelange Propagandakampagne gegen die „bolschewistischen Untermenschen" und tatsächliche Übergriffe der Roten Armee nährten eine panische Angst vor einer Besatzung oder Gefangennahme durch sowjetische Truppen. So verteidigten 15.000 Angehörige des Volkssturms zusammen mit versprengten Wehrmachtssoldaten hartnäckig das von der Roten Armee eingekesselte Breslau bis Mai 1945.

Hitlerjungen und ältere Männer sollten mit Panzerfäusten die alliierten Armeen in Ost und West aufhalten.

JALTA

Jalta, eine Stadt an der Südküste der Krim, war vom 4. bis 11. Februar 1945 Schauplatz einer Tagung der Regierungschefs Churchill, Stalin und Roosevelt sowie ihrer jeweiligen Außenminister. Auf dieser Konferenz ging es vor allem darum, wie nach der absehbaren Niederlage mit dem Deutschen Reich zu verfahren sei. Man einigte sich darauf, Deutschland in vier Besatzungszonen aufzuteilen und mit der Hauptstadt Berlin ebenso zu verfahren. Des Weiteren sollte ein alliierter Kontrollrat eingerichtet werden, um die Besatzungspolitik zu koordinieren, und führende Vertreter aus Staat, Militär und Wirtschaft sollten als mutmaßliche Kriegsverbrecher vor ein internationales Gericht gestellt werden. Zur Tilgung der angerichteten Kriegsschäden wurde beschlossen, umfassende Reparationsleistungen von Deutschland zu verlangen, bzw. es wurde die Demontage großer Teile der noch vorhandenen Industrie vereinbart. Stalin sagte in Jalta zu, dass er nach Ende des Krieges gegen Deutschland in den Krieg gegen Japan eintreten werden, und erhielt dafür weitreichende Zugeständnisse der Westalliierten. So wurden alle osteuropäischen Staaten de facto der sowjetischen Machtsphäre zugeschlagen und die Westverschiebung Polens auf Kosten Deutschlands vereinbart, da sich die Sowjetunion Ostpolen einverleiben wollte. In Asien wurden die Kurilen, bis dahin japanisch, sowie die Mongolei der sowjetischen Interessenssphäre zugeteilt.

In Jalta einigten sich Roosevelt, Churchill und Stalin auch über die letzten noch strittigen Punkte des Entwurfs zur Charta der Vereinten Nationen. Es ging dabei insbesondere um den Abstimmungsmodus im mächtigsten Gremium der künftig zu gründenden Organisation, dem Sicherheitsrat. Den ständigen Sicherheitsratsmitgliedern (USA, Großbritannien, Sowjetunion, China, Frankreich) räumte man auf Betreiben der Sowjetunion ein Vetorecht in allen wichtigen Fragen ein. Ohne dieses Zugeständnis wäre keine Einigung und damit keine Gründung der UN möglich gewesen.

MUSSOLINIS ENDE

Nach Monaten relativer Ruhe begann im Frühjahr 1945 die alliierte Offensive, um Norditalien endgültig zu erobern. Massive Luftangriffe unterbrachen die ohnehin fragilen deutschen Kommunikations- und Nachschublinien, zudem waren zahlreiche Divisionen aus Italien im Winter an die Westfront verlegt worden, sodass der Oberbefehlshaber der deutschen Truppen in Italien, Vietinghoff, der am 15. April 1945 beginnenden alliierten Großoffensive nichts mehr entgegenzusetzen hatte. In der Erkenntnis, dass die Lage für die Heeresgruppe C aussichtslos geworden war, unterzeichnete Vietinghoff – entgegen einem ausdrücklichen Befehl Hitlers – am 29. April 1945 die Kapitulation seiner Truppen. Ab dem 2. Mai schwiegen südlich der Alpen die Waffen.

Mussolini, der seit seiner Befreiung aus dem Arrest durch deutsche Fallschirmjäger im September 1943 Kopf der Sozialistischen Republik Italien mit Sitz in Salo am Gardasee gewesen war, war sich bewusst, dass er ohne den Schutz der deutschen Truppen nicht existieren konnte. Daher verließ er mit einigen Getreuen und seiner Geliebten Clara Petacci am 25. April Mailand in Richtung Como an der Schweizer Grenze, um sich in die Schweiz oder in das unbesetzte Deutschland abzusetzen. Die Gruppe wurde jedoch von kommunistischen Partisanen entdeckt und Mussolini zusammen mit seiner Geliebten erschossen. Anschließend brachten man die beiden zurück nach Mailand, wo ihre Leichen öffentlich kopfüber aufgehängt wurden.

27. April 1945: US-Truppen marschieren in Genua ein.

DER SOWJETISCHE VORMARSCH NACH BERLIN

Die Sommeroffensive des Jahres 1944 hatte die sowjetischen Truppen bis nach Ostpreußen und an die Weichsel geführt. Im Süden waren Rumänien, Bulgarien, Teile Ungarns und große Bereiche Jugoslawiens in der Hand der Roten Armee.

Obwohl der Generalstabschef des Heeres, Guderian, Hitler dringend geraten hatte, die Ardennenoffensive abzubrechen und alle entbehrlichen Kräfte von der Westfront an die Weichsel zu verlegen, ließ Hitler im Dezember 1944 Truppen von der Weichselfront nach Ungarn in Marsch setzen. Unter allen Umständen wollte er das von der Roten Armee eingeschlossene Budapest entsetzen und die ungarischen Ölfelder verteidigen. Doch entgegen Hitlers Erwartungen stießen die sowjetischen Truppen nicht in Ungarn vor, sondern brachen am 12. Januar 1945 aus ihren Brückenköpfen an der Weichsel aus und lancierten eine Großoffensive, die sie binnen weniger Wochen weit nach Westen bis an die Oder und Neiße führte.

Millionen von den Sowjets über den Frontlinien abgeworfene Flugblätter und gelbe Passierscheine sollten den Wehrmachtssoldaten die Sinnlosigkeit eines weiteren Kampfes verdeutlichen und sie zur Aufgabe oder Desertion ermutigen. Wer jedoch von der deutschen Feldgendarmerie als Wehrmachtsdeserteur gefasst wurde, der wurde standrechtlich erschossen oder direkt am nächsten Baum aufgeknüpft.

Im mittleren Bereich der Front versuchte die deutsche Heeresgruppe A vergeblich, dem enormen Ansturm einer an Panzern und Infanterieverbänden mehrfach überlegenen Roten Armee standzuhalten. Am 21. Januar erreichte die 1. Ukrainische Front unter Marschall Iwan Konew Schlesien und überschritt westlich von Breslau die Reichsgrenze. Ende des Monats befand sich das für die deutsche Rüstungsproduktion lebenswichtige Industriegebiet Oberschlesiens, die „Ruhr des Ostens", nahezu unzerstört in sowjetischer Hand. Gleichzeitig befreiten die sowjetischen Truppen das Zwangsarbeits- und Vernichtungslager Auschwitz, in dem über einen Zeitraum von drei Jahren über eine Million Menschen ermordet worden waren.

Während die Truppen von Konews Mitte Februar über die Oder setzten und bis zur Lausitzer Neiße vorstießen, wurde Breslau bis zum 6. Mai von versprengten Wehrmachtssoldaten und Volkssturmmännern gehalten. Die 1. Weißrussische Front unter Marschall Schukow überrollte die deutschen Verteidigungsstellungen vor Warschau und besetzte am 17. Januar die von der Wehrmacht und von der SS weitgehend zerstörte polnische Hauptstadt. Kaum ein Einwohner befand sich noch in dieser Geisterstadt. Ende Januar 1945 gelang es der 1. Weißrussischen Front, am Westufer der Oder bei Küstrin und bei Frankfurt zwei Brückenköpfe zu errichten.

Während Schukows und Konews Truppen Ende Januar nur noch 80 km vor Berlin standen, schnitten die 2. und 3. Weißrussische Front Ostpreußen von sämtlichen Landverbindungen ins Reich ab. Die Reste der deutschen Heeresgruppe Mitte waren mit hunderttausenden Flüchtlingen mit dem Rücken zur Ostsee abgeschnitten. Gewaltige Flüchtlingsströme hatten sich seit Oktober 1944 in Richtung Westen in Bewegung gesetzt, nachdem bekannt geworden war, dass Rotarmisten in den eroberten Gebieten an der deutschen Zivilbevölkerung Kriegsverbrechen begannen hatten.

Überlebende des Lagers Auschwitz.

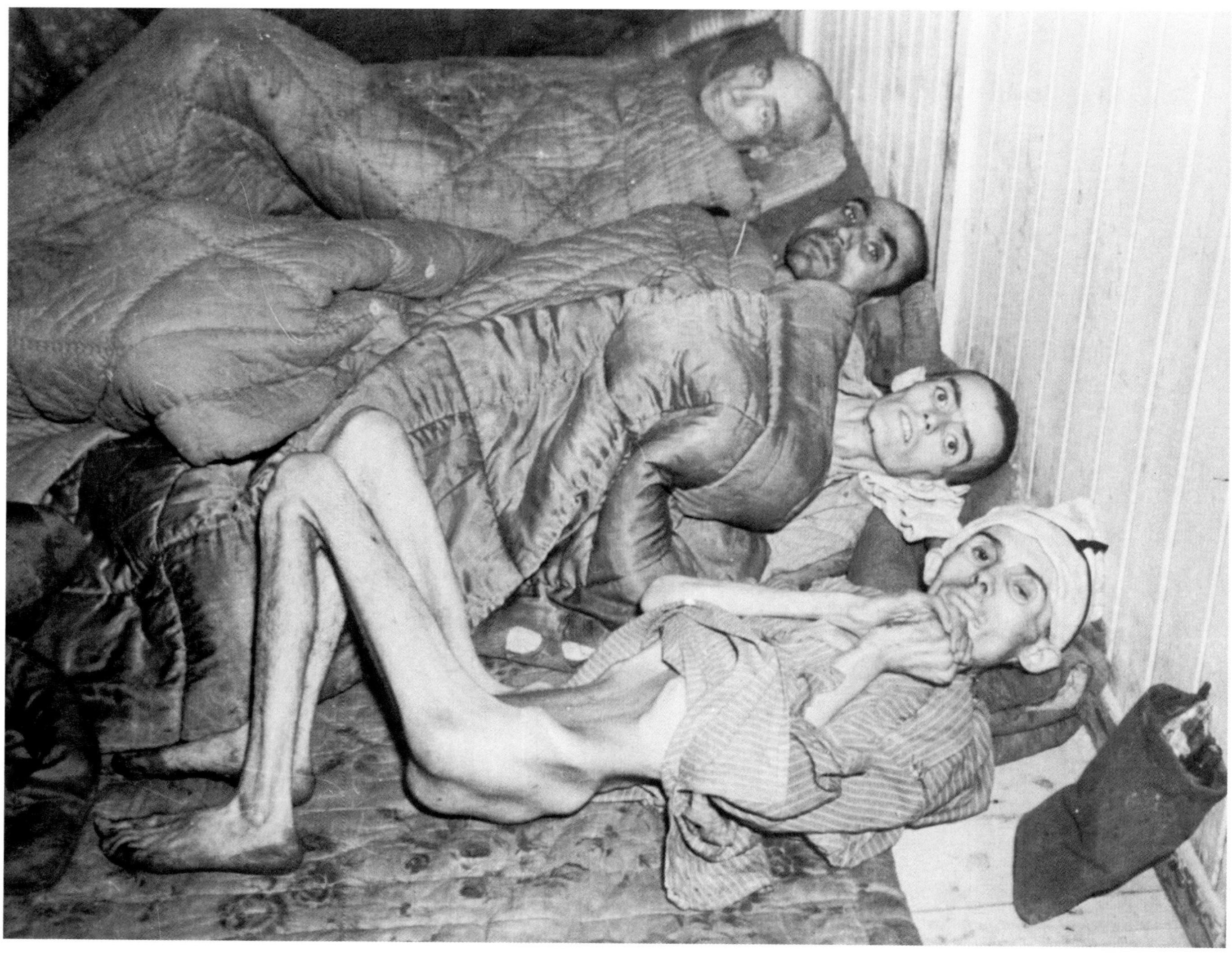

Vergeblich versuchen die letzten Panzereinheiten, den Vormarsch der Roten Armee zu stoppen.

Zum Sturm auf Berlin verfügte die Rote Armee über mehr als 41.000 Geschütze aller Art. Hier eine Batterie ZIS-3-Feldkanonen im Kaliber 76,2 mm.

30. April 1945: Über dem Reichstag weht das Banner der Sowjetunion.

Eine in Pommern hauptsächlich aus Ausbildungs-, Polizei- und Volkssturmeinheiten gebildete Heeresgruppe Weichsel unter dem persönlichen Befehl Himmlers war nicht annähernd in der Lage, den massiven sowjetischen Vorstoß an der Ostsee aufzuhalten. Am 18. März wurde das pommersche Kolberg von der Roten Armee erobert. Das östlich von Kolberg eingeschlossene Danzig kapitulierte am 30. März, das ostpreußische Königsberg am 9. April. Im Süden waren Budapest sowie Wien gefallen, und die Rote Armee marschierte durch Österreich. Mitte April 1945 begann die Rote Armee ihre letzten Großoffensive.

Die Eroberung Berlins als deutsche Reichshauptstadt war Stalins vordringliches Ziel. Die Rote Armee hatte rund 2,5 Millionen Soldaten mit über 6.250 Panzern, 7.500 Flugzeugen, weit über 41.000 Artilleriegeschützen und 3.200 „Stalinorgeln" sowie fast 100.000 Kraftfahrzeugen zum Sturm auf die Stadt zusammengezogen.

Ihnen gegenüber stand ein letztes Aufgebot von rund einer Million deutscher Soldaten, die sich aus Resten von Wehrmachtsdivisionen, Einheiten der Waffen-SS sowie aus improvisierten Verbänden von Polizei und Volkssturm zusammensetzten. Diese Verbände verfügten über nicht einmal 800 Panzer, weniger als 1.400 Geschütze aller Art und litten zudem unter erheblichem Munitions- und Treibstoffmangel. Die ehemals stolze Luftwaffe trat nur noch sporadisch in Erscheinung.

Am 16. April 1945 leitete die Rote Armee mit einem Zangenangriff auf Berlin das nahende Ende der nationalsozialistischen Herrschaft ein. Die 1. Ukrainische Front unter Marschall Iwan Konew überrollte die deutschen Verteidigungsstellungen an der Lausitzer Neiße südlich von Berlin. Im nördlichen Bereich der Offensive hingegen entbrannte um die Seelower Höhen ein erbitterter Kampf. Himmler war als Befehlshaber der Heeresgruppe Weichsel von Generaloberst Gotthard Heinrici abgelöst worden, einem ausgewiesenen Defensivspezialisten. Schukows Truppen gelang trotz mehrfacher Überlegenheit nur unter schwersten Verlusten, die Seelower Höhen, die letzte deutsche Ostfront, zu nehmen. Anschließend

DIE FLÜCHTLINGE

Die Nachrichten über die Grausamkeiten vorrückender sowjetischer Truppen – zum Teil auch von der NS-Propaganda zur Anstachelung des Kampfeswillens überspitzt dargestellt – sowie das durch jahrelange Indoktrination entstandene Vorurteil vom „bolschewistischen Untermenschen" lösten ab Herbst 1944 gewaltige Flüchtlingstrecks der deutschen Bevölkerung aus. Zunächst aus Ostpreußen, schließlich aus Schlesien und Pommern versuchten Millionen Menschen in den Wintermonaten 1944/45 bei Schnee und Kälte, zumeist zu Fuß mit Handwagen oder Pferdefuhrwerken, in das westliche Reichsgebiet zu gelangen.

Viele Flüchtlinge wurden aber auch von Behörden, Bürgermeistern oder hohen Parteifunktionären am Verlassen ihrer Orte gehindert, sodass sie sich häufig erst in letzter Minute auf den Weg machen konnten. Wer von der schnell vorrückenden Roten Armee eingeholt wurde, dem drohten nicht selten Misshandlung, Vergewaltigung und Ermordung durch eine enthemmte und häufig alkoholisierte Soldateska. Die sowjetische Propaganda hatte im Gegenzug nämlich wiederum den Hass der Soldaten geschürt. Nicht wenige von ihnen hatten aber auch aufgrund des Wütens deutscher Einheiten in der Sowjetunion ganz persönliche Rachegelüste. Zahlreiche Flüchtlingstrecks gerieten zwischen die Fronten und wurden aufgerieben. Zehntausende starben zudem an Hunger, Kälte oder durch gezielte Tieffliegerangriffe der sowjetischen Luftwaffe.

In einer gewaltigen Kraftanstrengung zog die Kriegsmarine Ende Januar 1945 in der Ostsee noch einmal fast 800 Kriegs- und Handelschiffe zusammen, um die nach der sowjetischen Winteroffensive in Ostpreußen eingeschlossenen Flüchtlinge und Soldaten zu evakuieren. In einer einzigartigen Rettungsaktion konnten bis Mai 1945 etwa 1,5 Millionen Zivilisten und rund 500.000 Wehrmachtssoldaten aus Ostpreußen, Pommern und Kurland nach Dänemark und Schleswig-Holstein evakuiert werden. Über 9.000 Flüchtlinge kamen am 30. Januar 1945 bei der Versenkung des Lazarettschiffs „Wilhelm Gustloff" durch ein sowjetisches U-Boot ums Leben.

Am 8. Mai 1945 war fast die Hälfte der rund 15 Millionen umfassenden deutschen Bevölkerung der Ostprovinzen sowie der Siedlungsgebiete in Ungarn, Rumänien und Jugoslawien auf der Flucht in den Westen. Wer aber daheim geblieben war, dem drohte die Rache vor allem von Tschechen und Polen. Tausende Deutsche wurden ermordet. Die Flucht, aber auch die Vertreibung aus den ehemaligen deutschen Ostgebieten hielten bis lange nach Kriegsende an.

„STALINORGEL"

„Stalinorgel" war ein Ausdruck aus dem Landserjargon für eine ganze Reihe von sowjetischen Mehrfachraketenwerfern. Der Name geht wohl auf die Abschussschienen, welche über- und nebeneinander angeordnet an Orgelpfeifen erinnerten, sowie auf das heulende Geräusch, das die Geschosse verursachten, zurück. Die Soldaten der Roten Armee dagegen nannten diese Waffen „Katjuscha" (liebevoll für Katja).

Die „Stalinorgel" zählt sicher zu den bekanntesten Waffen des Zweiten Weltkrieges. Es existierten zahlreiche unterschiedliche Versionen auf verschiedenen Fahrgestellen, grundsätzlich waren es jedoch immer mehrere Raketenabschussschienen, meistens für Geschosse im Kaliber 82 oder 132 mm, mit beschränktem Seitenrichtbereich, die auf einem LKW oder Panzer montiert wurden. Durch den massenhaften Einsatz solcher Fahrzeuge entstand trotz der mangelnden Zielgenauigkeit eine verheerende Wirkung gegen Flächenziele.

Der schrille Ton, den die Geschosse erzeugten, trug mit zur psychologischen Wirkung dieser Waffe bei. Im Lauf des Krieges entwickelte sich die „Stalinorgel" zum Schrecken der deutschen Truppen und wurde in großen Zahlen eingesetzt.

Stalinorgel in Aktion.

Seitenansicht einer Stalinorgel.

umging Schukow Berlin im Norden, um sich mit Konews Truppen westlich der Stadt zu vereinen und Berlin einzuschließen.

Im Berlin selbst spielten sich derweil gespenstische Szenen ab. Während bereits die ersten sowjetischen Stoßtrupps in die nordöstlichen Berliner Stadtteile eindrangen, begrüßte Hitler am Vormittag des 20. April, seines Geburtstags, die Kämpfer seines letzten Aufgebots. Eine Gruppe halbwüchsiger Hitlerjungen war im Hof der Reichskanzlei angetreten und erhielt aus Hitlers zitternder Hand das Eiserne Kreuz. Am Nachmittag des gleichen Tages empfing er im Führerbunker unter der Reichskanzlei aus Anlass seines 56. Geburtstags noch einmal Gäste aus Staat und Partei. Während es Göring, Speer, Himmler, Ribbentrop und andere NS-Größen in den folgenden Tagen vorzogen, das von der vollständigen Einkesselung bedrohte Berlin zu verlassen, entschieden sich Hitler und die ihm treu ergebenen Goebbels und Bormann zum Bleiben. Noch immer war Hitler von einer Kriegswende überzeugt. Er verschob über Generalstabskarten gebeugt nicht existente Divisionen und plante Offensiven. Als „Fügung des Schicksals" wurde der Tod des amerikanischen Präsidenten Roosevelt am 12. April angesehen. Hitler hoffte, dass dies zum Zerfall der „widernatürlichen" Allianz zwischen den USA und der Sowjetunion führen würde.

Im Führerbunker selbst herrschte bei der dort ausharrenden NS-Führung in den letzten Apriltagen eine zwanghaft optimistische Stimmung. Unter den niederen Chargen machte sich jedoch so etwas wie Endzeitstimmung breit. Wüste Gelage und Diskussionen, wie man am besten Selbstmord verübt, waren an der Tagesordnung.

Während die Teile Berlins, welche die Bomber der Alliierten noch nicht zerstört hatten, durch mörderische Straßenkämpfe in Schutt und Asche gelegt wurden, suchte die Bevölkerung der Stadt Zuflucht in Kellern und Bunkern. Den im „Panzerbär" und in anderen Kampfblättern bis zuletzt ausgegebenen Durchhalteparolen mit der Ankündigung des bevorstehenden Endsieges durch Entsatzarmeen und Wunderwaffen schenkte sie wenig Glauben. Rund zwei Millionen Menschen hielten sich während der Schlacht um Berlin noch in der Stadt auf und hofften einzig, das auf sie hereingebrochene Inferno lebend zu überstehen. Doch der Tod drohte dabei nicht nur durch Kampfhandlungen. Gemäß einem Führerbefehl vom 22. April wurden in den letzten Kriegstagen noch ungezählte Zivilisten und Soldaten von fanatischen Einsatzkommandos der Waffen-SS rücksichtslos erschossen oder aufgehängt, wenn sie auch nur im leisesten Verdacht standen, die deutsche Widerstandskraft zu schwächen.

Nur in verlustreichen Straßenkämpfen gelang es der Roten Armee, in das Berliner Stadtzentrum vorzudringen.

Jubelnde sowjetische Soldaten vor der Siegessäule in Berlin. Der Krieg ist vorbei!

DAS ENDE

Nur in zähen und für beide Seiten noch einmal enorm verlustreichen Straßenkämpfen gelang es der Roten Armee, in das Zentrum Berlins vorzustoßen. Am 30. April hissten Rotarmisten auf der Spitze des zuvor von Freiwilligen der französischen Waffen-SS-Einheit „Charlemagne" verteidigten Reichstags die rote Fahne mit Hammer und Sichel. Wenige hundert Meter entfernt hatte sich Hitler, der am Tag zuvor noch seine langjährige Lebensgefährtin Eva Braun geheiratet hatte, wenige Stunden zuvor in seinem Bunker das Leben genommen. Auch Eva Braun hatte Suizid verübt. Ein letzter Entsatzversuch der von Hitler immer wieder beschworenen 12. Armee unter General Walther Wenck war einen Tag zuvor bei Potsdam gescheitert. Am 1. Mai nahmen sich schließlich Joseph und Magda Goebbels das Leben, nachdem Magda Goebbels zuvor ihre sechs Kinder getötet hatte. Am 2. Mai 1945 kapitulierten die letzten deutschen Verbände in der Stadt.

Großadmiral Karl Dönitz, von Hitler testamentarisch zu seinem Nachfolger bestimmt, verfolgte – um eine noch möglichst große Anzahl von Wehrmachtsangehörigen und flüchtenden Zivilisten in das westliche Reichsgebiet gelangen zu lassen – eine Taktik der Teilkapitulation gegenüber den Westalliierten. Im Hauptquartier des britischen Oberbefehlshabers Montgomery in der Lüneburger Heide erfolgte am 4. Mai die Kapitulation der deutschen Truppen in Dänemark, Nordwestdeutschland und den Niederlanden, die am 5. Mai um 7 Uhr morgens in Kraft trat. Nachdem Eisenhower die Bitte um eine Teilkapitulation für die gesamte Westfront zurückgewiesen hatte, erfolgte drei Tage später in Reims die bedingungslose Kapitulation aller deutschen Streitkräfte durch Generaloberst Jodl, welche am 8. Mai um 23:01 in Kraft treten sollte. Keitel als Chef des Oberkommandos der Wehrmacht sollte zu diesem Zeitpunkt die Kapitulation aller Streitkräfte gegenüber der Sowjetunion im sowjetischen Hauptquartier in Berlin-Karlshorst wiederholen. Es kam jedoch zu Verzögerungen, sodass dies erst nach Mitternacht am 9. Mai 1945 geschah. Damit war der Krieg in Europa beendet.

Zum Kriegsende am 8. Mai 1945 befanden sich im Westen noch die Kanalinseln und die Städte Lorient, St. Nazaire und La Rochelle in deutscher Hand. Im Norden waren noch große Teile Schleswig-Holsteins, ganz Dänemark und Norwegen unter Kontrolle der Wehrmacht. Im Süden waren nur Teile der Alpen und der Tschechoslowakei unbesetzt.

Die Reichsregierung unter Dönitz verblieb noch bis zum 23. Mai 1945 in Flensburg, ehe Dönitz und die Kabinettsmitglieder verhaftet wurden.

Keitel (Mitte) kurz vor der Unterzeichnung der Kapitulation in Karlshorst.

US-Soldaten in Paris am 8. Mai 1945.

834
1415
759

Der Krieg in Asien und im Pazifik

Nanking, China, 1937: Japanische Soldaten üben den Gebrauch ihres Bajonetts an lebenden chinesischen Gefangenen.

AUF DER ANDEREN SEITE DER ERDE

„Ich fürchte, alles, was wir erreicht haben, ist, einen schlafenden Riesen geweckt und ihm schrecklichen Grund zur Rache gegeben zu haben."

Admiral Isoroku Yamamoto, Planer und ausführender Befehlshaber des Überfalls auf Pearl Harbor nach dem Angriff

Der Krieg im Pazifik unterschied sich in vielen Punkten von dem Krieg, wie er in Europa stattfand. Größtenteils fanden die Kämpfe auf See oder auf den Inseln und Atollen des Stillen Ozeans statt. Panzerschlachten wie in Europa gab es während des gesamten Krieges im Pazifik nicht, und weiträumige Landoperationen fanden nur in China und Burma statt. Die prägenden Ereignisse des Krieges im Pazifik waren kombinierte See- und Luftschlachten sowie amphibische Landungen, bei denen Infanterieeinheiten unter massiver Unterstützung von See her versuchten, oftmals unwegsame, von Dschungel und Bergen bedeckte Inseln zu erobern. Obwohl als Beginn des Pazifikkrieges oftmals der Überfall auf Pearl Harbor am 7. Dezember 1941 genannt wird, begannen die Kämpfe um die Vorherrschaft in Asien doch bereits wesentlich früher.

Schon im September 1931 waren japanische Truppen in die chinesische Mandschurei einmarschiert. Im Juli 1937 brach der zweite Chinesisch-Japanische Krieg aus, der bis September 1945 andauerte.

Viele US-Soldaten sollten in japanischer Kriegsgefangenschaft umkommen. Da der Ehrenkodex des japanischen Kriegers (Bushido) eine Kapitulation als unehrenhaft ansah, behandelten die Japaner Gefangene in der Regel mit Verachtung.

JAPANS WEG IN DEN KRIEG

Erst in den 1870er-Jahren beendete Japan eine über Jahrhunderte aufrechterhaltene Isolation, bei der das Kaiserreich vom Rest der Welt nahezu hermetisch abgeschottet gewesen war.

Zudem wurde Japan selbst zur imperialen Macht, da ihm zu seiner Industrialisierung Rohstoffe fehlten. Diese gab es jedoch auf dem asiatischen Festland. Nach dem ersten Chinesisch-Japanischen Krieg 1894/95 geriet die koreanische Halbinsel unter japanischen Einfluss, was aber gleichzeitig zu Konflikten mit Russland führte, das in diesem Raum ebenfalls Interessen hatte. 1904/05 kam es zum Russisch-Japanischen Krieg, den Japan mit einem Überraschungsangriff ohne Kriegserklärung begann. Im Friedensvertrag von 1905 erhielten die Japaner endgültig Korea und die Südhälfte Sachalins zugesprochen. Während des Ersten Weltkrieges kämpften japanische Truppen auf der Seite Englands und Frankreichs, vor allem um auf Kosten des Deutschen Reiches und dessen asiatischen Kolonien expandieren zu können. Obwohl Japan im gewissen Maße vom Ersten Weltkrieg profitieren konnte, wurden doch nicht alle Hoffnungen bezüglich territorialer Gewinne erfüllt. Dies führte in nationalistischen Kreisen zu Enttäuschung und Verärgerung. Dennoch ermöglichte es die Schwäche der europäischen Kolonialmächte nach 1918 Japan, seinen expansiven und aggressiven Kurs weiterzuverfolgen. Obwohl das Land nominell eine Demokratie war, besaß das japanische Militär einen sehr großen Einfluss. Dieser Einfluss ging so weit, dass japanische Truppen 1931 ohne Entscheidung des Parlaments oder der Regierung in die zu China gehörende Mandschurei einmarschierten. Das rückständige und innerlich zerrissene China hatte nicht die Kraft, sich zu wehren, doch es kam zu Kämpfen und Bombardierungen chinesischer Städte. Aufgrund der sich aus diesen Geschehnissen entwickelnden internationalen Spannungen verließ Japan 1933 den Völkerbund – den damaligen Vorläufer der UNO – und begann ein massives Aufrüstungsprogramm. 1936 schloss es mit Deutschland den Antikomintern-Pakt. 1937 führte die aggressive Politik Japans zum zweiten Chinesisch-Japanischen Krieg, der von japanischer Seite aus mit äußerster Brutalität geführt wurde.

Obwohl technisch überlegen, war Japan aufgrund der riesigen Fläche Chinas jedoch nicht in der Lage, das Land gänzlich zu erobern, sondern musste sich auf relativ kleine Gebiete beschränken. Die japanische Aggression führte

Landungsboote vor den Ryukyu Islands.

dazu, dass die chinesischen Kommunisten unter Mao Zedong und die Nationalisten unter Chiang Kai-Shek, die sich zuvor einen Bürgerkrieg geliefert hatten, nun gemeinsam gegen die Invasoren vorgingen. Unterstützung erhielten sie dabei auch aus dem Ausland. So kämpfte z. B. eine Truppe von Freiwilligen aus den USA auf Seiten der chinesischen Nationalisten. Die Piloten der auch „Flying Tigers" genannten Staffel erzielten erstaunliche Erfolge gegen die japanische Heeresluftwaffe.

Eine Gruppe von freiwilligen US-Piloten, die „Flying Tigers", kämpfte auf Seiten der Chinesen sehr erfolgreich gegen die japanischen Invasoren.

Die Japaner hatten in China mit einem schnellen Sieg gerechnet, wurden jedoch in einen langen und verlustreichen Krieg verwickelt. Hier wurde nun ein Dilemma in der japanischen Politik und Kultur deutlich: Obwohl der Feudalismus und damit der mittelalterliche Aufbau der Gesellschaft bereits seit den 1860er-Jahren abgeschafft waren, lebten jahrhundertealte Traditionen weiter – so auch der „Bushido" genannte Ehrenkodex der Samurai, der Verhandlungen als Schwäche und eine Kapitulation als entehrend ansah. Diese kriegerischen Traditionen spielten während des gesamten Krieges im Pazifik eine große Rolle. Treue und Ehre sowie Mut und Todesverachtung waren die wichtigsten Tugenden. Ein japanischer Krieger diente – wie einst die Samurai – seinem Kaiser mit völliger Hingabe. Der Tod im Kampf war die höchste Vollendung des Lebens eines Kriegers. Nachgeben oder Rückzug waren unvorstellbar. Nach der Niederlage Frankreichs im Sommer 1940 wollte Japan die Situation ausnutzen und die französischen Behörden in Indochina (heute Vietnam, Laos und Kambodscha) dazu drängen, keinen Nachschub mehr an die Chinesen zu liefern und den Handel mit China einzustellen. Als diese sich weigerten, besetzten japanische Truppen im September 1940 Indochina. Japan verkündete zudem, in Zukunft eine „Großasiatische Wohlstandssphäre" unter seiner Führung und den Ausschluss nichtasiatischer Mächte schaffen zu wollen. Tokio erhoffte, auf diese Art die Sympathie der kolonisierten Völker Asiens zu erlangen.

Die USA, Großbritannien und die niederländische Exilregierung erließen daraufhin scharfe Sanktionen gegen Japan. Das Land, das trotz aller Versuche der Expansion völlig auf Importe angewiesen war, wurde durch diese Wirtschaftssanktionen hart getroffen. Plötzlich sah sich die japanische Regierung einer Situation gegenüber, in der 90 % der Erdöleinfuhren und 75 % des Handels wegfielen.

Der chinesische Staatspräsident Chiang Kai-Shek (oben) und der Führer der Kommunisten, Mao Zedong, schlossen unter dem Druck der japanischen Invasion ein Bündnis, das im Herbst 1945 rasch zerbrechen sollte.

Nun hatte die japanische Regierung die Wahl, entweder eine Verhandlungslösung zu suchen, was mit weitreichenden Zugeständnissen an die Embargo-Staaten verbunden gewesen wäre, oder einen Krieg zu beginnen. Ganz im Sinne des „Bushido" entschied sich die ultranationalistische Regierung Tojo in Tokio für den Krieg. Dennoch verhandelte man an der Oberfläche mit den USA, die dadurch, dass die europäischen Mächte in Europa gebunden waren, zum Hauptmachtfaktor in Asien geworden waren und ihre Interessen durch Japans aggressive Politik massiv bedroht sahen.

In Japan vertrat man die Ansicht, dass die westlichen Demokratien keinen länger andauernden Krieg durchstehen könnten. Besonders die Vereinigten Staaten hielt man für dekadent und moralisch verkommen. Das japanische Oberkommando glaubte, man könne den Gegner mit einem einzigen überraschenden und harten Schlag zum Frieden zwingen. Daher entstand ein Plan, zunächst die US-Flotte auszuschalten, um dann in Ruhe den gesamten südostasiatischen Raum in Besitz nehmen zu können. Durch den Aufbau von starken Stützpunkten an den Außenrändern dieses eroberten Gebiets sollte jeder Gegenangriff abgewehrt werden können. Dann sollten aus einer Position der Stärke heraus Friedensgespräche aufgenommen werden.

Im Morgengrauen des 7. Dezember 1941 starten 183 japanische Trägermaschinen (hier A6M2) zum Angriff auf Pearl Harbor.

PEARL HARBOR

Als der wirtschaftliche Druck auf Japan Anfang 1941 immer stärker wurde, begann das japanische Marineoberkommando unter der Leitung von Admiral Yamamoto, einen Angriffsplan auszuarbeiten, mit dessen Hilfe die amerikanische Pazifikflotte ausgeschaltet werden sollte. Yamamoto orientierte sich dabei am Angriff des britischen Flugzeugträgers *HMS Illustrious* auf die im Hafen von Tarent vor Anker liegende italienische Flotte. Dabei war es der Royal Navy im November 1940 gelungen, drei Schlachtschiffe durch den Einsatz von nur zwölf Torpedoflugzeugen langfristig außer Gefecht zu setzen.

Die japanische Marine musste jedoch zunächst wichtige Probleme lösen. Zum einen war die Wassertiefe im Hafen von Pearl Harbor zu flach für konventionelle Flugzeugtorpedos, zum anderen würden die vorhandenen Sprengbomben wahrscheinlich die Deckpanzerung der US-Schlachtschiffe nicht durchschlagen. Des Weiteren sollte der Angriff eine völlige Überraschung werden, weswegen die Flotte ungesehen bis in die Nähe Hawaiis gelangen musste. Das Torpedoproblem lösten japanische Techniker, indem sie spezielle kleine Holzflügel konstruierten, welche den Eintauchwinkel der Torpedos verringerten.

Um Bomben von hoher panzerbrechender Wirkung zu erhalten, modifizierte man Schiffsartilleriegranaten des Kalibers 35,6 cm, indem man ihnen ein Leitwerk anpasste. Eine dieser Bomben durchschlug die horizontale Panzerung der *USS Arizona* und detonierte in deren

Munitionskammer. Den geplanten Anmarschweg der Flotte untersuchte man im Sommer 1941 durch die Testfahrt zweier Handelsschiffe. Diese begegneten auf ihrem weitab der üblichen Roten liegenden Kurs keinem einzigen Schiff. In einer abgelegenen Bucht im Norden Japans fand ab Sommer 1941 das Training der am Angriff beteiligten Piloten statt, und zudem wurde ein maßstabsgetreues Modell des Hafens von Pearl Harbor erstellt, das den Piloten die Orientierung erleichtern sollte.

Am 25. November 1941 lief ein Verband von sechs Flugzeugträgern, zwei Schlachtschiffen, drei Kreuzern, neun Zerstörern und sechs U-Booten unter dem Kommando von Admiral Nagumo in Richtung Pearl Harbor aus. Die sechs Träger verfügten über 440 Flugzeuge mit kampferprobten und erfahrenen Piloten. Der Angriffstermin wurde auf den Morgen des 7. Dezembers festgelegt, weil man wohl zu Recht annahm, dass die Überraschung an einem Sonntagmorgen am größten sei.

Im Morgengrauen des 7. Dezembers 1941 starteten also rund 320 km vor Pearl Harbor 183 Flugzeuge der ersten Angriffswelle. Um kurz vor 8:00 Uhr erreichten die Maschinen Pearl Harbor und trafen auf praktisch keine Gegenwehr. Um das Überraschungsmoment

Das brennende Schlachtschiff USS West Virginia.

Präsident Roosevelt spricht vor dem US-Kongress über den Angriff auf Pearl Harbor und die Kriegserklärung an Japan.

nicht zu gefährden, sollte der japanische Botschafter in Washington die japanische Kriegserklärung erst kurz vor Angriffsbeginn überreichen. Durch unvorhergesehene Verzögerungen geschah dies jedoch erst eine halbe Stunde nach Angriffsbeginn, sodass keinerlei Warnung vor dem Angriff vorlag.

Systematisch griffen nun die japanischen Trägermaschinen die vor Anker liegende Pazifikflotte und Flugfelder in der Nähe an. Bereits eine halbe Stunde später war die erste Angriffswelle vorüber. Schon zehn Minuten nach Beginn der Angriffe war die *USS Arizona* durch einen Treffer in ihrer Munitionskammer zum Sinken gebracht worden, 1.200 Mann gingen mit ihr unter. Die *USS West Virginia* erhielt sechs Torpedotreffer, geriet in Brand und sank ebenfalls. Kurz vor 9:00 Uhr flogen 178 Flugzeuge einen zweiten Angriff. Diesmal waren die Amerikaner alarmiert, aber ihre Gegenwehr war unkoordiniert und blieb schwach. Beide Wellen der japanischen Angreifer verloren nur 29 Flugzeuge sowie fünf Klein-U-Boote, die zwar in den Hafen eindrangen, jedoch keine Erfolge erzielten und versenkt wurden.

Es gelang den japanischen Marinefliegern, sechs Schlachtschiffe und weitere zwölf Kriegsschiffe zu versenken. Von den 380 amerikanischen Flugzeugen auf der Insel wurden 188 zerstört und 155 beschädigt. Rund 2.400 Amerikaner wurden getötet und über 1.300 verwundet. Innerhalb von zwei Stunden wurde die amerikanische Pazifikflotte für mehr als sechs Monate ausgeschaltet. Die drei Flugzeugträger der Pazifikflotte waren an jenem Sonntag jedoch nicht in Pearl Harbor, sondern führten auf offener See Manöver durch, weswegen sie der Vernichtung entkamen.

In der Überzeugung, das Machbare erreicht zu haben, ließ Admiral Nagumo keine dritte Angriffswelle starten. Er war der Ansicht, seine Aufgabe erfüllt zu haben. Außerdem machte er sich Sorgen um den Standort der drei amerikanischen Flugzeugträger, die einen schweren Gegenschlag führen konnten. Daher zog sich der japanische Verband gegen Mittag zurück.

Durch diese Entscheidung blieben die Docks und Werftanlagen sowie alle Nachschubdepots und Treibstofflager intakt, was den USA den raschen Wiederaufbau ihrer Flotte ermöglichte.

Bis heute sind die Rollen, die Präsident Roosevelt, die US-Regierung und die zuständigen Geheimdienste bei diesem Vorfall gespielt haben, nicht genau bekannt. Tatsache ist, dass viele Experten mit einem japanischen Angriff rechneten. Zudem war es den US-Geheimdiensten bereits 1941 gelungen, einen Teil der japanischen Funkcodes zu entziffern. Warum der Angriff dennoch so überraschend kam, bleibt rätselhaft. Ein weiteres Rätsel ist auch die zufällige Abwesenheit aller drei Träger der Pazifikflotte am 7. Dezember 1941, sodass die Japaner nur relativ alte Schlachtschiffe versenken konnten. Es gibt aus diesem Grund Spekulationen, dass Präsident Roosevelt den Angriff bewusst in Kauf

Die Akagi *war einer der am Überfall auf Pearl Harbor beteiligten japanischen Flugzeugträger.*

diensten bereits 1941 gelungen, einen Teil der japanischen Funkcodes zu entziffern. Warum der Angriff dennoch so überraschend kam, bleibt rätselhaft. Ein weiteres Rätsel ist auch die zufällige Abwesenheit aller drei Träger der Pazifikflotte am 7. Dezember 1941, sodass die Japaner nur relativ alte Schlachtschiffe versenken konnten. Es gibt aus diesem Grund Spekulationen, dass Präsident Roosevelt den Angriff bewusst in Kauf nahm, denn während die amerikanische Regierung an der Seite Großbritanniens in den Krieg eintreten wollte, gab es noch immer zahlreiche Stimmen – auch in der Bevölkerung der USA –, welche für eine isolationistische Politik Amerikas eintraten. So aber unterzeichnete Präsident Roosevelt am Tag nach dem Angriff die amerikanische Kriegserklärung an

D ie USS Shaw *explodiert.*

PRÄSIDENT ROOSEVELT

Franklin Delano Roosevelt (1882–1945) war von Anfang 1933 bis zu seinem Tod 1945 Präsident der USA und der einzige US-Präsident, der länger als acht Jahre amtierte.
Der Demokrat Roosevelt entstammte einer der wohlhabendsten und vornehmsten Familien New Yorks und litt seit seinem 40. Lebensjahr an Poliomyelitis („Kinderlähmung"), wodurch er auf einen Rollstuhl angewiesen war. Bekannt wurde Roosevelt vor dem Krieg vor allem durch seine „New Deal" genannte Wirtschaftspolitik, mit der er die USA aus der auf den Börsenkrach von 1929 folgenden Wirtschaftskrise führte. Für US-Verhältnisse war diese Politik von einer starken sozialen Komponente und Interventionen des Staates in die Wirtschaft geprägt. Innen- wie außenpolitisch trat Roosevelt für Ausgleich, Gerechtigkeit und eine humane Welt ein. Obwohl die USA nominell neutral waren, sah er sein Land und sich selbst bei Kriegsausbruch daher auch auf Seiten Großbritanniens und Frankreichs. Obgleich viele Amerikaner seine Sympathien teilten, war die Stimmung im Land doch strikt neutral. Noch im Wahlkampf von 1940 versprach Roosevelt, die USA aus dem europäischen Krieg herauszuhalten, unterstützte nach seiner Wiederwahl jedoch Großbritannien bis an die Grenzen dessen, was noch als „neutral" gelten konnte – und mitunter auch darüber hinaus. So lieferten die USA im Rahmen des Leih- und Pachtabkommens große Mengen Kriegsmaterial an Großbritannien, ohne auf unmittelbare Bezahlung zu bestehen, und die US-Navy eskortierte sogar die Konvois, mit denen diese Lieferungen nach Europa verschifft wurden. Die Stimmung in den USA war jedoch weiterhin gegen einen Kriegseintritt. Erst der Überfall auf Pearl Harbor sorgte für einen radikalen Stimmungsumschwung, sodass die USA Japan am 8. Dezember 1941 den Krieg erklärten. Als Bündnispartner Japans erklärte Hitler seinerseits am 11. Dezember 1942 den USA den Krieg. Die Vereinigten Staaten waren von da an die Hauptstütze der Alliierten im Kampf gegen Deutschland und Japan. Um nach Ende des Krieges eine gerechte Weltordnung zu realisieren, propagierte Roosevelt die Gründung der Vereinten Nationen. Er starb wenige Wochen vor Ende des Zweiten Weltkrieges in Europa im April 1945 an einer Hirnblutung. Sein Amt übernahm Vizepräsident Harry S. Truman.

DER JAPANISCHE VORMARSCH

Bereits wenige Stunden nach dem Angriff auf Pearl Harbor begannen die japanischen Streitkräfte mit massiven Angriffsoperationen in Südostasien. Da Japan im hohen Maße von Rohstoffimporten abhängig und dadurch anfällig für Handelssanktionen war, hatte die japanische Regierung beschlossen, jene Gebiete zu besetzen, welche wichtig für die japanische Rohstoffversorgung waren oder strategisch günstig lagen, um einen weiträumigen Verteidigungsring um die japanischen Inseln zu ziehen. Besonders Niederländisch-Ostindien (heute Indonesien) verfügte über reiche Ölvorkommen, und in den britischen Kolonien Südostasiens, vor allem in Malaya (heute Malaysia), gab es reiche Erzvorkommen sowie eine umfangreiche Gummiproduktion.

Da beide europäische Staaten aufgrund der Ereignisse in Europa nicht in der Lage waren, ihre Kolonien adäquat zu verteidigen, und die US-Pazifikflotte zunächst ausgeschaltet war, folgte ein rascher und scheinbar unaufhaltsamer Vormarsch der japanischen Truppen. Diese bestanden zudem aus kampferprobten Einheiten, die sich auf eine überwältigende See- und Luftherrschaft stützen konnten. Die Truppen der Alliierten bestanden zumeist aus zweitklassigen Verbänden oder schlecht ausgebildeten Einheimischen, welche zudem wenig motiviert waren, für ihre Kolonialherren zu sterben. Die Ausrüstung dieser Kolonialtruppen war zudem häufig veraltet.

Am 8. Dezember 1941 landeten japanische Truppen auf der malayischen Halbinsel und auf Inseln nördlich der philippinischen Hauptinsel Luzon. Zur gleichen Zeit griffen schon in China stationierte Verbände die britische Kronkolonie Hongkong an. Der japanischen Luftwaffe gelang es am 8. Dezember, mit einem entschlossenen Angriff die Luftstreitkräfte der US-Truppen auf den Philippinen zu zerschlagen. Die Inseln Guam und Wake, auf denen sich gut ausgebaute US-Stützpunkte befanden, wurden ebenfalls am 8. Dezember von japanischer Marine angegriffen. Zunächst gelang es den Verteidigern jedoch, die Angreifer zurückzuschlagen. Erst einige Wochen später gelang es den Japanern nach dem Eintreffen von Verstärkung, die Inseln zu nehmen.

Vor der japanischen Übermacht hatten sich die britischen Truppen unter General Percival nach Singapur zurückgezogen. Allerdings waren Singapurs Verteidigungsanlagen vor allem für einen Angriff von See her ausgelegt, die vorrückenden Japaner aber kamen von der Landseite her. 80.000 Mann saßen nun in der Falle. Am 15. Februar 1942 kapitulierte Singapur. Die Invasion Birmas begann am 15. Januar 1942, und bis Anfang Mai hatten sich auch von hier die letzten britischen Truppen zurückgezogen. Die Philippinen – seit 1898 praktisch eine US-Kolonie, obwohl nominell unabhängig – wurden von einheimischen und US-Truppen verteidigt. Ihr Befehlshaber General Douglas MacArthur musste Manila bald räumen und befahl den Truppen, sich auf die Insel Corregidor zurückzuziehen. Am 5. Mai 1942 ergaben sich dort die letzten US-Truppen. Auch die Philippinen waren damit in japanischer Hand. US-Soldaten und Filipinos wurden dann auf dem berüchtigten „Todesmarsch" durch die Philippinen in Kriegsgefangenenlager gebracht, bei dem zahlreiche Gefangene starben. Niederländisch-Ostindien fiel Mitte März, und nichts schien die Japaner aufhalten zu können.

rechts: Jubelnde japanische Truppen nach der Einnahme Bataans auf den Philippinen im April 1942.

Ein nächster Erfolg der japanischen Streitkräfte ist die Versenkung der britischen Schlachtschiffe HMS Repulse *und* HMS Prince of Wales *am 10. Dezember 1941. Die hier zu sehende* Prince of Wales *war zum Zeitpunkt ihrer Versenkung noch nicht einmal zehn Monate im Dienst.*

Der Kapitän der USS Hornet, *Marc A. Mitscher (vorne links) wünscht Oberstleutnant Jimmy Doolittle (vorne rechts) und den Besatzungen der B-25 vor dem Abflug Glück.*

Eine B-25 startet vom Deck der USS Hornet *zum Angriff auf Tokio.*

„DOOLITTLE RAID"

Da die Alliierten seit Kriegsbeginn nur Niederlagen hinnehmen mussten und der Vormarsch der Japaner scheinbar nicht zu stoppen war, berieten hochrangige US-Militärs schon im Januar 1942 die Möglichkeit, Japan direkt anzugreifen. Da keine Flugzeuge mit der entsprechenden Reichweite zur Verfügung standen, verfiel man auf die Lösung, zweimotorige mittlere Bomber des Typs North American B-25 Mitchell von allem Entbehrlichen zu befreien, mit Zusatztanks auszurüsten und dann mit einem Flugzeugträger in die Nähe der japanischen Inseln zu bringen. Die B-25 war allerdings wesentlich größer und schwerer als gewöhnliche Trägermaschinen und konnte nur mit Mühe vom kurzen Deck eines Trägers starten. Dort auch wieder zu landen, war unmöglich, daher sollten die Maschinen nach ihrem Einsatz nach China weiterfliegen. Der Führer der Gruppe der B-25-Bomber war Oberstleutnant James H. Doolittle. Am 2. April verließ der Flugzeugträger *USS Hornet* mit Geleitschutz den Hafen von San Francisco mit Kurs auf Japan. An Bord waren 16 umgerüstete B-25, welche von speziell geschulten Besatzungen geflogen wurden, die aus Freiwilligen bestanden. Um Gewicht zu sparen, war die gesamte Abwehrbewaffnung entfernt worden, einzig im Heckstand trugen die Maschinen zwei hölzerne MG-Attrappen. Mit vier 227-kg-Bomben an Bord machten sich die B-25 am 18. April rund 950 km vor der japanischen Küste auf den Weg, um Ziele im Raum Tokio, Yokohama, Yokosuka, Nagoya und Kobe zu bombardieren. Doolittles Bomber stießen auf keinerlei Widerstand und entkamen ohne Verluste, allerdings auch ohne substanzielle Schäden angerichtet zu haben. Bis auf eine Maschine, die in der Sowjetunion notlanden musste, erreichten alle B-25 die chinesische Küste, allerdings mussten einige Besatzungen dort mit dem Fallschirm abspringen und gerieten in die Hand japanischer Truppen, welche drei Piloten als Kriegsverbrecher enthaupten ließen.

Dennoch war es den Amerikanern gelungen, einen Propagandasieg zu erringen, der Japan dazu brachte, Jagdflugzeuge von der Front abzuziehen, um gegen eine mögliche Wiederholung gewappnet zu sein.

DIE SCHLACHT IM KORALLENMEER

Im April 1942 unternahm die japanische Marine einen Vorstoß in den Indischen Ozean in Richtung Ceylon (heute Sri Lanka). Dort vernichteten japanische Trägermaschinen unter anderem einen Träger und zwei schwere Kreuzer der Royal Navy sowie etliche Handelsschiffe mit fast 100.000 BRT. Da sich die noch vorhandenen britischen Schiffe nach Ostafrika zurückzogen und somit Ziele fehlten, lief der japanische Verband wieder zurück in den Pazifik.

Für Ende April/Anfang Mai 1942 war von japanischer Seite ein Landungsunternehmen auf der Südseite Neuguineas geplant, um mit der Einnahme von Port Moresby die Eroberung dieser riesigen Insel abzuschließen. Der US Navy war es zwischenzeitlich jedoch gelungen, die Funkcodes der Japaner vollständig zu entschlüsseln. Admiral Nimitz, der neue Oberbefehlshaber der Pazifikflotte, entsandte daher alle verfügbaren Flugzeugträger, um die japanische Invasionsflotte abzufangen.

Vom 4. bis zum 8. Mai 1942 trafen die beiden Verbände im Korallenmeer nordöstlich von Australien aufeinander. Bei dieser in der Geschichte bis zu diesem Zeitpunkt einzigartigen, kombinierten See-Luft-Schlacht waren die beteiligten Schiffe hunderte Kilometer voneinander entfernt. Sämtliche Angriffe wurden von Flugzeugen ausgeführt. Während die US Navy den großen Flottenträger, die *USS Lexington*, verlor und die *USS Yorktown* beschädigt wurde, gelang im Gegenzug den Amerikanern die Versenkung des kleineren japanischer Trägers *Shoho* und die Beschädigung der *Shokaku*. Die Japaner verloren über 1.000 Mann in dieser Schlacht, die US Navy hatte mehr als 500 Tote zu beklagen.

Ein Nakajima-B5N2-Torpedobomber der japanischen Marine hebt mit Hilfe von Starthilfsraketen ab.

In der Schlacht im Korallenmeer verliert die US Navy die USS Lexington.

Obwohl taktisch ein Patt, war die Schlacht im Korallenmeer strategisch jedoch ein Erfolg der US Navy, da erstmals das weitere Vordringen der Japaner gestoppt werden konnte.

DIE SCHLACHT UM DIE MIDWAY-INSELN

Trotz des Rückschlags im Korallenmeer konnten die japanischen Streitkräfte mit dem von ihnen Erreichten doch sehr zufrieden sein. In nur sechs Monaten hatten sie Thailand, Malaya, Birma, Niederländisch-Ostindien und Teile Neuguineas sowie die Philippinen erobert. 340.000 alliierte Soldaten waren in Gefangenschaft geraten, und die alliierten Flotten hatten acht Schlachtschiffe, zwei Flugzeugträger, sieben Kreuzer und zahlreiche kleinere Kriegsschiffe sowie Frachter verloren. Die japanische Armee und die Marine hatten den Höhepunkt ihrer Kampfkraft erreicht. Nun plante das japanische Oberkommando noch weitere Eroberungen östlich der bisherigen Frontlinie. Ziel waren dabei auch die Midway-Inseln, eine Gruppe von kleineren Eilanden westlich von Hawaii.

Douglas-SBD-Dauntless-Sturzbomber der US Navy zeichneten sich bei der Schlacht im Korallenmeer ebenso aus wie bei Midway, wo ihnen die Versenkung dreier japanischer Träger gelang.

Da der japanische Oberbefehlshaber Admiral Yamamoto annahm, dass die amerikanische Navy nach der Beschädigung der *USS Yorktown* nur noch über zwei Träger verfügte – die er zudem im Südpazifik wähnte –, glaubte er, die verbliebene Pazifikflotte vor Midway zu einem Entscheidungskampf herausfordern zu können.

Während im Nordpazifik ein Ablenkungsangriff auf die Aleuten stattfand, bewegte sich ein japanischer Verband aus vier großen Trägern und zahlreichen Begleitschiffen – vom Schlachtschiff bis zum Zerstörer – auf Midway zu.

Doch war die US Navy dank ihrer Funkaufklärung und der entschlüsselten japanischen Codes erneut detailliert über die Pläne des Gegners informiert. Die in der Korallensee beschädigte *USS Yorktown* wurde – obgleich drei Monate für ihre Reparatur veranschlagt worden waren – in nicht einmal drei Tagen wieder kampffähig gemacht.

Am frühen Morgen des 4. Juni 1942 begannen die japanischen Angriffe auf die Midway-Inseln, deren Verteidigung zuvor massiv verstärkt worden war. Obwohl einiger Schaden an den Stützpunkten auf den Inseln angerichtet wurde, waren diese noch längst nicht außer Gefecht gesetzt. Sämtliche Flugzeuge der US-Streitkräfte waren zudem bereits vor dem Beginn des Angriffs aufgestiegen, um einen Gegenangriff zu starten – allerdings ohne Erfolg, da sie die japanische Flotte nicht finden konnten. Mehr Glück hatten jedoch die US-Träger: Während die Decks noch voller Maschinen waren, die aufgetankt und munitioniert wurden, überraschten Sturzbomber der *USS Enterprise*, *Yorktown* und *Hornet* die japanischen Träger *Akagi*, *Kaga* und *Soryu*.

Die panzerbrechenden 454-kg-Bomben der Douglas Dauntless verwandelten die drei Träger innerhalb kürzester Zeit in eine Hölle aus brennendem Treibstoff und explodierender Munition. Bis zum Abend waren alle drei japanischen Träger gesunken. Die *Hiryu*, der vierte Träger der Flotte Yamamotos, und der Kreuzer *Mikuma* teilten noch am gleichen Tag das Schicksal. Zudem verlor die japanische Marine über 300 erfahrene Piloten – Veteranen, die nur mit großer Mühe zu ersetzen waren. Die US Navy verlor lediglich die *USS Yorktown*, welche zunächst nur beschädigt worden war, aber dann von einem japanischen U-Boot versenkt wurde.

Mit einem Schlag hatte die japanische Marine ihre Überlegenheit im Pazifik verloren. Von nun an befanden sich die Japaner in der Defensive, und das bei Kriegsbeginn angelaufene Rüstungsprogramm der USA sorgte dafür, dass die US-Truppen bald über eine erdrückende Überlegenheit verfügten.

Künstlerische Sicht der Luftkämpfe über dem Pazifik.

JAPAN

FLUGZEUGTRÄGER UND TRÄGER-KAMPFFLUGZEUGE

Während der Kämpfe im Pazifik kristallisierte sich der Flugzeugträger als entscheidende Waffe auf diesem Kriegsschauplatz heraus. Nicht mehr Schlachtschiffe, sondern Träger und die auf ihnen stationierten Flugzeuge beherrschten die Meere. Bei den Schlachten bekamen die Besatzungen der Schiffe nur überaus selten die Schiffe des Gegners zu Gesicht, denn Flugzeuge führten sämtliche Angriffsoperationen aus.

Schon vor Beginn der Kämpfe hatte die US Navy ein groß angelegtes Bauprogramm aufgelegt, das sie mit dutzenden großer und kleiner Träger versorgen sollte. Der industriellen Leistungsfähigkeit der USA schien zu jener Zeit keine Grenzen gesetzt, und Geleitflugzeugträger wurden sogar regelrecht in Serie gebaut.

Aichi D3A Kaubaku („Val")

Die Aichi D3A, Kodename „Val", war bei Kriegsbeginn der Standard-Sturzbomber an Bord japanischer Flugzeugträger und gehörte beim Überfall auf Pearl Harbor zur ersten Angriffswelle. Aufgrund des hohen Ausbildungsstands der Piloten und der guten Flugeigenschaften erzielten Maschinen dieses Typs zunächst erstaunliche Erfolge.

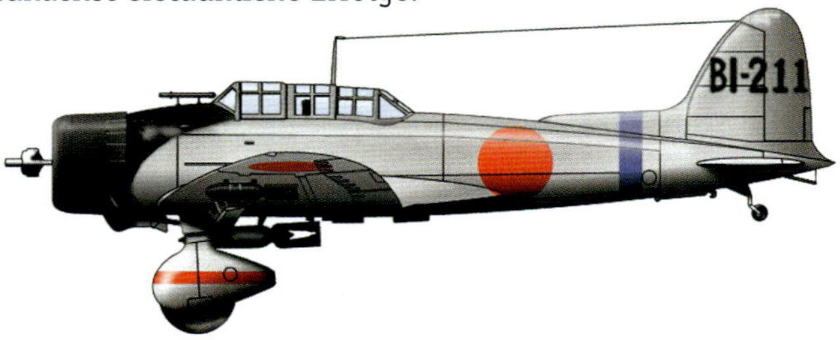

Spannweite/Länge	*14,36 m/10,19 m*
Geschwindigkeit	*385 km/h in 3.000 m*
Motor	*ein Mitsubishi-Kinsei mit 1.070 PS (798 kW)*
Reichweite	*1.470 km*
Bewaffnung	*3 x 7,7-mm-MG, bis zu 370 kg Bomben*

Nakajima B5N2 Kankoh („Kate")

Die B5N, alliierter Codename „Kate", war der einzige trägergestützte Torpedobomber der japanischen Marine bei Ausbruch des Pazifikkrieges. Ende 1941 war die Kate allerdings schon beinahe veraltet, denn ihr Entwurf stammte von 1935. Dennoch zeigte sie bessere Leistungen als ihr Gegenstück in der US Navy, die Douglas TBD Devastator. B5N waren maßgeblich am japanischen Erfolg beim Angriff auf Pearl Harbor beteiligt.

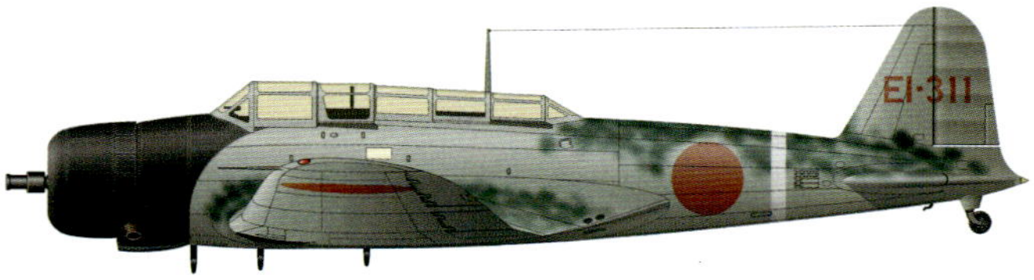

Spannweite/Länge	*15,52 m/10,30 m*
Geschwindigkeit	*370 km/h*
Motor	*ein Nakajima Sakae mit 1.000 PS (736 kW)*
Reichweite	*1.935 km*
Bewaffnung	*1 x 7,7-mm-MG, ein 800-kg-Torpedo oder drei 250-kg-Bomben*

Mitsubishi A6M Rei-Sen (Kodename „Zero" oder „Zeke")

Dieser Typ war und ist wohl das bekannteste japanische Jagdflugzeug des Zweiten Weltkrieges. Ihre Bezeichnung Typ Null (daher „Zero") rührt von ihrem Einführungsjahr bei der kaiserlichen Marine (nach japanischer Zeitrechnung 2600, nach westlicher Rechnung 1940) her. Die A6M war wendig, schnell und besaß eine große Reichweite. In den ersten Monaten des Krieges beherrschte die Zero den Himmel über dem Pazifik und Asien ohne jede Konkurrenz. Aber natürlich hatte auch die Zero Schwachpunkte: Ihre Leistungsfähigkeit war durch extreme Leichtbauweise und den Verzicht auf jede Art von Defensivschutz, wie selbstversiegelnde Treibstofftanks oder Panzerung, erkauft worden.

Spannweite/Länge	*12,00 m/9,06 m*
Geschwindigkeit	*533 km/h*
Motor	*ein Nakajima Sakae mit 950 PS (709 kW)*
Reichweite	*3.100 km*
Bewaffnung	*2 x 7,7-mm-MG, 2 x 20-mm-MK; bis zu 120 kg Bomben*

USA

Grumman F4F Wildcat

Die Wildcat trug anfangs die Hauptlast der Kämpfe im Pazifik. Obwohl eigentlich der A6M Zero unterlegen, entwickelten die Piloten der US Navy schließlich spezielle Taktiken, um diesem Typ gewachsen zu sein. Neben ihrer Rolle als Jagdflugzeug schützten Wildcats Geleitzüge, bekämpften U-Boote und leisteten Erdkampfunterstützung.

Spannweite/Länge	*11,58 m/8,76 m*
Geschwindigkeit	*512 km/h in 5.915 m*
Motor	*ein Pratt & Whitney Twin Wasp mit 1.200 PS (895 kW)*
Reichweite	*1.240 km*
Bewaffnung	*6 x 12,7-mm-Browning-MG, bis zu zwei 45,4-kg-Bomben*

Douglas TBD Devastator

Die Devastator war der erste US-Eindecker-Torpedobomber und weltweit das erste Ganzmetallflugzeug mit hydraulisch hochklappbaren Flügeln. In der Schlacht im Korallenmeer waren Devastator maßgeblich an der Versenkung eines japanischen Flugzeugträgers beteiligt, bei Midway kam jedoch das Ende ihres Einsatzes. Als 41 TBD zum Torpedo-Angriff auf japanische Träger ansetzten, wurden diese reihenweise von A6M Zero abgeschossen.

Spannweite/Länge	*15,24 m/10,67 m*
Geschwindigkeit	*332 km/h in 2.440 m*
Motor	*ein Pratt & Whitney Twin Wasp mit 900 PS (671 kW)*
Reichweite	*700 km mit Torpedo oder 1.150 km mit 454-kg Bombenlast*
Bewaffnung	*2 x 7,62-mm-MG, ein 533-mm-Torpedo oder bis zu 454 kg Bomben*

Douglas SBD Dauntless

Die Dauntless gilt als der erfolgreichste US-Sturzkampfbomber und zeichnete sich durch Robustheit und Langlebigkeit aus. Sie war maßgeblich am Sieg über die japanische Flotte im Pazifikkrieg beteiligt und bewährte sich bis Ende 1944. Dank ihrer Beschussfestigkeit hatten SBD die niedrigste Verlustrate aller amerikanischen Flugzeuge im pazifischen Raum.

Spannweite/Länge	*12,65 m/10,06 m*
Geschwindigkeit	*410 km/h in 4.265 m*
Motor	*ein Wright Cyclone mit 1.350 PS (1.007 kW)*
Reichweite	*1.244 km*
Bewaffnung	*2 x 12,7-mm und 2 x 7,62-mm-Browning-MG, bis zu 1.057 kg Bomben*

Grumman TBF Avenger

Der Name Avenger (dt. Rächer) sagt einiges über die Entstehungszeit der TBF. Die ersten TBF kamen im Januar 1942, nur einen Monat nach dem Überfall auf Pearl Harbor, zur US Navy und erwiesen sich als erstklassige Maschinen, die bis nach 1945 im Einsatz blieben. Neben Torpedo- und Bombenangriffen flogen Avenger Aufklärungs- und Anti-U-Boot-Einsätze.

Spannweite/Länge	*12,65 m/10,06 m*
Geschwindigkeit	*430 km/h in 4.570 m*
Motor	*Wright Cyclone mit 1.750 PS (1.305 kW)*
Reichweite	*1.820 km*
Bewaffnung	*drei 12,7-mm-MG und ein 7,62-mm-MG, bis zu 1.134 kg Abwurflast*

JAPAN

Akagi

Die *Akagi* wurde als Schlachtkreuzer begonnen, dann jedoch aufgrund des Washingtoner Flottenabkommens als Träger fertig gestellt. Nach ihrer Beteiligung am Angriff auf Pearl Harbor wurde sie während der Schlacht von Midway von US-Sturzkampfbombern angegriffen und brannte aus.

Verdrängung	*37.080 ts*
Länge/Breite	*260,68 m/31,80 m*
Antrieb	*133.000 PS (97.888 kW)*
Geschwindigkeit	*31,2 kn*
Besatzung	*ca. 2.020 Mann*
Bewaffnung	*6 x 20,3-cm-SK in Kasematten, 12 x 12,7-cm-Flak, 28 x 2,5-cm-Flak, 66 Bordflugzeuge (plus 25 zerlegt als Reserve)*

Kaga

Die *Kaga* wurde ebenfalls als Schlachtkreuzer begonnen, aber aufgrund der Beschränkungen des Washingtoner Flottenabkommens als Flugzeugträger fertig gestellt. Im Dezember 1941 gehörte sie zum Flottenverband, der den Angriff auf Pearl Harbor durchführte. Bei der Schlacht um Midway wurde sie am 4. Juni 1942 von SBD Dauntless der *USS Enterprise* bombardiert und sank kurze Zeit später.

Verdrängung	*38.813 ts*
Länge/Breite	*260,70 m/31,30 m*
Antrieb	*127.000 PS (93.427 kW)*
Geschwindigkeit	*31,25 kn*
Besatzung	*ca. 2.000 Mann*
Bewaffnung	*10 x 20,3-cm-SK in Kasematten, 16 x 12,7-cm-Flak, 22 x 2,5-cm-Flak, 72 Bordflugzeuge (plus 25 zerlegt als Reserve)*

USA

USS Hornet

Die *USS Hornet* war ein Schwesterschiff der *Yorktown* und der *Enterprise*. Sie nahm an der Schlacht im Korallenmeer um Midway teil. Danach beteiligte sich der Träger an den Kämpfen um die Salomonen, wo seine Flugzeuge am 26. Oktober 1942 den japanischen Träger *Shokaku* und den Kreuzer *Chikuma* schwer beschädigten. Allerdings wurde die *Hornet* dabei selbst so schwer beschädigt, dass das Schiff aufgegeben werden musste.

Verdrängung	*20.200 ts*
Länge/Breite	*252,50 m/34,70 m*
Antrieb	*120.000 PS (88.320 kW)*
Geschwindigkeit	*32,5 kn*
Besatzung	*2.919 Mann*
Bewaffnung	*8 x 12,7-cm-Mehrzweckgeschütze, 16 x 2,8-cm-Flak, 24 x 12,7-mm-Fla-MG, bis zu 96 Bordflugzeuge*

USS Enterprise

Sie überstand im Gegensatz zu ihren Schwesterschiffen *Hornet* und *Yorktown* den Krieg ohne größere Schäden, obwohl die „Big E", wie das Schiff auch genannt wurde, an praktisch allen wichtigen Schlachten des Pazifikkrieges teilnahm.

Verdrängung	*19.800 ts*
Länge/Breite	*252,50 m/34,70 m*
Antrieb	*120.000 PS (88.320 kW)*
Geschwindigkeit	*32,5 kn*
Besatzung	*2.919 Mann*
Bewaffnung	*8 x 12,7-cm-Mehrzweckgeschütze, 16 x 2,8-cm-Flak, 24 x 12,7-mm-Fla-MG, bis zu 96 Bordflugzeuge*

Während der Kämpfe um Guadalcanal wird eine Douglas SBD Dauntless am 7. August 1942 an Bord der USS Enterprise *mit Bomben beladen.*

GUADALCANAL

Nach der Schlacht um Midway und dem Verlust von vier ihrer sechs Träger sahen sich die Japaner gezwungen, ihre weiteren Eroberungsabsichten aufzugeben. Zudem waren beide Seiten erschöpft und ausgelaugt. Nach einem halben Jahr ununterbrochener intensiver Operationen mussten die Truppen aufgefrischt und die Schiffe überholt werden. Zur Konsolidierung ihres Verteidigungsgürtels im Pazifik besetzten die Japaner die östlichen Salomoneninseln und begannen mit dem Bau von Verteidigungsstellungen in den eroberten Territorien. Zunächst unternahm auch die US Navy keine weiteren groß angelegten Operationen, da – bedingt durch die geplante alliierte Landung in Nordafrika – der Fokus der US-Truppen momentan auf den Atlantik gerichtet war.

Als auf der japanisch besetzten Salomoneninsel Guadalcanal jedoch mit dem Bau eines Flugplatzes begonnen wurde, der den japanischen Truppen in diesem Raum einen entscheidenden Vorteil verschafft und den Schiffsverkehr zwischen den USA und Australien bedroht hätte, beschloss die US Navy, ihre einzige noch verfügbare intakte Marine-Infanteriedivision einzusetzen, um die Insel zu nehmen. Am 7. August 1942 landete eine Division des United States Marine Corps (USMC) auf Guadalcanal sowie der kleineren Nachbarinsel Tulagi. Den Marines gelang es recht rasch, den fast fertigen Flugplatz einzunehmen, der innerhalb weniger Tage vollendet und nach einem bei Midway gefallenen US-Navy-Piloten „Henderson Field" benannt wurde. Der Besitz dieses Flugfeldes sicherte den Alliierten die regionale Luftüberlegenheit, die von entscheidender Bedeutung für den weiteren Verlauf der Kämpfe war. Hartnäckig versuchten die Japaner nun, die Marines wieder von den Inseln zu vertreiben. Während US-Flugzeuge tagsüber alle japanischen Operationen unterbanden, nutzte die japanische Marine ihre Überlegenheit zur See und versorgte nachts die Truppen mit Nach-

Im Inselgewirr der Salomonen waren die Torpedoboote der US Navy bei Angriffen auf japanische Schiffe sehr erfolgreich.

schub. Die täglich nach Einbruch der Dunkelheit nach Guadalcanal laufenden Zerstörer erhielten aufgrund ihrer Schnelligkeit und der Regelmäßigkeit ihres Erscheinens von den US-Truppen den Namen „Tokyo Express".

Während des Kampfes um Guadalcanal kam es zu einer ganzen Reihe von See- und Luftschlachten, bei denen beide Seiten schwere Verluste verzeichnen mussten. Erst nach monatelangen schweren Kämpfen gelang es den Alliierten, die Inseln ganz zu erobern. Erst am 8. Februar 1943 verließen die japanischen Truppen Guadalcanal.

Die Japaner verloren während der Kämpfe zwei Schlachtschiffe, drei Kreuzer, zwölf Zerstörer, 16 Transportschiffe und insgesamt rund 34.000 Mann. Die Alliierten büßten sechs Kreuzer und sieben Zerstörer sowie gut 8.000 Mann ein.

Erstmals war es den Alliierten gelungen, die Japaner nicht nur aufzuhalten, sondern auch zurückzudrängen. Besaßen die Japaner bei Beginn der Kämpfe noch in fast allen Bereichen die Überlegenheit, so hatte sich das Blatt sechs Monate später gewendet. Die Alliierten besaßen Anfang 1943 nicht nur mehr Kriegsschiffe und Flugzeuge, sie waren auch taktisch überlegen.

Im undurchdringlichen Dschungel Gudalcanals.

NEUGUINEA

Noch während die japanischen Truppen in der zweiten Hälfte des Jahres 1942 versuchten, Guadalcanal wieder in ihren Besitz zu bringen, mussten sie auf Neuguinea den Rückzug antreten. Neuguinea, nördlich von Australien gelegen und nach Grönland die zweitgrößte Insel der Welt, wurde zu Beginn des Krieges im Nordteil von japanischen Truppen besetzt, die ab Juli 1942 versuchten, nach Port Moresby an der Südostküste vorzustoßen. Von dort aus hätten sie Australien bedrohen können. Doch alliierte Truppen unter General MacArthur hatten im September 1942 den japanischen Vormarsch stoppen können. Nach und nach gelang es, praktisch alle japanischen Stützpunkte an der Nordostseite Neuguineas zurückzuerobern. Nach dem Ende der Kämpfe auf Guadalcanal eroberten die Alliierten auch schrittweise die weiteren Salomoneninseln. Einzig der stark befestigte und gut ausgebaute Stützpunkt Rabaul auf Neubritannien verhinderte einen Zusammenbruch der japanischen Streitkräfte in dieser Region. Die Alliierten bereiten sich nun auf eine Offensive vor, die der Rückeroberung der von Japan besetzten Inseln dienen und sie schließlich bis vor die Schwelle des Kaiserreiches selber führen sollte.

Zur Jahreswende 1942/43 können die Alliierten immer mehr Erfolge verbuchen. Stolz präsentieren diese GIs eroberte japanische Fahnen.

Japanische Soldaten mit 50-mm-Grantwerfern.

Eine P-38 Lightning.

ADMIRAL YAMAMOTO

Großadmiral Isoroku Yamamoto (1884–1943) war einer der bekanntesten japanischen Befehlshaber des Zweiten Weltkrieges. Yamamoto diente bereits während des Russisch-Japanischen Krieges 1904/05 in der japanischen Marine. Während der Seeschlacht von Tsushima wurde er verwundet und verlor zwei Finger der linken Hand. 1919–1921 studierte er in Harvard und war 1925–1928 Marineattaché in den USA. 1935 wurde Yamamoto stellvertretender Marineminister und 1940 Oberbefehlshaber der Flotte. Er war maßgeblich an den Planungen für den Überfall auf Pearl Harbor und an den japanischen Erfolgen der ersten Kriegsmonate beteiligt. Dennoch war Yamamoto bezüglich der Aussichten Japans, einen Krieg gegen die USA zu gewinnen, skeptisch. Aus eigener Anschauung kannte er die wirtschaftliche Leistungsfähigkeit der USA und gab dem Kaiserreich nur dann eine Chance, wenn nach schnellen, weiträumigen Eroberungen ein Frieden geschlossen werden könnte.

Nach den spektakulären Erfolgen der ersten Monate führte Yamamoto die japanische Flotte auch in der katastrophalen Schlacht von Midway sowie während der Kämpfe um die Salomonen an.

Als Yamamoto am 18. April die Salomoneninsel Ballalae südöstlich Bougainville besuchen wollte, um die dortigen Truppen zu inspizieren, wurde seine G4M „Betty" von P-38-Lightning-Langstreckenjägern der USAAF überrascht und abgeschossen. Da die USA in der Lage waren, den japanischen Funkcode zu knacken, waren sie über Yamamotos Pläne informiert und hatten seine Maschine auf ihrem Weg abgefangen. Yamamotos Tod wurde von beiden Seiten zunächst geheim gehalten. Japan wollte den Tod seines Kriegshelden vertuschen, während die USA die Bekanntgabe verhindern wollten, dass sie in der Lage waren, japanische Funksprüche zu dechiffrieren.

INSELSPRINGEN

Bis zum Herbst 1943 hatten die Alliierten – gestützt auf die industrielle Kapazität der USA – eine klare materielle Überlegenheit über die japanischen Truppen erreicht. Eine neue Generation von Kampfflugzeugen der Armee und der Marine, wie die Lockheed P-38 Lightning oder die Grumman-Typen Avenger und Hellcat, war ihren japanischen Kontrahenten deutlich überlegen, die seit Kriegbeginn mit den gleichen Flugzeugmustern kämpften. Während die japanischen Streitkräfte ihre Verluste nicht einmal mehr ausgleichen konnten, versorgten die Amerikaner die Alliierten mit einem ständig wachsenden, qualitativ hochwertigen Waffenarsenal.

Beim Kampf um die Gilbert-Inseln erlitten die US-Marines hohe Verluste. Allein beim Sturm auf Tarawa fielen 3.300 Mann.

Gestützt auf diese technische Überlegenheit begannen die US-Truppen am 20. November 1943 mit der Landung auf den Gilbert-Inseln. Da man aus den Fehlern der Kämpfe um Guadalcanal gelernt hatte, wurden die Marines während ihres Sturms auf die Inseln von einem starken Marineverband unterstützt, der zunächst intensiv die japanischen Stellungen beschoss. Gleichzeitig griffen Verbände aus Flugzeugträgern, schnellen Schlachtschiffen und Kreuzern – so genannte Task Forces – weiter entfernte japanische Stützpunkte an, um das Heranführen japanischer Verstärkung oder Entlastungsangriffe zu verhindern. Gleichzeitig wurden diese entfernten Stützpunkte damit bereits geschwächt und für eine nachfolgende Invasion vorbereitet. Bei der Besetzung der Gilbert-Inseln erlitten die Marines dennoch ungewöhnlich hohe Verluste. Allein beim Sturm auf die Insel Tarawa starben über 3.300 „Ledernacken". Doch waren die Verluste auf japanischer Seite noch wesentlich höher – insbesondere, da die Verteidiger häufig bis zur letzten Patrone kämpften, ohne sich zu ergeben. Statt in die Gefangenschaft zu gehen, verübten sie häufig Selbstmord („Seppuko") oder griffen ohne Munition, nur mit aufgepflanztem Bajonett und „Banzai!" brüllend die Stellungen der Marines an. Daher gingen von den 4.500 Verteidigern der Insel Tarawa am Ende lediglich 17 in Gefangenschaft. Alle anderen waren gefallen.

Im Gegensatz zu den GIs in Europa trugen die Marines im Pazifikraum häufig Tarnkleidung.

Nach der Eroberung der Gilbert-Inseln begann am 31. Januar 1944 die Invasion der Marshall-Inseln. Um hohe Verluste wie bei der Landung auf den Gilbert-Inseln zu vermeiden, verstärkte die US Navy nochmals die vorbereitenden Bombardierungen und die Beschießung der japanischen Stellungen. Daher fielen beim Sturm auf das Kwajalein-Atoll nur rund 400 US-Marines, während die Japaner über 8.000 Mann verloren. Ähnlich verhielten sich die Zahlen bei den Kämpfen um das Eniwetok-Atoll. Dabei verloren die US-Truppen 165 Mann, von 2.741 Japanern überlebten lediglich 64 Soldaten die harten Kämpfe.

War eine Insel oder Inselgruppe erobert, diente diese als Sprungbrett zur Invasion der nächsten. Durch dieses „Inselspringen" eroberten die Alliierten nach und nach alle wichtigen Inseln im Pazifik zurück. Unwichtige oder zu stark befestigte Stützpunkte wurden von den Alliierten umgangen. Abgeschnitten vom Mutterland und ohne Nachschub waren die dort stationierten japanischen Truppen zur Untätigkeit verdammt und harrten teilweise bis zum Ende des Krieges 1945 aus, ohne die Kämpfe beeinflussen zu können.

Ebenso wichtig – wenn nicht gar wichtiger als die technische Überlegenheit der Alliierten – war die logistische Unterstützung des Vormarsches. Sobald eine Insel erobert war, landeten Pioniere, die so genannten Construction Batallions oder „CBs“ – daher im Englischen auch „Sea Bees“ –, und setzten die militärischen Anlagen instand bzw. legten neue an. Schon nach kurzer Zeit waren Flugplätze und Häfen wieder einsatzbereit oder neu errichtet und standen als Basis für weitere Angriffe zur Verfügung. Die Versorgung der kämpfenden Truppe mit Nachschub war in den endlosen Weiten des Pazifiks ebenfalls von immenser Wichtigkeit, die einer sorgfältigen Planung bedurfte, da alles – vom Brot bis zum Torpedo – über tausende Kilometer aus den Vereinigten Staaten oder aus Australien herangeschafft werden musste. Während dies für die Alliierten jedoch größtenteils ungehindert per Schiff geschehen konnte, erzielten U-Boote der US Navy große Erfolge bei der Versenkung japanischer Frachter und Tanker – Erfolge, die sich durchaus mit denen der Kriegsmarine im Atlantik messen konnten und diese mitunter sogar übertrafen. Unverständlicherweise konzentrierten sich die japanischen U-Boote jedoch auf den Kampf gegen die Kampfschiffe der US Navy. Dabei erzielten sie allerdings einige spektakuläre Erfolge.

Auch auf Neuguinea ging die Rückeroberung der Insel durch MacArthurs Truppen unaufhaltsam weiter. Massive Luftangriffe auf die japanischen Stützpunkte Rabaul und Truk unterbanden japanische Versuche, das Blatt zu wenden, und konsolidierten die Stellung der alliierten Truppen im Südwestpazifik, bevor der Vormarsch fortgesetzt wurde.

Mitte 1944 setzten die Alliierten ihre Offensive im Pazifik fort. Die stark verteidigte japanische Marinebasis Truk wurde dabei umgangen. Stattdessen wurden die Marianen zum Ziel der Alliierten, um auf diesen Inseln Flugfelder errichten zu können, von denen aus

Insel für Insel erobern die Alliierten zurück.

Japan von schweren Bombern erreicht werden konnte.

Am 15. Juni 1944 begann eine Armada von 535 Kriegs- und Transportschiffen mit gut 130.000 Soldaten an Bord mit der Invasion der Insel Saipan. Zur Verteidigung dieser strategisch immens bedeutsamen Inselgruppe plante die japanische Marine einen Gegenangriff und hoffte, mit einem entscheidenden Sieg den Kriegsverlauf zugunsten Japans wenden zu können. Mit fünf Schlachtschiffen, 13 Kreuzern und neun Flugzeugträgern sowie vielen landgestützten Flugzeugen stellte sie sich der US-Flotte entgegen. Da der japanische Verband jedoch bereits frühzeitig von amerikanischen U-Booten entdeckt wurde, waren die Amerikaner vorbereitet und sandten einen starken Marineverband aus, um die japanische Flotte abzufangen. Die „Task Force 5.8" unter Vizeadmiral M. A. Mitcher verfügte über 15 Flugzeugträger, sieben Schlachtschiffe, 20 Kreuzer und über 900 Flugzeuge.

Während der folgenden kombinierten Luft- und Seeschlacht erzielten die US-Truppen einen überwältigenden Sieg. Durch die Vernichtung von über 480 Flugzeugen und drei großen Flugzeugträgern wurde die japanische Trägerstreitmacht praktisch völlig vernichtet. Der Sieg war so vollständig und die Überlegenheit der US Navy bereits so groß, dass die amerikanischen Piloten vom „Truthahnschießen bei den Marianen" sprachen. Nach diesem Sieg gelang es den US-Truppen, die Marianen zwar zu erobern, doch die Verluste an Menschenleben auf beiden Seiten waren verheerend. Auf Saipan allein starben weit über 16.000 amerikanische und 29.000 japanische Soldaten. Zum Entsetzen der Amerikaner wählte auch ein Großteil der japanischen Bevölkerung der Inseln lieber den Freitod, als unter US-Herrschaft zu leben.

Der Krieg im Pazifik war vor allem ein Krieg der Flugzeugträger.

DIE RÜCKEROBERUNG DER PHILIPPINEN

Mittlerweile wurden auch die japanischen Inseln selbst Ziel von so genannten Trägerraids, bei denen „Task Forces" überraschend vor der Küste Japans auftauchen und fast nach Belieben Ziele aller Art angriffen. Die eigentliche Frontlinie war jedoch noch weit von Tokio entfernt. Nach der Eroberung der Marianen war die Rückeroberung der Philippinen das nächste Ziel der US-Pazifikflotte. Zur Eroberung der Insel Leyte, einer der größten Inseln der Philippinen, wurden über 600 Kriegsschiffe zusammengezogen, welche die 165.000 Mann der Invasionsstreitmacht transportieren und unterstützen sollten. Als am 20. Oktober 1944 die Landung der US-Truppen begann, hoffte die japanische Marine, mit einem kühnen Plan die amerikanische Armada vernichten zu können. Während ein japanischer Marineverband als Köder die US-Träger und Schlachtschiffe aus dem Golf von Leyte nach Norden locken sollte, hatten zwei weitere japanische Gruppen den Auftrag, in den Golf einzudringen und die US-Schiffe dort zu vernichten. Zunächst funktionierte dieser Plan, aber Admiral Halsey erkannte rechtzeitig die Gefahr, ließ seinen Verband nach der Versenkung einer Reihe von japanischen Schiffen umkehren und vernichtete einen Großteil der beiden japanischen Kampfgruppen. Dadurch entging die US-Landungsflotte einer Katastrophe. Im Verlauf der Luft- und Seeschlacht im Golf von Leyte verlor die japanische Marine zahlreiche Schiffe und spielte danach keine entscheidende Rolle mehr. Die US Navy hatte von nun an die völlige Seeherrschaft, nachdem sie zuvor schon die Luftherrschaft errungen hatte.

Die Rückeroberung der Philippinen erwies sich als langer und verlustreicher Feldzug. Um den Abschluss der Kämpfe zu beschleunigen, führten die Alliierten am 9. Januar 1945 eine Landung in der Bucht von Lingayen (Luzon) durch – genau dort, wo rund drei Jahre zuvor die japanischen Invasoren gelandet waren. Während der Kämpfe um die Philippinen setzten die Japaner massiv auf Kamikazeflieger, die sich bewusst unter Opferung ihres eigenen Lebens auf alliierte Schiffe stürzten. Obwohl diese Taktik bis Kriegsende einige spektakuläre Erfolge verzeichnen konnte, war das Opfer der japanischen Piloten doch umsonst, da es keinerlei Einfluss auf den Kriegsverlauf mehr hatte.

Während der Befreiung der Philippinen führte die US-Army erstmals im pazifischen Raum groß angelegte Operationen durch. Der Kampf um den nördlichen Teil der Philippinen dauerte über sechs Monate, dabei verloren über 8.000 US-Soldaten ihr Leben. Wie meist im Pazifikkrieg waren jedoch die Verluste der Japaner disproportional höher: Allein 190.000 Mann fielen auf der Insel Luzon. Ungezählt sind die Toten der philippinischen Zivilbevölkerung, gegen welche die japanischen Besatzer zum Teil mit großer Brutalität vorgingen. Die Befreiung des südlichen Teils der Inselgruppe zog sich noch bis Kriegsende hin und forderte weitere zehntausende Opfer.

Durch die Kontrolle der nördlichen Philippinen war es den Alliierten möglich, die japanischen Seewege zu ihren Rohstoffquellen im Süden vollständig zu unterbinden. Schon vorher hatten U-Boote und Trägerflugzeuge der japanischen Handelsschifffahrt erhebliche Verluste zugefügt, nun aber wurde Japans Wirtschaft regelrecht stranguliert und die Bevölkerung ausgehungert, denn Japan war neben Rohstoffen auch auf Nahrungsmittelimporte angewiesen.

Zur Rückeroberung der Philippinen zogen die US-Streitkräfte eine riesige Armada zusammen.

Während der Schlacht um die Philippinen kommt es verstärkt zu Kamikaze-Einsätzen, meist mit normalen Flugzeugen. Es gab jedoch auch eine spezielle raketengetriebene Maschine, die Yokosuka MXY-7 Ohka.

Bei den Landungsoperationen im Pazifik setzten die US Marines auch gepanzerte amphibische Fahrzeuge wie diese LVT(A)-2 und LVT(A)-4 ein.

GENERAL MACARTHUR

General Douglas MacArthur (1880–1964) wurde bereits 1918 zum Brigadegeneral ernannt und war damit der jüngste Offizier dieses Ranges in der Geschichte der US-Armee. Er sollte sich zum meistdekorierten Soldaten in der Geschichte der US-Streitkräfte entwickeln. Während des Ersten Weltkrieges in Frankreich führte er eine Brigade des US-Expeditionskorps. 1930–1935 war er Stabschef der US-Army, danach wurde er als Militärberater auf die Philippinen abgeordnet, wo unter seiner Maßgabe die einheimischen Streitkräfte neu aufgebaut wurden. Bei Ausbruch des Krieges war er davon überzeugt, mit den auf den Philippinen vorhandenen einheimischen und amerikanischen Truppen einen japanischen Angriff abwehren zu können, musste sich jedoch eines Besseren belehren lassen. Vor der Übermacht der japanischen Streitkräfte mussten seine Truppen recht rasch zurückweichen, und als eine Niederlage absehbar war, wurde er in die USA zurückgerufen. MacArthur verließ die Philippinen jedoch nicht, ohne zuvor sein historisches Versprechen „Ich komme wieder“ abgegeben zu haben.

Er wurde zum Oberbefehlshaber der alliierten Truppen im Pazifik berufen und war in dieser Position maßgeblich an der Niederwerfung Japans beteiligt. In einer berühmten Szene kehrte MacArthur im Oktober 1944 von einem Ladungsboot aus an Land watend auf die Philippinen zurück und löste damit sein Versprechen ein. Am 2. September 1945 nahm er als Oberbefehlshaber der alliierten Truppen im Pazifik an Bord des Schlachtschiffs *USS Missouri* die Kapitulation des japanischen Kaiserreiches entgegen. Nach Ende des Krieges wurde MacArthur Kommandeur der Besatzungstruppen in Japan. Nach dem Überfall des kommunistischen Nordkoreas auf Südkorea 1950 erhielt MacArthur den Oberbefehl über die Truppen der Vereinten Nationen, geriet jedoch aufgrund seiner Forderung, den Krieg mit Atomwaffen zu führen und auf China auszudehnen, in Konflikt mit Präsident Truman, weswegen er von seinen Posten abberufen wurde. Obwohl er in den USA als Kriegsheld gefeiert wurde und überaus populär war, war seinen Bemühungen um eine politische Karriere kein Erfolg beschieden.

General MacArthur im Oktober 1944 auf den Philippinen.

Die USS Missouri *beschießt japanische Stellungen auf Okinawa. Den Landungen der Marines ging meist ein tagelanges Bombardement voraus, um die Stellungen der Verteidiger zu zerstören.*

IWO JIMA UND OKINAWA

Noch während die Kämpfe auf den Philippinen andauerten, bereiteten sich die US-Truppen auf die Eroberung zweier strategisch wichtiger Inseln südlich von Japan vor: Iwo Jima und Okinawa. Von diesen beiden Inseln aus wäre es auch landgestützten Langstreckenjägern wie der P-51 Mustang möglich gewesen, Japan zu erreichen. Dort eingerichtete Flugfelder konnten zusätzlich als Basis oder zumindest als Ausweichlandeplatz für beschädigte B-29-Bomber dienen, die bei der strategischen Bomberoffensive gegen Japan eine Hauptrolle spielten. Zudem wurden diese beiden Inseln bereits als Teil des japanischen Mutterlandes gesehen, und man hoffte auf diese Art, eine massive psychologische Wirkung zu erzielen, indem der Krieg Japan selbst erreichte. Am 19. Februar 1945 begann die Invasion Iwo Jimas, einer Insel von nur 8 km Länge und 4 km Breite. Iwo Jima wurde von 21.000 japanischen Soldaten verteidigt, die sich in hunderten von Bunkeranlagen verschanzt und die Insel in eine gigantische Festung verwandelt hatten. Bis Ende März wurde hart und erbittert um Iwo Jima gekämpft. Über 6.000 der rund 100.000 eingesetzten Marines verloren dabei ihr Leben. Von den etwa 21.000 japanischen Soldaten ergaben sich nur 216.

Eines der am heftigsten umkämpften Gebiete war der erloschene Suribachi-Vulkan. Gegen die meterdicken Naturfelswände der japanischen Bunkeranlagen dort halfen weder Artilleriegranaten noch Bomben oder Raketen, sodass in erbitterten Gefechten jeder einzelne Bunker im Nahkampf unter Einsatz von Flammenwerfern und Handgranaten erobert werden musste. Das Hissen der amerikanischen Flagge auf dem Gipfel des Vulkans wurde später nachgestellt und dann fotografiert. Etwa ein Viertel aller „Medals of Honor", die von den US-Streitkräften während des Zweiten Weltkrieges verliehen wurden,

Iwo Jima: US-Marines arbeiten sich unter Feuer langsam vor.

gingen an Soldaten, die an der Eroberung Iwo Jimas beteiligt waren.

Am 1. April 1945 begann nach einwöchigem Beschuss und Bombardement der Sturm auf Okinawa, das nur noch rund 250 Seemeilen von den japanischen Hauptinseln entfernt liegt. Neben etwa 450.000 überwiegend japanischen Einwohnern befanden sich rund 120.000 japanische Soldaten auf der Insel, die sich ähnlich wie auf Iwo Jima in einem hervorragend ausgebauten Bunker- und Stellungssystem verschanzt hatten und entschlossen waren, die Insel fanatisch zu verteidigen. Der Kommandeur der japanischen Truppen auf Okinawa, General Mitsuru Ushijima, plante, den US-Truppen den Norden zu überlassen, wo sie im Bereich der landgestützten Flugzeuge aus Japan sein würden, während seine Truppen die so genannte Shuri-Linie quer durch die Insel hielten. Tatsächlich gelang es den Japanern, diese Stellung wochenlang erfolgreich zu verteidigen. Wie zuvor auf Iwo Jima mussten die Japaner in verlustreichen Nahkämpfen aus ihren Stellungen getrieben werden, wobei es häufig dazu kam, dass die Stellungen mehrfach den Besitzer wechselten.

Die Schiffe vor der Küste Okinawas wurden von einer großen Zahl von Kamikaze-Fliegern angegriffen. 1.500–2.000 Piloten stürzten sich mit ihren Maschinen auf die US-Flotte und erzielten einige Erfolge. Erst am 17. Juni 1945 brach der letzte Widerstand der Japaner zusammen.

Der Fall Okinawas war teuer erkauft. Die Marines verloren fast 7.300 Mann, und rund 32.000 „Ledernacken" erlitten Verwundungen. Dazu kamen in etwa 5.000 tote Seemänner und Piloten und ebenso viele Verwundete, denn bei den Kämpfen um Okinawa sanken 36 Schiffe der US Navy, 368 wurden beschädigt, und fast 400 Flugzeuge wurden zerstört.

Die Japaner verloren 113.000 Soldaten und mit den Kamikazemaschinen rund 7.800 Flugzeuge. Nicht umsonst sprachen die Überlebenden beider Seiten von der „Hölle auf Okinawa".

Iwo Jima ist genommen, US-Marines haben die amerikanische Flagge gehisst.

DIE BOMBEROFFENSIVE

Zur Schwächung der japanischen Rüstungswirtschaft entschloss sich die USAAF schon früh, massive Bombenangriffe auf Japan durchzuführen. Zunächst waren diese Pläne aufgrund der riesigen Entfernungen im Pazifik jedoch undurchführbar, denn kein US-Bomber verfügte über die notwendige Reichweite. Erst nach der Eroberung der Marianen-Inseln im Sommer 1944 lag das Kaiserreich innerhalb des Aktionsradius' der neuen Boeing-B-29-Bomber der USAAF.

Sofort wurden auf den Marianen umfangreiche Luftbasen errichtet, und die Bomber der USAAF begannen mit einer bis zum Kriegsende ständig an Intensität und Schwere zunehmenden Offensive gegen Japan.

Boeing B-29.

Im Schutz eines Sherman-Panzers gehen US-Truppen vor.

In den letzten Kriegsmonaten beherrschten die US-Streitkräfte unangefochten den Himmel über dem Pazifik.

Vor Okinawa griffen zahlreiche Kamikaze-Piloten die US-Flotte an. Hier prallt ein Kamikaze-Flieger gegen die stark gepanzerte Bordwand der USS Missouri *und richtet so nur geringen Schaden an.*

Zunächst flogen B-29-Bomber tagsüber in großer Höhe Präzisionsangriffe auf japanische Industrieanlagen, die jedoch aufgrund der meist ungünstigen Wetter- und Windverhältnisse oftmals nicht erfolgreich waren.

Nach der Übernahme des Kommandos durch General LeMay ließ dieser die Angriffstaktik der B-29-Bomberflotte ändern, die von diesem Zeitpunkt an Nachtangriffe flog.

Da Präzisionsangriffe nachts schwieriger waren als tagsüber, gingen die B-29-Bomber daraufhin zu Flächenbombardements aus relativ geringer Höhe auf die überwiegend aus Holz gebauten Städte über. Bei den Bombardements kamen hunderttausende Menschen ums Leben.

Bei dem größten Angriff dieser Art starben in der Nacht zum 9. März 1945 in Tokio annähernd so viele Menschen wie durch den Atombombenangriff auf Hiroshima im August 1945. Über 80.000 Zivilisten kamen in dem durch den Angriff verursachten Feuersturm um, rund eine Million Menschen wurden obdachlos. Derartige Angriffe zerstörten bis Kriegsende zahlreiche japanischen Großstädte.

20. Juni 1945: die Hafenstadt Kure im Bombenhagel.

HIROSHIMA UND NAGASAKI

„Am 6. August 1945, während die Enola Gay sich der japanischen Stadt Hiroshima näherte, hoffte ich inständig auf den Erfolg des ersten Einsatzes einer atomaren Waffe. Für mich bedeutete dies, dem Zweiten Weltkrieg ein Ende zu bereiten. Ich sah meine Aufgabe darin, Leben zu retten."

Colonel Paul W. Tibbets, Pilot der Enola Gay, US Air Force

Zur Abwehr der materiell und technisch weit überlegenen alliierten Verbände sahen sich die Japaner zu verzweifelten Maßnahmen gedrängt. Da mit einer Invasion der japanischen Inseln gerechnet wurde, bereitete die Armeeführung dort ein letztes, verzweifeltes Aufgebot vor. Jugendliche, Greise und Frauen sollten einer alliierten Invasionsstreitmacht mit wenigen veralteten Waffen, improvisierten Sprengladungen, ja sogar mit angespitzten Bambusstäben entgegentreten. Analog zur Kamikazetaktik der Flieger gab es Pläne, mit Sprengstofftornistern ausgestattete Kinder und Jugendliche unter feindliche Panzer kriechen zu lassen, um diese in die Luft zu sprengen. All diese verzweifelten Vorhaben zur Verteidigung Japans waren den Alliierten nicht verborgen geblieben. Pläne für eine amphibische Landung wurden daher mit großer Vorsicht betrachtet. Man rechnete mit fanatischem Widerstand. Während des Inselspringens im Pazifik war es nur selten gelungen, japanische Gefangene zu machen, denn meist leisteten die Truppen des Tenno bis zur letzten Patrone Gegenwehr. Bei der Invasion Iwo Jimas und Okinawas hatten die US-Marines mitansehen müssen, wie Bewohner der Inseln lieber in den Tod sprangen, als die Schmach einer amerikanischen Besetzung zu erdulden. Es gab Vorfälle, bei denen Mütter aus Verzweiflung und Schande über die Niederlage ihre Kinder die Klippen hinunterwarfen und hinterhersprangen. Und dabei war das japanische Mutterland noch gar nicht erreicht! Wie fanatisch mochte der Widerstand dort aussehen? Das Oberkommando der Alliierten suchte daher nach anderen Möglichkeiten, um Japan zur Kapitulation zu zwingen, ohne eine risiko- und verlustreiche Invasion wagen zu müssen. Die Bombardierung Japans mit konventionellen Spreng- und Brandbomben hatte im Laufe der Jahre 1944/45 zu verheerenden Ergebnissen geführt, jedoch ohne unmittelbares Ergebnis. Der Kampf ging weiter.

Erfolg versprach man sich nun von einer neuartigen Waffe: der Atombombe. Ein erster Test dieser Waffe, die seit Herbst 1942 unter Leitung des Physikers Robert Oppenheimer und unter größter Geheimhaltung entwickelt worden war, verlief am 16. Juli 1945 bei Los Alamos in den USA erfolgreich.

Am frühen Morgen des 6. August 1945 starteten von Tinian, einer kleinen Insel im Pazifik, mehrere Maschinen der US Air Force. Ihr Ziel: die japanische Stadt Hiroshima. Diese kleine Flugzeuggruppe bestand aus Wetterbeobachtungs- und aus Aufklärungsflugzeugen sowie einem Boeing B-29-„Superfortress"-Bomber. Die Ladung dieses Bombers unter dem Kommando des sehr erfahrenen Piloten Colonel Paul W. Tibbets war „Little Boy", eine Atombombe mit rund 3 t Gewicht, die jedoch die Sprengkraft von ca. 15.000 t TNT hatte.

Der 6. August 1945 war ein typischer japanischer Sommertag: Knapp 30 Grad und 80 % Luftfeuchtigkeit. Um 8:00 Uhr morgens begannen die Bewohner von Hiroshima ihren Arbeitstag. Obwohl der Krieg in Asien noch nicht zu Ende war,

Die Hiroshima-Bombe.

Die „Enola Gay" im Landeanflug.

Der gigantische „Atom-Pilz" war weithin sichtbar.

herrschte auf den Straßen geschäftiges Treiben. Die Stadt im Südwesten Japans war bislang von den verheerenden amerikanischen Bombenangriffen der letzten Monate verschont geblieben – aus gutem Grund. Um die Wirkung der neuen Waffe richtig einschätzen zu können, benötigte man ein unbeschädigtes Ziel. Zudem lag Hiroshima in einer Ebene, auf drei Seiten von Bergen, auf einer Seite vom Meer begrenzt – ideale Voraussetzungen, um die Wirkung der Atombombe beobachten zu können. Des Weiteren befand sich in der Stadt eine große Garnison der kaiserlichen Armee, die als legitimes militärisches Ziel gelten konnte. Um 8:13 Uhr erreichte die B-29, in über 8,5 km Höhe fliegend, das Zentrum Hiroshimas. Ziel war eine Brücke in der Stadtmitte, die aufgrund ihrer T-Form leicht zu erkennen war. Als der Bombenschütze das Ziel erfasst hatte, klinkte er „Little Boy" aus. Um 8:16 Uhr detonierte die Bombe in rund 600 m Höhe über dem Zentrum der Stadt. Die Folgen übertrafen alles bis dahin Gesehene: Im unmittelbaren Umkreis um die Detonation verdampften die Opfer regelrecht, keine Spur blieb von ihnen zurück. Durch die Explosion und die freigesetzte radioaktive Strahlung kamen schätzungsweise bis zu 150.000 Menschen grausam ums Leben. Zehntausende erlitten Strahlenschäden und wurden Opfer der Spätfolgen. Etwa 80 % der Stadt Hiroshima wurden zerstört. Obwohl die Amerikaner von der Wirkung ihrer Atombombe selbst überrascht waren, startete drei Tage später erneut

Die Crew der „Enola Gay" vor ihrem B-29-Bomber.

eine B-29 mit einer Atombombe an Bord in Richtung Japan. Eigentliches Ziel war Kokura, aufgrund des dortigen schlechten Wetters wählte die Besatzung der B-29 jedoch eines der Sekundärziele aus: Nagasaki. Die am 9. August 1945 um 11:02 Uhr über Nagasaki explodierte Bombe hatte eine Sprengkraft von 22.000 t TNT. Die Bombe explodierte jedoch nicht wie in Hiroshima über dem Zentrum der Stadt, sodass die Zerstörungen nicht ganz so schrecklich waren. Dennoch wurden rund 50 % Nagasakis zerstört. Genaue Zahlen über die Opfer liegen nicht vor, doch schätzt man, dass unmittelbar während und kurz nach der Explosion rund 75.000 Menschen getötet wurden und noch einmal die gleiche Anzahl im nächsten Jahrzehnt an den Spätfolgen verstarb.

Ob der Einsatz der beiden ersten Atombomben, die je in einem Konflikt verwendet wurde, notwendig war, bleibt umstritten. Durch ihre technische Überlegenheit wäre es den Amerikanern wohl auch mit konventionellen Bombardierungen gelungen, Japan früher oder später in die Knie zu zwingen. Ob aber dann eine Invasion des Kaiserreiches hätte vermieden werden können, darf bezweifelt werden. Zudem forderten die konventionellen Angriffe mit hunderten von B-29 der US Air Force nicht selten pro Einsatz ebenso viele Opfer wie der Abwurf einer einzelnen Atombombe. General Curtis LeMay, Initiator und Planer dieser Angriffe, sagte später einmal: „Hätten wir den Krieg verloren, hätte ich erwartet, als Kriegsverbrecher verurteilt zu werden."

So schrecklich es sich anhört, aber man darf mit ziemlicher Sicherheit annehmen, dass eine monatelange Fortführung dieser Angriffe und die geplante amphibische Invasion Japans weitaus mehr Opfer auf beiden Seiten gefordert hätten als die Angriffe auf Hiroshima und Nagasaki.

Am 7. August drängte Kaiser Hirohito unter dem Eindruck der Zerstörungskraft der neuen Waffe die japanische Regierung und Armeeführung, den Kampf zu beenden und Verhandlungen mit den Alliierten aufzunehmen. Am 8. August erklärte die Sowjetunion Japan den Krieg und überschritt die Grenze des japanischen Marionettenstaats Mandschurei. Aufgrund dieser Ereignisse willigte die japanische Armeeführung in Verhandlungen ein und begann mit Vorbereitungen, um Gespräche über die Kapitulation aufzunehmen. Fanatische Offiziere, die den Kampf unter allen Umständen fortsetzen wollten, versuchten in dieser Situation, einen blutigen Putsch durchzuführen, der jedoch misslang. Am Mittag des 14. August 1945 hörten die Japaner zum ersten Mal die Stimme ihres Gottkaisers Hirohito im Radio, der in einer Ansprache das bevorstehende Kriegsende und die Niederlage des Kaiserreichs ankündigte. Am 28. August

Hiroshima nach dem Abwurf der Atombombe.

erreichte die US-Flotte die Bucht von Tokio und ging dort vor Anker.

Am 2. September betrat der neue japanische Außenminister Shigemitsu das Schlachtschiff *USS Missouri*. Dort traf er General MacArthur, Oberbefehlshaber der alliierten Truppen im Pazifik. Um 9:25 Ortszeit am 2. September 1945 unterzeichneten beide die Kapitulation Japans. Damit war der Zweite Weltkrieg auch in Asien beendet.

2. September 1945: General MacArthur unterzeichnet die japanische Kapitulationserklärung.

Jude

Im Schatten des Krieges – Der Holocaust

OPFER AUFGRUND DER HERKUNFT

„Das jüdische Volk wird ausgerottet."

Heinrich Himmler (Reichsführer SS) in einer Rede auf der SS-Gruppenführertagung in Posen am 4. Oktober 1943

Hitlers Wahn vom Lebensraum im Osten und der Angriff auf die Sowjetunion führten zu mehr als nur einem Krieg im herkömmlichen Sinne. Hinter der Front waren Einsatzgruppen der SS unterwegs, die den Auftrag hatten, ganze Bevölkerungsgruppen zu ermorden bzw. auszurotten. Es ging um die Vernichtung von Millionen von Menschen, die allein aufgrund ihrer Herkunft getötet wurden. Dies betraf vor allem Juden und „Zigeuner" (Sinti, Roma und Jenische), aber auch Homosexuelle, Behinderte und bis zu einem bestimmten Maß auch Angehörige slawischer Völker im Allgemeinen.

Dieses heute meist Holocaust (griechisch: „Brandopfer") oder Shoa (hebräisch: „Katastrophe", „großes Unglück") genannte Verbrechen unterscheidet sich in seiner Grausamkeit wesentlich von der Verfolgung politischer Gegner des NS-Staats. Während diese nicht zwangsläufig ermordet wurden, waren alle Mitglieder der genannten Gruppen – vom Säugling bis zum Greis – allein aufgrund ihrer bloßen Existenz dem Tode geweiht.

Nichts, was sie selbst hätten tun oder unterlassen können, kein Austritt aus einer Partei, kein Abschwören oder Konvertieren konnte sie jedoch aus den Fängen des nationalsozialistischen Machtapparats befreien. Allein Glück oder Zufall vermochten manche von ihnen zu retten.

Plakat von 1938.

DER ANTISEMITISMUS

Ein Teil der nationalsozialistischen Ideologie war von Beginn an ein militanter Antisemitismus (Judenfeindlichkeit), den Hitler in seinem Buch „Mein Kampf" bereits klar formulierte.

Ähnlich wie die Kommunisten von einem sich durch die Geschichte ziehenden Klassenkampf ausgingen, postulierte Hitler einen ewigen Kampf zwischen der „arischen Herrenrasse", zu der natürlich die germanischen Völker und im Besonderen die Deutschen gehörten, und den „Untermenschen", vor allem den Juden, welche dabei nicht als Religionsgemeinschaft, sondern als Volk betrachtet wurden. Die Juden versuchten – so Hitler –, die reine, starke arische Rasse zu verderben und in ihr Unglück zu stürzen, um selbst die Macht zu übernehmen. Dazu bedienten sie sich des Bolschewismus, des Liberalismus und des Pazifismus.

Gleichzeitig wurden die in Deutschland seit Jahrhunderten lebenden, meist gänzlich integrierten Menschen jüdischen Glaubens aufgrund dieser Thesen für alles Übel verantwortlich gemacht – sei es die Niederlage Deutschlands im Ersten Weltkrieg, die Inflation von 1923 oder die Weltwirtschaftkrise.

Allerdings waren diese Thesen nicht allein durch Hitler oder andere NS-Größen entwickelt worden, sondern wurzelten in Theorien aus dem 19. Jahrhundert. Der so genannte Sozial-Darwinismus postulierte die Überlegenheit einiger „Rassen" über andere „Rassen" und sah die überlegenen Gruppen zur Herrschaft über die restliche Menschheit auserkoren. Der während des 19. Jahrhunderts in Deutschland stetig wachsende Nationalismus – gespeist durch einen in Europa seit Jahrhunderten vorhandenen, religiös motivierten Antisemitismus – betrachtete Juden als Fremde im homogenen Volkskörper und tendierte bereits zur Ausgrenzung und Diskriminierung dieser Gruppe. Zudem war und ist Antisemitismus kein spezifisch deutsches Phänomen. Pogrome (massenhafte Ausschreitungen) hatte es in Europa bereits seit dem Mittelalter immer wieder gegeben. Die Juden wurden für den Tod Christi verantwortlich gemacht und als „Gottesmörder" bezeichnet. Besonders während der Kreuzzüge und der Pestepidemien des 14. Jahrhunderts kam es zu exzessiven gewalttätigen Übergriffen, bei denen Tausende ihr Leben verloren. Schon damals wurden Juden ausgrenzt und von gewöhnlichen Berufen ausgeschlossen, teils mussten sie sogar besondere Kleidung tragen, um ihre Andersartigkeit zu dokumentieren. Im zaristischen Russland – „Pogrom" ist nicht von ungefähr ein russisches Wort – kam es besonders häufig zu gewalttätigen Übergriffen gegen Juden.

So traf der extreme und überaus brutale Judenhass Hitlers und der Nationalsozialisten bei zahlreichen Menschen – nicht nur in Deutschland, sondern in ganz Europa – wenn nicht auf fruchtbaren Boden, so doch auf ein insgeheimes Einverständnis. Teil dieses Antisemitismus waren sicher auch wirtschaftlicher Neid und Habgier. Ihr Ausschluss von gewöhnlichen, bürgerlichen Berufen des Mittelalters hatte zahlreiche Juden in Nischen gedrängt, in denen sie nicht selten recht erfolgreich waren, so als Händler, Bankiers, Juweliere oder im akademischen Bereich.

Ab September 1941 mussten alle deutschen Juden den „gelben Stern" tragen.

Deutsche!
Wehrt
Kauft nicht bei
kauft
Germans defend

DISKRIMINIERUNG UND ENTRECHTUNG

Schon bald nach der Ernennung Adolf Hitlers zum Reichskanzler am 30. Januar 1933 begann die Diskriminierung und Entrechtung der in Deutschland zu diesem Zeitpunkt noch lebenden, rund 500.000 Menschen jüdischen Glaubens. Das NS-Regime rief zum Boykott jüdischer Geschäfte auf, jüdische Verwaltungsbeamte auf allen Dienstebenen wurden entlassen (Gesetz zur Wiederherstellung des Berufsbeamtentums vom 7. April 1933), Ärzte, Apotheker, Rechtsanwälte und Steuerberater verloren ihre Approbation bzw. Zulassung. Mittels des „Arierparagrafen" wurden Juden auch aus dem öffentlichen Dienst sowie von den Universitäten, Schulen und Kultureinrichtungen verbannt. Am 10. Mai 1933 verbrannten regimetreue Studenten öffentlich „undeutsches Schrifttum", darunter zahlreiche jüdische Autoren. Als Folge dieser ersten Welle der Diskriminierung verließen bereits die ersten Juden Deutschland, was politisch durchaus gewollt war, um so das Reich „judenrein" zu machen. Viele jedoch blieben und wurden 1935 hart von den Nürnberger Gesetzen getroffen, die Juden zu Menschen minderen Rechts machten, indem ihnen z. B. das Wahlrecht und die unbeschränkte Bewegungsfreiheit genommen wurden.

Um die „Reinhaltung" der „arischen Rasse" für die Zukunft zu sichern, stellten die Gesetze Eheschließungen und als „Rassenschande" gewertete außereheliche, intime Kontakte zwischen Nichtjuden und Juden unter Strafe. Abhängig gemacht wurde die Zugehörigkeit zur „jüdischen Rasse" von der Konfession der Großeltern.

SA-Männer rufen 1933 zum Boykott jüdischer Geschäfte auf.

Die Nürnberger Gesetze erklärten oftmals Menschen zu „Volljuden" oder „Halbjuden", die sich Zeit ihres Lebens nicht als Juden gefühlt hatten. Auch sie wurden nun Teil der ausgegrenzten jüdischen Gemeinschaft und Opfer des NS-Rassenwahns.

Im Hinblick auf die Olympischen Spiele in Garmisch und Berlin 1936, bei denen Deutschland im Blickpunkt der Welt stand und bereits erste Kritik an der Entrechtung der Juden aus dem Ausland laut wurde, kam es zu keiner weiteren Verschärfung der Situation.

1938 jedoch wurden Juden gezwungen, aus einer bestimmten, eng begrenzten Zahl „typisch jüdischer" Vor- und Zunamen ihren Erst- oder Zweitnamen zu wählen. Ab dem 1. Januar 1938 war Juden das Betreiben von Einzelhandelsgeschäften und Handwerksbetrieben sowie jegliches Anbieten von Waren und Dienstleistungen untersagt. Ihre Betriebe oder Geschäfte wurden „arisiert", d. h., Juden wurden gezwungen, weit unter Preis an „Arier" zu verkaufen. Wer dies bis Ende 1938 nicht getan hatte, wurde zwangsenteignet.

In der Nacht vom 9. auf 10. November 1938 kam es – angeblich als spontane Reaktion darauf, dass ein jüdischer Student einen deutschen Diplomaten in Paris erschossen hatte – zu den bis dahin grausamsten Ausschreitungen gegen Juden im 20. Jahrhundert, den so genannten Novemberpogromen (der „Reichskristallnacht"). Diese wurden von Goebbels propagandistisch eingeleitet und von zahlreichen Gauleitern der NSDAP und nachgeordneten Parteifunktionären massiv unterstützt. Die Mehrzahl der Synagogen in Deutschland wurden angezündet, geplündert und zerstört. Zudem wurden tausende jüdische Häuser und Wohnungen überfallen und verwüstet. Etwa 100 bis 400 Juden (genaue Zahlen sind unbekannt) wurden ermordet; zehntausende geschlagen, verletzt und gedemütigt. Nach diesen Vorfällen wurden auch erstmals Juden in großer Zahl in Konzentrationslagern interniert. Neben weiteren Diskriminierungen war es ab 1939 verboten, Wohnungen an Juden zu vermieten. Ihnen wurden „Sonderwohnbezirke" zugewiesen. Nach Kriegsbeginn mussten Rundfunkgeräte und Wertgegenstände abgeliefert werden, und Juden mussten sich an besondere Ausgangssperren halten. Bis dahin waren von den ehemals gut 500.000 Juden Deutschlands rund 300.000 ins Ausland geflüchtet – ein Weg, der ihnen nach Kriegsbeginn nicht mehr offen stand. Seit September 1941 mussten Juden im Reich den „gelben Stern" tragen, und kurz darauf begannen die ersten Deportationen gen Osten.

DER MADAGASKAR-PLAN

Nach dem Sieg über Frankreich erwog das NS-Regime für einige Monate die Möglichkeit, alle Juden in dessen Machtbereich auf die Insel Madagaskar zu deportieren. Die damals zum französischen Kolonialbesitz gehörende Insel östlich der afrikanischen Küste sollte zu einer „jüdischen Wohnstätte unter deutscher Oberhoheit" werden und wäre tatsächlich ein riesiges Ghetto gewesen. Diese Idee kursierte in antisemitischen Kreisen bereits im 19. Jahrhundert und sollte nun Gestalt annehmen.

SS, Reichssicherheitshauptamt und Auswärtiges Amt stellten im Sommer 1940 konkrete Überlegungen an, wie diese „Lösung der Judenfrage" nun zu bewerkstelligen sei. Angesichts fehlenden Transportraums und einer nach wie vor weit überlegenen britischen Flotte waren aber alle derartigen Planungen von vornherein zum Scheitern verurteilt, weswegen im Herbst 1940 alle Arbeiten am Madagaskar-Plan eingestellt wurden.

Kinder im Warschauer Ghetto.

Am 19. April 1943 begannen die noch im Warschauer Ghetto befindlichen Juden einen Aufstand, der erst Mitte Mai durch SS-Truppen niedergeschlagen werden konnte.

GHETTOISIERUNG UND MASSENERSCHIESSUNGEN

Nach dem deutschen Überfall auf Polen begannen dort bald die ersten Ausschreitungen und Erschießungen von Juden, aber auch von polnischen Intellektuellen und politisch Aktiven. Vor Ende des Jahres 1939 gab es die ersten Massendeportationen. Juden aus den inzwischen „eingedeutschten" polnischen Gebieten wurden zwangsweise „umgesiedelt", da man die Gebiete „judenrein" bekommen wollte. In Warschau und vielen anderen größeren polnischen Städten wurden hermetisch abgeriegelte Bezirke, so genannte Ghettos, für sie eingerichtet, in denen katastrophale Lebensbedingungen herrschten. Daher starben dort bereits tausende Menschen durch Zwangsarbeit, Unterernährung, Kälte und die Willkür der Wachmannschaften.

Mit dem Überfall auf die Sowjetunion gewann die Verfolgung der Juden eine neue Dimension. Anders als die Kriege im Westen war der Krieg im Osten von Anfang an als Vernichtungsfeldzug konzipiert, um „Lebensraum im Osten" zu schaffen und das „jüdisch-bolschewistische System" zu beseitigen.

Den Truppen der Wehrmacht folgten so genannte Einsatzgruppen, welche den Auftrag hatten, alle Juden, „Zigeuner" und kommunistischen Funktionäre, derer sie habhaft werden konnten, zu ermorden. Männer, Frauen und Kinder wurden zusammengetrieben und vor zuvor ausgehobenen Gruben erschossen. Einheiten der Wehrmacht leisteten den Einsatzgruppen logistische Unterstützung oder tolerierten deren Vorgehen zumindest. Bis Ende 1941 waren auf diese Art mehr als 500.000 Menschen in den eroberten Gebieten ermordet worden, 90 % davon Juden. Ab Spätherbst 1941 wurden auch Juden aus Deutschland nach Osten deportiert und erschossen.

DIE „ENDLÖSUNG“

Die Villa am Wannsee, in der am 20. Januar 1942 auf der gleichnamigen Konferenz die „Endlösung“ organisiert wurde.

Am 31. Juli 1941 hatte Reinhard Heydrich, Chef des Reichssicherheitshauptamtes (RSHA) und rechte Hand Heinrich Himmlers, den Auftrag zur Vorbereitung der „Endlösung der Judenfrage“ übertragen bekommen. Für die Organisation der Deportation von Juden aus ganz Europa war der Leiter des Referats „Judenangelegenheiten“ im RSHA, Adolf Eichmann, verantwortlich. Unter zentraler Leitung wurden nun Hunderttausende aus dem Reich und allen besetzten Gebieten in die Ghettos im Osten deportiert.

Obwohl bis heute keine schriftliche Anordnung Hitlers zur „Endlösung“ vorliegt, arbeiteten praktisch alle Institution des NS-Regimes daran mit, und es herrschte die feste Überzeugung, auf diese Art dem Willen des „Führers“ zu entsprechen. So kam es auch zu keinerlei Problemen, als Heydrich am 20. Januar 1942 auf der Wannsee-Konferenz mit Staatssekretären und hohen Funktionären des NS-Regimes die Umsetzung und die technischen sowie organisatorischen Details der „Endlösung der Judenfrage“ diskutierte. Spätestens ab diesem Zeitpunkt konzentrierte sich der NS-Staat darauf, den Völkermord europaweit zu koordinieren und systematisch, ja „industriell“ durchzuführen.

Die im Osten praktizierten Massenerschießungen erwiesen sich auf Dauer als zu wenig effektiv, „unökonomisch“ und zu belastend für die Einsatzgruppen. Daher suchte man nach anderen Möglichkeiten der massenhaften Ermordung der Juden.

In der seit Herbst 1939 laufenden Aktion zur Tötung Behinderter, im NS-

Den Alliierten boten sich bei der Befreiung der Lager schreckliche Anblicke.

Staat „Euthanasie“ genannt (vom griechischen „eu“ – gut, richtig, leicht; und „thanatos“ – der Tod), war bereits mit Gas gemordet worden.

Zunächst experimentierte man daher mit so genannten Gaswagen: LKWs mit gasdichten Aufbauten, in welche die Abgase deren Dieselmotoren geleitet wurden, sodass die darin befindlichen Menschen langsam und qualvoll an einer Kohlenmonoxidvergiftung starben.

Zwischen März und Juli 1942 wurden in der Nähe Lublins in Polen im Zuge der „Aktion Reinhardt“ die ersten drei Vernichtungslager (Belzec, Sobibor und Treblinka) geschaffen, in denen diese Gasanlagen stationär vorhanden waren. Ziel dieser Aktion war die Vernichtung der polnischen Juden. In den Gaskammern allein dieser drei Lager starben fast 2 Millionen Juden.

Im Frühjahr 1943 begann die befohlene Auflösung der polnischen Ghettos und die Deportation deren Bewohner, vor allem nach Treblinka. Dort und in Sobibor kam es zu Häftlingsaufständen, bei denen einigen wenigen Juden die Flucht gelang, weswegen Himmler im Oktober 1943 die Liquidierung aller Insassen der Lager im Distrikt Lublin befahl. Nach dem Ende der „Aktion Reinhardt“ wurden die Vernichtungslager Belzec, Treblinka und Sobibor abgerissen, die Leichen verbrannt, der Boden umgepflügt und die Gelände in landwirtschaftliche Nutzflächen umgewandelt. Gegenstände wie Schmuck, Uhren, Brillen usw. im Wert von rund 180 Millionen Reichsmark wurden den Getöteten entwendet. Häftlinge eines Sonderkommandos hatten die Aufgabe, die Ermordeten aus den Gaskammern zu schaffen, ihnen die Haare zu scheren (die der industriellen Fertigung von Filz zugeführt wurden) und sie auf Zahngold zu untersuchen, das den Toten aus dem Kiefer zu brechen war. Nach Auflösung dieser Lager entwickelte sich das Vernichtungslager Auschwitz zum Hauptschauplatz der „Endlösung“.

AUSCHWITZ

Mittelpunkt der Ermordung europäischer Juden war das bereits 1940 als KZ errichtete Lager Auschwitz. Schon im September 1941 hatte die SS dort auf Anweisung des Lagerkommandanten Rudolf Höß das blausäurehaltige Schädlingsbekämpfungsmittel Zyklon B an sowjetischen Kriegsgefangenen „getestet“. Seit Beginn des Jahres 1942 brachten Züge Juden aus fast ganz Europa in dieses größte Konzentrations- und Vernichtungslager der NS-Diktatur. Darunter befanden sich Juden aus Deutschland, dem Protektorat Böhmen und Mähren (der ehemaligen Tschechei), der Slowakei, Frankreich, den Niederlanden, Belgien, Norwegen und auch aus Polen. Ab 1943 traf es Juden aus Griechenland, Italien und sogar Albanien. Juden aus Ungarn wurden ab Mai 1944 nach Auschwitz deportiert. Serbien wurde schon im Frühjahr 1942 als „judenfrei“ gemeldet, die dortigen Juden waren erschossen oder in Gaswagen ermordet worden.

In Auschwitz wurde die Ermordung von Menschen, vor allem Juden, aber auch Sinti und Roma, beinahe „industriell“ durchgeführt, wozu ab 1943 insgesamt vier Gaskammern mit dazugehörigen Krematorien dienten.

Die Menschen wurden in Viehwaggons nach Auschwitz transportiert. Diese unter erbärmlichsten Umständen stattfindenden Transporte forderten regelmäßig bereits die ersten Opfer unter den Alten und Schwachen. Nach ihrer Ankunft an der Rampe des Lagers wurden die Menschen „selektiert“, d. h., Alte, Kranke, Schwache, Schwangere und Mütter mit kleinen Kindern wurden zumeist unmittelbar in die Gaskammern geschickt. Dort mussten sie sich ausziehen und wurden unter dem Vorwand

Überlebende des Lagers Buchenwald bei Weimar.

einer Entlausung oder Dusche in die hermetisch abgedichteten Räume gelockt, in welche Zyklon B eingleitet wurde. Der Todeskampf der Menschen in den Gaskammern dauerte oft Minuten, und die Sonderkommandos der Lagerinsassen, welche die Leichen zum Krematorium zu bringen hatten, waren oftmals nur unter Schwierigkeiten imstande, die ineinander verkrallten Körper zu trennen. Die Habseligkeiten der Ermordeten wurden penibel aufgesammelt und waren zur weiteren Verwertung bestimmt.

Diejenigen, die der Selektion an der Rampe entkamen, mussten Zwangsarbeit leisten, bis auch sie Krankheiten, Hunger, Kälte oder der Willkür der SS-Wachen zum Opfer fielen oder schließlich ebenfalls vergast wurden. Wie in anderen Vernichtungslagern waren in Auschwitz Lagerinsassen für die Beseitigung und Ausplünderung der Leichen zuständig.

Ärzte der SS führten in zahlreichen Lagern, besonders aber in Auschwitz, medizinische Versuche an Menschen durch, bei denen Tausende aufs Grausamste ums Leben kamen. In Auschwitz tat sich dabei besonders der Mediziner Dr. Josef Mengele hervor.

Über eine Million Menschen wurden in Auschwitz ermordet, dessen Name weltweit zu einem Synonym für den Holocaust wurde. Als 1944 die Rote Armee und die Front näher rückten, wurden die Vernichtungslager weitgehend zerstört, um die Spuren des Ungeheuerlichen zu vertuschen. Die letzten lebenden Lagerinsassen wurden auf „Todesmärschen" in den Westen gebracht, bei denen zahllose Menschen an Erschöpfung starben oder von den SS-Wachmannschaften erschossen wurden. Rund 6 Millionen Menschen wurden Opfer des NS-Rassenwahns, davon in etwa die Hälfte in den Vernichtungslagern.

Die US-Truppen zwangen die deutsche Bevölkerung häufig, sich die Lager, in denen das Grauen in ihrer unmittelbaren Nähe stattgefunden hatte, anzusehen.

Der Widerstand

AKTIVER UND PASSIVER WIDERSTAND

„Ich wollte ja durch meine Tat noch größeres Blutvergießen verhindern."

Der Hitler-Attentäter Georg Elser (1903–1945) in der Vernehmung durch die Geheime Staatspolizei nach seiner Verhaftung.

In jedem von Deutschland okkupierten Land entstanden früher oder später Widerstandsgruppen, die sich gegen die Besatzer zur Wehr setzten. Doch nicht nur im Ausland, auch im Reich selbst gab es Gruppen und Einzelpersonen, die dem NS-Regime Widerstand leisteten.

Der Widerstand gegen die nationalsozialistische Herrschaft war breit gefächert. Das Spektrum reichte von den frühen Taten mutiger Einzelner, wie dem viel zu wenig gewürdigten Georg Elser, bis hin zu relativ großen Gruppen, die generalstabsmäßig einen Umsturz planten, wie die Verschwörer des 20. Juli. Von Kommunisten über nationalkonservative Kreise bis hin zu kirchlichen Gruppen arbeiteten Menschen unterschiedlichster Herkunft und Motivation doch an einem gemeinsamen Ziel: dem Ende der nationalsozialistischen Herrschaft in Deutschland.

Neben dem aktiven Widerstand aus politischen, ethischen oder religiösen Motiven fanden sich auch passiver Widerstand oder schlicht menschliches Verhalten gegenüber Verfolgten, Häftlingen oder Zwangsarbeitern. Dieses Verhalten allein genügte jedoch, um in Konflikt mit dem NS-Regime und seinen Vertretern zu kommen. Viele Gegner der Nationalsozialisten, besonders Künstler und Intellektuelle, wählten auch den Weg in die Emigration.

Dies alles sollte jedoch nicht darüber hinwegtäuschen, dass die überwiegende Mehrheit des deutschen Volkes den Nationalsozialisten und Hitler keinesfalls ablehnend gegenüberstanden. War es zunächst der (kreditfinanzierte) wirtschaftliche Aufschwung, so trugen bis Ende 1941 die militärischen Erfolge Deutschlands zu einer unglaublichen Popularität des Führers bei. Die bei Auftritten Hitlers zu beobachtenden begeisterten, ja ekstatischen Menschenmassen legen davon beredtes Zeugnis ab.

Dennoch gab es eine Vielzahl von Menschen, die sich dem Unrecht und dem Terror widersetzten – so viele, dass hier nur einige Gruppen und Individuen genannt werden können und viele ohne Erwähnung bleiben müssen.

Auch die Nobelpreisträger Albert Einstein (links) und Thomas Mann (rechts) emigrierten in die USA. Von dort hielt Mann monatliche, über die BBC verbreitete Radioansprachen, in denen er die Lage Deutschlands kommentierte und zum Widerstand animierte (Bildmitte Rabbi Stephen Wise).

KOMMUNISTISCHE UND SOZIALDEMOKRATISCHE GRUPPEN

Schon bald nachdem Hitler am 30. Januar 1933 zum Reichskanzler ernannt worden war, bildeten sich erste Widerstandsgruppen. Zunächst leisteten vor allem Kommunisten und Sozialdemokraten Widerstand gegen das neue Regime, die auch besonders unter der einsetzenden Verfolgung zu leiden hatten. So befanden sich im Sommer 1933 bereits über 26.000 Personen in „Schutzhaft", wie die Verbringung dieser Menschen in spezielle, von der SA und SS eingerichtete Lager euphemistisch genannt wurde. Einen ähnlichen Euphemismus stellt der Begriff „Konzentrationslager" für diese sich außerhalb jeder Gerichtsbarkeit befindlichen Straflager dar. Im Untergrund verbreiteten Kommunisten und Sozialdemokraten Flugblätter und Zeitungen, malten Parolen an Wände und halfen Verfolgten. Wer bei solchen Tätigkeiten entdeckt oder verraten wurde, dem drohten Verhaftung, Misshandlung, Haft in einem Konzentrationslager (KZ) oder die Hinrichtung.

Eine kommunistische Widerstandsgruppe in Berlin, von der Geheimen Staatspolizei (Gestapo) „Rote Kapelle" genannt, wurde durch ihren Funkkontakt zur Sowjetunion im August 1942 enttarnt. Von den 130 festgenommenen Mitgliedern der „Roten Kapelle" wurden 49 umgebracht. Zu ihnen zählte auch das Ehepaar Hans und Hilde Coppi. Hans Coppi, der am 22. Dezember 1942 zum Tode verurteilt worden war, wurde am gleichen Tag hingerichtet. Kurz zuvor hatte seine Frau im Frauengefängnis einen Sohn geboren. Auch sie wurde zum Tode verurteilt und, nachdem Hitler persönlich ein Gnadengesuch abgelehnt hatte, am 5. August 1943 ebenfalls hingerichtet.

Vor dem Krieg in die Sowjetunion emigrierte Kommunisten wie Wilhelm Pieck und Walter Ulbricht (später Präsident bzw. Staatsratsvorsitzender der DDR) sowie während des Krieges im Osten in sowjetische Gefangenschaft geratene oder übergelaufene Wehrmachtssoldaten bildeten ab Mitte 1943 das „Nationalkomitee Freies Deutschland" (NKFD). Das NKFD forderte über den Radiosender „Freies Deutschland" die Deutschen zum Staatsstreich gegen Hitler auf. An der Front konzentrierte sich die Tätigkeit des NKFD auf propagandistische Maßnahmen: Mit Lautsprecherdurchsagen und Flugblättern rief es die Wehrmachtssoldaten zur Einstellung der Kämpfe und zum Überlaufen auf. Für gefangene oder übergelaufene Soldaten mit Interesse an der Arbeit des NKFD wurden in Lagern kommunistische Schulungen durchgeführt.

Häftlinge des Konzentrationslagers Sachsenhausen, aufgenommen 1938.

GEORG ELSER

Georg Elser (1903–1945) war ein Schreinergeselle aus einfachen Verhältnissen in Württemberg. Elser war bis zu seiner Verhaftung nie durch politisches Engagement aufgefallen und galt als zurückgezogen und eigenbrötlerisch. Schon 1938 erkannte er jedoch, welche Gefahr für den Frieden Hitler und das NS-Regime darstellten. Elser betrachtete ein Attentat als einzige Möglichkeit, Schlimmeres zu verhindern. In Vorbereitung seines Plans arbeitete er in einem Steinbruch, in dem er den Umgang mit Sprengstoff erlernte und etwas davon entwendete.

Elser zog nach München, wo er sich in einem billigen Zimmer einmietete und sich ganz der Vorbereitung seines Attentats widmete. Er wollte im Bürgerbräukeller, in dem jährlich eine Feier anlässlich des „Hitler-Putsches" vom 9. November 1923 stattfand, eine Bombe platzieren, um auf einen Schlag die gesamte Führungsriege der NSDAP zu töten. Zu diesem Zweck ließ er sich über einen Monat jede Nacht unbemerkt in dieser Gaststätte einschließen und höhlte in mühevoller Kleinarbeit einen der Pfeiler des Saales aus, um darin seinen selbst gebauten Zeitzündersprengsatz unterzubringen.

Wie zunächst geplant hielt Hitler am 8. November 1939 im Bürgerbräukeller vor zahlreichen Anhängern eine Rede. Elsers Bombe detonierte wie vorgesehen um 21:20 Uhr. Unglücklicherweise hatten Hitler und andere führende Regierungsmitglieder lediglich 13 Minuten zuvor das Lokal verlassen. Aufgrund schlechten Wetters konnte Hitler nämlich an diesem Tag nicht nach Berlin zurückfliegen, sondern musste den Zug nehmen, weswegen er bereits früher aufgebrochen war. Elsers Sprengsatz erwies sich als sehr wirkungsvoll und verwüstete den Bürgerbräukeller. Zahlreiche Menschen kamen ums Leben.

An der Schweizer Grenze wurde Elser gefasst und der Gestapo übergeben. Dort hielt man es für unmöglich, dass Elser dieses Attentat allein ausgeführt hatte und vermutete im Hintergrund den britischen Geheimdienst, während im Ausland die Meinung vorherrschte, das NS-Regime selbst habe den Anschlag in Auftrag gegeben, denn zu unwahrscheinlich erschien Hitlers mysteriöses frühes Verlassen der Veranstaltung.

Elser sollte nach dem Krieg ein Schauprozess gemacht werden, weswegen er zunächst in den Konzentrationslagern Sachsenhausen und Dachau gefangen gehalten wurde. Im April 1945 wurde Georg Elser dann auf persönliches Geheiß Hitlers ermordet.

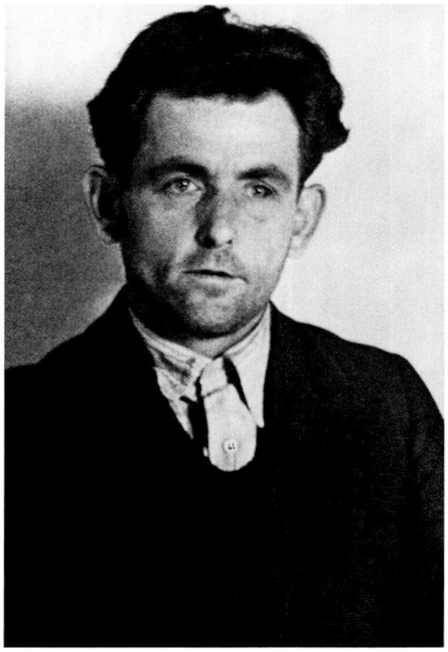

Dem Schreinergesellen Georg Elser wäre im November 1939 beinahe ein Attentat auf Adolf Hitler und die NS-Führungsriege gelungen. Nur um ein Haar entkam Hitler Elsers Sprengsatz.

Polizei und Feuerwehr bergen am Abend des 8. November 1939 Opfer aus dem zerstörten Bürgerbräukeller in München.

DIE POSITION DER KIRCHEN

Widerstand gegen die NS-Diktatur regte sich auch in den Kirchen. So wandte sich der Bischof von Münster, Clemens August Graf von Galen, in seinen Predigten offen gegen die nationalsozialistische Herrschaft und verurteilte scharf die als „Euthanasie" bekannt gewordenen Massentötungen von Behinderten und unheilbar Kranken als Mord. Mindestens 70.000 Menschen wurden im Zuge dieses „Euthanasie-Programms" unter tätiger Mithilfe und oft sogar mit Veranlassung zahlreicher Ärzte ermordet.

Während das NS-Regime vor einer Festnahme dieses populären Bischofs zurückschreckte, wurden viele andere unliebsame Vertreter der Kirche verhaftet und getötet, so z. B. der Berliner Dompropst Bernhard Lichtenberg, der gegen die Verfolgung der Juden gepredigt hatte.

Seine christliche Gesinnung führte auch den evangelischen Theologen Dietrich Bonhoeffer in die Opposition gegenüber der NS-Herrschaft. Er unterhielt enge Kontakte zum militärischen Widerstand und wurde 9. April 1945 im KZ Flossenbürg ermordet.

Einer der konsequentesten Gegner der Nationalsozialisten in der evangelischen Kirche war Pfarrer Martin Niemöller, Mitbegründer der „Bekennenden Kirche", die sich gegen die Politik der NSDAP aussprach. Niemöllers Engagement führte zu seiner Verhaftung und KZ-Haft bis 1945.

Als einzige Glaubensgemeinschaft verweigerten sich die Zeugen Jehovas dem NS-Staat völlig. Auch KZ-Haft, Verfolgung und Verbot ihrer Kirche änderten nichts an ihrer Ablehnung des NS-Regimes.

Bischof von Galen.

AUSZUG AUS EINEM FLUGBLATT DER „WEISSEN ROSE"

Wenn jeder wartet, bis der andere anfängt, werden die Boten der rächenden Nemesis unaufhaltsam näher und näher rücken, dann wird auch das letzte Opfer sinnlos in den Rachen des unersättlichen Dämons geworfen sein. Daher muss jeder einzelne seiner Verantwortung als Mitglied der christlichen und abendländischen Kultur bewusst in dieser letzten Stunde sich wehren, so viel er kann, arbeiten wider die Geißel der Menschheit, wider den Faschismus und jedes ihm ähnliche System des absoluten Staates. Leistet passiven Widerstand – Widerstand –, wo immer ihr auch seid, verhindert das Weiterlaufen dieser atheistischen Kriegsmaschine, ehe es zu spät ist, ehe die letzten Städte ein Trümmerhaufen sind, gleich Köln, und ehe die letzte Jugend des Volkes irgendwo für die Hybris eines Untermenschen verblutet ist. Vergesst nicht, dass ein jedes Volk diejenige Regierung verdient, die es erträgt!

WIDERSTAND DER JUGEND

Vom Sommer 1942 bis zum Februar 1943 verbreitete die Münchner Gruppe „Weiße Rose" sechs Flugblätter, in denen zum Widerstand gegen die NS-Diktatur aufgerufen wurde. Den Kern dieser Gruppe bildeten die Studenten Hans und Sophie Scholl, Alexander Schmorell, Christoph Probst, Willi Graf sowie Professor Kurt Huber. Zahlreiche weitere Akademiker aus München und Umgebung gehörten zum Umfeld der Gruppe. Ab Februar 1943 pinselte die Gruppe in nächtlichen Aktionen Parolen wie „Nieder mit Hitler", „Hitler Massenmörder" und „Freiheit" auf Gebäude in München. Bei der Verteilung eines Flugblatts wurden die Geschwister Scholl am 18. Februar 1943 in der Münchner Universität beobachtet und verhaftet. Auch sämtliche anderen Mitglieder der Gruppe wurden gefasst und hingerichtet.

Der politisch motivierte Widerstand der „Weißen Rose" steht im Gegensatz zu der eher unpolitischen Opposition solcher Gruppen wie den „Edelweißpiraten" oder der „Swingjugend", die sich gegen die Vereinnahmung jeglicher Jugendaktivitäten durch die NS-Jugendorganisationen zur Wehr setzten und ihren eigenen Interessen nachgehen wollten. Während die „Edelweißpiraten" meist in den Großstädten und Industrierevieren aktiv waren, entstand die Swingjugend vor allem in Hamburg, Frankfurt und Berlin. Die Edelweißpiraten stammten oft aus einfachen Verhältnissen, hingegen die Swingjugend häufig aus dem Bürgertum. Durch bewusste Nachahmung des anglo-amerikanischen Kleidungs- und Musikstils wollten sie sich vom braunen Einerlei besonders der Hitlerjugend absetzen. Ihre Andersartigkeit brachte jedoch auch diese Gruppen in Konflikt mit dem NS-Regime.

Haft, Folter und mitunter sogar der Tod waren nicht selten die Folge.

BÜRGERLICHER WIDERSTAND

Auch zahlreiche Vertreter des Bürgertums, teils sogar Funktionsträger innerhalb des Staates leisteten auf verschiedene Art Widerstand, insbesondere im Auswärtigen Amt – so auch der ehemalige Botschafter des Deutschen Reiches in Polen und NSDAP-Mitglied Rudolf von Scheliha, der ab 1939 im Auswärtigen Amt tätig war und das Ausland über die Verbrechen in Polen informierte. Scheliha wurde wegen angeblicher Zugehörigkeit zur „Roten Kapelle" im Oktober 1942 verhaftet und hingerichtet.

Der „Kreisauer Kreis", benannt nach dem niederschlesischen Gut Kreisau von Helmuth James Graf von Moltke, war ein weiteres Zentrum des bürgerlich-zivilen Widerstandes. Auf Moltkes Gut fanden ab 1940 regelmäßige Treffen statt, bei denen unterschiedliche Konzepte für eine tief greifende staatliche, wirtschaftliche und soziale Neuordnung Deutschlands nach dem Sturz der NS-Diktatur erörtert wurden. Über den Diplomaten Adam von Trott zu Solz suchte die Gruppe Kontakt zu den Alliierten und zu anderen Widerständlern. Ab 1943 wuchs auch bei den Mitgliedern des „Kreisauer Kreises" die Überzeugung, das NS-Regime könne nur durch einen Staatsstreich beseitigt werden. Daher schlossen sich einige der Mitglieder den Verschwörern des 20. Juli 1944 an.

DIE WEHRMACHT

Obwohl in der Öffentlichkeit vor allem das Attentat auf Hitler vom 20. Juli 1944 bekannt ist, gab es in der Wehrmacht schon früher erste Aufbegehren gegen Hitler und das NS-Regime.

Schon 1938 regte sich unter einigen Offizieren der Wehrmacht Widerstand gegen die Kriegsvorbereitungen des NS-Regimes. Hitler hatte die Führung der Wehrmacht durch ihm ergebene Generäle ersetzt und steuerte offen auf einen Krieg zu. Für den September 1938 waren ein Putsch und die Verhaftung Hitlers geplant. Das Münchner Abkommen machte diesem Vorhaben jedoch den Garaus, da ein Putsch angesichts dieses Erfolgs Hitlers keinen Rückhalt in der Bevölkerung gefunden hätte. Dieser Zustand hielt bis zum Ende des Triumphes deutscher Truppen Ende 1941 an. In dieser Zeit hätte jeder Putsch zwangsläufig scheitern müssen.

Admiral Wilhelm Canaris, Leiter der Abwehr des Nachrichtendienstes der Wehrmacht, und seine engsten Mitarbeiter Hans Oster sowie Hans von Dohnanyi bildeten bis zu ihrer Entdeckung einen Schwerpunkt des Widerstands. So informierte Hans Oster einen befreundeten niederländischen Offizier mehrfach über die Termine des Angriffs auf die Niederlande, Belgien und Frankreich. Da der Angriff jedoch mehrfach verschoben wurde, verloren seine Angaben schließlich an Glaubwürdigkeit. Canaris, Oster und Dohnanyi waren neben dem geplanten Putsch von 1938 auch an zahlreichen weiteren gescheiterten Versuchen zur Beseitigung Hitlers beteiligt, wurden jedoch 1944 verhaftet und hingerichtet.

Der Krieg im Osten hatte einigen Offizieren die Augen über die wahre Natur des NS-Regimes geöffnet, die Kriegswende nach der verlorenen Schlacht von Stalingrad tat dann ihr Übriges, und der Widerstand gegen Hitler wuchs. Mehrere Versuche, Hitler zu beseitigen, schlugen jedoch fehl – so auch am 21. März 1943, als der Offizier Rudolf Christoph Freiherr von Gersdorff versuchte, sich mit Hitler und der anwesenden NS-Führungsspitze im Berliner Zeughaus bei einer Uniformvorführung in die Luft zu sprengen, da Hitler erneut verfrüht den Ort des geplanten Attentats verließ. Kurz darauf versuchte der Offizier Hennig von Tresckow Hitler durch eine Sprengladung in dessen Flugzeug zu töten, deren Zünder jedoch defekt war. Hitler entkam mehrfach nur knapp ihm geltenden Attentaten.

Zahlreiche Angeklagte, wie hier der ehemalige Botschafter des Deutschen Reiches in Italien, von Hassel, wurden nach dem 20. Juli 1944 vor Freislers berüchtigtem Volksgerichtshof in Schauprozessen verurteilt. Freisler, Hitlers oberster Richter, pflegte in seinen Prozessen die Angeklagten niederzubrüllen und sie in mannigfaltiger Form zu demütigen.

Hitler entging nur durch puren Zufall mehreren Anschlagsversuchen von Wehrmachtsoffizieren.

Eine kleine Gruppe von verdienten Wehrmachtsoffizieren um Claus Graf Schenk von Stauffenberg, Friedrich Olbricht und Henning von Tresckow schmiedete ab 1943 Umsturzpläne, an denen auch der zivile Widerstand, z. B. Teile des „Kreisauer Kreises", der ehemalige Leipziger Bürgermeister Goerdeler, Gewerkschafter und dutzende weiterer Nicht-Militärs beteiligt waren. Diese heterogene Gruppe hatte sehr unterschiedliche Vorstellungen über die Zukunft Deutschlands, war sich jedoch einig, dass Hitler beseitigt werden musste.

Stauffenberg, der als Stabsoffizier Zugang zu Hitlers Hauptquartier „Wolfsschanze" in Ostpreußen hatte, sollte bei einer Lagebesprechung eine Zeitzünderbombe platzieren, um Hitler zu töten. Nach Detonation der Bombe sollte die Operation „Walküre" ausgelöst werden, bei der von Mitverschwörern geführte Wehrmachtseinheiten in Berlin und im ganzen Reich NSDAP-, Gestapo- und SS-Dienststellen besetzt und die Funktionsträger verhaftet werden sollten. Unter Beteiligung der zivilen Verschwörer sollte dann eine provisorische Reichsregierung gebildet werden, welche Verhandlungen mit den Alliierten aufnehmen sollte, um den Krieg zu beenden.

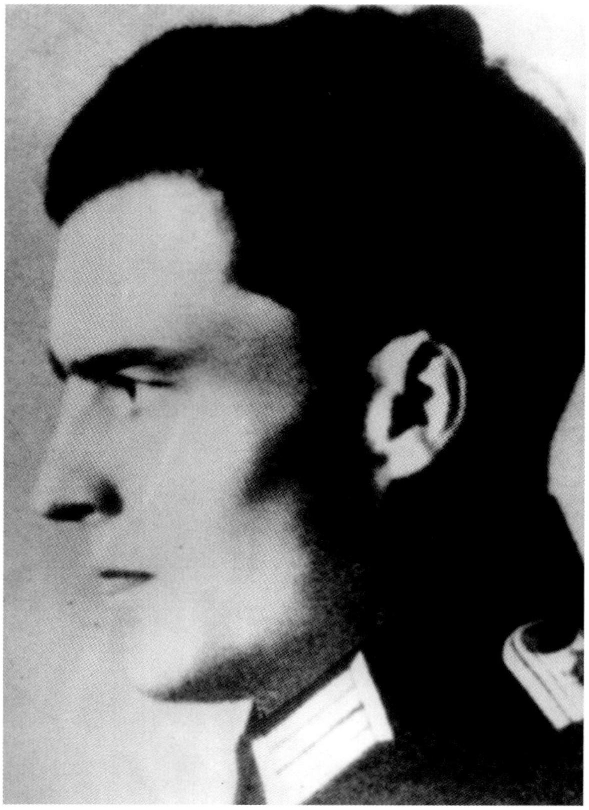

Claus Graf Schenk von Stauffenberg.

Stauffenbergs Anschlag am 20. Juli misslang jedoch durch einen Zufall erneut. Er hatte seine Aktentasche mit der Bombe in unmittelbarer Nähe Hitlers abgestellt und dann die Baracke, in der die Lagebesprechung stattfand, verlassen. Da rund um den Tisch, auf dem die Lagekarten ausgebreitet waren, jedoch Platz benötigt wurde, schob jemand Stauffenbergs Aktentasche direkt unter den massiven Eichentisch – und weg von Hitler. Um 12:42 Uhr am 20. Juli 1944 explodierte die Bombe und tötete vier Personen. Praktisch alle Anwesenden wurden verletzt. Hitler selbst jedoch entkam mit Schürfwunden und Prellungen. Der schwere Eichentisch und die großen Fenster der Baracke, welche der Druckwelle der Explosion keinen Widerstand boten, sondern diese nach außen verpuffen ließen, retteten ihn erneut.

Stauffenberg flog in der festen Überzeugung, Hitler sei tot, zurück nach Berlin und meldete dies auch seinen Mitverschwörern. Diese erhielten aus Ostpreußen jedoch anders lautende Meldungen. Chaos brach aus. „Walküre" wird nur halbherzig ausgeführt, der Putschversuch misslingt.

Der als fanatischer Nationalsozialist geltende Major Otto Ernst Remer, Kommandeur des Wachbatallions „Großdeutschland", erhielt das Kommando für die gesamte Hauptstadt und besetzte das Regierungsviertel. Dort setzte er die Verschwörer fest. Viele, auch Stauffenberg, wurden noch am Abend des 20. Juli standrechtlich erschossen. Henning von Tresckow, Chef des Stabes der Heeresgruppe Mitte, beging Selbstmord, um einem Schauprozess zu entgehen. Nach dem misslungenen Umsturzversuch nahm die Gestapo in den folgenden Wochen tausende Regimegegner fest, ob diese an der Verschwörung beteiligt waren oder nicht. Viele von ihnen wurden in Schauprozessen verurteilt. Rund 5.000 dieser Verurteilten wurden bis Kriegsende hingerichtet – davon viele aus Rache noch in den letzten Kriegstagen – oder starben an den Haftbedingungen.

Hitler und Mussolini begutachten den Ort des Anschlags vom 20. Juli 1944.

Inwieweit die Ziele der Männer des 20. Juli 1944 auch bei einem Gelingen des Putsches umsetzbar gewesen wären, ist zweifelhaft. Die Alliierten waren auf die Formel der bedingungslosen Kapitulation (engl.: unconditional surrender) eingeschworen und betrachteten den Putschversuch mit großer Skepsis. Auch die innerhalb der Gruppe herrschenden Gegensätze hätten gewiss in einer provisorischen Reichsregierung für einigen Sprengstoff gesorgt, denn immerhin reichte das Spektrum der Beteiligten von Nationalkonservativen, die einen autoritären Ständestaat wollten, bis hin zu Gewerkschaftern. Zugleich wird von einigen Historikern auch der Ansatz vertreten, ein möglicher Friedenschluss nach einem geglückten Attentat hätte zu einer erneuten Dolchstoßlegende wie 1918 geführt, und nur die totale Niederlage habe Deutschland wirklich zu einem Neuanfang fähig gemacht.

Major Otto Remer wurde von Hitler für die Niederschlagung des Putsches zum Oberst und schließlich zum Generalmajor befördert. Remer lebte nach 1945 in Spanien und leugnete bis zu seinem Tod 1997 hartnäckig den Holocaust.

Die Bilanz des Krieges

DIE BILANZ DES KRIEGES

Der Zweite Weltkrieg war die größte und verheerendste Auseinandersetzung der Menschheitsgeschichte. Über 60 Staaten waren darin unmittelbar involviert, und nicht wenige mittelbar. Insgesamt standen 110 Millionen Menschen unter Waffen, davon über die Hälfte im Dienst der sowjetischen oder deutschen Armee sowie der US-Truppen.

Als 1945 die Waffen endlich schwiegen, waren die Verliererländer Japan und Deutschland verwüstet, ebenso große Teile Europas und weite Landstriche Asiens. Die jahrelangen Kämpfe hatten ungeheure Opfer an Menschenleben gefordert, exakte Zahlen sind jedoch bis heute nicht vorhanden. Die größten Verluste an Menschenleben hatte die Sowjetunion zu beklagen: Schätzungen gehen von 25 Millionen Toten aus. In China sollen etwa 15 Millionen Menschen gestorben sein. Polen hatte in Relation zu seiner Bevölkerungszahl die meisten Opfer zu beklagen – fast sechs Millionen Tote. In den Vereinigten Staaten und Großbritannien verloren in etwa „nur" jeweils 300.000 Menschen ihr Leben.

In Deutschland forderte der Krieg über 5,2 Millionen Opfer, in Japan fast 2,7 Millionen. Weltweit schätzt man die Zahl der Toten auf 55–60 Millionen, darunter fast sechs Millionen Juden, die während des Holocaust ermordet wurden.

Der Zweite Weltkrieg hat zudem eine riesige Flüchtlingswelle ausgelöst, die auch nach Kriegsende nicht zum Stillstand kam. Viele Millionen Menschen flohen aus Angst vor dem heranrücken-

Der Krieg hatte Millionen von Flüchtlingen und Heimatlosen geschaffen.

den Krieg, Hunger, Elend oder Verfolgung oder aufgrund der politischen Veränderungen in ihren Heimatländern. Auch Millionen Deutsche waren auf der Flucht, vor allem aus den ehemaligen Ostgebieten. Der Exodus der deutschstämmigen Bevölkerung setzte sich noch über Jahrzehnte nach Kriegsende hinweg fort.

Erstmals in der Kriegsgeschichte hielten die Sieger über die Besiegten Gericht. Die monströsen Verbrechen und die Grausamkeiten, welche im Namen Deutschland und Japans verübt worden waren, ließen den Alliierten aber wohl auch keine andere Wahl.

So fand vom 20. November 1945 bis zum 1. Oktober 1946 in Nürnberg ein Prozess gegen 23 noch lebende Mitglieder des NS-Regimes, hochrangige Wehrmachtsoffiziere und Wirtschaftsführer statt, in dessen Verlauf zwölf Angeklagte zum Tode und sieben zu langjährigen Haftstrafen verurteilt wurden. Vier Angeklagte wurden freigesprochen.

In Tokio fanden ab Mai 1946 ähnliche Prozesse wegen Kriegsverbrechen statt, in denen führende japanische Militärs und Politiker der Kriegszeit angeklagt wurden, insbesondere Ministerpräsident und Generalstabschef General Tojo Hideki. Er und sechs weitere Angeklagte wurden am 12. November 1946 zum Tode verurteilt. Alle anderen Angeklagten erhielten langjährige Haftstrafen, wurden jedoch alle spätestens 1955 entlassen. Noch jahre- und jahrzehntelang fanden vor allem in Europa Prozesse gegen aufgespürte Kriegsverbrecher oder Mittäter des Holocaust statt.

Während Japan de facto nur von den USA besetzt wurde, teilten die vier Siegermächte das besetzte Deutschland unter sich auf. Auf der Potsdamer Konferenz vom 17. Juli bis zum 2. August 1945 legten die „Großen Drei" – die USA, Großbritannien und die Sowjetunion das weitere Vorgehen in Deutschland und Europa fest. Die Einigkeit der einstigen Alliierten zerbrach jedoch bald an ideologischen Differenzen, was zur Teilung Deutschlands und Europas führte, die erst 1990 überwunden werden konnte. Großzügige Wiederaufbauhilfe – insbesondere im Rahmen des amerikanischen Marshall-Planes – ermöglichte in Westeuropa und Westdeutschland einen recht raschen Wiederaufbau und führte zu einer vorher nie gekannten Prosperität, dem so genannten Wirtschafts-

Nicht nur Hitler und Goebbels, auch der Reichsführer der SS, Heinrich Himmler (links im Bild), entzog sich nach Kriegsende seiner Verantwortung durch Selbstmord. Nachdem Himmler trotz falscher Papiere und Verkleidung von britischen Truppen am 22. Mai 1945 aufgegriffen worden war, nahm er sich mittles einer Zyankalikapsel am 23. Mai das Leben.

Ein verwundeter GI kehrt heim zu seiner Familie in New York.

wunder. Auch Japan erholte sich wirtschaftlich überraschend schnell von seiner Niederlage. Ebenso wie die Bundesrepublik Deutschland entwickelte es sich bald mit der Hilfe der Westalliierten zu einer stabilen, in der westlichen Gemeinschaft etablierten Demokratie.

Das internationale Kräfteverhältnis verschob sich infolge des Krieges nachhaltig: Europa, noch zu Beginn des 20. Jahrhunderts der mächtigste und reichste Kontinent, lag in Trümmern oder hatte sich durch die Kriegsanstrengungen völlig verausgabt. Nun wurde die Sowjetunion neben den USA zur führenden Weltmacht bzw. Supermacht

Die Anklagebank im Nürnberger Prozess. Erste Reihe von links nach rechts: Hermann Göring, Rudolf Hess, Joachim von Ribbentrop, Wilhelm Keitel und Ernst Kaltenbrunner. Zweite Reihe von links nach rechts: Karl Dönitz, Erich Raeder, Baldur von Schirach und Fritz Sauckel.

Die bisherigen Großmächte Großbritannien, Frankreich, Deutschland und Japan verloren an Bedeutung. China begann ebenfalls eine zunehmend wichtigere Rolle zu spielen.

Die erschöpften Staaten Europas versuchten zwar noch über einige Jahre, ihre einst riesigen Kolonialreiche zu halten, doch nach und nach emanzipierten sich immer mehr Länder Afrikas und Asiens von ihren Kolonialherren, allerdings nicht immer so friedlich wie 1947 Indien von Großbritannien.

Schon nach dem Ersten Weltkrieg war versucht worden, mit dem Völkerbund ein Instrument zur Erhaltung des Friedens und der internationalen Zusammenarbeit zu schaffen. Während des Zweiten Weltkrieges entstand auf maßgebliche Initiative der USA und des Präsidenten Roosevelt hin die Idee einer Organisation der Vereinten Nationen (englisch: United Nations Organisation, kurz: UNO) zur Aufrechterhaltung des Friedens und der internationalen Sicherheit sowie der Menschrechte, deren Charta am 25. Juni 1945 in San Francisco feierlich von 50 Nationen unterzeichnet wurde. Heute sind zwar 192 Staaten Mitglied der UNO, doch leider sind die

Berlin liegt im Mai 1945 in Trümmern. Die Stadt und das ehemalige Deutsche Reich werden von den Siegermächten in vier Besatzungszonen aufgeteilt.

Vereinten Nationen weit von der Verwirklichung ihrer Ziele entfernt.

Die bitteren Erfahrungen dieser zwei verheerenden Kriege führten in Europa dazu, dass sich verantwortungsbewusste Staatsmänner wie Konrad Adenauer und Charles de Gaulle für eine enge Zusammenarbeit zur Schaffung einer Europäischen Union einsetzten, die heute bereits 25 Mitgliedsländer hat und praktisch ganz West- und Mitteleuropa umfasst. Zumindest hier scheint man aus der Vergangenheit gelernt zu haben, denn ein Krieg zwischen diesen Staaten scheint undenkbar.

Es bleibt zu hoffen, dass es in absehbarer Zukunft gelingt, auch für den Rest der Welt dauerhaft Frieden und Wohlstand zu sichern.

Deutschland und Europa lagen in Trümmern. Der Marshall-Plan ermöglichte jedoch einen überraschend schnellen Wiederaufbau.

1415
834

Chronik

DIE CHRONIK DES ZWEITEN WELTKRIEGES

1919

28.6. Unterzeichnung der Versailler Verträge

1929

25.10. „Schwarzer Freitag" in New York: Ausbruch der Weltwirtschaftskrise

1932

9.7. Auf der Konferenz von Lausanne wird für die deutsche Reparationsschuld eine einmalige Abfindungssumme von 3 Milliarden Reichsmark festgelegt.

2.12. Die Zahl der Arbeitslosen in Deutschland überschreitet die 6-Millionen-Grenze.

1933

30.1. Machtergreifung der Nationalsozialisten. Hindenburg ernennt Adolf Hitler zum Reichskanzler.

27.2. Reichstagsbrand

20.3. Eröffnung des ersten KZ in Dachau

23.3. Ermächtigungsgesetz mit 441:94 Stimmen angenommen

18.8. Präsentation des Volksempfängers, später wichtigstes Propagandainstrument

19.10. Austritt Deutschlands aus dem Völkerbund

18.12. Die Reichswehr wird – entgegen dem Versailler Vertrag – auf 300.000 Mann vergrößert.

1934

26.1. Deutsch-polnischer Nichtangriffspakt

25.7. Scheitern eines nationalsozialistischen Putsches in Wien. Ermordung von Bundeskanzler Dollfuß. Schuschnigg wird Nachfolger.

2.8. Hindenburg stirbt; Hitler übernimmt zusätzlich sein Amt, nunmehr als „Führer und Reichskanzler".

1935

13.1. 91 % der Saarländer stimmen für „Heim ins Reich".

16.3. Die allgemeine Wehrpflicht wird wieder eingeführt, Deutschland verstärkt die Wehrmacht auf 580.000 Mann.

31.3. Gründung spezieller SS-Verbände „Totenkopf" zur Bewachung der KZ

21.5. So genannte Friedensrede Hitlers im Reichstag

18.6. Deutsch-Britisches Flottenabkommen

15.9. Nürnberger Gesetze zur Diskriminierung der Juden

27.9. Karl Dönitz stellt den ersten U-Boot-Verband nach dem Ersten Weltkrieg in Dienst.

2.10. Abessinien (Äthiopien) wird von Italien angegriffen.

1936

6.2. Hitler eröffnet die Olympischen Winterspiele.

7.3. Besetzung des Rheinlandes durch deutsche Truppen

5.5. Abessinien wird von Mussolini für erobert erklärt.

16.7. Bürgerkrieg in Spanien beginnt.

1.8. Hitler eröffnet die Olympischen Sommerspiele.

8.9. Reichsparteitag in Nürnberg: Hitler spricht öffentlich über den Kampf gegen den Bolschewismus.

21.9. Die Wehrmacht startet das erste große Manöver nach dem Ersten Weltkrieg.

25.10. Gründung der „Achse Berlin–Rom"

25.11. Deutsch-Japanischer Antikomintern-Pakt

1937

26.4. Flugzeuge der Legion Condor zerstören die nordspanische Kleinstadt Guernica.

24.6. Reichswehrminister Werner von Blomberg erlässt eine geheime Weisung zu Kriegsvorbereitungen der Wehrmacht.

19.7. Errichtung des KZ Buchenwald

7.9. Der Versailler Vertrag wird von Hitler für ungültig erklärt.

6.11. Beitritt Italiens zum Antikomintern-Pakt

31.12. Über 500.000 Menschen werden in Deutschland von Gerichten verurteilt.

1938

25.1. Im Rahmen neuer Schutzhaftbestimmungen können „staatsfeindliche" Personen in KZ inhaftiert werden.

4.2. Hitler bildet die Regierung um. Ribbentrop wird Außen-, Funk- und Wirtschaftsminister. Blomberg und Fritsch treten zurück, aus dem Kriegsministerium wird das OKW unter Leitung W. Keitels, Hitler wird Oberbefehlshaber der Wehrmacht.

12.2. Hitler zwingt den österreichischen Kanzler Schuschnigg, Seyß-Inquart (NS) zum Innenminister zu ernennen.

12./13.3. Vollziehung des Anschlusses Österreichs, Seyß-Inquart wird Reichsstatthalter.

28.3. Hitler weist den Führer der Sudetendeutschen Partei, Henlein, an, seine Forderungen gegenüber der tschechischen Regierung auf ein unerfüllbares Niveau hochzuschrauben.

21.5. Teilmobilmachung in der Tschechoslowakei wegen größerer deutscher Truppenbewegungen an der Grenze.

18.6. „Asoziale" arbeitsfähige Männer werden verhaftet und dem Arbeitsdienst zugeführt.
15.9. Chamberlain, Großbritanniens Premierminister, fliegt zu Hitler nach Berchtesgaden.
23.9. Mobilmachung in der Tschechoslowakei
29./30.9. Münchner Konferenz. Großbritannien, Frankreich und Italien sprechen dem Deutschen Reich das Sudetenland zu.
1.10. Deutsche Truppen marschieren ins Sudetenland ein, die Tschechoslowakei steht vor der Auflösung.
9.11. „Reichskristallnacht" mit Übergriffen auf die jüdische Bevölkerung.
15.12. 3.000 km Reichsautobahn sind fertig, auch die Strecke Berlin–München.

1939

15.3. Der tschechoslowakische Staatspräsident Hacha übergibt sein Land „vertrauensvoll in die Hände des Führers", daraufhin marschieren deutsche Truppen in die Rest-Tschechoslowakei ein. Das Reichsprotektorat Böhmen und Mähren wird errichtet.
23.3. Einmarsch deutscher Truppen ins Memelgebiet
26.3. Polen lehnt das Angebot Hitlers zur Rückgabe von Danzig und einer Verkehrsverbindung durch den Korridor gegen eine Grenzgarantie ab.
31.3. England und Frankreich garantieren die Unverletzlichkeit Polens.
28.4. Das Reich kündigt das Flottenabkommen mit England und den Nichtangriffspakt mit Polen.
23.8. Abschluss eines Nichtangriffspakts mit der Sowjetunion (Hitler-Stalin-Pakt) mit geheimem Zusatzprotokoll über die Aufteilung Osteuropas in Interessenssphären. Für Hitler das Signal zur Okkupation Polens.
1.9. Ohne vorherige Kriegserklärung marschiert die Wehrmacht in Polen ein: der Beginn des Zweiten Weltkrieges.
3.9. England und Frankreich erklären aufgrund ihrer Garantieverpflichtung Deutschland den Krieg.
5.9. Die USA erklären sich neutral.
18.9. Sowjetische Truppen rücken in Ostpolen ein.
27.9. Mit der Kapitulation Warschaus endet der Polenfeldzug; das Land wird zwischen Deutschland und der Sowjetunion aufgeteilt.
28.9. Deutschland und die Sowjetunion schließen einen Freundschaftsvertrag mit der Aufteilung der Grenzen; Polen existiert nicht mehr.
8.11. Hitler entgeht einem Sprengstoffattentat im Münchner Bürgerbräukeller.
27.11. Die Sowjetunion kündigt den Nichtangriffspakt mit Finnland.
30.11. Die Sowjetunion bombardiert Helsinki und überfällt Finnland. Der „Winterkrieg" beginnt.
13.12. Das Panzerschiff *Graf Spee* und britische Kreuzer liefern sich ein Seegefecht im Südatlantik. Selbstversenkung der *Graf Spee* am 17.12.

1940

8.1. Die finnische Armee stoppt den Vormarsch der Roten Armee.
10.1. In einem notgelandeten deutschen Flugzeug entdecken belgische Militärs einen Teil der Pläne über die Westoffensive; daraufhin schränkt Hitler den Empfängerkreis solcher Planungen ein.
26.1. Die Umsiedelung deutscher Bürger aus Ostpolen wird abgeschlossen.
11.2. Abschluss eines Deutsch-Sowjetischen Wirtschaftsabkommens. Die Rote Armee durchbricht die finnischen Linien.
29.2. Palästina wird von der britischen Verwaltung in drei Sektoren aufgeteilt, um ein besseres Zusammenleben von Juden und Arabern zu ermöglichen.
12.3. Der Sowjetisch-Finnische Winterkrieg endet mit der Unterzeichnung eines Friedensvertrages in Moskau. Finnland muss Gebiete abtreten.
20.3. Frankreich: Das Kabinett Daladier tritt zurück. Nachfolger wird Paul Reynaud.
9.4. Im Rahmen des Unternehmens „Weserübung" besetzen deutsche Truppen ohne Kriegserklärung die neutralen Staaten Dänemark und Teile Norwegens. Britische Truppen landen am 14. April in Norwegen, müssen sich aber am 3. Mai zurückziehen.
10.5. Winston Churchill tritt die Nachfolge Chamberlains als britischer Premierminister an. Deutsche Truppen eröffnen die Westoffensive mit dem Einmarsch in Holland, Belgien und Luxemburg.
11.5. Die Festung Eben-Emael wird in einer einzigartigen Kommandoaktion von deutschen Fallschirmtruppen genommen.
14.5. Die Wehrmacht durchbricht die französischen Linien im Rahmen des „Sichelschnitt"-Plans.
15.5. Die niederländischen Streitkräfte kapitulieren.
24.5. Auf Hitlers Befehl muss die Panzergruppe Kleist vor Dünkirchen anhalten. In den folgenden Tagen startet aus England eine einzigartige Rettungsaktion für über 300.000 Mann aus dem Kessel von Dünkirchen.
28.5. Die belgische Armee kapituliert.
5.6. Mit dem Fall „Rot" beginnt der Großangriff auf Frankreich.
10.6. Kriegseintritt Italiens
11.6. Die französische Regierung verlässt Paris.

14.6. Paris wird kampflos besetzt. Die französische Regierung geht nach Bordeaux.

15.6. Die Sowjetunion besetzt die baltischen Länder und marschiert am 26.6. im Rumänien ein.

16.6. Durchbruch durch die Maginot-Linie. Marschall Petain wird zum Nachfolger Reynauds berufen.

22.6. In Compiègne wird der Deutsch-Französische Waffenstillstandsvertrag in dem historischen Eisenbahnwaggon von 1918 geschlossen.

3.7. Um die französische Kriegsflotte nicht in deutsche Hände fallen zu lassen, startet die britische Marine Angriffe auf die französische Flotte in Mers-el-Kebir.

8.7. Schweden erlaubt den Transit deutscher Rüstungstransporte nach Norwegen.

10.7.–31.10. Luftschlacht um England

11.7. Marschall Petain verlegt den Regierungssitz in den Kurort Vichy.

7.8. Baldur von Schirach wird Reichsstatthalter in Wien, sein Vorgänger Seyß-Inquart geht in gleicher Funktion in die Niederlande.

13.8. Mit dem „Adlertag" beginnen die Vorbereitungen zur Luftschlacht um England.

3.9. Verteidigungsabkommen USA–Großbritannien

7.9. Schwere deutsche Luftangriffe auf London und britische Flugplätze

12.–18.9. Italienische Offensive gegen Sidi Barani

14.–17.9. Die RAF fliegt Luftangriffe gegen Schiffsziele in Häfen an der belgisch-französischen Küste. Dort liegt die zusammengewürfelte Transportflotte für das Unternehmen „Seelöwe" und erleidet erhebliche Verluste. Hitler verschiebt das Unternehmen „Seelöwe".

27.9. Deutschland, Japan und Italien schließen den Dreimächtepakt in Berlin.

23./24.10. Im Rahmen einer Reise durch Westeuropa versucht Hitler vergeblich, Spaniens Regierungschef Franco und Frankreichs Marschall Petain in seine Kriegspläne gegen England einzubeziehen.

28.10. Italien greift Griechenland an, das sich erfolgreich wehrt und die italienischen Truppen bis Albanien zurückwirft. Hitler beschließt, seinen italienischen Bündnispartner militärisch zu unterstützen.

5.11. Roosevelt wird in Ausnahmeregelung zum dritten Mal Präsident der USA.

12.–14.11. Der sowjetische Außenminister Molotow führt in Berlin Unterredungen über den Beitritt der Sowjetunion zum Dreimächtepakt und die Aufteilung der Welt in Interessenssphären nach einer Niederlage Englands.

14./15.11. Schwerer deutscher Luftangriff auf das englische Coventry

9.12. Beginn der britischen Offensive gegen italienische Truppen in Nordafrika. Wenige Tage später bittet Mussolini Hitler um Hilfe durch Entsendung eines Panzerbataillons.

17.12. USA und Großbritannien schließen das Leih- und Pachtabkommen mit umfangreichen Krediten für die britische Wirtschaft.

1941

5.1. Das libysche Bardia wird von britischen Truppen erobert, rund 40.000 Italiener gehen in Gefangenschaft.

10.1. Unterzeichung eines neuen deutsch-russischen Vertrags über Wirtschaftsaustausch und Umsiedelung Deutscher aus dem Baltikum.

4.2. Die Schlachtschiffe *Gneisenau* und *Scharnhorst* gelangen unbemerkt in den Atlantik und versenken bis zu ihrer Rückkehr nach Brest 22 alliierte Handelsschiffe.

12.2. Generalleutnant Erwin Rommel trifft in Libyen ein und übernimmt das Kommando.

1.–2.3. Köln wird von über 100 britischen Flugzeugen massiv bombardiert.

9.3. Von Albanien aus starten die Italiener eine neue Offensive gegen Griechenland, die aber schon nach ein paar Tagen scheitert.

19.3. Der Exilvorstand der SPD arbeitet von London aus.

25.3. Jugoslawien tritt dem Dreimächtepakt bei, wie zuvor schon Bulgarien, Ungarn, Rumänien und die Slowakei.

27.3. Staatsstreich in Jugoslawien. Abdankung des deutschfreundlichen Prinzregenten Paul; Wiederherstellung des Bündnisses mit der Sowjetunion.

31.3. Angriff Rommels in der Cyrenaika

2.4. Jungfernflug des ersten Düsenflugzeugs der Welt, der He 280

6.4. Der Feldzug gegen Jugoslawien und Griechenland beginnt. Einen Tag zuvor hatten die Sowjetunion und Jugoslawien einen Beistandspakt geschlossen.

9.4. Das griechische Saloniki wird durch deutsche Truppen besetzt.

10.4. Im besetzten Zagreb wird der neue Staat Kroatien unter Führung der Ustascha gegründet.

13.4. Eroberung Belgrads. Japan und die Sowjetunion schließen ein Neutralitätsabkommen.

17.4. Jugoslawien kapituliert vor den Achsenmächten.

21.4. Griechenland kapituliert, Athen wird am 27. April besetzt.

10.5. Rudolf Hess, Stellvertreter Hitlers, fliegt nach Schottland, angeblich um Friedensverhandlungen mit Großbritannien zu führen. Bormann wird Nachfolger.

18.5. Der Großteil der italienischen Streitkräfte in Nordafrika kapituliert.

20.–31.5. Deutsche Luftlandeeinheiten erobern im Rahmen des Unternehmens „Merkur“ Kreta, das von britischen Truppen am 31. 5. geräumt wird.

27.5. Auf Churchills Anweisung „Sink the Bismarck!“ konzentriert die britische Flotte massive Kräfte auf das deutsche Schlachtschiff. Die *Bismarck* wird im Atlantik versenkt. 2.000 Mann sterben.

4.6. Kaiser Wilhelm stirbt 82-jährig im niederländischen Exil.

14.6. Die US-Regierung schließt alle deutschen Konsulate und friert deutsche Guthaben in den USA ein.

22.6. Auf einer Front von 1.700 km beginnt ohne vorherige Kriegserklärung das Unternehmen „Barbarossa“, der deutsche Angriff auf die Sowjetunion. Italien, Ungarn und die Slowakei kämpfen auf deutscher Seite.

8.–10.7. Abschluss der Doppelschlacht bei Bialystok-Minsk. Über 300.000 Rotarmisten gehen in deutsche Gefangenschaft.

12.7. Britisch-Sowjetischer Beistandsvertrag

18.7. Japanische Truppen landen in Süd-Indochina.

31.7. Heydrich wird von Göring mit der Deportation der europäischen Juden beauftragt.

5.8. Abschluss der Kesselschlacht bei Smolensk.

7.8. Stalin macht sich zum Oberbefehlshaber der Roten Armee.

8.8. Abschluss der Kesselschlacht bei Uman

11.8. Generalmobilmachung in Japan

12.–15.8. Treffen Roosevelt/Churchill. Die Atlantik-Charta wird unterzeichnet.

8.9. Leningrad wird vom Landweg abgeschnitten.

17.9. Erstmals werden in Deutschland Todesurteile für das Hören ausländischer Sender erlassen.

19.9. Juden müssen den Judenstern tragen und dürfen ihren Wohnort nicht mehr verlassen.

20.–26.9. Kiew wird erobert.

28.9. Massenmord an Juden in Babi Jar

29.9.–1.10. Moskau: erste Dreimächtekonferenz

30.9.–2.10. Deutsche Wehrmachtsoffensive gegen Moskau beginnt, Regierung und Diplomaten verlassen die Stadt.

14.10. Anordnung über erste Deportationen deutscher Juden in den Osten, bald erhalten Juden keine Ausreisegenehmigung mehr.

16.10. Rumänische Truppen besetzen Odessa, die Rote Armee räumt.

30.10. Die Belagerung von Sewastopol beginnt.

13.11. Ein deutsches U-Boot versenkt den britischen Flugzeugträger *Ark Royal*.

18.11. Britische Offensive in Libyen beginnt.

28.11. Die sowjetische Gegenoffensive vor Moskau beginnt, zuvor hatte die Rote Armee Erfolge bei Tichwin und Rostow.

7.12. Die japanische Flotte überfällt ohne Vorwarnung Pearl Harbor und vernichtet den Großteil der US-Pazifikflotte. Japan greift anschließend die Philippinen, Hongkong, Thailand und Malaysia an.

8.12. Kriegserklärung USA–Japan

10.12. Britische Schlachtschiffe *Repulse* und *Prince of Wales* werden durch japanische Bomber und Torpedoflieger versenkt.

11.12. Hitler verkündet vor dem Reichstag die Kriegserklärung an die USA. Italien folgt sofort nach.

19.12. Von Brauchitsch wird entlassen, Übernahme des Oberbefehls über das Heer durch Hitler.

29.12. Die deutschen Truppen müssen sich von der Krim zurückziehen.

1942

1.1. 26 Staaten unterzeichnen in Washington den „Pakt der Vereinten Nationen“ und verpflichten sich, keinen Separatfrieden mit den Achsenmächten zu schließen.

2.1. Eroberung Manilas durch japanische Truppen, die damit große Teile Asiens eingenommen haben.

11.1. Vor der Küste der USA operieren deutsche Langstrecken-U-Boote.

15.1. Wilhelm Ritter von Leeb, Oberbefehlshaber der Heeresgruppe Nord, demissioniert.

20.1. Wannseekonferenz über die „Endlösung der Judenfrage“

21.1. Japanische Truppen dringen in Birma ein. Beginn der deutschen Gegenoffensive in Nordafrika.

25.1. Japanische Truppen landen auf Neuguinea und Neuirland.

7.2. Deutsch-italienische Offensive endet vor Tobruk.

12.2. Albert Speer wird als Nachfolger von Fritz Todt Reichsminister für Bewaffnung und Munition. Den Schlachtschiffen *Scharnhorst*, *Gneisenau* und *Prinz Eugen* gelingt unbemerkt die Fahrt durch den Ärmelkanal von Brest nach Wilhelmshaven.

15.2. Eroberung Singapurs durch japanische Truppen

8.3. Besetzung Ranguns durch japanische Truppen

10.3. Französische Truppen unter de Gaulle stoßen nach Libyen vor.

17.3. General MacArthur wird alliierter Oberbefehlshaber im Pazifik.

21.3. Fritz Sauckel wird zum Bevollmächtigten für den Arbeitseinsatz in den besetzten Ostgebieten ernannt.

28./29.3. Beim ersten Flächenbombardement der Alliierten wird die Innenstadt von Lübeck zerstört.

11.4. Roosevelt kündigt zur Entlastung der russisch-deutschen Front eine US-Offensive an.

18.4. Wegen einsetzenden Tauwetters kommen die Kampfhandlungen und der Nachschub an der Ostfront fast völlig zum Erliegen.

26.4. Jeder Führerbefehl hat laut Reichstagsbeschluss höchsten Gesetzesrang.

4.–8.5. See-Luft-Schlacht im Korallenmeer stoppt Japans Expansion in Asien.

16.5. Kertsch auf der Krim wird nach verbissenen Kämpfen von der Wehrmacht erobert.

23.5. Nach der Schlacht von Charkow gehen über 200.000 Rotarmisten in deutsche Gefangenschaft.

26.5. Treffen des Kirchenführers Dietrich Bonhoeffer mit englischen Kirchenvertretern in Stockholm

27.5. Attentat mit tödlichen Verletzungen auf Heydrich durch zwei tschechische Nationalisten. Zur Vergeltung wird der Ort Lidice bei Prag zerstört.

30./31.5. Erstmals setzt die RAF 1.000 Bomber über Köln ein und zerstört die gesamte Innenstadt.

3.–7.6. Die Seeschlacht bei den Midway-Inseln bringt den USA die Kriegswende im Pazifik.

11.6. Die USA und die Sowjetunion schließen einen Waffenhilfsvertrag.

21.6. Eroberung Tobruks durch deutsche und italienische Truppen

22.6. Der französische Ministerpräsident Laval ruft zum freiwilligen Arbeitsdienst in Deutschland auf.

28.6. Die Sommeroffensive beginnt bei Charkow.

30.6. Deutsch-italienische Truppen befinden sich vor El Alamein, hier kommt der Angriff zum Stehen.

1.7. Die Festung Sewastopol wird als letzte sowjetische Bastion auf der Krim erobert.

17.7. Kämpfe im großen Donbogen. Die Schlacht an der Wolga beginnt.

25.7. Die Schlacht um den Kaukasus beginnt.

6.8. Roosevelt ernennt General Eisenhower zum Oberbefehlshaber der Truppen in Nordafrika.

7.8. US-Marinetruppen landen auf der Salomoneninsel Guadalcanal.

19.8. Bei einem Landungsversuch bei Dieppe verlieren die Alliierten über 4.000 Mann und umfangreiches Material.

20.8. Roland Freisler wird Präsident des Volksgerichtshofes.

24.9. Rücktritt des Generalstabschefs Halder nach Diskussionen mit Hitler über den Kaukasuskrieg

3.10. Die erste ballistische Rakete der Welt, die V 2, absolviert ihren ersten Start in Peenemünde.

23.10. Alliierte Offensive bei El Alamein beginnt. Rommel hat der mehrfachen britischen Luft- und Bodenüberlegenheit nichts mehr entgegenzusetzen. Er ordnet gegen Hitlers Befehl den Rückzug an.

26./27.10. See-Luft-Schlacht bei den Santa-Cruz-Inseln. Japan bringt den USA erhebliche Verluste bei, kann die Salomonen aber nicht zurückgewinnen.

8.11. Alliierte Landung in Marokko (Operation „Torch")

10.11. Deutsche Luftlandung in Tunis

11.11. Besetzung Südfrankreichs des Vichy-Regimes durch deutsche und italienische Truppen

13.11. Rückeroberung Tobruks durch alliierte Truppen

19./20.11. Sowjetische Gegenoffensive an der Wolga beginnt.

22.11. Bei Kalatsch schließt sich die Offensivzange der Roten Armee, die 6. Armee unter Paulus ist in Stalingrad eingekesselt. Hitler verweigert den Ausbruch.

23.11. Erster großer Bombenangriff auf Berlin

27.11. Selbstversenkung der französischen Flotte in Toulon

12.12. Deutscher Entsatzversuch für die 6. Armee durch Einheiten General von Mansteins. Er scheitert 50 km vor Stalingrad.

22.12. Sowjetische Offensive am Kaukasus beginnt.

1943

1.1. Die Wehrmacht beginnt mit dem Rückzug aus dem Kaukasus, dem eine sowjetische Gegenoffensive im Nordkaukasus folgt.

6.1. Großadmiral Raeder tritt wegen des Baustopps von Großschiffen zugunsten der U-Boot-Flotte zurück. Nachfolger wird Dönitz.

10.1. Da General Paulus die geforderte Kapitulation verweigert, beginnt die Rote Armee mit der Eroberung Stalingrads.

12.–18.1. Deutsche Blockade von Leningrad wird zerschlagen.

14.–24.1. Auf der Konferenz von Casablanca legen Roosevelt und Churchill die bedingungslose Kapitulation Deutschlands (unconditional surrender) als Kriegsziel fest. Beschluss einer Landung in Sizilien.

24.1. Angriffsoperation bei Woronesch beginnt.

31.1. Entgegen dem ausdrücklichen Befehl Hitlers kapituliert der frisch ernannte Generalfeldmarschall Paulus und beendet somit die Schlacht um Stalingrad.

14.2. Rostow und Woroschilowgrad werden durch Sowjets eingenommen. Die Wehrmacht wird beauftragt, beim Rückzug nur „verbrannte Erde" zu hinterlassen. Der deutsche Gegenangriff in Tunesien beginnt.

18.2. Im Berliner Sportpalast verkündet Goebbels den „totalen Krieg".

19.2. Hans und Sophie Scholl sowie andere Mitglieder der studentischen Widerstandsgruppe „Weiße Rose" werden in der Münchner Universität verhaftet und drei Tage später hingerichtet.
21.2. Guderian erhält wieder ein Kommando.
5.3. Schwere Bombenangriffe auf das Ruhrgebiet
13.3. Anschlag auf Hitler in Smolensk misslingt, die Bombe in seinem Flugzeug detoniert nicht.
20.3. Deutsche U-Boot-Rudel versenken aus einem Geleitzug 21 Schiffe der Alliierten.
20./21.3. Alliierte Offensive in Tunesien beginnt.
5.4. Widerstandsgruppe Dohnanyi, Bonhoeffer und Müller wird verhaftet.
7.–10.4. Salzburg: Treffen Hitler–Mussolini. Dieser drängt Hitler zu Friedensverhandlungen mit der Sowjetunion. Zuvor hatte er versucht, die rumänischen Verbündeten zu Kontakten mit den Alliierten zu bewegen.
19.4. Der Aufstand im Warschauer Ghetto endet mit der völligen Vernichtung der Juden im Ghetto.
30.4. Ausnahmezustand in den Niederlanden in Folge eines Generalstreiks
12.5. Die Truppen der Achsenmächte kapitulieren in Tunesien. Der Afrikafeldzug ist zu Ende.
3.6. De Gaulle gründet in Algier das Befreiungskomitee CFLN.
19.–21.6. See-Luft-Schlacht bei den Marianen
30.6. Alliierte Truppen landen auf der Salomoneninsel Neugeorgia.
5.7. Die letzte Großoffensive der Deutschen beginnt bei Kursk.
10.7. Alliierte Truppen landen mit geringem Widerstand auf Sizilien.
12.7. Sowjetische Gegenoffensive bei Kursk-Orel beginnt gegen die Heeresgruppe Süd.
20.7. Im Moskauer Radio wird das Manifest des „Nationalkomitees Freies Deutschland" übertragen.
24.7. Großer Faschistischer Rat in Italien tritt zusammen. Mussolini wird abgesetzt und einen Tag später verhaftet. Marschall Badoglio wird neuer Ministerpräsident.
24.7. Schwere Luftangriffe auf Hamburg (Unternehmen „Gomorrha")
3.8. Sowjetische Offensive in Richtung Charkow beginnt.
11.8. Sowjetische Offensive an der Mittelfront gegen Smolensk beginnt.
17.8. Messina wird von Amerikanern besetzt.
24.8. Himmler wird als Nachfolger von Otto Frick Reichsminister des Inneren.
3.9. Eisenhower verkündet den Waffenstillstand mit Italien.
9.9. Ungarn schließt Waffenstillstand mit den Westmächten.
12.9. Mussolini wird durch ein deutsches Spezialkommando aus der Haft befreit und zu Hitler in die Wolfsschanze gebracht.
17.9. Brjansk wird durch Sowjets eingenommen.
18.9. Mussolini ruft die Faschistische-Sozialistische Republik Italien aus. Die Wehrmacht entwaffnet in einer koordinierten Aktion die italienischen Truppen.
24.9. Smolensk wird aufgegeben.
1.10. Besetzung Neapels durch die Alliierten
6.10. Die sowjetische Herbst- und Winteroffensive vom Schwarzen Meer bis Witebsk beginnt.
13.10. Die italienische Regierung unter Badoglio erklärt Deutschland den Krieg, Italien ist nun Verbündeter der Westmächte.
25.10. Dnjepropetrowsk wird durch Sowjets eingenommen.
1.11. Sowjetische Verbände schneiden deutsche Truppen auf der Krim von Landverbindungen ab, zuvor hatte Hitler den Rückzug von der Halbinsel untersagt.
6.11. Kiew wird durch Sowjets eingenommen.
20.11. Landung amerikanischer Truppen auf den Gilbert-Inseln
26.11. Gomel wird durch Sowjets eingenommen.
26.11.–3.12. Während ihrer ersten gemeinsamen Konferenz in Teheran sprechen Roosevelt, Churchill und Stalin die wichtigsten Grundlagen einer Nachkriegsordnung ab.
5.12. Nach Vorstellungen Hitlers soll der Düsenjäger Me 262 zum Bombereinsatz ausgerüstet werden.
15.12. Tito wird als „gleichberechtigter alliierter Befehlshaber" ausgerufen.
24.12. Sowjetische Offensive westlich von Kiew beginnt, die Ukraine-Front ist an mehreren Stellen durchbrochen.
31.12. Schitomir wird endgültig durch Sowjets eingenommen.

1944

1.1. Rommel übernimmt Oberbefehl der Heeresgruppe Nordfrankreich.
8.1. Kirowograd wird durch sowjetische Truppen eingenommen.
14.1. Eine sowjetische Offensive gegen die Heeresgruppe Nord beginnt.
20.1. Die Rote Armee erobert Nowgorod.
22.1. Alliierte Landung bei Anzio und Nettuno im Rücken deutscher Linien.
28.1. Die Belagerung Leningrads wird beendet.
31.1. Landung amerikanischer Truppen auf der Marshall-Insel Kwajalein

1.2. De Gaulle formiert alle französischen Résistance-Gruppen.
2.2. Rowno und Luzk werden durch Sowjets eingenommen.
14.2. Admiral Canaris, Chef der deutschen Spionageabwehr, wird entlassen, seine Aufgaben übernimmt das Amt von Heinrich Himmler.
15.2. Das Kloster Monte Cassino wird durch einen alliierten Bombenangriff zerstört.
18.2. Staraja Russa wird geräumt.
20.2. Im Rahmen der Luftoffensive „Big Week" wird die deutsche Rüstungsindustrie schwerpunktmäßig bombardiert.
22.2. Kriwoj Rog wird geräumt.
25.2. Die historische Stadtmitte von Augsburg wird von Bombern fast vollständig zerstört.
29.2. Alliierte Landung auf den Admiralitätsinseln
4.3. Sowjetische Frühjahrsoffensive bewirkt den Rückzug der Deutschen aus der Ukraine.
19.3. Wichtige strategische Punkte in Ungarn werden durch deutsche Truppen besetzt.
20.3. Das ukrainische Winniza wird durch Sowjets eingenommen.
30.3. Von Manstein wird als Oberbefehlshaber der Heeresgruppe Süd abgelöst, weil er Hitler zum Rückzug im Osten bewegen wollte.
2.4. Die Rote Armee überschreitet die Grenzen Rumäniens.
8.4. Sowjetische Offensive zur Befreiung der Krim beginnt, Odessa fällt zwei Tage später.
22.4. Alliierte Landungen auf Neuguinea
3.5. Spanien zieht seine Freiwilligen auf Druck der Alliierten von der Ostfront ab.
9.5. Sewastopol wird nach schweren Kämpfen durch Sowjets eingenommen.
12.5. Die Krim wird endgültig durch die Rote Armee zurückgewonnen.
18.5. Monte Cassino wird von deutschen Truppen nach schweren Kämpfen geräumt. Damit sind die deutschen Verteidigungslinien durchbrochen.
4.6. Rom, zuvor zur „offenen Stadt" erklärt, wird von alliierten Truppen besetzt.
6.6. D-Day; alliierte Landung in der Normandie. Der Sturm auf Deutschland hat begonnen.
10.6. Sowjetische Sommeroffensive in Karelien beginnt.
13.6. Erster Einsatz der V 1 („Vergeltungswaffe 1") auf London
15.6. Alliierte Landung auf den Marianen
22.6. Sowjetische Offensive gegen die Heeresgruppe Mitte beginnt.
30.6. In der Normandie sind mittlerweile fast eine Million Soldaten samt Material und Waffen gelandet.
3.7. Minsk wird in einer Kesselschlacht durch die Rote Armee eingenommen.
5.7. Von Rundstedt wird als Oberbefehlshaber West durch Kluge ersetzt.
6.7. De Gaulle verhandelt in Washington über die Anerkennung seiner provisorischen Regierung.
9.7. Caen fällt. Rommel bittet um Erlaubnis, seine Truppen aus der Normandie zurückzunehmen, Hitler verweigert dies.
13.7. Sowjetische Offensive gegen die Heeresgruppe Nordukraine beginnt.
17.7. Rommel verunglückt schwer.
20.7. Das Attentat des militärischen Widerstands durch von Stauffenberg scheitert, Hitler wird nur leicht verletzt. Der Staatsstreich schlägt fehl. Die Attentäter werden hingerichtet, vor Gericht gestellt oder begehen Selbstmord.
21.7. Alliierte Landung auf Guam
25.7. Amerikaner erzielen Durchbruch durch die deutschen Linien bei Avranches.
1.8. Warschauer Aufstand beginnt. Florenz wird von alliierten Truppen besetzt. Befreiung Maidaneks als erstes KZ.
2.8. Die Sowjetarmee überquert in Polen die Weichsel.
5.8. Prozess vor dem „Volksgerichtshof" gegen die erste Gruppe von Verschwörern. Acht Offiziere werden sofort nach dem Urteil gehenkt.
12.8. Von Kesselring verfügt drakonische Strafen wegen überhand nehmender Partisanenaktivitäten in Oberitalien.
15.8. Alliierte Truppen landen in Südfrankreich in der Nähe von Cannes.
18.8. Der frühere Vorsitzende der KPD, Ernst Thälmann, wird im KZ Buchenwald ermordet.
19.8. Generalfeldmarschall Kluge begeht nach seiner Abberufung als Oberbefehlshaber West Selbstmord.
20.8. Sowjetische Offensive gegen die Heeresgruppe Südukraine beginnt.
21.8. Die USA, China, Großbritannien und die Sowjetunion beschließen auf der Konferenz von Dumbarton Oaks die Gründung der Vereinten Nationen als Nachfolger des Völkerbundes.
24.8. Staatsstreich in Rumänien, Antonescu wird gestürzt. Kriegserklärung an Deutschland.
25.8. Französische und alliierte Truppen marschieren in Paris ein, damit ist die Befreiung Frankreichs abgeschlossen.
30.8. Das wichtige Ölgebiet von Ploieşti wird von Sowjets besetzt.
31.8. Sowjetische Truppen marschieren in Bukarest ein.

3.9. Brüssel wird durch die alliierten Truppen befreit; große Gebiete in Belgien und Holland werden überflutet, um den Vormarsch der Alliierten zu verzögern.

8.9. Erste durch Wernher von Braun entwickelte V 2-Raketen werden gegen London abgeschossen.

11.9. Nördlich von Trier erreichen US-Truppen erstmals die Reichsgrenze.

12.9. Die Aufteilung Deutschlands in Besatzungszonen wird von den Siegermächten in London bekannt gegeben. Rumänien schließt Waffenstillstand.

15.9. Die Rote Armee marschiert in Bulgariens Hauptstadt Sofia ein.

17.9. Schlacht bei Arnheim mit der größten Luftlandeoperation des Zweiten Weltkrieges.

19.9. Finnland schließt einen Waffenstillstand mit den Alliierten.

25.9. „Morgenthau"-Plan wird veröffentlicht. Bildung des „Volkssturms" wird durch Hitler für alle Männer von 16 bis 60 befohlen.

28.9. Liquidierung KZ Theresienstadt. Neue sowjetische Offensive in Südosteuropa beginnt.

2.10. Warschauer Aufstand endet.

3.10. Die Wehrmacht zieht sich aus Griechenland zurück.

14.10. Rommel begeht „Selbstmord".

15.10. Der ungarische Reichsverweser Horthy beginnt Friedensverhandlungen, wird aber verhaftet und abgesetzt. Bildung neuer Regierung unter ungarischem Faschistenführer Szálasi.

16.10. Die Rote Armee überschreitet die Grenzen von Ostpreußen.

20.10. Belgrad wird von sowjetischen Truppen und Tito-Einheiten erobert. General MacArthur kehrt auf die Philippinen zurück.

23.10. Die USA, Großbritannien und die Sowjetunion erkennen die provisorische Regierung de Gaulles in Paris an.

28.10. Bulgarien schließt einen Waffenstillstand mit den Alliierten.

7.11. Roosevelt gewinnt zum vierten Mal in Folge die Präsidentenwahl in den USA.

12.11. Die RAF versenkt das letzte große Schlachtschiff *Tirpitz* bei Tromsœ.

17.11. Roosevelt verweigert der polnischen Exilregierung eine Garantie für die Staatsgrenzen.

20.11. Hitler übersiedelt in den Führerbunker nach Berlin, da die Rote Armee bedrohlich nah an die Wolfsschanze herangekommen ist.

22.11. Französische Truppen besetzen Belfort und Mülhausen, US-Truppen erreichen einen Tag später Straßburg.

26.11. Himmler ordnet die Einstellung der Vergasungen in Auschwitz und eine strikte Spurenbeseitigung an. Die Insassen sollen nach Dachau und Bergen-Belsen verlegt werden.

3.12. In Griechenland entsteht ein Machtkampf zwischen kommunistischen Widerstandskämpfern und der von den Briten unterstützten sozialdemokratischen Regierung.

16.12. Die Ardennenoffensive ist die letzte große Kraftanstrengung der Wehrmacht.

26.12. Einschließung Budapests

1945

1.1. Unternehmen „Bodenplatte": letzter deutscher Großluftangriff auf alliierte Flugplätze in Belgien und Nordfrankreich.

12.1. Beginn der sowjetischen Winteroffensive an Weichsel und Oder

17.1. Besetzung von Warschau, Krakau und Lódź durch die Rote Armee. Installation des „Lubliner Komitees" als vorläufige polnische Regierung.

20.1. Ungarn schließt Waffenstillstand mit der Sowjetunion.

23.1. Sowjetische Truppen erreichen die Oder in Niederschlesien. Die Kriegsmarine startet die Evakuierung der deutschen Bevölkerung, Millionen Menschen gelingt die Flucht.

30.1. Hitlers letzte Rundfunkansprache. Er spricht von Wunderwaffen und beschwört den Endsieg.

27.1. Die Sowjets befreien das KZ Auschwitz, in dem sich noch mehrere tausend Häftlinge befinden.

30.1. Die Versenkung des Flüchtlingsschiffs Wilhelm Gustloff fordert über 9.000 Menschenleben.

2.2. In der Haftanstalt Plötzensee wird der Widerstandskämpfer Carl Friedrich Goerdeler hingerichtet.

11.2. Auf der Konferenz von Jalta einigen sich die „Großen Drei" auf eine Nachkriegsordnung. Demnach wird Deutschland in Besatzungszonen aufgeteilt und entmilitarisiert, deutsche Gebiete werden abgetreten und Frankreich als gleichberechtigte Besatzungsmacht anerkannt.

13./14.2. Zwei britische und ein amerikanisches Flächenbombardement zerstören die weder industriell noch militärisch bedeutende Stadt Dresden.

19.2. US-Marineinfanterie landet auf Iwo Jima.

23.2. Alliierte Offensive, die Wehrmacht muss sich auf die rechte Rheinseite zurückziehen.

26.2. Durchbruch der Roten Armee zur Ostsee

7.3. Kolberg wird eingeschlossen, Köln durch US-Truppen besetzt, die bei Remagen einen Brückenkopf auf der östlichen Rheinseite bilden.

9.3. Schwerster Luftangriff auf Tokio. Ein Fünftel aller Gebäude wird zerstört, 85.000 Tote.

19.3. Hitler erlässt den „Verbrannte-Erde-Befehl" auch für Westeuropa.

30.3. Einnahme Danzigs durch die Rote Armee

31.3. Eisenhower stoppt den US-Vormarsch auf Berlin zugunsten der Roten Armee, was Churchill stark kritisiert.

1.4. US-Truppen erobern Okinawa.

9.4. Deutsche Truppen in Königsberg kapitulieren. Im KZ Flossenburg werden Dietrich Bonhoeffer und der frühere Abwehrchef Canaris hingerichtet.

12.4. Roosevelt stirbt an einer Gehirnblutung. Vizepräsident Harry S. Truman wird sein Nachfolger.

13.4. Wien wird nach heftigen Kämpfen durch sowjetische Truppen erobert und kapituliert.

15.4. Befreiung des KZ Bergen-Belsen

17.4. Über 300.000 Wehrmachtsoldaten ergeben sich im Ruhrkessel und gehen in Gefangenschaft.

20.4. Neue schwere Überflutungen in Holland, weil die Wehrmacht Deiche sprengt.

23.4. Reichsmarschall Göring wird aller Ämter enthoben. Er wollte mit den Westalliierten verhandeln.

24.4. Bei Torgau an der Elbe treffen sich amerikanische und sowjetische Truppen.

25.4. Die Rote Armee schließt den Belagerungsring um Berlin.

27.4. In Wien wird eine provisorische Regierung unter dem Sozialdemokraten Karl Renner gebildet.

28.4. Mussolini und seine Geliebte Clara Petacci versuchen, sich über den Comer See in Richtung Schweiz abzusetzen. Sie werden dort von Partisanen erschossen und anschließend in Mailand zur Schau gestellt. Die deutschen Truppen in Italien kapitulieren in Caserta.

30.4. Adolf und Eva Hitler begehen gemeinsam Selbstmord im Bunker unter der Reichskanzlei. Einen Tag später scheiden Joseph und Magda Goebbels mit ihren sechs Kindern aus dem Leben.

1.5. Großadmiral Dönitz wird, wie von Hitler testamentarisch bestimmt, dessen Nachfolger und übernimmt die Regierungsgewalt.

2.5. Der Kampf um Berlin ist zu Ende, die deutschen Truppen kapitulieren.

3.5. Alliierte Truppen besetzen Rangun.

7.5. Unterzeichnung der deutschen bedingungslosen Gesamtkapitulation gegenüber den Westmächten in Reims.

8.5. Unterzeichnung der deutschen bedingungslosen Gesamtkapitulation gegenüber der Sowjetunion in Karlshorst.

9.5. Mit Inkrafttreten der Kapitulation endet der Zweite Weltkrieg in Europa.

23.5. Die Regierung Dönitz wird verhaftet.

5.6. In der „Berliner Deklaration" übernimmt der Alliierte Kontrollrat die oberste Gewalt in Deutschland, das in den Grenzen von 1937 in vier Besatzungszonen aufgeteilt wird.

11.–17.6. Gründung der KPD, SPD und CDU

25.6. 50 Staaten unterzeichnen die Charta der Vereinten Nationen in San Francisco.

17.7.–2.8. Auf der Potsdamer Konferenz regeln die USA, Großbritannien und die Sowjetunion die Kriegsfolgen in Europa und die Vorgehensweise in Deutschland.

28.7. Churchills Partei verliert die Wahlen, Attlee wird neuer britischer Premierminister.

6.8./9.8. Die USA werfen Atombomben auf Hiroshima und Nagasaki.

8.8. Kriegserklärung der Sowjetunion an Japan. Einmarsch in die Mandschurei.

12.8. Die sowjetische Militärverwaltung nimmt die KZ Buchenwald und Sachsenhausen wieder in Betrieb.

14.8. Japan kapituliert.

2.9. Unterzeichnung der japanischen Kapitulation an Bord der *USS Missouri* in der Bucht von Tokio. Der Zweite Weltkrieg ist beendet.

REGISTER

A

B

C

D

E

F

G

H

Y

Z

BILDNACHWEIS

1g Corbis Corporation, 6g Corbis Corporation, 8g und 9g Corbis Corporation, 10o Corbis Corporation, 12 ol Eigenscan Alexander Lüdeke, 12ur Corbis Corporation, 13 ul Shutterstock, Inc., 13ur Eigenscan Alexander Lüdeke, 14o Corbis Corporation, 15o Eigenscan Alexander Lüdeke, 15u Deutsches Wehrkundearchiv, Herford, 16 ul Corbis Corporation, 17ol Corbis Corporation, 17ur Corbis Corporation, 18or Corbis Corporation, 19m Corbis Corporation, 20g und 21g Deutsches Wehrkundearchiv, Herford, 22o Deutsches Wehrkundearchiv, Herford, 23or Corbis Corporation, 23u Deutsches Wehrkundearchiv, Herford, 24or Corbis Corporation, 24u Deutsches Wehrkundearchiv, Herford, 25or akapit Verlagsservice, 25ur Deutsches Wehrkundearchiv, Herford, 26ol Deutsches Wehrkundearchiv, Herford, 26r Deutsches Wehrkundearchiv, Herford, 27l Deutsches Wehrkundearchiv, Herford, 27ur Deutsches Wehrkundearchiv, Herford, 28ol Deutsches Wehrkundearchiv, Herford, 29or Taroth (Public Domain), 30ul Markus Schweiß (Public Domain), 31o Deutsches Wehrkundearchiv, Herford, 32o Corbis Corporation, 33or Finnish Defence Forces, 34o Philippe Carmoy, Frankreich, 35o Philippe Carmoy, Frankreich, 35ur Corel Stock Photo, 36u Deutsches Wehrkundearchiv, Herford, 37or Corel Stock Photo, 38u Deutsches Wehrkundearchiv, Herford, 39o Deutsches Wehrkundearchiv, Herford, 39u Deutsches Wehrkundearchiv, Herford, 40 ol Deutsches Wehrkundearchiv, Herford, 40or Deutsches Wehrkundearchiv, Herford, 40ul Deutsches Wehrkundearchiv, Herford, 40ur Deutsches Wehrkundearchiv, Herford, 41ol Deutsches Wehrkundearchiv, Herford, 41or Deutsches Wehrkundearchiv, Herford, 41u Deutsches Wehrkundearchiv, Herford, 42ol Deutsches Wehrkundearchiv, Herford, 42or Deutsches Wehrkundearchiv, Herford, 42u Public Domain, 43or Deutsches Wehrkundearchiv, Herford, 43m Deutsches Wehrkundearchiv, Herford, 43ul Deutsches Wehrkundearchiv, Herford, 43ur Deutsches Wehrkundearchiv, Herford, 44ol Corbis Corporation, 44u Corbis Corporation, 45ol Deutsches Wehrkundearchiv, Herford, 45or Deutsches Wehrkundearchiv, Herford, 45u Deutsches Wehrkundearchiv, Herford, 46g Corbis Corporation, 47ol Deutsches Wehrkundearchiv, Herford, 47or Deutsches Wehrkundearchiv, Herford, 47ul Deutsches Wehrkundearchiv, Herford, 47ur Deutsches Wehrkundearchiv, Herford, 48g Deutsches Wehrkundearchiv, Herford, 49or Deutsches Wehrkundearchiv, Herford, 49u Deutsches Wehrkundearchiv, Herford, 50ol Deutsches Wehrkundearchiv, Herford, 50or Deutsches Wehrkundearchiv, Herford, 51o Corbis Corporation, 51u Deutsches Wehrkundearchiv, Herford, 52ol Vincent Bourguignon, Rochefort, Belgien, 52or Vincent Bourguignon, Rochefort, Belgien, 52ml Vincent Bourguignon, Rochefort, Belgien, 52lu Vincent Bourguignon, Rochefort, Belgien, 53ol Deutsches Wehrkundearchiv, Herford, 53or Deutsches Wehrkundearchiv, Herford, 53mr Deutsches Wehrkundearchiv, Herford, 53ur Deutsches Wehrkundearchiv, Herford, 54g Corbis Corporation, 55g Corbis Corporation, 56ol Royal Air Force, 56or Royal Air Force, 58or Corbis Corporation, 59 Philippe Carmoy, Frankreich, 60g Philippe Carmoy, Frankreich, 61ul Corbis Corporation, 62ol Royal Air Force, 62or Deutsches Wehrkundearchiv, Herford, 62ur Getty Images, 63o Getty Images, 64o Philippe Carmoy, Frankreich, 65or Public Domain, 65u Corbis Corporation, 66ol Getty Images, 66ur National Archives United Kingdom, 67g Corbis Corporation, 68u Getty Images, 69ol Royal Air Force, 69or Deutsches Wehrkundearchiv, Herford, 69u Deutsches Wehrkundearchiv, Herford, 70ol Corel Stock Photo, 70 ml Corel Stock Photo, 70mr Corel Stock Photo, 70ul Corel Stock Photo, 70ur Corel Stock Photo, 71ol Vincent Bourguignon, Rochefort, Belgien, 71or Deutsches Wehrkundearchiv, Herford, 71ml Deutsches Wehrkundearchiv, Herford, 71mr Deutsches Wehrkundearchiv, Herford, 72g Corbis Corporation, 73g Deutsches Wehrkundearchiv, Herford, 74o Corbis Corporation, 75or Public Domain, 76ul Public Domain, 77g Corbis Corporation, 78o Deutsches Wehrkundearchiv, Herford, 78ur Deutsches Wehrkundearchiv, Herford, 79o Deutsches Wehrkundearchiv, Herford, 79ur Deutsches Wehrkundearchiv, Herford, 80o Philippe Carmoy, Frankreich, 80ml Deutsches Wehrkundearchiv, Herford, 80ul Deutsches Wehrkundearchiv, Herford, 82u Corbis Corporation, 83u Corbis Corporation, 84o Paul Scarlata, Asheboro, USA, 85g Corbis Corporation, 86o Corbis Corporation, 86mr Corbis Corporation, 88or Philippe Carmoy, Frankreich, 89or Corbis Corporation, 89ur Deutsches Wehrkundearchiv, Herford, 90ol Deutsches Wehrkundearchiv, Herford, 90or Deutsches Wehrkundearchiv, Herford, 91o National Archives and Record Administration, USA, 91ur Deutsches Wehrkundearchiv, Herford, 92o Deutsches Wehrkundearchiv, Herford, 93o NASA, USA, 94ol Deutsches Wehrkundearchiv, Herford, 94or Vincent Bourguignon, Rochefort, Belgien, 94ml Deutsches Wehrkundearchiv, Herford, 94ul Deutsches Wehrkundearchiv, Herford, 94ur Deutsches Wehrkundearchiv, Herford, 95ol Vincent Bourguignon, Rochefort, Belgien, 95or Vincent Bourguignon, Rochefort, Belgien, 95mr Vincent Bourguignon, Rochefort, Belgien, 95ul Vincent Bourguignon, Rochefort, Belgien, 95ul Vincent Bourguignon, Rochefort, Belgien, 96or Deutsches Wehrkundearchiv, Herford, 96u Deutsches Wehrkundearchiv, Herford, 97or Corbis Corporation, 97ur Public Domain, 98ol Philippe Carmoy, Frankreich, 99or Philippe Carmoy, Frankreich, 99ur Public Domain, 100o Philippe Carmoy, Frankreich, 101o Corbis Corporation, 101ur Public Domain, 102o Deutsches Wehrkundearchiv, Herford, 102ul Deutsches Wehrkundearchiv, Herford, 103ul Philippe Carmoy, Frankreich, 104l Philippe Carmoy, Frankreich, 105o National Archives and Record Administration, USA, 106o Corbis Corporation, 107ol Department of National Defence/National Archives of Canada, 107or National Archives and Record Administration, USA, 107ul National Archives and Record Administration, USA, 108u Corbis Corporation, 109ol Deutsches Wehrkundearchiv, Herford, 109ur National Archives and Record Administration, USA, 110o Department of National Defence/National Archives of Canada, 111ol Department of National Defence/National Archives of Canada, 111or Department of National Defence/National Archives of Canada, 111ul Philippe Camroy, Frankreich, 113o Corbis Corporation, 114g Corbis Corporation, 115g Corbis Corporation, 116o Corbis Corporation, 118o Deutsches Wehrkundearchiv, Herford, 119or Public Domain, 119ur Deutsches Wehrkundearchiv, Herford, 120u Philippe Camroy, Frankreich, 121or Corbis Corporation, 121ur Deutsches Wehrkundearchiv, Herford, 122ol National Archives and Record Administration, USA, 122ur Philippe Camroy, Frankreich, 123ol Deutsches Wehrkundearchiv, Herford, 123u Deutsches Wehrkundearchiv, Herford, 124o Deutsches Wehrkundearchiv, Herford, 124mr Philippe Camroy, Frankreich, 125u Deutsches Wehrkundearchiv, Herford, 126g Corbis Corporation, 127g Corbis Corporation, 128or Deutsches Wehrkundearchiv, Herford, 128ml Deutsches Wehrkundearchiv, Herford, 128mr Vincent Bourguignon, Rochefort, Belgien, 128ul Vincent Bourguignon, Rochefort, Belgien, 128ur Deutsches Wehrkundearchiv, Herford, 129o Novosti Press Agency, 130ol Philippe Camroy, Franreich, 131u Philippe Camroy, Frankreich, 132o Deutsches Wehrkundearchiv, Herford, 133ol Philippe Camroy, Frankreich, 133r Philippe Camroy, Frankreich, 134ol Philippe Camroy, Frankreich, 134ur Philippe Camroy, Frankreich, 135o Novosti Press Agency, 136o Public Domain, 137ol Deutsches Wehrkundearchiv, Herford, 137or Public Domain, 138ol Deutsches Wehrkundearchiv, Herford, 139g Corbis Corporation, 140r Deutsches Wehrkundearchiv, Herford, 141or Public Domain, 142o Novosti Press Agency, 142m Corbis Corporation, 143ol Philippe Camroy, Frankreich, 143or Philippe Camroy, Frankreich, 144u Deutsches Wehrkundearchiv, Herford, 145o Deutsches Wehrkundearchiv, Herford, 145ul Deutsches Wehrkundearchiv, Herford, 146ol Deutsches Wehrkundearchiv, Herford, 146or Deutsches Wehrkundearchiv, Herford, 146ml Deutsches Wehrkundearchiv, Herford, 146ul Deutsches Wehrkundearchiv, Herford, 146ur Deutsches Wehrkundearchiv, Herford, 147ol Deutsches Wehrkundearchiv, Herford, 147or Vincent Bourguignon, Rochefort, Belgien, 147mr Deutsches Wehrkundearchiv, Herford, 147ul Deutsches Wehrkundearchiv, Herford, 147ur Deutsches Wehrkundearchiv, Herford, 148o Deutsches Wehrkundearchiv, Herford, 149o Corbis Corporation, 150o Deutsches Wehrkundearchiv, Herford, 151o Deutsches Wehrkundearchiv, Herford, 151ur Deutsches Wehrkundearchiv, Herford, 152o Corbis Corporation, 153ol Deutsches Wehrkundearchiv, Herford, 153or Deutsches Wehrkundearchiv, Herford, 154g Novosti Press Agency, 155or Public Domain, 156ol Philippe Camroy, Franreich, 156u Deutsches Wehrkundearchiv, Herford, 157or Deutsches Wehrkundearchiv, Herford, 156ur Deutsches Wehrkundearchiv, Herford, 158g Corbis Corporation, 159g Corbis Corporation, 160o Deutsches Wehrkundearchiv, Herford, 161ul Deutsches Wehrkundearchiv, Herford, 162ul Deutsches Wehrkundearchiv, Herford, 162ur Deutsches Wehrkundearchiv, Herford, 163or Deutsches Wehrkundearchiv, Herford, 163u Deutsches Wehrkundearchiv, Herford, 164or Deutsches Wehrkundearchiv, Herford, 164mr Deutsches Wehrkundearchiv, Herford, 164u Vincent Bourguignon, Rochefort, Belgien, 165ul Deutsches Wehrkundearchiv, Herford, 165ur Department of National Defence/National Archives of Canada, 166or Deutsches Wehrkundearchiv, Herford, 166u Deutsches Wehrkundearchiv, Herford, 167o Department of National Defence/National Archives of Canada, 167ur Royal Air Force, 168ol US Navy, 168or Deutsches Wehrkundearchiv, Herford, 168ul Deutsches Wehrkundearchiv, Herford, 169or Corbis Corporation, 169m Vincent Bourguignon, Rochefort, Belgien, 171om Deutsches Wehrkundearchiv, Herford, 172g Royal Air Force, 173g Royal Air Force, 174o Deutsches Wehrkundearchiv, Herford, 175or Corbis Corporation, 176u Royal Air Force, 177or Royal Air Force, 177ur Corbis Corporation, 178o Deutsches Wehrkundearchiv, Herford, 178ur Deutsches Wehrkundearchiv, Herford, 179o US Air Force, 180ol Shutterstock, Inc., 180or Collings Foundation, 180ul Shutterstock, Inc., 180ur Corel Stock Photo, 181ol Public Domain, 181or US Air Force, 181ul US Air Force, 181ur US Air Force, 182or Deutsches Wehrkundearchiv, Herford, 182ur Deutsches Wehrkundearchiv, Herford, 183or Deutsches Wehrkundearchiv, Herford, 183um Royal Air Force, 183ur Deutsches Wehrkundearchiv, Herford, 184o 183o US Air Force, 186or US Air Force, 186ul Corbis Corporation, 187or Deutsches Wehrkundearchiv, Herford, 187ur Stadtarchiv Jülich, 188g National Archives and Record Administration, USA, 189g National Archives and Record Administration, USA, 190ul National Archives and Record Administration, USA, 191or National Archives and Record Administration, USA, 192or Corbis Corporation, 192ul Deutsches Wehrkundearchiv, Herford, 193u National Archives and Record Administration, 194ol Corbis Corporation, 194or Vincent Bourguignon, Rochefort, Belgien, 194ul Corbis Corporation, 194ur Vincent Bourguignon, Rochefort, Belgien, 195o Vincent Bourguignon, Rochefort, Belgien, 195u Vincent Bourguignon, Rochefort, Belgien, 196or National Archives and Record Administration, USA, 196u Department of National Defence/National Archives of Canada, 197or Department of National Defence/National Archives of Canada, 197ul National Archives and Record Administration, USA, 197ur Royal Air Force, 198u National Archives and Record Administration, USA, 199o National Archives and Record Administration, USA, 199ul US Air Force via W.Wolny, 200or Barbara Hammer Films, 200ul Public Domain, 201u National Archives and Record Administration, USA, 202or Deutsches Wehrkundearchiv, Herford, 202ul Department of National Defence/National Archives of Canada, 203o National Archives and Record Administration, USA via Archives Normandy, 203ul National Archives and Record Administration, USA via Archives Normandy, 203ur National Archives and Record Administration, USA, 204o Department of National Defence/National Archives of Canada via Archives Normandy, 204ur National Archives and Record Administration, USA, 205o National Archives and Record Administration, USA via Archives Normandy, 205u National Archives and Record Administration, USA via Archives Normandy, 206o National Archives and Record Administration, USA, 207u National Archives and Record Administration, USA, 208g Corbis Corporation, 209g Corbis Corporation, 210o National Archives and Record Administration, USA, 211u Corbis Corporation, 212om Deutsches Wehrkundearchiv, Herford, 213g Corbis Corporation, 214u National Archives and Record Administration, USA, 215o National Archives and Record Administration, USA, 215ur National Archives and Record Administration, USA, 216o National Archives and Record Administration, USA, 216ur Deutsches Wehrkundearchiv, Herford, 217or National Archives and Record Administration, USA, 217ur Corbis Corporation, 218ol Public Domain, 219ol National Archives and Record Administration, USA, 219u Deutsches Wehrkundearchiv, Herford, 220o National Archives and Record Administration, USA, 220ur Balcer, Polen, 221or National Archives and Record Administration, USA, 221ul Deutsches Wehrkundearchiv, Herford, 222o Deutsches Wehrkundearchiv, Herford, 223or National Archives and Record Administration, USA, 223ur National Archives and Record Administration, USA, 224o Corbis Corporation, 225or Corbis Corporation, 226o Deutsches Wehrkundearchiv, Herford, 227o National Archives and Record Administration, USA, 228or Corbis Corporation, 229o Novosti Press Agency, 230 Corbis Corporation, 231or Deutsches Wehrkundearchiv, Herford, 231u Corbis Corporation, 232 Corbis Corporation, 233o Corbis Corporation, 234or Public Domain, 234u Oliver Missing, Vallendar, 235u Corbis Corporation, 236o Novosti Press Agency, 237or Corbis Corporation, 237u National Archives and Record Administration, USA, 238g Corbis Corporation, 239g Corbis Corporation, 240g Corbis Corporation, 241ol Shutterstock, Inc., 241u Corbis Corporation, 242u Corbis Corporation, 243or Corel Stock Photo, 243u Public Domain, 244o Corbis Corporation, 245r National Archives and Record Administration, USA, 246ol National Archives and Record Administration, USA, 246ur Public Domain, 247or National Archives and Record Administration, USA, 247mr National Archives and Record Administration, USA, 248u Vincent Bourguignon, Rochefort, Belgien, 249g Corbis Corporation, 250o US Air Force, 251or Akira Takizawa, Tokio, Japan, 251ur US Navy, 252u Corbis Corporation, 253ur Norman Bell Geddes, US Navy, 254or Vincent Bourguignon, Rochefort, Belgien, 254ul Corel Stock Photo, 254ur Mikhail Bykov, Moskau, Russland, 255ol Corel Stock Photo, 255or Mikhail Bykov, Moskau, Russland , 255ul Corel Stock Photo, 255ur Shutterstock, Inc., 256ol Vincent Bourguignon, Rochefort, Belgien, 256or Vincent Bourguignon, Rochefort, Belgien, 256ul Vincent Bourguignon, Rochefort, Belgien, 256ur US Navy, 257o National Archives and Record Administration, USA, 258o Corbis Corporation, 258ur National Archives and Record Administration, USA, 259or National Archives and Record Administration, USA, 259ul Akira Takizawa, Tokio, Japan, 260o US Air Force, 260mr Corbis Corporation, 261or National Archives and Record Administration, USA, 261ul stock.xchng, 262u Corbis Corporation, 263u Corbis Corporation, 264ul National Archives and Record Administration, USA, 265ol Corbis Corporation, 265or Vincent Bourguignon, Rochefort, Belgien, 265ur National Archives and Record Administration, USA, 266o Corbis Corporation, 267o National Archives and Record Administration, USA, 267ul US Army/ National Archives, 267ur National Archives and Record Administration, USA, 268or US Air Force, 268u National Archives and Record Administration, USA, 269ol National Archives and Record Administration, USA, 269or Corbis Corporation, 269ur US Air Force, 270ul National Archives and Record Administration, USA, 270ur US Air Force, 271o Corbis Corporation, 272o US Air Force, 273o Corbis Corporation, 273ul National Archives and Record Administration, USA, 274g Shutterstock, Inc., 275g Shutterstock, Inc., 276r Getty Images, 277ul Shutterstock, Inc., 278g Corbis Corporation, 279l Corbis Corporation, 280ur Public Domain, 281o Getty Images, 282 Public Domain, 282u Corbis Corporation, 283ur National Archives and Record Administration, USA, 284r Corbis Corporation, 285g Corbis Corporation, 286g Getty Images, 287g Corbis Corporation, 288ur Corbis Corporation, 289u Corbis Corporation, 290or Corbis Corporation, 290ur Corbis Corporation, 291om Public Domain, 292u Corbis Corporation, 293 Deutsches Wehrkundearchiv, Herford, 294o Corbis Corporation, 295o Getty Images, 295u Deutsches Wehrkundearchiv, Herford, 296g Corbis Corporation, 297g Corbis Corporation, 298g Corbis Corporation, 299l Corbis Corporation, 300o Deutsches Wehrkundearchiv, Herford, 300u Corbis Corporation, 301o Corbis Corporation, 302or Public Domain, 302ur Public Domain, 302ul Novosti Press Agency, 303 National Archives and Record Administration, USA